# रामधारी सिंह



**जन्म** : 23 सितम्बर, 1908 को ... के सिमरिया नामक गाँव में हुआ था। शिक्षा मोकामा घाट के रेलवे हाईस्कूल तथा फिर पटना कॉलेज में हुई जहाँ से उन्होंने इतिहास विषय लेकर बी.ए. (ऑनर्स) की परीक्षा उत्तीर्ण की। एक विद्यालय के प्रधानाचार्य, सब-रजिस्ट्रार, जन-सम्पर्क के उप-निदेशक, भागलपुर विश्वविद्यालय के कुलपति, भारत सरकार के हिन्दी सलाहकार आदि विभिन्न पदों पर रहकर उन्होंने अपनी प्रशासनिक योग्यता का परिचय दिया। 1924 में पाक्षिक 'छात्र सहोदर' (जबलपुर) में प्रकाशित पहली कविता से साहित्यिक जीवन का आरम्भ।

**प्रमुख कृतियाँ** : **कविता**–रेणुका, हुंकार, रसवन्ती, कुरुक्षेत्र, सामधेनी, बापू, धूप और धुआँ, रश्मिरथी, नील कुसुम, उर्वशी, परशुराम की प्रतीक्षा, कोयला और कवित्व, हारे को हरिनाम आदि। **गद्य**–मिट्टी की ओर, अर्धनारीश्वर, संस्कृति के चार अध्याय, काव्य की भूमिका, पन्त, प्रसाद और मैथिलीशरण, शुद्ध कविता की खोज, संस्मरण और श्रद्धांजलियाँ आदि।

**सम्मान** : 1959 में 'संस्कृति के चार अध्याय' पर साहित्य अकादेमी पुरस्कार और पद्मभूषण की उपाधि। 1962 में भागलपुर विश्वविद्यालय की तरफ से *डॉक्टर ऑफ लिटरेचर* की मानद उपाधि। 1973 में 'उर्वशी' पर भारतीय ज्ञानपीठ पुरस्कार। अनेक बार भारतीय और विदेशी सरकारों के निमंत्रण पर विदेश-यात्रा।

**निधन** : 24 अप्रैल, 1974

# शुद्ध कविता की खोज

रामधारी सिंह 'दिनकर'

लोकभारती पेपरबैक्स

लोकभारती पेपरबैक्स में
**पहला संस्करण :** 2019
**दूसरा संस्करण :** 2025



---

**लोकभारती पेपरबैक्स :** उत्कृष्ट साहित्य के लोकप्रिय संस्करण

---

**लोकभारती प्रकाशन**
पहली मंजिल, दरबारी बिल्डिंग, महात्मा गांधी मार्ग,
प्रयागराज-211 001
द्वारा प्रकाशित

वेबसाइट : www.lokbhartiprakashan.com
ईमेल : info@lokbhartiprakashan.com

**शाखाएँ :** 1-बी, नेताजी सुभाष मार्ग, दरियागंज, नई दिल्ली-110 002
अशोक राजपथ, साइंस कॉलेज के सामने, पटना-800 006
1, अनमोल सोराबजी संतुक लेन, धोबी तलाव, मरीन लाइंस, मुम्बई-400 002

विकास कंप्यूटर एंड प्रिंटर्स
ट्रॉनिका सिटी-201 102
द्वारा मुद्रित

**मूल्य :** ₹450

SHUDDHA KAVITA KI KHOJ
*Criticism by* Ramdhari Singh 'Dinkar'

ISBN : 978-93-89243-87-1

# प्राक्कथन

पूज्य राष्ट्रकवि रामधारी सिंह 'दिनकर' को गुजरे छियालीस वर्ष हो गए। अब उनकी 110वीं जयन्ती का वर्ष बीत रहा है।

यूँ तो महाकवि दिनकर जी को राष्ट्रकवि कहा गया है पर महीयसी महादेवी वर्मा ने कहा था कि वे विश्वकवि हैं, क्योंकि उनकी कविताओं में मात्र राष्ट्रीयता की वाणी और उसकी स्वायत्तता का गौरवगान और संघर्ष नहीं है वरन् प्रेम का एक व्यापक क्षितिज है जो उन्हें विश्वकवि की श्रेणी में ले आता है। वस्तुतः दिनकर जी एक ही साथ विश्वकवि, महाकवि, राष्ट्रकवि और जनकवि—सभी हैं। उनकी विभिन्न कविताओं में भिन्न-भिन्न तौर पर उनके काव्य-व्यक्तित्व का वैशिष्ट्य प्रकट होता है।

दिनकर जी आज भी पाठकों के सर्वाधिक प्रिय कवि हैं और प्रासंगिक भी। उनकी कविताओं में आग है, राग है और अध्यात्म है। उनकी कविताओं का अवगाहन कर प्रतीत होता है कि वे अपने समकालीन कवियों से अलग तरीके से पाठकों के समक्ष प्रकट होते हैं।

दिनकर जी ने कहा था कि सच्चा कवि हमेशा जीवित रहता है—उसके प्रति राग और द्वेष के कारण उसके सामने उसका सही मूल्यांकन नहीं हो पाता। किसी कवि का सही मूल्यांकन उसके निधन के पचास वर्ष बाद होता है। और हम देख रहे हैं, जैसे-जैसे समय गुजरता जा रहा है, दिनकर जी की कविताओं की लोकप्रियता बढ़ती जा रही है।

पूर्व में दिनकर जी की सभी किताबें लोकभारती प्रकाशन से कुछ नवीन स्वरूप और अलग नाम देकर प्रकाशित हुई थीं। अब सभी पुस्तकें अपने पुराने नाम और प्रारूप में प्रकाशित हो रही हैं। आशा है, इससे दिनकर-प्रेमी हिन्दी साहित्य जगत् संतुष्ट होगा।

**—अरविन्द कुमार सिंह**

दिनकर भवन
आर्य कुमार रोड
पटना-800004

# भूमिका

यह पुस्तक फुटकर साहित्यिक निबन्धों का संग्रह नहीं है। इसके सभी निबन्ध एक ही ग्रंथ के विभिन्न अध्याय हैं और वे विभिन्न दिशाओं से एक ही विषय पर प्रकाश डालते हैं।

कविता की चर्चा केवल कविता की चर्चा नहीं रहती, वह समस्त जीवन की चर्चा बन जाती है। ईश्वर, कविता और क्रान्ति–ये जीवन के समुच्चय में प्रवेश किये बिना समझे नहीं जा सकते।

नई कविता का आन्दोलन यूरोप में लगभग सौ वर्षों से चल रहा है। आश्चर्य की बात यह है कि वह अब भी पुराना नहीं पड़ा है। उसके भीतर से बराबर नये आयाम प्रकट होते जा रहे हैं, बराबर नई चिनगारियाँ छिटकती जा रही हैं। रोमांटिक युग तक कविता किसी निश्चित चौखटे में जड़ी देखी जा सकती थी; किन्तु उसके बाद से वह दिनों-दिन हर प्रकार के चौखटे से घृणा करती आई है। आज अन्तरराष्ट्रीय काव्य जहाँ खड़ा है, वहाँ केवल आसमान ही आसमान है, कहीं कोई क्षितिज दिखाई नहीं देता। इसीलिए पुराने आलोचकों को नई कविता को छूने में अप्रियता और कुछ संकोच का भी अनुभव होता है।

वर्तमान पुस्तक इसी महान आन्दोलन के समझने का विनम्र प्रयास है।

नई कविता का प्रवर्तन पिछली शताब्दी में फ्रांस में हुआ था। अंग्रेजी में, क्रमबद्ध रूप में, यह आन्दोलन प्रथम विश्वयुद्ध के आस-पास आरम्भ हुआ और भारतवर्ष में यह द्वितीय विश्वयुद्ध के आस-पास पहुँचा है।

इस विलम्ब का मुख्य कारण यह रहा कि यूरोप की बौद्धिक विरासत तक पहुँचने का हमारा माध्यम अंग्रेजी भाषा थी और खुद अंग्रेजी भाषा में यह आन्दोलन काफी देर से पहुँचा। अंग्रेजी में बोदलेयर, रेम्बू और मलार्मे के अनुवाद प्रथम विश्वयुद्ध के काफी बाद प्रकाशित होने लगे। जब तक अंग्रेजी के कवियों की दृष्टि नवीन नहीं हुई, भारत के लेखकों और कवियों को यह पता नहीं चला कि यूरोप में काव्य के क्षेत्र में बड़ी भारी क्रान्ति हो गई है। हम लोगों की पीढ़ी तो रोमांटिक युग के साहित्य पर पली थी और कॉलेजों में हम पर आखिरी छींटे विक्टोरिया-युगीन काव्य के पड़े थे। यूरोपीय क्रान्ति के सन्देश हमें

सीधे यूरोप से नहीं मिले। इस क्रान्ति की शिक्षा भी हमें अंग्रेजी के कवियों, विशेषतः इलियट और एजरा पौंड के द्वारा प्राप्त हुई।

यूरोप की साहित्यिक क्रान्ति इलियट में आकर समाप्त नहीं होती है। इलियट पीछे छूट गए हैं और क्रान्ति आज भी आगे जा रही है। यह बात और है कि जिनका निर्माण रोमांटिक कविताओं के वातावरण में हुआ था, वे लोग रिल्के और इलियट के पास तो प्रेम से बैठते हैं, मगर उनके बाद वाली धारा को वे सहजता से स्वीकार नहीं कर सकते।

फिर भी, नया काव्य हमारी शान्ति भंग करने में समर्थ है, वह हमारी आत्मा के सरोवर में हिलकोर उठा सकता है। आत्मा के निस्पन्द सरोवर में जब हलकी-सी भी हिलकोर उठती है, आदमी बड़े ही सूक्ष्म आनन्द का अनुभव करता है। ऐसा आनन्द मैंने देश और विदेश के कितने ही नये कवियों से पाया है और मन-ही-मन मैं उन सबका कृतज्ञ रहा हूँ।

नई कविता हमेशा शुद्ध कविता नहीं होती, न सभी श्रेष्ठ काव्य शुद्ध काव्य के उदाहरण होते हैं। फिर भी, मुझे यही दिखाई पड़ा कि शुद्धता को लक्ष्य मानकर चलने से काव्य का नया आन्दोलन समझ में कुछ ज्यादा आता है। इसीलिए मैंने जहाँ-तहाँ से सामग्रियाँ बटोरकर शुद्धतावादी आन्दोलन का इतिहास खड़ा किया है और कविता की अनेक समस्याओं पर उसी दृष्टिकोण से विचार किया है। कविता लिखने की बनिस्बत कविता के बारे में लिखना कहीं मुश्किल काम है। उस पर भी कविता के नये आन्दोलन की व्याप्तियाँ इतनी पिच्छल; दूरगामी और दुरूह हैं कि उन्हें एक पुस्तक के भीतर समेटने का काम असम्भव पाया गया है। अतएव, यह पुस्तक भी विद्वानों को अधूरी प्रतीत हो, तो यह कोई अचरज की बात नहीं होगी।

कविता अगर यह व्रत ले ले कि वह केवल शुद्ध होकर जिएगी, तो उस व्रत का प्रभाव कविता के अर्थ पर भी पड़ेगा, कवि की सामाजिक स्थिति पर भी पड़ेगा, साहित्य के प्रयोजन पर भी पड़ेगा। ऐसे जो भी प्रश्न मुझे सूझ सके, उनका विवेचन, अपने जानते, मैंने स्पष्टता से किया है। अप्रीतिकर बात यह है कि दो-चार तर्कों का उपयोग कई प्रसंगों में मुझे बार-बार करना पड़ा है। आशा है, पाठकों को यह बात उतनी नहीं अखरेगी, जितनी मुझे आशंका है।

हिन्दी के जो लेखक, कवि और पाठक अंग्रेजी अथवा किसी अन्य विदेशी भाषा के द्वारा पाश्चात्य साहित्य के सीधे सम्पर्क में नहीं हैं, इस पुस्तक का उद्देश्य विशेषतः उन्हीं के साथ वार्तालाप करना है।

**—रामधारी सिंह 'दिनकर'**

2, साउथ एवेन्यू लेन,
नई दिल्ली
8 सितम्बर, 1966 ई.

# अनुक्रम

# कविता और शुद्ध कविता

जिसे हम शुद्ध कविता कहते हैं, वह साहित्य की कोई सर्वथा नवीन विधा नहीं है। जब से मनुष्य ने काव्यकला का आविष्कार किया, शुद्ध कविता की रचना वह तभी से करता आ रहा है। किन्तु पहले उसे यह पता नहीं था कि जो कुछ वह लिखता है, उसमें दो प्रकार की कविताएँ होती हैं। एक वे, जिनका उद्देश्य केवल आनन्द-दान होता है; और दूसरी वे, जिनमें आनन्द के साथ कुछ ज्ञान भी रहता है, प्रत्यक्ष या अप्रत्यक्ष कुछ उपदेश भी रहते हैं तथा दूर पर कहीं, किसी कर्तव्य की प्रेरणा भी रहती है। शुद्ध कविता को अब शुद्ध कविता कहने का रिवाज है किन्तु जो कविताएँ परिभाषा के अनुसार ठीक-ठीक शुद्ध नहीं हैं, उन्हें क्या कहा जाना चाहिए? उनका एक ढीला-ढाला सामान्य नाम सोद्देश्य काव्य चलता है।

जब कविता का आविष्कार हुआ था, विद्या का विभाजन शाखाओं में नहीं हो पाया था, न आदमी को यही मालूम था कि ज्ञान और भाव के बीच भी भेद है। किन्तु कुछ समय बीतने पर साहित्य-शास्त्र के आचार्यों का आविर्भाव हुआ और उन्होंने यह अनुभव किया कि कविता का काम ज्ञान का कथन नहीं, केवल भावों का आख्यान है। इसलिए उन्होंने भावों की छानबीन की, उनका नौ जातियों में वर्गीकरण किया (जो साहित्य के नौ मूल भावों के रूप में प्रसिद्ध हैं) और कितने ही ऐसे क्षणस्थायी भावों को भी स्वीकार किया, जो साहित्य के संचारी भाव कहलाते हैं।

यदि आचार्यों का बस चलता तो साहित्य में केवल भाव-ही-भाव होते, उसमें उपदेश अथवा ज्ञान की बातें कभी आती ही नहीं। किन्तु यह सम्भव नहीं हुआ। कुछ कवि तो मुख्यतः भावों तक ही सीमित रहे (जैसे हाल, गोवर्धन, अमरुक, जयदेव, बिहारीलाल, गालिब आदि), किन्तु बाकी कवियों ने भावों के साथ ज्ञान को भी मिला दिया और आचार्यों के बनाये हुए नियमों के विरुद्ध वे ही अधिक शक्तिशाली भी निकले। फिर आचार्यों ने उनकी महिमा को भी स्वीकार किया

और साहित्य में एक मान्यता चल पड़ी कि कविता का प्रयोजन सद्यःआनन्द-दान भी है और वह उपदेश भी देती है।

कविता का ध्येय ज्ञान है या आनन्द, इस विषय में प्राचीन आचार्यों का मत एकांगी नहीं था। चूँकि शिवत्व पर उनका बहुत जोर था, इसलिए ज्ञान और नैतिकता का काव्य में प्रवेश वे स्वाभाविक मानते थे। किन्तु सब मिलाकर भारत में भी काव्य में ज्ञान की अपेक्षा आनन्द का पलड़ा भारी रहा था। कविता का एक ध्येय, अप्रत्यक्ष रूप से, ज्ञान का भी दान है–इस मत का काफी जोर से प्रतिपादन भामह और मम्मट ने किया है। भामह ने लिखा है कि साहित्य में 'स्वादु काव्य के रस से युक्त शास्त्र का भी उपयोग किया जाता है। पहले लोग शहद चाटकर पीछे कड़वी दवाई पीते हैं।' और मम्मट ने शहद से लिपटे शास्त्रीय ज्ञान को कान्तासम्मित उपदेश कहा है। किन्तु वामन ने ऐसी कोई बात नहीं कही। वे काव्य का प्रयोजन प्रीति और कीर्ति को मानते हैं। किन्तु अभिनव गुप्त ने कीर्ति को भी कवि का अतिरिक्त प्रयोजन माना है। उनका विश्वास है कि काव्य का सर्वप्रधान प्रयोजन आनन्द की साधना है। 'आनन्द एवं पार्यन्तिकं मुख्यं फलम्।' और हमारा खयाल है कि पंडितराज जगन्नाथ भी आनन्दवादी ही हैं। 'रमणीयार्थ प्रतिपादकः शब्दः काव्यम्'–इस परिभाषा में रमणीयता से तात्पर्य उस विषय से है जो (शास्त्रीय नहीं) अलौकिक ज्ञान से संपृक्त है। पंडितराज के मत में अलौकिकत्व चमत्कारत्व का ही पर्याय है। 'वह एक विशेष प्रकार की आनन्ददायिनी अनुभूति है।'

प्राचीन और मध्यकालीन युगों में सोद्देश्यता काव्य का दोष नहीं मानी जाती थी, किन्तु आधुनिकता की निगूढ़ व्याप्तियाँ जैसे-जैसे खुलती जाती हैं, सोद्देश्यता काव्य का दुर्गुण बनती जाती है। सन्देशवाही कवि पहले के समाज में आदरणीय व्यक्ति था और लोग चर्चा के दौर में उसके विचारों का हवाला देते थे, उसकी पंक्तियों को उद्धृत करते थे; किन्तु अब जो कविताएँ जितनी ही अधिक आधुनिक होती हैं, वे उतनी ही जीवन और कर्म से अधिक दूर होती हैं। उनका उद्देश्य मनुष्य को ज्ञान देना नहीं, उसकी चेतना को चौंकाना होता है। अतएव कर्मरत समाज उनके भीतर अपने लिए कोई प्रेरणा नहीं पा सकता, न वह इन कविताओं के प्रति कोई श्रद्धा रखता है।

जैसे पहले के साहित्य में शुद्ध और सोद्देश्य के बीच भेद नहीं था, उसी प्रकार पुरानी कविताओं में भाव और विचार के बीच भी विभाजन नहीं चलता था। साहित्य विचारों से नहीं, भावों से उत्पन्न होता है, यह मान्यता पहले भी चलती थी, किन्तु जो विचार भावों की सहायता करने को अथवा उनकी लपेट

में आते हैं, उनका वर्जन या बहिष्कार पहले नहीं किया जाता था। कविताओं का प्रतिलोम गद्य नहीं, विज्ञान है और जो बातें वैज्ञानिक तर्कों के साथ कही जाती हैं, वे छन्दयुक्त होने पर भी काव्य नहीं हो सकतीं—इस सिद्धान्त में लोग दृढ़ता के साथ विश्वास करते थे। इसका प्रमाण यह है कि छन्दोबद्ध होने पर भी आयुर्वेद और ज्योतिष भारत में काव्य नहीं, विज्ञान ही माने जाते थे।

आधुनिक काव्यशास्त्र में भाव और विचार का द्वन्द्व अत्यन्त प्रखर हो उठा है किन्तु सिद्धान्त के स्तर पर आज तक भी उस फार्मूले का पता नहीं लगाया जा सका, जिसके आधार पर हम यह कह सकें कि यह भाव है और यह विचार, अतएव इसे कविता में रहना चाहिए और इसे नहीं रहना चाहिए। इलियट ने इस समस्या का समाधान यह कहकर किया है कि कविता विचार के भाव-पक्ष (इमोशनल इक्विवेलेंट ऑफ थाट) को लेकर काम करती है। किन्तु मनोविज्ञान कहता है कि दुनिया में जितने भी विचार हैं, वे आरम्भ में, भावों के रूप में ही उत्पन्न हुए थे और वे शनैः-शनैः, स्वच्छ होकर विचारों के स्तर पर पहुँचे हैं। विचार और कुछ नहीं, भाव का स्फटिक-रूप है।

लेकिन सिद्धान्त के स्तर पर भाव और विचार का विभाजन चाहे जितना कठिन हो, व्यवहार में वह उतना कठिन नहीं है।

*सुन्दरता कहँ सुन्दर करई,*
*छबिगृह दीपसिखा जनु बरई।*

यह कविता केवल भाव की कविता है क्योंकि उसमें ज्ञान-दान का प्रयास नहीं है, उपदेश की महक और सोद्देश्यता की गंध नहीं है। वह केवल सौन्दर्य की अनुभूति से उत्पन्न हुई है और सौन्दर्य का दर्शन कराने के बाद ये पंक्तियाँ और कुछ कहना नहीं चाहतीं।

किन्तु :

*ज्ञान को पंथ कृपान की धारा,*
*परत खगेस न लावइ बारा।*
*जो निर्बिघ्न पंथ निरबहई,*
*सो कैवल्य परम पद लहई।*

यह कविता भाव नहीं, विचार की कविता है। वह सोद्देश्य है। वह एक नैतिकता का प्रचार करती है, एक प्रकार के कर्तव्य की प्रेरणा देती है।

इसी प्रकार :

*अलक मुबारक तिय वदन लटकि परी यों साफ,*
*खुशनवीस मंशी मदन लिख्यौ काँच पर काफ।*

मुबारक के इस दोहे में कोई भी विचार नहीं है। वह केवल सौन्दर्यानुभूति की कविता है। यह दोहा शुद्ध कविता का उदाहरण है क्योंकि कवि यहाँ कोई ज्ञान-कथन न करके केवल एक चित्र दिखाना चाहता है; किन्तु :

*रहिमन अँसुआ नयन ढरि, जिय दुख प्रगट करेइ।*
*जाहि निकारो गेह ते, कस न भेद कहि देइ?*

रहीम का यह दोहा शुद्ध कवित्व का उदाहरण नहीं हो सकता क्योंकि आँसुओं के वर्णन के साथ-साथ कवि ने यहाँ मनुष्यों को उपदेश दिया है। और इस उपदेश का लक्ष्य एक कर्तव्य है अर्थात् जो व्यक्ति तुम्हारे रहस्य को जानता है, उसे घर से मत निकालो। यह कविता भाव नहीं, विचार की कविता मानी जाएगी।

कविता में ज्ञान जहाँ भी प्रवेश करता है, वह किसी-न-किसी कर्म की प्रेरणा से सम्पृक्त होता है। किन्तु तब भी ऐसे कवि हुए हैं, जो यह मानते थे कि कविता चाहे सोद्‌देश्य भी हो किन्तु रचना उसकी स्वान्तःसुखाय ही की जाती है। ऐसे कवि गोस्वामी तुलसीदास थे, जिनके यहाँ विचारों का बहिष्कार नहीं है, यद्यपि गान वे अपने ही अन्तःसुख के लिए करते हैं। और यही लक्षण उन सभी महाकवियों पर घटता है, जिन्हें हम शताब्दियों से पूजते आए हैं।

जो कवि स्वान्तःसुखाय रचना करता है, उसकी कविताओं में यदि विचारों का प्राचुर्य दिखाई पड़े, तब भी यह कहने का कोई आधार नहीं है कि यह कवि स्वान्तःसुख की बात व्यर्थ करता है। असल में, वह जीवन पर अपना प्रभाव डालने को बेचैन है। क्योंकि जीवन को प्रभावित करने की उमंग भी यद्यपि अन्तःसुख देनेवाली उमंग हो सकती है, लेकिन कवि के आत्मानन्द का कारण यह कभी नहीं होता कि संसार को वह अपनी कल्पना से प्रभावित होते देखता है बल्कि उसका आनन्द रचना की प्रक्रिया से आता है, अपने भावों को ठीक से समझने और उन्हें मूर्त रूप देने से उत्पन्न होता है। 'कला के लिए कला' का सिद्धान्त बार-बार खंडित किये जाने पर भी सत्य है। कवि को यदि रचना की प्रक्रिया से अलौकिक आनन्द की प्राप्ति नहीं हो, तो उसकी कविता से पाठकों को भी आनन्द नहीं मिलेगा। कला की सारी कृतियाँ पहले अपने-आपके लिए रची जाती हैं। अगर कदम-कदम पर वे कलाकार को आनन्दमग्न करके उसे अपने ऊपर आसक्त न रख सकें, तो उन कृतियों का निर्माण ही असम्भव हो जाए। अतएव इस सत्य से इनकार सम्भव नहीं है कि जिन सत्कवियों में विचारों का आधिक्य रहता है, वे भी अपने काव्य की रचना, सबसे पहले, आनन्द के लिए ही करते हैं। समाज पर उनकी कविताओं का जो प्रभाव पड़ता है, वह रचना की प्रेरणा नहीं, उसका परिणाम है।

जो कवि ज्ञान का उपयोग करता है, उसकी कविताएँ, कहीं-न-कहीं जाकर, कर्तव्य को प्रेरित करती हैं। किन्तु जो केवल भावनाओं को लेकर चलता है, वह सौन्दर्य दिखाने के बाद और कोई काम नहीं करता। तुलसीदास में भावना और ज्ञान, दोनों का प्राचुर्य है, किन्तु गोस्वामी जी इस बात से लज्जित नहीं थे कि उन्होंने अपने को भावनाओं तक ही सीमित क्यों नहीं रखा। लेकिन रवीन्द्रनाथ में हम इस संकोच का किंचित् आभास पाते हैं। 'जब मैं कर्म करता हूँ, भगवान मेरा आदर करते हैं। जब मैं गान करता हूँ, वे मुझे प्यार करते हैं।'–इस उक्ति में कर्म से तात्पर्य कर्तव्य की कविता से भी है, जिसे हम सोद्‌देश्य काव्य कहते हैं।

इस दृष्टि से विचार करने पर सभी कवि हमें दो श्रेणियों में विभक्त दिखाई देते हैं। एक श्रेणी उन कवियों की बनती है, जो अपनी आनन्ददायिनी कला का उपयोग मुख्यतः जीवन को प्रभावित करने के लिए करते हैं, सभ्यता को परिवर्तित करने अथवा उसके मूल्यों की रक्षा करने को करते हैं। और दूसरी श्रेणी में वे कवि आते हैं, जिनका ध्येय मुख्यतः भावों का निरूपण, सौन्दर्य का चित्रण और अनुभूतियों का आख्यान है। वाल्मीकि, व्यास, तुलसीदास, टॉल्स्टॉय, इकबाल और काजी नजरुल इस्लाम को हम पहली श्रेणी में रखेंगे और दूसरी श्रेणी में कालिदास, बाणभट्ट, अमरुक, हाल, जयदेव, रहस्यवादी कबीर, सूरदास, विद्यापति, बिहारीलाल, गालिब और महादेवी आदि का स्थान होगा। यदि हम चाहें तो यह भी कह सकते हैं कि पहली श्रेणी के कवि कवि हैं, और दूसरी श्रेणी के कवि कलाकार हैं। काव्यकला का विलक्षण उपयोग तो दोनों श्रेणियों के मनीषी करते हैं, किन्तु जिसके भीतर कर्तव्य की चेतना होती है, उसकी रचना में, प्रत्यक्ष या अप्रत्यक्ष, कोई उद्‌देश्य भी होता है। किन्तु जो कवि केवल सौन्दर्य का प्रेमी है, वह शुद्ध कलाकार बन जाता है।

कवि और कलाकार का यह विभाजन वैध नहीं है, फिर भी, इस काल्पनिक विभाजन से समस्या पर थोड़ा प्रकाश पड़ता है। कवि और कलाकार में से किसका काम बड़ा है? दोनों में से कौन है जो कविता के लिए अधिक अनिवार्य है? हमारा खयाल है, सिद्धान्त के धरातल पर इस प्रश्न का जो उत्तर निकलेगा, वह कवियों के खिलाफ जाएगा, क्योंकि कवि शब्द के भीतर यहाँ हमने जो अर्थ रखा है, उसे देखते हुए कहा यही जा सकता है कि कवि की सहायता के बिना कलाकार का काम तो चल सकता है, किन्तु कलाकार का गुण अपनाए बिना कोई भी कवि कवि नहीं रह सकता। कलाकार कवि पर अवलम्बित नहीं है, किन्तु कवि की निर्भरता कलाकार पर है। कविता जिन विशिष्ट गुणों के कारण

शास्त्र से भिन्न समझी जाती है, वे गुण कलाकार के गुण हैं। अगर कवि इन गुणों को नहीं अपनाए तो फिर उसके उपदेशों का भी वही हाल होगा जो हाल धर्माचार्यों, दार्शनिकों और राजनीतिज्ञों के उपदेशों का होता है। अतएव कवि की भी प्रभविष्णुता का उत्स उसके ज्ञान और अनुभव में नहीं, बल्कि उसकी कलाकारिता में होता है। आनन्द उत्पन्न करने की शक्ति कला की शक्ति है। ज्ञान आनन्ददायी इसलिए बन जाता है कि कला उसका साथ देती है। अतएव कवि की महत्ता उसके ज्ञान नहीं, कला के कारण होती है।

अब तक के साहित्य में महिमा उनकी रही थी, जो ज्ञान को उचित मात्रा में आनन्द से मिलाकर अपने काव्य की रचना करते थे। किन्तु अब कविता चाहती है कि प्रभविष्णु होने के लिए वह ज्ञान से मैत्री नहीं करेगी। जैसे प्रत्येक विद्या केवल अपनी शक्ति से जीती है, उसी प्रकार कविता भी केवल अपनी ही शक्ति से जिएगी। इसीलिए, वह सम्पूर्ण शुद्धता की तलाश में है। और शुद्धता से तात्पर्य इस बात से है कि कविता की पूजा इसलिए नहीं होनी चाहिए कि वह समाज के लिए किसी स्थूल उपयोग की वस्तु है बल्कि इसलिए कि वह मनुष्य की एक शक्ति है, चीजों को देखने की एक दृष्टि है। वह एक ऐसा यंत्र है जिससे मनुष्य का वह रूप पकड़ा जाता है, जिस रूप को ग्रहण करने अथवा समझने में अन्य सभी विद्याएँ असमर्थ हैं।

यह भी ध्यान देने की बात है कि साहित्य के इतिहास में जो भी लोग कवि के पक्षपाती रहे हैं (टॉल्स्टॉय, इकबाल, रामचन्द्र शुक्ल), वे मानते थे कि साहित्य समाज के उपयोग में आनेवाली वस्तु है, अतएव उसे नैतिकता का बन्धन मानकर चलना चाहिए। किन्तु जिनका (रेम्बू, मलार्मे, ऑस्कर वाइल्ड, क्रोसे और रवीन्द्रनाथ) पक्षपात कलाकार के साथ था, वे उपयोगिता में विश्वास नहीं करते थे। क्रोसे का कहना था कि कला उपयोग का यंत्र नहीं, केवल आनन्द जगानेवाली वस्तु है। यदि कला की कृतियों से समाज में कदाचार फैलता हो, तो भी कलाकार पर प्रतिबन्ध लगाना गलत काम है। वैसी हालत में सरकार को चाहिए कि वह पुलिस की संख्या में वृद्धि कर दे।

और रवीन्द्रनाथ ने लिखा है कि कला व्यक्तित्व की अभिव्यक्ति को कहते हैं। किन्तु मनुष्य जब तक उपयोगिता के घेरे में है, तब तक उसका व्यक्तित्व नहीं है। व्यक्तित्व हमारा तब आरम्भ होता है, जब हम उपयोगिता के घेरे को लाँघने लगते हैं, जब हम ऐसे कार्य आरम्भ करते हैं, जिनका हमारी जैविक आवश्यकताओं से कोई सम्बन्ध नहीं है। माता, बहन, सखी और देशसेविका के रूप में नारियों का अपरिमित उपयोग है, किन्तु यह उनका व्यक्तित्व नहीं है।

नारी का व्यक्तित्व उसकी भंगिमा में है, चलने-फिरने की अदाओं और नाना प्रकार के हाव-भाव में है। सिपाही का उपयोग युद्ध-भूमि में जाकर मारने और मरने में है। किन्तु यह उसका व्यक्तित्व नहीं है। व्यक्तित्व उसका तब उभरता है, जब वह वर्दी पहनकर बाजों की ताल पर कवायद की चाल में चलता है।

उपयोगिता का धरातल वह धरातल है, जिस पर मनुष्य और पशु, दोनों समान हैं। आहार, निद्रा, भय और मैथुन पशुओं का भी धर्म है और मनुष्यों का भी। मनुष्य और पशु में मुख्य भेद यह है कि मनुष्य ज्यों-ज्यों सुसंस्कृत होता है, त्यों-त्यों वह अनुपयोगी कार्य अधिक करता जाता है। महलों में उसे खिड़कियाँ चाहिए और खिड़कियों में खूब महीन पर्दे जो स्वप्न के समान झूलते हों। इनका शायद कुछ उपयोग माना भी जा सके, किन्तु दीवार पर चित्र टाँगने का क्या उपयोग है? नाचने, गाने, मूर्ति बनाने और शरीर को प्रसाधन से सज्जित करने का क्या उपयोग है? यह भी ध्यान देने की बात है कि प्रेम की निराशा से आहत होकर पशु आत्महत्या नहीं करते। आत्महत्या केवल मनुष्य करता है। पशु केवल उतने ही कर्म करते हैं, जितने से उनकी जैविक आवश्यकताओं की पूर्ति हो जाए; किन्तु मनुष्य की मनुष्यता तो तब तक आरम्भ ही नहीं होती, जब तक वह केवल अपनी जैविक आवश्यकता की पूर्ति में संलग्न है।

अर्थात् श्रेष्ठ साहित्य वह नहीं है, जिसका जीवन में कोई प्रत्यक्ष उपयोग है। श्रेष्ठ साहित्य हम उसे कहेंगे, जो सभी उपयोगों की सीमा के पार जन्म लेता है, जिसकी आवाज हम शिखर की उस ऊँचाई से सुनते हैं, जो कर्म की तलहटी से दूर है, जो उपयोग की सभी सीमाओं से परे है और जहाँ पहुँचने के लिए तर्कों के सोपान नहीं बनाये जा सकते।

इसीलिए रहस्यवाद की सारी कविताएँ शुद्ध कवित्व की कोटि में आती हैं।

*हम बासी उस देश के जहँ पार ब्रह्म का खेल,*
*दीपक जरै अगम्य का बिन बाती, बिन तेल।*
*हद छाड़ि बेहद गया, रहा निरन्तर होय,*
*बेहद के मैदान में रहा कबीरा सोय।*

ये कविताएँ शुद्ध इसलिए हैं कि इनके भीतर कोई उपदेश नहीं है, कर्म की कोई प्रेरणा नहीं है, न मनुष्य के सुधार अथवा समाज की रक्षा की कोई चिन्ता है।

लेकिन जब कबीर साहब कहते हैं कि :

*हद में रहै सो मानवी, बेहद रहै सो साध,*
*हद-बेहद दोनों तजै ताके मता अगाध।*

तब इस दोहे को हम शुद्ध कवित्व की कोटि में नहीं रख सकते क्योंकि यहाँ एक स्पष्ट उपदेश है कि निर्गुण और सगुण के पचड़े से ऊपर उठे बिना मनुष्य को इष्ट की प्राप्ति नहीं हो सकती।

किन्तु :

*जिन मरने थैं जग डरै, सो मेरो आनन्द,*
*कब मरिहूँ कब देखिहूँ पूरन परमानन्द।*

यह दोहा शुद्ध कवित्व का दोहा है क्योंकि कबीर साहब यहाँ कोई उपदेश नहीं देकर अपनी एक निजी भावना की अभिव्यक्ति कर रहे हैं। अगर यह कहा जाए कि कबीर साहब यहाँ भी उपदेशक हैं और वे इस ज्ञान का प्रचार कर रहे हैं कि जब तक मृत्यु नहीं आती, तब तक परमात्मा का साक्षात्कार नहीं हो सकता, तो वह खींचतान की बात होगी। ऐसे प्रचार को हम उपदेश नहीं, मूल्य का प्रचार कह सकते हैं, किन्तु वह कबीर साहब का उद्‌देश्य नहीं, उनकी कविता का परिणाम है। यह सत्य है कि शुद्धता के अतिवादी कवि अब मूल्यों के प्रचार से भी भागते हैं। किन्तु वह आज की बात है। आज से पूर्व की कविता में भावों और अनुभूतियों का वर्णन शुद्धता की कोटि में ही समझा जाता था। और मूल्य की बात कहें तो सामान्य नियम यही हो सकता है कि प्रत्येक कविता से किसी-न-किसी मूल्य का प्रचार होता है।

कबीरदास जी धर्म के नेता थे, अतएव समाज को बदलने के लिए उन्होंने बहुत-सी ऐसी कविताएँ भी लिखी हैं, जो सोद्‌देश्य हैं और वे शुद्धता की कोटि में न आने पर भी ऊँची कविताएँ हैं। लेकिन आधुनिक युग की रहस्यवादिनी श्रीमती महादेवी वर्मा ने, शायद ही, ऐसी कोई कविता लिखी हो, जो शुद्ध कवित्व की कोटि में न रखी जा सके। इसी प्रकार पंत जी और निराला जी की ऐसी अनेक कविताएँ हैं, जो सौन्दर्य तथा आनन्द की अभिव्यक्ति के बाद और कुछ भी कहना नहीं चाहतीं। निराला जी की 'जूही की कली' और 'शेफालिका' शुद्ध कवित्व के उदाहरण हैं। 'पल्लव' की सारी की सारी कविताएँ शुद्ध हैं। हाँ, परिवर्तन में से उद्‌देश्य की कुछ गंध अवश्य आती है।

रहस्यवाद के बाद शुद्ध काव्य की सर्वाधिक रचना प्रकृति को लेकर की गई है, यद्यपि इसके अपवाद भी हैं। सबसे बड़े अपवाद गोस्वामी तुलसीदास हैं, जिन्होंने प्रकृति के रूपों का वर्णन मनुष्य को उपदेश सुनाने के लिए किया है :

*पुरइन सघन ओट जल, वेग न पाइअ मर्म,*
*मायाछन्न न देखिए जैसे निर्गुन ब्रह्म।*
*फल भारन नमि बिटप सब रहै भूमि नियराइ,*
*पर उपकारी पुरुष जिमि नवहिं सुसंपति पाइ।*

*हरित भूति तृनसंकुल सूझि परइ नहिं पंथ,*
*जिमि पाषण्ड विवाद ते लुप्त भए सद्ग्रंथ।*

इन दोनों में प्रकृति के रूपों का वर्णन बहुत ही सुन्दर हुआ है, किन्तु वह शुद्धता की कोटि में इसलिए नहीं माना जाएगा क्योंकि प्रकृति के रूपों का उपयोग यहाँ ज्ञान-दान के निमित्त किया गया है।

और दूसरे अपवाद वे शृंगाराचार्य हैं, जिन्हें प्रकृति का वर्णन उद्दीपन विभाव के रूप में करना पड़ा है :

*दूरि जदुराई, सेनापति सुखदायी देखो,*
*आई ऋतु पावस, न पाई प्रेम पतियाँ।*
*धीर जलधर की सुनत धुन धरकी है,*
*दरकी सुहागिन की छोह भरी छतियाँ।*
*आई सुधि बर की, हिये में आनि खरकी, तू,*
*मेरी प्रानप्यारी यह प्रीतम की बतियाँ।*
*बीती औधि आवन की लाल मन भावन की,*
*डग भयी बावन की सावन की रतियाँ।*

पावस का यह वर्णन शुद्धता की कोटि में इस कारण नहीं माना जाएगा क्योंकि वह सोद्देश्य है। प्रकृति के एक रूप का वर्णन यहाँ प्रकृति के सौन्दर्य-अंकन के लिए नहीं, प्रत्युत विरहिणी की व्याकुलता दिखाने को किया गया है।

किन्तु अब यह परिपाटी समाप्त हो गई है। आधुनिक कवि प्रकृति का वर्णन केवल उसके रूपांकन के लिए करते हैं, उससे कोई उपदेश निकालना उनका ध्येय नहीं है :

*प्रात नभ था बहुत नीला शंख जैसे,*
*भोर का नभ*
*राख से लीपा हुआ चौका*
*अभी गीला पड़ा है।*

**—शमशेर बहादुर सिंह**

*सूप-सूप भर धूप कनक*
*यह सूने नभ में गई बिखर;*
*चौंधाया बीन रहा है,*
*उसे अकेला एक कुरर।*

**—अज्ञेय**

*अपने हल्के-फुल्के उड़ते स्पर्शों से*
*मुझको छू जाती है।*
*जार्जेट के पीले पल्लों-सी*
*यह दोपहर नवम्बर की।*

**—धर्मवीर भारती**

प्रकृति के रूपों के ऐसे तटस्थ वर्णन कभी-कभी रीतियुग में भी मिलते हैं और खड़ी बोली के उन कवियों में भी जो रीति-परम्परा का जब-तब कुछ उपयोग कर लेते थे :

*सिसिर तुषार के बुखार से उखारत है,*
*पूस बीते होत सून हाथ-पाइ ठिरि कै।*
*द्यौस की छुटाई की बड़ाई बरनी न जाइ,*
*सेनापति पाई कछू सोचि कै, सुमिर कै।*
*सीत तें सहस-कर सहस-चरन ह्वै कै,*
*ऐसे जात भाजि तम आवत है घिरि कै।*
*जौ लौं कोक कोकी को मिलत तौ लौं होति राति,*
*कोक अध-बीच ही तैं आवत है फिरि कै।*

**—सेनापति**

सेनापति का यह कवित्त शुद्ध कविता का उदाहरण है क्योंकि उसमें जाड़े के दिन के अत्यन्त छोटे होने का वर्णन तटस्थ भाव से किया गया है। उसके भीतर से कोई उपदेश देना अथवा उसके बहाने नायिका की दशा का वर्णन करना कवि का उद्देश्य नहीं है।

इसी प्रकार नीचे का वर्षा-वर्णन भी शुद्ध कवित्व का उदाहरण है :

*तान वितान दिया नभ ने,*
*हरियाली ने चादर चारु बिछाई।*
*हाथ में ली चपला ने मशाल है,*
*झिल्लियों ने मिल बीन बजाई।*
*वारिदों ने है मृदंग पै थाप दी,*
*चातकियों ने मलार है गाई।*
*विश्व के प्रांगण में सज के,*
*ऋतु पावस नर्तकी नाचती आई।*

**—हितैषी**

प्रकृति-वर्णन की यह परम्परा बहुत दिनों तक संस्कृत में खूब समृद्ध रही थी। वाल्मीकि और कालिदास में यह शक्ति थी कि अपनी ओर से कुछ भी जोड़े बिना, वे प्रकृति के अद्भुत रूपों का वर्णन तटस्थ भाव से कर सकते थे :

*वाष्पसंच्छन्नसलिला रुतविज्ञेयसारसाः*
*हिमार्द्रवालुकैस्तीरैः सरितो भान्ति सांप्रतम्।*

**—वाल्मीकि**

अर्थात् नदियों का जल वाष्प से ढँका हुआ है। उसमें विचरनेवाले सारस केवल अपने कलरवों से पहचाने जाते हैं तथा ये सरिताएँ भी ओस से भीगे हुए बालू वाले अपने तटों से ही पहचानी जाती हैं। (वाष्प के मारे जल दिखाई नहीं पड़ता है।)

इसी प्रकार कालिदास ने निम्नलिखित श्लोक में प्रकृति का जो चित्र खींचा है, वह लेखनी से नहीं, तूलिका से निर्मित जान पड़ता है :

*कर्कन्धूनामुपरि तुहिनं रंजयत्यग्रसंध्या*
*दार्भं मुंचत्युटजपटलं वीतनिद्रो मयूरः।*
*वेदिप्रान्तात् खुरविलिखितादुत्थितश्चैषसद्यः*
*पश्चादुच्चैर्भवति हरिणः स्वांगमायच्छमानः॥*

यह प्रातःकाल का दृश्य है। कर्कन्धू के पौधों पर पड़े हुए ओसकणों को ऊषा रंगीन बना रही है। नींद से जागा हुआ मयूर दर्भ-निर्मित कुटीर से बाहर निकल रहा है। यज्ञशाला की भूमि हरिण के खुर से चिह्नित है (क्योंकि हरिण ने रात-भर वहीं विश्राम किया था)। अब उस हरिण की नींद खुल गई है। वह अँगड़ाई लेता हुआ खड़ा हो रहा है। (हरिण जब उठने लगते हैं, तब पहले वे अपनी पिछली टाँगों को उठाते हैं, इसलिए) लगता है, जैसे उसका पिछला भाग ऊँचा और लम्बा हो गया हो!

प्राकृतिक छटा के तटस्थ वर्णन की यह परम्परा भवभूति के समय तक भी शेष थी। ऋषि शम्बूक जहाँ तपस्या कर रहे थे, उस वन में बहनेवाली एक नदी का वर्णन करते हुए भवभूति ने लिखा है :

*इह समदशकुन्ताक्रान्तवानीरवीरुत्,*
*प्रसवसुरभिशीतस्वच्छतोया वहन्ति।*
*फलभरपरिणामश्यामजम्बूनिकुंज —*
*स्खलनमुखरभूरिस्रोतसो निर्झरण्यः।*

अर्थात् यहाँ मदमाते पक्षियों के झुंडों से आक्रान्त, वेतलताओं से गिरते हुए पुष्पों से सुगन्धित जलवाले झरने बहते हैं। उन झरनों के जल में वृक्षों से टप-टप गिरते हुए काले-काले जामुन एक अनोखे संगीत की सृष्टि कर रहे हैं।

किन्तु जब संस्कृत में रीतिवाद की परम्परा चली, यह वर्णन उतना तटस्थ नहीं रहा। इस विकार की चरम परिणति हिन्दी के रीतिकालीन काव्य में हुई। किन्तु चीनी और जापानी कवियों का प्रकृति-वर्णन इस दोष से दूषित नहीं हुआ। उद्दीपन के रूप में प्रकृति का उपयोग चीनी कवियों ने भी किया था, किन्तु चीन और जापान में, तब भी, प्रकृति बराबर स्वाधीन रही और मनुष्य के व्यक्तित्व की तुलना में उसका व्यक्तित्व बराबर अधिक विशाल बना रहा। चीनी कवियों में प्राकृतिक शोभा का वर्णन केवल तटस्थ ही नहीं है, बल्कि उन कविताओं में कवि यह भी संकेत दे देते हैं कि प्राकृतिक शोभा से मिलनेवाला सुख बिलकुल वैयक्तिक सुख है :

*पहाड़ों पर मेरी सम्पदा क्या है?*
*उनके शिखरों पर बहुत-से बादल बसते हैं।*
*मगर इनका आनन्द केवल मेरे लिए है।*
*महाराज! उन्हें पकड़कर मैं*
*आपके पास नहीं भेज सकूँगा।*

**—ताओ हुङ् चिङ्**

*लोयाङ में वसन्त ज्यादा देर टिकता है।*
*चारों ओर उसकी बहार है।*
*नरकट के पत्ते झरने लगे हैं।*
*आड़ू के पत्ते भी झर रहे हैं।*
*मगर वे अभी लुप्त नहीं हुए हैं।*
*छप्पर के कोने में घुसने के लिए*
*गौरैये आपस में झगड़ते हैं।*
*जंगलों में पक्षी पाँती बाँधकर नहीं,*
*बेतरतीब उड़ रहे हैं।*

**—याङ् क्वाङ्**

प्रकृति-वर्णन की शुद्ध परम्परा चीनी की अपेक्षा जापानी कविताओं में अधिक विकसित हुई थी। चीनी कविताओं की खास खूबी अल्हड़पन थी मगर सामाजिकता की थोड़ी गंध उसमें बहुधा आ जाती थी। किन्तु जापानी कविता इतनी-सी स्थूलता से भी मुक्त रही है। वह वैयक्तिक अनुभूति की कविता होती है और आकार में भी वह चीनी कविताओं से अक्सर छोटी होती है :

*चाँद रेंगकर पर्वतों के पार जा छिपा।*
*नाव के दीये का प्रकाश,*

*खुले समुद्र पर झिलमिला रहा है।*
*हम समझते हैं, रात्रि के अन्धकार में*
*हमारी नाव अकेली जा रही है।*
*इतने में समुद्र से पतवारों के चलने की*
*आवाज आती है।*

**—कामो तारुहितो**

*बसन्त में जब कुहासा घिरता है,*
*जंगली हंस ताल छोड़कर दूर चले जाते हैं।*
*फूलों से विहीन देश में रहने की*
*बान उन्होंने सीख ली है।*

**—श्रीमती इसे**

*कोयल ने कूक भरी।*
*मैंने चौंककर देखा कि आवाज*
*किधर से आई है।*
*मगर कोयल दिखी नहीं।*
*दिखा केवल भोर का चाँद*
*जो उधर आकाश में लटका हुआ था।*

**—साने सदा**

*बर्फ, अब तुम गिर सकती हो।*
*क्रिसेंथमम के बाद*
*फूल अब और नहीं खिलेंगे।*

**—ओयमारू**

चीन और जापान के काव्य और चित्रकारी में प्रकृति का जितना बड़ा स्थान रहा, उसका उतना बड़ा स्थान किसी अन्य देश की कला में, शायद ही, कभी रहा हो। इसीलिए, प्रकृति-वर्णन की शुद्ध कविताओं के जितने अधिक उदाहरण चीनी और जापानी भाषाओं में हैं, उतने कदाचित् ही किसी अन्य देश की कला में उपलब्ध हों। यह भी ध्यान देने की बात है कि जब से शुद्ध कवित्व का आन्दोलन यूरोप में जोर से उठा, तब से चीनी और जापानी कविताओं के अनुवाद यूरोपीय भाषाओं में बहुतायत से किये गए हैं।

शुद्ध कवित्व की तृषा आधुनिक कवियों की सबसे प्रमुख तृषा है; किन्तु यह समझना भूल होगी कि सभी आधुनिक कवि केवल शुद्ध कविताएँ ही लिखते रहे हैं। इलियट शुद्ध कवित्व के बहुत बड़े पक्षपाती थे, किन्तु उनका 'वैस्ट लैंड'

शुद्ध कविता का सही उदाहरण नहीं माना जा सकता। 'वैस्ट लैंड', किसी-न-किसी हद तक, सोद्‌देश्य काव्य है, गरचे उसका उद्‌देश्य अत्यन्त अप्रत्यक्ष है। हिन्दी के आधुनिक कवियों के बारे में भी यह नहीं कहा जा सकता कि वे हमेशा भावों तक ही सीमित रहते हैं अथवा विचारों से उनका परहेज हमेशा कायम रहता है :

*अच्छा खंडित सत्य*
*सुघर, नीरन्ध्र मृषा से,*
*अच्छा पीड़ित प्यार*
*सहिष्णु, अकम्पित निर्ममता से।*

**–अज्ञेय**

यह भावों नहीं, विचारों की कविता है और वह सोद्‌देश्य भी मानी जा सकती है :

*चाँदनी चन्दन-सदृश हम क्यों लिखें?*
*मुख हमें कमलों-सरीखे क्यों दिखें?*
*हम लिखेंगे, चाँदनी उस रुपये-जैसी है*
*कि जिसमें चमक है, पर खनक गायब है।*

**–अजित कुमार**

यह कविता भी शुद्ध कविता नहीं है, क्योंकि वह तटस्थ नहीं है। दूर पर, कहीं-न-कहीं, वह एक सामाजिक आन्दोलन से सम्बद्ध है और एक खास उद्‌देश्य का प्रचार करना चाहती है। यथा :

*बाँधो, यह नदी घृणा की है,*
*काली चट्‌टानों के सीने से निकली है,*
*अन्धी, जहरीली गुफाओं से उबली है,*
*इसको छूते ही हरे वृक्ष सड़ जाएँगे।*
*नदी यह घृणा की है।*

**–धर्मवीर भारती**

वैसे, कविता की ये अच्छी पंक्तियाँ हैं किन्तु शुद्धता की कसौटी पर ये खरी नहीं उतरतीं, क्योंकि उनका ध्येय एक नैतिकता का प्रचार है।

और सोद्‌देश्यता वहाँ भी अपना पता दे देती है, जहाँ बातें इस अदा से कही जाती हैं, मानो कवि तटस्थ भाव से बोल रहा हो :

*हरे भरे हैं खेत,*
*मगर खलिहान नहीं;*
*बहुत महतों का मान,*
*मगर दो मुट्‌ठी धान नहीं।*

**–अज्ञेय**

कविता और शुद्ध कविता का भेद यदि यहीं पर खत्म हो जाता, तो चिन्ता की कोई बात नहीं थी; किन्तु बातें यहीं पर खत्म नहीं होतीं। शुद्धता की साधना में अन्तरराष्ट्रीय काव्य अब एक ऐसी ऊँचाई पर पहुँच गया है, जहाँ काव्य-विषयक हमारी परम्परागत मान्यताएँ छूँछी और निस्सार दिखाई देने लगी हैं। कविता पहले कथाएँ भी कहती थी, किन्तु यह कार्य अब उसने उपन्यासों के लिए छोड़ दिया है। कविता, यहाँ तक कि शुद्ध कविता का भी ध्येय पहले भावदशा का वर्णन समझा जाता था, किन्तु संसार के नये कवियों ने यह काम भी छोड़ दिया, क्योंकि भावदशा का वर्णन कथालेखकों का काम है। अन्तरराष्ट्रीय काव्य अब समाज की ओर नहीं देखता; नैतिकता, धर्म, राजनीति, यहाँ तक कि शान्ति की समस्या की ओर भी नहीं देखता। वह वस्तुओं के उन रूपों की तलाश में है, जिनका वर्णन न उपन्यासकार कर सकता है, न कथाकार; न इतिहास-लेखक कर सकता है, न दर्शनाचार्य; जो रूप केवल उन्हें दिखाई देते हैं, जिनकी संबुद्धि औसत मनीषियों की अपेक्षा कुछ अधिक सजीव है।

नई मान्यता के अनुसार छन्द और तुकें तभी तक सार्थक हैं, जब तक वे अकृत्रिम रूप से अपना काम करते हों। कवि का कार्य छन्द और तुकों की घूस देकर पाठकों को रिझाना नहीं है। उसका काम अनुभूतियों को उनके सही रूप में ग्रहण करना है। जिस चिन्ता ने कवि को गरस लिया है, छन्द और तुकों के लोभ में, उस चिन्ता को इधर या उधर मुड़ना नहीं चाहिए। उसे सीधे उस दिशा की ओर चलना चाहिए जो उसकी स्वाभाविक गति की दिशा है। उस बिन्दु तक पहुँचना चाहिए जो उसकी चरम परिणति का बिन्दु है। यदि छन्द और तुक चिन्ता की इस स्वच्छ और स्वच्छन्द प्रगति में बाधा डालते हैं (और कौन कह सकता है कि वे बाधा नहीं डालते?) तो वे त्याज्य और तिरस्करणीय हैं। कवि के हाथ में भाषा सोचने का यंत्र मात्र है। जो कवि उसका प्रयोग पाठकों को रिझाने के लिए करता है, वह अपने कवि-धर्म पर आरूढ़ नहीं है। और भाषा अगर बराबर उसी भूमि में काम करती है, जिसमें बहुत से कवि काम कर चुके हैं, तो वह कोई बड़ा काम नहीं करती। उसका लक्ष्य नई भूमि पर अधिकार करना होना चाहिए। उसे उन संवेदनाओं को शब्दों के भीतर बिठाने की कोशिश करनी चाहिए जिन्हें अब तक भाषा का लिबास नहीं मिला है। प्रत्येक कवि का एक धर्म प्रयोक्ता का धर्म है और प्रत्येक कविता को, कुछ-न-कुछ, नया प्रयोग करना ही चाहिए।

और त्याज्य केवल छन्द और तुकें ही नहीं हैं, बल्कि वह चिन्ता भी त्याज्य है, जिसके अधीन कवि पाठकों को अर्थ बताना चाहता है। अर्थ अब कविता

का कोई नित्य धर्म नहीं है। कवित्व वह अद्‌भुत सृष्टि है, जिसका प्रभाव हम पर अर्थ समझने के पूर्व ही पड़ने लगता है और ऐसी कविताएँ सबसे श्रेष्ठ हैं, जिन्हें बार-बार पढ़ने पर भी पाठक को यह विश्वास नहीं हो कि कविता का सारा अर्थ उसकी समझ में आ गया है। कविता का प्रभाव उसमें प्रयुक्त शब्दों के संगीत का प्रभाव है; कविता का आनन्द उन झंकृतियों का आनन्द है, जो कभी भी पूरे तौर से पकड़ में नहीं आतीं; और कविता की मोहिनी उन संकेतों की मोहिनी है, जो हमें अपने-आपके पास पहुँचा देते हैं, जो हमारे हृदय में अमरत्व का आनन्द जगाते हैं।

शुद्ध चिन्तक वह है, जो राजा के भय से अपने चिन्तन की दिशा नहीं बदलता; जो अपयश के भय अथवा सुयश के लोभ से किसी ऐसी नैतिकता से समझौता नहीं करता, जो उसके चिन्तन को अग्राह्य है; जो निर्भय और निर्लोभ रहकर ठीक उस दिशा की ओर चलता है, जो उसके चिन्तन की स्वाभाविक दिशा है। इसी प्रकार शुद्धतावादी कवि अनुभूतियों के शुद्ध चित्रण को अपना ध्येय समझता है। वह इस भय से घबराकर शुद्धता से विचलित नहीं होता कि लोग उसकी कविता को नहीं समझ सकेंगे अथवा वे उसकी निन्दा करेंगे; न वह इस लोभ में पड़ता है कि शुद्धता से वह जरा-सा हट जाए तो राजा उस पर प्रसन्न हो जाएगा या जनता उस पर प्रशंसा की वृष्टि करेगी।

कविता गाने नहीं, बिसूरने की चीज है। कविता ताली बजाने की नहीं, सुनकर अपने भीतर डूब जाने की वस्तु है। कविता आदमी का सुधार नहीं करती, वह उसे चौंकाना जानती है, धक्के देना जानती है, उसकी चेतना की मुँदी आँखों को खोलना जानती है। कविता सीढ़ियों नहीं, छलाँगों की राह है। कविता विचारों के परवान पर चढ़कर अपने आकार को बढ़ाना नहीं चाहती। वह भावना की सच्चाई के बाद एक शब्द भी नहीं बोलती है। जहाँ भावना खत्म होती है, वहीं कविता का भी स्वाभाविक अन्त है। इसलिए, शुद्ध कविता छोटी ही हो सकती है क्योंकि भावना के प्रगाढ़ क्षण ज्यादा देर तक नहीं टिकते। और यह छोटी कविता और भी छोटी इसलिए हो जाती है कि अनुभूति के चित्रण में कवि उतने से एक भी अधिक शब्द नहीं खरचता, जितने की नितान्त आवश्यकता है। चित्रों की नई खूबी यह है कि उनकी रेखाएँ संख्या में न्यून हों। कविता की नई विशेषता यह है कि उसमें एक भी ऐसे शब्द का प्रयोग न किया गया हो, जिसके बिना कवि का काम चल सकता था। नई कविता का मनसूबा सूत्रशैली में बोलने का मनसूबा है। उसकी उमंग मंत्र के समान सुगठित और संक्षिप्त होने की उमंग है, जिसका कोई भी शब्द ऊर्जा से विहीन नहीं होगा।

यह कविता के विषय में बिलकुल ही नवीन धारणा है और उसका प्रभाव कविता पर इस जोर से पड़ा है कि वह अचानक अत्यन्त निगूढ़, बल्कि दुरूह हो उठी है। कविता की इस अति नवीन धारणा का प्रभाव कवि के व्यक्तित्व पर भी पड़ा है। आज का कवि समाज से जितना विच्छिन्न है, उतना विच्छिन्न पहले का योगी भी नहीं होता था। और यह प्रभाव केवल कविता तक ही सीमित नहीं है, उसके वृत्त में उपन्यास भी आ गए हैं, कहानियाँ भी आ गई हैं, नाटक भी आ गए हैं।

आगे के पृष्ठों में हम विचार करेंगे कि शुद्ध कवित्व-विषयक यह धारणा कैसे-कैसे बढ़ी है, उस पर कला के किन आन्दोलनों का प्रभाव पड़ा है तथा शुद्ध कवित्व के आन्दोलन से साहित्य और समाज का सम्बन्ध कैसे जटिल हो गया है।

# शुद्ध कविता का इतिहास-1

## 1. शुद्ध कविता और भारतीय आचार्य

प्राचीन काल में सभी देशों की कविताएँ धर्म, युद्ध, विरह और प्रेम को लेकर लिखी जाती थीं और इस भाव से लिखी जाती थीं कि पाठक या श्रोता उन कविताओं को समझ लेंगे और उनसे प्रेरणा ग्रहण करेंगे। कविता सोद्देश्य होनी चाहिए या निरुद्देश्य, यह प्रश्न उस समय नहीं उठा था और, साधारणतः, सभी लोग यह मानते थे कि कविता का उद्देश्य ज्ञानदान भी है और आनन्ददान भी। 'सद्यः परिनिर्वृत्तये कान्तासम्मिततयोपदेश युजे'—यह स्थापना भारत में आचार्य मम्मट ने रखी थी, किन्तु संसार-भर के कवि लगभग इसी सिद्धान्त में विश्वास करते थे।

उस समय लोग यह भी नहीं जानते थे कि काव्य की भी समस्याएँ होती हैं और उन पर विचार करते समय हमें भाव और विचार तथा शैली और विषय के द्वन्द्वों पर भी विचार करना चाहिए। कविताएँ महाकाव्यों में भी होती थीं और उन मुक्तकों में भी जो एक, दो या दस-पाँच श्लोकों के होते थे। महाकाव्यों का प्रभाव इसलिए पड़ता था कि उनमें कवित्व भी रहता था और कथा भी होती थी; अर्थात् जो आनन्द आज मुक्तक काव्य और उपन्यास के बीच अलग-अलग बँट गया है, वह महाकाव्य में सम्मिलित रूप से उपलब्ध होता था। हमारा अनुमान है कि उस समय के पाठक, शैली और विषय, इन नामों से अपरिचित होते हुए भी इस बात का अस्पष्ट अनुभव अवश्य करते होंगे कि मुक्तकों का प्रभाव महाकाव्यों के प्रभाव से भिन्न होता है। मुक्तकों की बेधकता से समाज इतना प्रभावित हुआ कि उसे चिन्ता हो उठी कि ये मुक्तक कहीं खो न जाएँ, अतएव मुक्तकों का संग्रह लोग सुभाषित के नाम से करने लगे। पीछे महाकाव्यों में से भी सुभाषित चुने जाने लगे और उनका संकलन मुक्तकों के साथ तैयार किया जाने लगा। यह काव्य के विशिष्टीकरण की प्रक्रिया का आरम्भ था।

किन्तु समाज पर महाकाव्यों का जो प्रभाव था, वह मुक्तकों का नहीं था। मुक्तक विशेष प्रकार के रसज्ञ पाठक पढ़ते थे, किन्तु महाकाव्य कथा-मंच से भी पढ़ा जाता था। अतएव साहित्य के भीतर एक मान्यता उत्पन्न हो गई कि काव्य की महिमा का कारण उसके विषय की महत्ता होती है। जो कवि जितने ही अधिक महान विषय पर काम करता है, उसका काव्य उतना ही ऊँचा और श्लाघ्य होता है। आज के प्रसंग में देखें तो यह कविता नहीं, धर्म, दर्शन, नैतिकता और इतिहास के साथ पक्षपात था और विषय को इतनी अधिक गरिमा देकर आचार्य शैली की महिमा को दबा रहे थे। किन्तु शैली उपेक्षित होने से इनकार करती थी, क्योंकि महाकाव्यों में से जो श्लोक सुभाषित-भांडार के लिए छाँटे जाते थे, उनमें शैली का सौन्दर्य कुछ अधिक प्रखर होता था। आज तो सुभाषित इसलिए निन्दित हो गए हैं कि अक्सर वे उपदेश के पद होते हैं, किन्तु प्राचीन काल में वे काव्य के अरण्य में स्वतःदीप्त पुष्पों की भाँति चमकते थे और यह चमक शैली के निखार से उत्पन्न होती थी। हमारा खयाल है, महाकाव्यों में से सुभाषित छाँटने की सूझ उसी प्रवृत्ति से उत्पन्न हुई होगी, जिस प्रवृत्ति के अति विकास से शुद्ध काव्य का आन्दोलन उत्पन्न हुआ है।

मुक्तक की महिमा यह भी है कि एक समय वे लगभग शुद्ध काव्य के प्रतीक थे। वे छोटे होते थे, उनमें भावों का वर्णन सूत्र-शैली में किया जाता था और वे वहीं समाप्त हो जाते थे, जहाँ भावों की समाप्ति होती थी। किन्तु कथा-काव्य संक्षिप्त काव्य नहीं होता। वह लम्बा होता है और लम्बा वह कवित्व के कारण नहीं, कथा के कारण होता है। किन्तु शुद्ध कविता की पंक्तियाँ कथा-काव्यों में भी उतरती थीं और कवि तथा पाठक उन पंक्तियों को बाकी कविता से श्रेष्ठ भी समझते थे। कविता रचते समय कवि की और उसका पाठ करते समय पाठक की दृष्टि, उस समय भी, इस बात पर जरूर जाती होगी कि कविता में सूक्ष्म सौन्दर्य की ऐसी भी पंक्तियाँ उभरती हैं, जिनका विषय से कोई खास सम्बन्ध नहीं है, जो कवि की वैयक्तिक प्रतिभा की कौंध से उत्पन्न होती हैं या जो महज शिल्प और कारीगरी के परिणाम हैं।

*मीनोपसंदर्शितमेखलानाम्*
*नदीवधूनां गतयोऽद्य मन्दाः।*
*कान्तोपभुक्तालसगामिनीनाम्*
*प्रभातकालेष्विवकामिनीनाम्।*

वाल्मीकि का यह श्लोक रामकथा के कारण नहीं चमकता है, प्रत्युत इस कारण कि वह शुद्ध कविता का श्लोक है।

इसी प्रकार :

*जहँ बिलोकु मृग सावक नैनी*
*जनु तहँ बरसु कमल सितसैनी।*
*सुन्दरता कहँ सुन्दर करई*
*छविगृह दीप सिखा जनु बरई।*

तुलसीदास जी की ये विलक्षण पंक्तियाँ रामकथा की महिमा से नहीं जनमी हैं, प्रत्युत वे कवि की प्रतिभा से उत्पन्न हुई हैं, उसकी शिल्प-निपुणता से प्रसूत हैं।

इसी प्रकार विद्यापति जब यह कहते हैं कि 'जनम-अवधि हम रूप निहारल नयन न तिरपित भेल', तब इसका कारण यह नहीं है कि उन्होंने श्रीकृष्ण के रूप को राधा की दृष्टि से देखने की कोशिश की थी, बल्कि यह कि किसी अपूर्व सौन्दर्य का चिन्तन करते-करते कवि को यह उक्ति सूझ गई। यह उसकी वैयक्तिक प्रतिभा का प्रसाद है। यह उसकी शिल्प-निपुणता का परिणाम है। राधा-कृष्ण के चरित से वह उत्पन्न नहीं हुई है।

काव्य-रसिकों की जो भावना ऐसी विलक्षण और विशुद्ध पंक्तियों से सर्वाधिक सन्तोष पाती थी, उसी ने विकसित होकर अब सम्पूर्ण काव्य को शुद्ध करने का व्रत ले लिया है। शुद्ध कवित्व का आन्दोलन मनुष्य की इसी अति काव्यात्मक प्रवृत्ति का विस्फोट है।

भारत के अनेक आचार्य काव्य की महिमा का मुख्य कारण विषय की महिमा को मानते थे, किन्तु यदि आलोचना के व्यवहार-पक्ष को देखें तो भारत में आलोचना से अभिप्राय शैली की ही आलोचना से था। अलंकार, रस, ध्वनि, रीति, वक्रोक्ति, शब्दों के सुप्रयोग और औचित्य—इन्हीं कसौटियों पर काव्य की उत्तमता यहाँ परखी जाती थी। भारत में किसी भी आचार्य ने किसी भी कवि की निन्दा या स्तुति इस विचार से नहीं की है कि वह आस्तिक था अथवा नास्तिक, वैष्णव था अथवा शैव, युद्धवादी था अथवा शान्तिवादी अथवा उसकी आस्था शब्दों के प्रति थी या विचारों और भावों के प्रति। काव्य को भारत में कला का पर्याय मानने की प्रथा नहीं थी, किन्तु कविता के प्रति यहाँ व्यवहार वही किया जाता था, जो कला के प्रति किया जाना चाहिए।

भारत में कला की गणना उपविद्याओं में की गई थी और कविता की साहित्य में। कला का उद्‌देश्य यहाँ सजावट और मनोरंजन माना जाता था,

किन्तु साहित्य का ध्येय केवल मनोरंजन नहीं, उससे कहीं महान तत्त्वों की उपलब्धि थी। काव्यालंकार में भामह ने लिखा है कि प्रत्येक शास्त्र चतुर्वर्ग में से किसी एक की पूर्ति करता है। उदाहरणार्थ, स्मृति धर्म का कारण है, नीति से अर्थ की उपलब्धि होती है और कामशास्त्र से काम-सम्बन्धी लक्ष्य प्राप्त होते हैं तथा दर्शन मोक्ष का उपाय है। किन्तु काव्य-शास्त्र अकेले चारों की प्राप्ति करा सकता है।

और विश्वनाथ ने भी लिखा है कि :

*चतुर्वर्गफलप्राप्तिः सुखात् अल्पधियामपि,*
*काव्यात् एव यतस्तेन तत्स्वरूप निरूप्यते।*

अर्थात् जो शास्त्रों के विशेषज्ञ नहीं हैं, वे अल्पमति लोग भी काव्य के द्वारा चारों पुरुषार्थों को सुख से प्राप्त कर सकते हैं।

भारतीय आचार्यों की मान्यता यह मालूम होती है कि सत्य की उपलब्धि शास्त्र बुद्धि के मार्ग से करवाते हैं; किन्तु बुद्धि के मार्ग से इतर कोई और मार्ग है, जिस पर कवि चलता है और सत्य की उपलब्धि कवि इस इतर मार्ग से भी करता है। स्पष्ट ही, यह मार्ग संबुद्धि का मार्ग है और संबुद्धि से जागरण उनके भीतर भी उत्पन्न होता है, जो बुद्धि से जगाए नहीं जा सकते। इसीलिए अल्पधी के लिए भी कविता का मार्ग सुगम और सुलभ मार्ग है।

आधुनिक आलोचना के सिलसिले में एक यह बात भी उल्लेखनीय है कि जिसे हम कविता के भीतर कवि का प्रच्छन्न व्यक्तित्व कहते हैं, उस व्यक्तित्व की खोज की पद्धति प्राचीन काल में नहीं चली थी, किन्तु इस विचार का बीज वामन के रीतिवाद में खोजा जा सकता है। वामन ने रीतियाँ तीन ही मानी हैं, किन्तु वामन को यदि कुन्तक के प्रकाश में समझा जाए तो यह शिक्षा निकाली जा सकती है कि रीति केवल भूगोलवाचक न होकर कवि की वैयक्तिक भंगिमा की ओर इंगित करती है। कुन्तक ने काव्य-भेद का कारण भूगोल को नहीं, कवि-स्वभाव को माना है और कहा है कि 'यद्यपि कवि-स्वभाव-भेद-मूलक होने से (कवियों और उनके स्वभावों के अनन्त होने से) मार्गों का भी आनंत्य अनिवार्य है, परन्तु उसकी गणना असम्भव होने से साधारणतः त्रैविध्य ही युक्तिसंगत है।' अर्थात् रीतियाँ तीन ही नहीं हैं, वे अनन्त भी हो सकती हैं क्योंकि दो कवियों की भंगिमा एक नहीं होती है।

कुन्तक ने जिस सत्य की ओर संकेत किया है, वह आज के प्रसंग में भी देखा जा सकता है। आज भी केवल छन्द और व्याकरण की शुद्धता को देखकर अथवा ललितलवंगी भाषा के सफल प्रयोग से प्रभावित होकर हम

किसी भी नये कवि को कवि के रूप में स्वीकार नहीं करते हैं। स्वीकृति उसे तब दी जाती है, जब यह पता चल जाए कि उसकी शैली प्राचीन और नवीन, सभी कवियों की शैलियों से भिन्न है; वह जिस स्वर में बोल रहा है, वह उसका अपना स्वर है और उसके भीतर जो भाव-भंगिमा अथवा वचन-भंगिमा दिखाई देती है, वह पहले कभी और दिखाई नहीं पड़ी थी। भारतीय काव्यशास्त्र ने विषय के इस पक्ष का विवेचन नहीं किया है, किन्तु परम्परा से चला आता यह दोहा बतलाता है कि कवि की न्यूनतम योग्यता यह होनी चाहिए कि वह किसी का भी अनुकरण न करके अपने लिए बिलकुल नई और अछूती राह तैयार करे :

*लीक लीक गाड़ी चलै, लीकै चलै कपूत,*
*लीक छाँड़ि तीनैं चलैं, सायर, सिंह, सपूत।*

अथवा अज्ञेय जी के शब्दों में :

*तेरा कहना है ठीक; जिधर मैं चला,*
*नहीं वह पथ था।*
*मेरा आग्रह भी नहीं रहा मैं चलूँ उसी पर*
*सदा जिसे पथ कहा गया,*
*जो इतने पैरों से रौंदा जाता रहा*
*कि उस पर*
*कोई छाप पहचानी नहीं जा सकती थी।*

ब्रह्मा प्रत्येक मनुष्य नये ढब-ढाँचे का बनाता है। संसार में आज जितने भी मनुष्य वर्तमान हैं, उनमें से, जुड़वों को छोड़कर, और कोई भी दो मनुष्य ऐसे नहीं मिलेंगे, जिनके चेहरे समान हों। और धरती पर से जो असंख्य मनुष्य गुजर चुके हैं, उनमें भी कोई दो मनुष्य ऐसे नहीं थे, जिनके चेहरे आपस में समान रहे हों। प्रकृति के कोष में, न जाने, कितने साँचे हैं कि हर आदमी नई आकृति लेकर आता है। इसी प्रकार, संसार में जितने भी कवि हुए हैं, उनकी कविताएँ और कवियों की कविताओं से भिन्न थीं, उनमें से प्रत्येक की शैली केवल अपनी शैली थी, प्रत्येक की राह केवल अपनी राह थी। इस मौलिकता की कसौटी पर खरा उतरनेवाला कवि बच जांता है। बाकी लोग प्रवाह में आते हैं और उसी के साथ अदृश्य में विलीन हो जाते हैं।

जैसे एक कवि की कविता दूसरे कवि की कविता से भिन्न होती है, उसी प्रकार एक युग की कविता दूसरे युग की कविता से कुछ भिन्न हो जाती है। और जैसे एक कवि की सभी कविताएँ, परस्पर भिन्न होती हुई भी, लगभग

समान दिखाई देती हैं, उसी प्रकार युग-विशेष की सभी कविताएँ परस्पर समान होती हैं। कवि के समान युग भी व्यक्तित्वशाली हुआ करते हैं। प्रत्येक युग अपने कवियों के भीतर कुछ-न-कुछ नई दृष्टि पैदा करता है, कुछ-न-कुछ नई अनुभूतियाँ जगाता है और प्रत्येक युग अपनी अनुभूतियों के अनुरूप नवीन शैली को जन्म देता है। प्रत्येक कवि की शैली एक नवीन रीति है, क्योंकि वह उसकी अपनी मनोदशा का प्रतिनिधित्व करती है, वह उसके चिन्तन की अपनी दिशा का निर्माण करती है, वह उसके आवेगों के अनुरूप नई भंगिमा तैयार करती है। हमारा खयाल है, जो बात कवि पर लागू होती है, वही युग पर भी लागू होनी चाहिए। और वह विशेषतः इस कारण कि प्राचीन काल में परिवर्तनों की अनधिकता के कारण युग बहुत लम्बे हुआ करते थे, किन्तु अब युग तुरन्त आरम्भ होते हैं और लगभग तुरन्त समाप्त हो जाते हैं। यह भी कि प्राचीन काल में युगों के व्यक्तित्व बहुत प्रखर नहीं होते थे, मगर आज वे बहुत ही तेज हैं।

लोक-मंगल की आराधना और अशिव के विरोध का भाव भारतीय आचार्यों के काव्य-सिद्धान्त में लगभग सर्वत्र समाविष्ट मिलता है; किन्तु काव्य के असली तत्त्वों पर उनकी दृष्टि इतनी अधिक केन्द्रित थी कि कोरे उपदेशवाद को वे काव्य नहीं मानते थे। जब भारत में यह प्रश्न उठा कि काव्य की आत्मा क्या है, तब कोई भी आचार्य इस विचिकित्सा में नहीं पड़ा कि लोक-मंगल की दृष्टि से किस कवि का विषय कितना ऊँचा या महान है। आचार्यों ने काव्य की आत्मा की खोज कवि के विषय में नहीं, उसकी शैली में करना शुरू किया। अलंकार शैली का गुण है; रस अर्थ और शैली में है; ध्वनि शैली से उत्पन्न होती है और रीति शैली की विशिष्टता का नाम है।

जब कुन्तक आए, उन्होंने कहा, काव्य की आत्मा वक्रोक्ति है, वचन की भंगिमा है। कविता और कला के विषय में यूरोपीय चिन्तक जहाँ पर अब पहुँचे हैं, उसका आभास कुन्तक ने दसवीं शताब्दी में दिया था। कुन्तक काव्य को काव्य इसलिए नहीं मानते कि वह निश्चित रूप से लोकमंगलकारी होता है बल्कि इसलिए कि उसमें प्रयुक्त शब्द अद्वितीय अथवा 'यूनिक' होते हैं, उसके अर्थ से रस ध्वनित होता है तथा उसके शब्द और अर्थ एक-दूसरे से अलग नहीं किये जा सकते।

यूरोप में इधर इस विषय को लेकर अत्यन्त कठोर चिन्तन चला है कि कविता में विषय और शैली का आपेक्षिक स्थान क्या है। इलियट साहब ने यह राय दी है कि कविता की ऊँचाई अथवा गहराई की पहचान उसके विषय की

ऊँचाई या उसका गाम्भीर्य है, किन्तु काव्य का सौन्दर्य उसकी शैली में परखा जाना चाहिए। किन्तु काव्य का विषय उसकी शैली से अलग करके देखा नहीं जा सकता। जब हम किसी काव्य से प्रभावित होने लगते हैं, तब हमारा मन यह नहीं जानता कि हम जो आनन्द भोग रहे हैं, उसका अमुक प्रतिशत शैली का आनन्द है और अमुक प्रतिशत उसके कथ्य का। इस कठिनाई का आभास कुन्तक को रहा होगा क्योंकि शैली और कथ्य के विभाजन में उनका विश्वास नहीं है। वे शब्द और अर्थ की अभिन्नता में उसी जोर से विश्वास करते हैं जिस जोर का विश्वास क्रोसे में मिलता है। क्रोसे ने कहा है कि जब मैं 'इन द अबिस ऑव टाइम' कहता हूँ, तब मेरा तात्पर्य 'बहुत प्राचीन काल में' कहना नहीं होता है। मैं वही कहना चाहता हूँ, जो मैंने कहा है (अर्थात् काल की अपार गहराई में)।

कुन्तक का अभिप्राय यह है कि कविता रचते समय कवि के भीतर भावों की बाढ़ उठती है और वह इस बाढ़ को अनुरूप शब्दों में बाँधना चाहता है। उचित यह है कि भाव वहाँ तक बढ़ें, जहाँ तक बढ़ने की उनमें शक्ति है; और शब्द भी आगे बढ़कर इन भावों को आत्मसात् कर लें। जब शब्द और अर्थ अपने चरमबिन्दु तक बढ़कर एक-दूसरे से एकाकार होकर, सम-अवस्था में ठहर जाते हैं, तभी कविता आश्चर्यजनक सफलता प्राप्त करती है। कुन्तक ने इस स्थिति का पारिभाषिक नाम 'परस्परस्पर्धिसमभाव' दिया है। भाषा और भाव के बीच परस्पर स्पर्धा होनी चाहिए और दोनों को चरम विकास के उपरान्त एक बिन्दु पर समभाव से स्थित होना चाहिए। यह कविता की पूर्णता की स्थिति है। इसके विपरीत, भाषा और भाव में से एक यदि आगे बढ़ गया या पीछे छूट गया तो कविता दूषित समझी जाएगी।

भाषा और भाव के बीच स्पर्धा की प्रक्रिया पर कुन्तक ने जो जोर दिया है, उससे यह शिक्षा मजे में निकाली जा सकती है कि कवि की प्रधान आस्था शब्दों के प्रति होनी चाहिए। भाव निराकार हैं। उन पर कवि का बस नहीं है। वे कवि के संस्कार से उत्पन्न होते हैं। अतएव कवि का कर्तव्य यही रह जाता है कि वह अपने भावों को ठीक से पहचाने और उनके अनुरूप शब्दों का चुनाव करे।

कविता रचते समय कवि को दो धरातलों पर जगना पड़ता है। पहला धरातल वह है, जहाँ पर भाव जगते, सुगबुगाते या तूफान बनकर खड़े होते हैं। दूसरा धरातल भाषा का धरातल है, जहाँ शब्द होते हैं, भाषा होती है, मुहावरे होते हैं। पहले धरातल पर कवि के जगने का उद्देश्य यह होता है कि जो भाव

जगे हैं, उन्हें वह ठीक से पहचान सके। जहाँ कवि अपने आवेगों को ठीक से पहचान नहीं पाता, वहीं वह 'लिखत सुधाकर लिखि गा राहू' की उक्ति चरितार्थ कर देता है। भावों को अनुरूप शब्दों के भीतर बाँधना जितना आवश्यक है, उन्हें ठीक से पहचानने की बात भी उतनी ही जरूरी होती है। कुन्तक ने भाषा और भाव के बीच स्पर्धा पर जोर देकर कवि को दोनों की जिम्मेदारियों के प्रति सावधान रहने का उपदेश दिया है। किन्तु भावों को केवल पहचानने की ही कोशिश की जा सकती है, उनके विषय में चुनाव की स्वाधीनता कवि को प्राप्त नहीं होती। अतएव कवि जो कुछ कर सकता है, वह यही है कि वह शब्दों का दुष्प्रयोग या अपव्यय नहीं करे; अर्थात् कवि की सबसे बड़ी आस्था भाषा के प्रति होनी चाहिए, शब्दों और मुहावरों के प्रति होनी चाहिए।

कुन्तक में हम एक नवीनता और देखते हैं। कविता के पीछे कवि के व्यक्तित्व का क्या महत्त्व है, इस प्रश्न को आचार्यों ने उपेक्षित छोड़ दिया था। शक्ति, व्युत्पत्ति और अभ्यास को सभी आचार्यों ने कविता का कारण माना था, किन्तु किसी ने भी उन्हें कवि के व्यक्तित्व के प्रसंग में देखने की कोशिश नहीं की थी। कुन्तक ने यह उद्भावना की, कि शक्ति और शक्तिमान दो नहीं, एक हैं। कवि की शक्ति उसके आन्तरिक व्यक्तित्व से उत्पन्न होती है। कविता और कुछ नहीं, कवि का कर्म है अर्थात् कविता उसके आन्तरिक व्यक्तित्व का प्रस्वेद है, उसकी आत्मा का रंग है, उसके संस्कारों की खुशबू है। कवि की शक्ति उसके स्वभाव से उत्पन्न होती है, कवि की व्युत्पत्ति उसके संस्कार से आती है तथा कवि का अभ्यास उसकी अपनी प्रकृति के अनुसार चलता है। काव्य का मूल हेतु कवि का अपना स्वभाव है। यहाँ ऊपर के प्रसंग की यह स्थापना तुलनीय मानी जानी चाहिए कि रीतियाँ उतनी ही हैं जितने कवि हैं और नवीन कवियों के आविर्भाव के साथ नई रीतियों का आविर्भाव होता ही रहता है। शैली केवल शैली नहीं, सचमुच मनुष्य होती है।

## 2. शुद्ध कविता और यूरोपीय आचार्य

भारतीय चिन्तक अच्छे रहे कि उन्होंने यह मानते हुए भी कि काव्य की श्रेष्ठता का कारण बहुधा उसके विषय की श्रेष्ठता होती है, कभी भी काव्य की विषयगत समीक्षा को प्रोत्साहन नहीं दिया। किन्तु यूरोप के चिन्तक काव्य के विषयों से उतने तटस्थ नहीं रहे हैं। वहाँ आरम्भ में ही प्लेटो ने यह मत

प्रकाशित किया कि मैं जिस रिपब्लिक की कल्पना करता हूँ, उसमें कवियों के लिए स्थान नहीं है। कवि में दो दोष होते हैं। यह विश्व-प्रपंच जिस आदि तत्त्व का बिम्ब है, उस तक पहुँचने की राह केवल तर्क और दर्शन की ही राह हो सकती है। किन्तु कवि तर्क और दर्शन की राह से नहीं चलता, प्रत्युत आवेगों के मार्ग से चलता है और जब वह मनुष्य या प्रकृति का वर्णन करता है, तब यह वर्णन वास्तविक तत्त्व का वर्णन न होकर उसकी छाया या बिम्ब का वर्णन हो जाता है। इस प्रकार, कविता सत्य नहीं, असत्य का प्रचार करती है। दूसरी बात यह कि सुयोग्य नागरिक वही व्यक्ति बन सकता है, जो अपने रागों को बस में रख सके। किन्तु कविता आवेगों को जगाकर मनुष्य को बुद्धिमान के बदले भावुक बनाती है, संयत बनाने के बदले उत्तेजित कर देती है।

कविता का कुछ-न-कुछ प्रयोजन भारतीय आचार्य भी मानते थे, किन्तु उसके सामाजिक उपयोग का प्रश्न इस देश में कभी भी जटिलता तक नहीं पहुँचा था। यहाँ सामान्य मान्यता यह चलती थी कि प्रत्येक श्रेष्ठ काव्य शिवत्व और सौन्दर्य से युक्त होता है। जो सुन्दर है, उससे अकल्याण का भय नहीं है तथा जो कल्याणकारी है, उसके कुरूप होने की सम्भावना नहीं हो सकती। बोदलेयर ने जिस सौन्दर्य की कल्पना की है, उस सौन्दर्य की कल्पना भारत में नहीं की जा सकती थी।

किन्तु प्लेटो ने 'अनुपयोगी' कहकर कविता का जो तिरस्कार किया, उससे आघात पाकर यूरोप के आचार्यों के बीच काफी प्रखर द्वन्द्व आरम्भ हो गया, जो आज तक भी शमित नहीं हुआ है। प्लेटो के मत का पहला खंडन अरस्तू ने यह कहकर किया था कि कविता अनुपयोगी वस्तु नहीं है। मनुष्य के सुधार की दिशा में कविता का थेरापेटिक महत्त्व है। वह हमारे रागों को आन्दोलित करके हमें सम अवस्था में पहुँचाती है, क्योंकि दुःखान्त नाटक देखकर जब हम नाट्यशाला से चलते हैं, तब हमारे राग उत्तेजित नहीं, शान्त होते हैं।

मनुष्यों के रागों को शमित करना धर्म और नीतिशास्त्र का काम है। प्लेटो ने कविता का विरोध यह कहकर किया था कि कविता नीति और धर्म, दोनों को बाधा पहुँचाती है। अरस्तू ने इसका जवाब यह कहकर दिया कि कविता नीति और धर्म को बाधा नहीं पहुँचाती, वह उनकी सेवा करती है; अर्थात् कविता उपयोगिता की कसौटी पर भी खरी उतरनेवाली कला है।

किन्तु अरस्तू के बाद लांजाइनस को अरस्तू का यह तर्क पसन्द नहीं आया। यदि कविता भी वही काम करती है, जो धर्म करता है, तो फिर धर्म और नीति ही प्रधान हैं और कविता गौण हो जाती है। और यदि कविता को

हम केवल धर्म और नैतिकता की चेरी बना देते हैं, तो उन अन्य असंख्य क्षेत्रों का क्या होगा, जिनमें कविता ने अपूर्व सौन्दर्य की सृष्टि की है, किन्तु नीति के साथ जिस सौन्दर्य का कोई सीधा मेल नहीं है? अतएव लांजाइनस ने उपयोगिता की कसौटी को त्याज्य कर दिया और वे कविता के लिए कोई ऐसा कार्य ढूँढ़ने लगे, जिसे कविता तो कर सकती हो किन्तु विद्या की अन्य कोई भी शाखा न कर सके। यह कार्य उन्हें कविता के लोकोत्तर आनन्द-विधान में दिखाई पड़ा। विद्या की अन्य शाखाएँ मनुष्य को केवल ज्ञान देती हैं। लेकिन आनन्द एक ऐसी वस्तु है जिसकी सृष्टि केवल कविता कर सकती है। लांजाइनस ने कहा कि साहित्य का सारा ध्येय पाठकों को आन्दोलित करना है, उन्हें इस दैनिक विश्व से निकालकर लोकोत्तर आनन्द के धरातल पर ले जाना है। महत्त्वपूर्ण प्रश्न यह नहीं है कि कविता का कोई सामाजिक उपयोग है या नहीं। प्रश्न केवल यही होना चाहिए कि काव्य-विशेष के वाचन या श्रवण से पाठक या श्रोता के भीतर आनन्दातिरेक की स्थिति उत्पन्न होती है या नहीं। यदि कविता लोकोत्तर आनन्द देने में समर्थ है, तो उसे कला का श्रेष्ठ रूप मानना ही पड़ेगा।

लांजाइनस के चिन्तन का प्रभाव यह हुआ कि आनन्द खुलकर कविता का ध्येय माना जाने लगा। किन्तु यूरोप में जब रिफार्मेशन (धार्मिक क्रान्ति) का आन्दोलन उठा, पवित्रतावादी लोग फिर ऊपर आ गए और कविता के विरुद्ध वही शंका फिर से शुरू हो गई, जिसे प्लेटो ने उठाया था। कविता के बारे में लोगों ने फिर यह कहना आरम्भ कर दिया कि वह काल्पनिक, असत्य और अनैतिक क्रिया है, अतएव वह त्याज्य है।

इस बार पवित्रतावादियों के आक्रमण से कविता को बचाने का बीड़ा फिलिप सिडनी ने उठाया, जिनका 'इन डिफेंस ऑव पोयट्री' नामक निबन्ध बहुत ही प्रसिद्ध है। किन्तु तरीके उनके भी अरस्तू वाले ही थे। वे यह कहने का साहस नहीं कर सके कि प्लेटो गलत और लांजाइनस ठीक हैं। परिस्थिति के अनुसार उन्होंने बचाव का एक अलग उपाय खोज निकाला और ऐलान किया कि वास्तविकता की आराधना का कार्य कवि का कोई बड़ा कार्य नहीं है। कवि की महत्ता तो यह है कि स्थूल वास्तविकता से परे वह एक नई वास्तविकता की कल्पना करता है और चूँकि यह नई वास्तविकता लोकोत्तर गुणों से भरी होती है, अतएव उसके परिचय और सम्पर्क से स्थूल जगत् के मनुष्य भी अधिक कोमल और उदार बनने की प्रेरणा प्राप्त करते हैं। व्याजान्तर से सिडनी यह कहना चाहते थे कि कवि का कर्म कल्पना की आराधना है, किन्तु उसे ऐसी कल्पना

को प्रश्रय नहीं देना चाहिए, जिससे मनुष्य को श्रेष्ठ बनने की प्रेरणा प्राप्त नहीं हो। अरस्तू जैसे प्लेटो के उपयोगितावादी दर्शन के रौब में थे, उसी प्रकार सिडनी पर भी रिफार्मेशन के पवित्रतावाद का आतंक था। उन्होंने कल्पना का पक्ष लेकर कविता को अवश्य बचाया, किन्तु लांजाइनस के समान काव्य की सार्थकता की सिद्धि वे मात्र कवित्व के आधार पर नहीं कर सके।

भारत में लोग आनन्द और ज्ञान, दोनों को कविता का ध्येय मानकर निश्चिन्त हो गए थे, किन्तु यूरोप में पीढ़ी-दर-पीढ़ी यह सवाल उठता रहा और पीढ़ी-दर-पीढ़ी उसके नये-नये उत्तर दिये जाते रहे। ड्रायडन ने कहा, कविता से हमें मानव-स्वभाव की शिक्षा मिलती है और आनन्द भी प्राप्त होता है। ड्रायडन के इस मानव-स्वभाव से लोग अब यह अर्थ लेते हैं कि ड्रायडन ने यहाँ नैतिकता के बन्धन को न मानकर मानव-मन की मनोवैज्ञानिक प्रक्रिया का संकेत किया है। जॉनसन ने यह राय जाहिर की कि साहित्य का ध्येय मनुष्य को शिक्षित करना है, उसमें भी कविता का ध्येय मनुष्य को आनन्द की मुद्रा में लाकर उसे शिक्षित बनाना है। जॉनसन के कला-विषयक सिद्धान्त बहुत कुछ टॉल्स्टॉय के सिद्धान्तों के समान थे। उनकी कसौटी पर शेक्सपियर भी दोषी निकले। जॉनसन का कहना है कि शेक्सपियर ने अपनी कृति में रोचकता लाने के लिए पुण्य का त्याग किया है और पाठकों को प्रसन्न करने की उनकी चिन्ता इतनी बड़ी थी कि यह कहा जा सकता है कि साहित्य-रचना के समय शेक्सपियर के भीतर कोई नैतिक विचार नहीं था।

## 3. रोमांसवादी जागरण

जब यूरोप में रोमांटिक आन्दोलन का जोर हुआ, उस समय भी साहित्य के क्षितिज पर यह प्रश्न ज्यों-का-त्यों टँगा था कि कविता ज्ञान है या आनन्द। वह धर्म, नैतिकता, इतिहास, दर्शन और समाजशास्त्र की चेरी है, अथवा इन सबसे भिन्न उसका अपना कोई अलग क्षेत्र है, जिसमें केवल कविता ही काम कर सकती है और दूसरी कोई विद्या काम नहीं कर सकती?

जैसे हिन्दी में रोमांटिक आन्दोलन का छायावाद नाम छायावादियों का चुना हुआ नहीं, उनके विरोधियों का चलाया हुआ है, उसी प्रकार यूरोप में भी रोमांटिक आन्दोलन को रोमांटिक नाम 1810 और 1820 ई. के आसपास उस आन्दोलन के विरोधियों ने, रोमांटिक कवियों को चिढ़ाने के लिए, दिया था। अन्यथा जिसे हम रोमांसवादी काव्य कहते हैं, वह किसी सुचिन्तित योजना का

परिणाम नहीं था। योजना बनाकर कविता कभी भी लिखी नहीं जाती है। कहा जाता है कि रोमांसवाद इसलिए उत्पन्न हुआ था कि कविगण बुद्धिवाद की प्रखरता से घबराए हुए थे और अपने लिए वे किसी ऐसे लोक की खोज में थे जो काल्पनिक अधिक, वास्तविक कुछ कम हो। अथवा यह कि वास्तविकता को चर्मचक्षुओं से देखना उन्हें पसन्द नहीं था, वे उसे कल्पना के दर्पण में देखना चाहते थे। किन्तु एक दूसरी दृष्टि से देखने पर यह भी कहा जा सकता है कि प्राचीन काव्यों में कल्पना-मंडित जो विशुद्ध और विलक्षण पंक्तियाँ लिखी गई थीं, उनके आकर्षण ने कवियों के भीतर यह उमंग पैदा कर दी कि जो पंक्तियाँ पहले अपवाद थीं, उन्हें अब साहित्य का सामान्य धर्म बन जाना चाहिए। रोमांसवाद शुद्ध कविता की ओर उठाया गया कदम था।

साहित्य को क्लासिक और रोमांटिक श्रेणियों में विभाजित करने की एक परम्परा-सी बन गई है, किन्तु कोई भी कवि ऐसा नहीं हुआ, जिसे शुद्ध रूप से क्लासिक या खाँटी रोमांटिक कहा जा सके। ये दोनों शब्द कविता की राजनीति के शब्द हैं, जैसे हम प्रवृत्ति और निवृत्ति को धर्म की राजनीति कह सकते हैं। शैली में नियंत्रण और नियमितता तथा मनोदशा में स्थिरता होने के कारण कवि को, अक्सर, क्लासिक होने की उपाधि दी जाती है। किन्तु ऐसे कवि के भीतर भी रोमांटिक अन्तर्धारा मौजूद हो सकती है। इसी प्रकार, आवेग-प्रधान भावदशा और विस्फोटक शैली का प्रेमी होने के कारण कवि रोमांटिक समझा जाता है, किन्तु एक हद तक नियंत्रण और नियमितता बरते बिना ऐसे कवि का भी काम नहीं चल सकता। अंग्रेजी के कवि वड्र्सवर्थ अपने समकालीन विस्फोटक कवि शेली और बायरन से बहुत भिन्न हैं, किन्तु वे क्लासिक न गिने जाकर रोमांटिक माने जाते हैं। विचित्र बात तो यह है कि गेटे को जर्मन-आलोचक क्लासिक समझते हैं, किन्तु अंग्रेज आलोचकों की दृष्टि में वे भी रोमांटिक हैं।

क्लासिकवाद को एक लेखक ने सूर्य का प्रकाश और रोमांसवाद को अँधेरी रात का आसमान कहा है, जिसमें असंख्य तारे टिमटिमाते रहते हैं। क्लासिकवाद ज्ञान का संगठित रूप है, साहित्य में वह लगभग वैज्ञानिक शैली का प्रयोग करता है। किन्तु रोमांसवाद कल्पना है, फैंटेसी है, जो धूमिलता के भीतर से भी हमें ईश्वरानुभूति तक ले जाता है। क्लासिकवाद की शैली लगभग यांत्रिक होती है, उसका आविष्कार सदियों पूर्व हो चुका है। किन्तु रोमांटिक कवि को अपनी राह, अपनी वेदना और निराशा में से खोजनी पड़ती है। संक्षेप में, क्लासिक चरित्रवान् और रोमांटिक व्यक्तित्वशील होता है। क्लासिक वह है, जिसके विचार

बँध चुके हैं; रोमांटिक वह है, जो अभी चिन्तन के प्रवाह में है। क्लासिक कवि जब लिखता होता है, तब उसका दिमाग दिमाग की जगह पर रहता है, किन्तु रोमांटिक का दिमाग हरदम उसके हृदय के समीप होता है। कविता में जो कुछ भी काव्यात्मक है, उसे रोमांटिक से विभक्त करना दुष्कर कार्य है। रोमांसवाद में यह ताजगी इसलिए होती है कि वह 'क्षण-क्षण' अधीर, 'क्षण-क्षण' पिपासित रहता है। क्लासिकवाद की शैली सन्तोष की शैली है, स्वामित्व की शैली है, संयम और आत्मनियंत्रण से तृप्त कवि का भाव है। किन्तु रोमांसवाद उच्छृंखलता के छोर पर रहता है, यद्यपि वह वहीं से बाँहें बढ़ाकर सारी सृष्टि को एक ही आलिंगन में समेट सकता है।

कविता की प्रचलित शैली में से ही अगली शैलियों का जन्म होता है। प्राचीन और मध्यकालीन कविताएँ अपने युग के अनुरूप होती थीं। वे क्लासिक शैली की कविताएँ थीं। किन्तु उनके भीतर जब-तब ऐसी पंक्तियाँ भी चमक जाती थीं, जिनका संकेत अगली यानी रोमांटिक शैली की ओर था। इन्हीं विलक्षण पंक्तियों से कवियों को प्रेरणा मिली कि कविता की अभी और मँजाई हो सकती है; कविता का अभी और विशिष्टीकरण सम्भव है तथा जो पंक्तियाँ अभी दो-चार की संख्या में चमकती हुई आती हैं, हमें कोशिश करनी चाहिए कि पूरी-की-पूरी कविताएँ वैसी ही पंक्तियों की लड़ियाँ बन जाएँ। कवि के इसी शौक से प्रेरित होकर कविता स्थूल को छोड़कर सूक्ष्म की ओर चलने लगी, वास्तविकता से हटकर कल्पना पर आश्रित होने लगी, समीप को तजकर दूरस्थ ध्वनि की ओर कान पातने लगी। सभी देशों में रोमांटिक आन्दोलन कविता को सामान्य से हटाकर विशिष्ट धरातल पर ले जाने का आन्दोलन रहा है। सभी देशों के रोमांटिक कवि कुछ विषयों को विशेष रूप से काव्यात्मक और बाकी को अकाव्यात्मक समझते थे। सभी देशों में रोमांटिक आन्दोलन अपने को कोमल, स्पर्श-मुक्त, अद्भुत और सुकुमार बनाकर रखना चाहता था। और सभी देशों की रोमांटिक कविता की भाषा चुने हुए, चिकने और कोमल शब्दों के मेल से तैयार की जाती थी।

कविता का एक लक्षण यह है कि वह तुरन्त घटी हुई घटनाओं को अपने वक्ष पर अंकित नहीं करती। घटना के काव्य बनने में समय लगता है। इतिहास के पुराण या मिथ बनने में देर लगती है। कविता के इसी लक्षण का अतिरंजित रूप यह है कि विषय जितनी ही दूर से आते हैं, वे उतने ही अधिक कवित्वपूर्ण होते हैं। रोमांसवाद के समय साहित्य उन घटनाओं से प्रेरणा लेने लगा, जो देश और काल के भीतर दूर पर अवस्थित थीं, जिनमें कोई विस्मय, अपरिचय अथवा

रहस्य का भाव था। इसीलिए रात्रि, अन्धकार, खँडहर और मृत्यु के बिम्ब रोमांटिक कविताओं में बहुतायत से रखे जाते थे। रोमांसवाद की मुद्रा, मुख्यतः, इच्छा, ललक, उत्कंठा और तरसने की मुद्रा थी, किन्तु विचारों का उसमें बहिष्कार नहीं था। किन्तु यह भी सत्य है कि पहले की कविताओं की अपेक्षा रोमांसवाद में विचारों के लिए कम स्थान था। रोमांसवाद ने जनता की रुचि को अधिक उदार बनाया, कला की मुक्ति-विषयक धारणा को तेज कर दिया और कवियों के भीतर धुँधले, दूरस्थ, अपरिचित और उदास विश्व के अनुसंधान की प्रवृत्ति जगा दी। पहले की कविताएँ सुस्पष्ट होती थीं। रोमांसवाद के आगमन के साथ एक तरह की अस्पष्टता हवा में मँडराने लगी। पहले की शैली सीधी और ठोस थी। रोमांसवाद की प्रगति के साथ वह पिघलकर तरल होने लगी, वक्र होने लगी और ध्वनि का प्रयोग जैसे-जैसे बढ़ता गया, भाषा में से सुनिश्चितता लुप्त होने लगी।

भारतवर्ष में छायावादी संस्कार केवल कवियों तक सीमित रह गया, समाज ने उसे नवीन संस्कृति या जमाने के फैशन के रूप में स्वीकार नहीं किया। किन्तु यूरोप में जब रोमांटिक जागरण आया था, उस समय समाज की उच्च श्रेणी, काफी दूर तक उसके सांस्कृतिक प्रभाव में आ गई थी। चूँकि रोमांटिक जागरण स्थूल के सूक्ष्मीकरण का प्रेमी था, अतएव वहाँ अनेक लोग अपने भीतर रुचि, परिधान, यहाँ तक कि खान-पान में भी सूक्ष्मता का अभ्यास करने लगे थे। समाज की बहुत-सी सम्भ्रान्त नारियाँ अपने को अपार्थिव मानने लगी थीं और अपनी इस भावना की अभिव्यक्ति वे बेहोश होकर करती थीं, बार-बार सिरदर्द बताकर करती थीं, शारीरिक श्रम और दैहिक आनन्द का तिरस्कार करके करती थीं।

भोजन में अधिक रुचि दिखाना सूक्ष्मता का विरोधी लक्षण माना जाता था। बायरन ने अपने भोजन का एक कठोर चार्ट तैयार किया था, जिससे उसे विश्वास हो कि वह जिस्म नहीं, खालिस रूह है। किसी देश के एक शाही खानदान की महिला पर बायरन की दृष्टि थी। एक दिन बायरन ने देखा कि युवती बड़े उत्साह के साथ मांस खा रही है। बस, बायरन का प्रेम काफूर हो गया।

शेली पानी के साथ रोटी खाकर रह लेते थे और उनकी प्रेमिका काउंटेस गिकोली ऐसी थीं कि कई-कई दिनों तक वे बिना कुछ खाए जी लेती थीं।

रोमांटिक कवि वेदना के पुजारी थे और उनकी वेदना का कारण यह नहीं था कि वे खास तौर से अपमानित या दीन थे अथवा उनकी प्रेमिका उन्हें नहीं

चाहती थी। वे दर्द का गीत केवल दर्द के लिए गाते थे, वेदना की पूजा केवल वेदना के लिए करते थे। बायरन उस वेदना के आविष्कर्ता हुए, जिसका कोई इलाज नहीं है। फ्रिडेल ने लिखा है कि जिस दर्द का कारण और कुछ नहीं, केवल विश्व-प्रपंच है, केवल संसार का अस्तित्व है, उसका इलाज भी संसार को उन्मूलित करके ही किया जा सकता है। किन्तु चूँकि संसार का उन्मूलन असम्भव कृत्य है, इसलिए रोमांटिक पीड़ा का भी कोई इलाज नहीं किया जा सकता। रोम के एक कलाकार ने बायरन की एक प्रतिमा तैयार की थी, किन्तु उसे देखकर बायरन चिल्ला पड़े : 'नहीं, यह मेरे समान बिलकुल नहीं है। मैं तो इस प्रतिमा की अपेक्षा कहीं ज़्यादा उदास, कहीं ज़्यादा गमगीन हूँ।'

भारत में छायावादी संस्कार केवल कवियों तक सीमित रहा था, किन्तु यूरोप में उसका प्रभाव समाज पर व्यापक रूप से पड़ा। रोमांटिक कवियों के उत्थान के समय यूरोप में कविता दैवी वाणी समझी जाने लगी थी और कवियों को लोग देवता नहीं, पैगम्बर अवश्य समझने लगे थे। समाज में ऐसे अनेक लोग थे, जो यह सोचते थे कि कहीं कविता रचने की शक्ति आ जाए तो जीवन धन्य हो जाए। शेली ने 'स्काई लार्क' कविता में जो करुणा की महिमा बखानी है, शोक को अन्य सभी भावों के ऊपर माना है, वह केवल उनका कल्पित आविष्कार नहीं, उस युग के हृदय की आवाज थी। वह युग मानता था कि हृदय पर चोट खाए बिना, शोक का अभिघात सहे बिना, कोई भी मनुष्य कवि नहीं बन सकता। कविता करुणा की वाणी है, कविता शोक का उच्छ्वास है, कविता विरह की पीड़ा और टूटे हुए हृदय का संगीत है। बायरन के काव्य 'चाइल्ड हैराल्ड' की धूम सारे यूरोप में मची थी। कहते हैं, मेटरलिंक को यह सारा काव्य कंठस्थ था। चाइल्ड हैराल्ड का युग आत्महत्या का भी युग था। कविता मनुष्य का सर्वोत्तम गुण मानी जाने लगी थी और लोग कवि बनने को बड़ी-से-बड़ी कीमत अदा करने को तैयार थे। फ्रिडेल ने लिखा है कि उन दिनों एक अठारह वर्ष की दुलहन ने छुरा मारकर इस अभिलाषा में आत्महत्या कर ली थी कि इतने बड़े आघात से विचलित होकर उसका पति कवि बन जाएगा।

रोमांटिक कविता का सबसे बड़ा लक्षण आवेश है। करुण होने पर भी रोमांटिक कविता आविष्ट होती है, श्रृंगार और वात्सल्य रस की होने पर भी उसकी भाषा आवेश की ही भाषा होती है। आवेश शब्द से एक ध्वनि यह भी निकलती है कि कवि अपने होश में नहीं है; वह स्वयं नहीं लिख रहा है, बल्कि कोई और शक्ति उससे लिखवा रही है। और, सचमुच ही, यह मान्यता उस समय प्रचलित थी कि कवि को काव्य-रचना में परिश्रम नहीं करना पड़ता, वह

प्रेरणा के प्रवाह में लिखता जाता है। और प्रेरणा के बारे में यह आम धारणा थी कि वह अलौकिक और ईश्वर-प्रदत्त गुण है।

जब रोमांटिक जागरण अपनी जवानी पर पहुँचा, उस समय तक विज्ञान भी काफी प्रगति कर चुका था, किन्तु कविगण विज्ञान को अच्छी आँखों नहीं देखते थे। ऐसी स्थिति में टामस लव पिकाक का वह निबन्ध प्रकाशित हुआ, जिसमें उन्होंने यह स्थापना रखी कि कविता की शोभा तभी तक थी, जब तक विज्ञान नहीं था और लोग धुँधली, अपरिपक्व बातों में भी विश्वास कर लेते थे। किन्तु अब जब विज्ञान की प्रगति हो रही है और मनुष्य किसी भी क्षेत्र में कोई ऐसी बात मानने को तैयार नहीं है, जो बुद्धिवादी प्रमाणों से सिद्ध नहीं की जा सकती, तब क्या यह उचित है कि कविता चलती रहे? विज्ञान और बुद्धिवाद के युग में कविता केवल अर्धसभ्यता की वाणी मानी जा सकती है।

पिकाक के इसी निबन्ध के उत्तर में शेली ने अपना 'इन डिफेंस ऑव पोयट्री' नामक निबन्ध लिखा, जिसमें उन्होंने दावा किया कि कवि इतर प्राणियों से भिन्न होता है। वह संत होता है, पैगम्बर होता है, और समाज का सहज नीति-विधायक होता है। कविता छाया का अनुकरण नहीं करती। यह दृश्य जगत् जिस आदिशक्ति की छाया है, कवि उस शक्ति के सान्निध्य में पहुँच सकता है। कविता किसी एक शास्त्र तक सीमित नहीं, प्रत्युत दर्शन, नीति और कला—तीनों का समवाय है।

काव्य के प्रयोजन की जो रोमांटिक धारणा हो सकती है, उसका खुलासा शेली के निबन्ध में आ गया है। रोमांटिक कवि मुख्यतः, सन्देशवाही कवि थे। वे जीवन से प्रेरणा लेकर जीवन को प्रभावित करनेवाले कलाकार थे। वड्र्सवर्थ ने कहा था, मैं केवल मनोरंजन करने को लिखूँ, यह बेतुकी बात है। मेरी इच्छा है कि या तो मैं उपदेशक के रूप में जियूँ अथवा बिलकुल भुला दिया जाऊँ। केवल कोलरिज ने यह माना था कि नैतिक या बौद्धिक ज्ञान कवि-विशेष का लक्षण हो सकता है, किन्तु कविता जिस श्रेणी का साहित्य है, उस श्रेणी का साहित्य केवल आनन्द के लिए होता है।

युगों से यह शंका चली आ रही थी कि कविता का अन्य विद्याओं से क्या सम्बन्ध है। यदि कविता समाज-सुधार के लिए लिखी जाती है, तो समाजशास्त्र और नीतिशास्त्र स्वामी हैं, कविता उनकी दासी है। कविता अगर धर्म-प्रचार के लिए लिखी जाती है, तो प्रमुखता धर्मशास्त्र की मानी जानी चाहिए, कविता गौण ही मानी जाएगी। इस शंका का समाधान शेली ने यह कहकर कर दिया कि कविता किसी भी शास्त्र की दासी नहीं है, वह सभी शास्त्रों का समवाय है—यहाँ

तक कि सारे विज्ञान उसके भीतर समा जाते हैं। शेली के तर्क आज यत्किंचित् हास्यास्पद भले दीखें किन्तु शेली के जीवन-काल और उनकी मृत्यु के बाद तक कविता के बारे में जनसाधारण की वही राय थी, जिसका इजहार शेली ने किया था। कवि देवदूत माना जाता था। कविता अदृश्य की वाणी समझी जाती थी। और सबसे बड़ी बात यह थी कि कवि समाज के समीप था और उस भाषा में अपनी बात कहता था, जिसे समझने की जनता को शक्ति थी। जो आशाएँ और आदर्श सन् 1789 ई. की फ्रांसीसी क्रान्ति के साथ उभरे थे, उनका रोमांटिक आन्दोलन पर पूरा प्रभाव था, और गरचे, कोलरिज और वर्ड्सवर्थ उस आन्दोलन के प्रभाव से बचना चाहते थे, मगर इंग्लैंड के अधिकांश कवि उस आन्दोलन के साथ थे। इससे कविता अपने युग का प्रतिबिम्ब बन गई और पिकाक जैसे लोगों की काव्य-निन्दा पर जनता ने कोई ध्यान नहीं दिया। कल्पना को एक नई दिशा देकर, भाषा में एक नई भंगिमा उत्पन्न करके और दूर से ही जिन्दगी को हिलकोरकर रोमांटिक कवियों ने कविता में सम्मोहन के साथ प्रेरणा भी भर दी थी। अतएव रोमांटिक कवि उतने लोकप्रिय हो उठे, जितने लोकप्रिय अन्य युगों के कवि नहीं हुए थे।

रोमांटिक जागरण के समय प्रेरणा का स्वरूप बहुत कुछ ईश्वरीय समझा जाता था। रोमांसवादी कवि व्युत्पत्ति और अभ्यास के उतने कायल नहीं थे, जितने शक्ति के, और शक्ति को वे ईश्वर-प्रदत्त गुण समझते थे। उनका भरोसा बुद्धि पर कम, संबुद्धि (इनटुइशन) पर अधिक था। अठारहवीं शताब्दी तक यूरोप में बुद्धिवाद काफी जोर से प्रचलित हो गया था और लोगों में यह धारणा फैल गई थी कि परीक्षण के बिना किसी भी वस्तु को स्वीकार नहीं करना चाहिए। रोमांसवाद इसी बुद्धिवादी एवं परीक्षणप्रिय दृष्टिकोण के विरुद्ध संबुद्धिपरक कल्पना का विद्रोह था।

जब से शुद्ध कविता का आन्दोलन उठा है, लोगों को रोमांसवाद में केवल त्रुटियाँ ही त्रुटियाँ दिखाई देने लगी हैं। किन्तु यह बात भुलाई नहीं जा सकती कि युगों से आती हुई काव्य-परम्परा में पहली विशाल क्रान्ति रोमांसवादियों ने की थी। काव्य में स्थूल की जगह सूक्ष्म की स्थापना रोमांसवादियों की स्थापना थी। बुद्धि और कल्पना के मिश्रण का मार्ग पहले-पहल रोमांसवादियों ने प्रशस्त किया था। कविता वस्तुओं के बाह्य रूपों के वर्णन में नहीं, प्रस्तुत उनके भीतर या उनके पीछे छिपे तत्त्वों की खोज में है, इस रहस्य का भी अधिक-से-अधिक उद्घाटन रोमांसवादियों ने किया था। रोमांसवाद के बाद अनेक देशों में प्रतीकवाद, अभिव्यंजनावाद तथा चित्रवाद के जो अनेक आन्दोलन उठे, उनके

बीज रोमांसवादियों की रचनाओं में खोजे जा सकते हैं। असल में, रोमांसवाद गतिशील आन्दोलन था, जिसकी यात्रा जीवन के समुच्चय की ओर थी। यह उस एकान्त का काव्य नहीं था, जहाँ आत्मा निष्क्रिय और निस्पन्द रहती है, प्रत्युत यह जीवन के होने का काव्य था, उसके आस्फालन और गतिमयता की कविता थी। अतीत के प्रति ममता और अतीत से विद्रोह, अतिवादी आदर्शवाद और स्थूल वास्तविकता, जो विषय दैनिक जीवन के हैं और जो वस्तुएँ काल्पनिक और दूरस्थ हैं, प्रजातंत्र में विश्वास और सामन्तशाही की चाह, मनुष्य की पूर्णता की आशा और उसका गम्भीर नैराश्य—ये सारे लक्षण यूरोप के रोमांसवाद में भी थे और हिन्दी के छायावाद में भी।

केवल इतना ही नहीं, रोमांटिक कवियों ने भी ऐसी अनेक कविताएँ रची थीं, जिनका उद्देश्य न तो मनुष्य का सुधार था, न दार्शनिक अनुभूतियों की व्याख्या, जो मात्र कला की सृष्टि थीं तथा जिनका लक्ष्य अभिव्यक्ति की पूर्णता के सिवा और कुछ नहीं था। अतएव जो भी नया कवि रोमांटिक धारा की खिल्ली उड़ाता है, वह कला के एक ऐसे प्रवाह का विरोध कर रहा है, जिससे उसका जन्म हुआ है, जिसके बिना नई कविता का उद्भव नहीं हो सकता था।

रोमांसवाद के खिलाफ यूरोप में जितनी बातें पिछले 70-80 वर्षों में कही गई हैं, उनमें से दो-तीन बातें ही सही मालूम होती हैं। अगर जनता की पहुँच में होना दोष है, तो रोमांटिक कवि जरूर दोषी थे। यदि भावना के आवेश का आवेश की भाषा में व्यक्त करना अपराध है, तो यह अपराध रोमांटिक कवियों ने अवश्य किया था (यद्यपि वड्र्सवर्थ इस नियम के अपवाद थे और कीट्स में भी थोड़ा संयम ही मिलता है)। और यह इलजाम भी सही है कि आवेश में होने के कारण रोमांटिक कवि शब्दों की वैसी मितव्ययिता नहीं बरतते थे, जैसी मितव्ययिता रिल्के और इलियट ने बरती है।

रोमांटिक चिन्तन और वैज्ञानिक चिन्तन में भेद है और यही भेद कविता और विज्ञान की भाषाओं में भी है। कवि के सोचने और बोलने के पीछे यह भाव काम करता है कि वह श्रोताओं के भीतर भावदशा उत्पन्न कर सके, उनकी आत्मा के सरोवर को हिलकोर सके। किन्तु वैज्ञानिक इस भाव से सोचता है कि जो तथ्य है, वह उसकी पकड़ में आ रहा है या नहीं तथा बोलने और लिखने के समय भी वह उतने से एक भी अधिक शब्द का प्रयोग नहीं करता, जो विषय को समझाने के लिए अनिवार्य हैं। वैज्ञानिक की प्रतिष्ठा ही इस कारण से है कि वह भावनाओं से दूर रहता है, वस्तुओं का वर्णन यथातथ्य रूप से करता है और श्रोताओं पर किसी भी प्रकार का प्रभाव डालना नहीं चाहता। अगर वैज्ञानिक

लोगों को प्रभावित करने की कोशिश करे, तो लोग उसका आदर नहीं करेंगे, उल्टे वे उस पर शंका करने लगेंगे।

नई कविता में शब्दों की मितव्ययिता विज्ञान की देखा-देखी बढ़ी है और विज्ञान के प्रभाव के कारण ही कवि अब आवेश को दबाकर लिखने लगे हैं। वैज्ञानिक ने कवि का कोई प्रभाव स्वीकार नहीं किया क्योंकि कवि के प्रभाव से उसकी क्षति हो सकती है। किन्तु नये कवि विज्ञान का अनुकरण करने को तैयार हो गए। यह अनुकरण कहाँ तक काम्य है और कहाँ पहुँचकर वह अनिष्टकारी बन सकता है, इसका विचार पग-पग पर होते रहना चाहिए। क्योंकि विज्ञान कविता का विरोधी शास्त्र है और कवियों को अगर यह लोभ हुआ कि वे पूरे अर्थों में वैज्ञानिक बनेंगे, तो कविता का अस्तित्व समाप्त हो जाएगा अथवा वह मनोविज्ञान की चेरी बनकर जिएगी। रोमांटिक कवि शत-प्रतिशत गलत थे और नव-कवित्ववादी बिलकुल ठीक हैं, ऐसा निर्णय आसानी से नहीं दिया जा सकता। शायद एकाध शताब्दी के बाद यह बात स्पष्ट होगी कि रेम्बू और मलार्मे ने जो कुछ किया, वह कविता के हित में कितना गलत और कहाँ तक ठीक था।

शुद्ध कवित्व का आन्दोलन आज कवि और काव्य के जिन गुणों पर बहुत अधिक जोर दे रहा है, उनमें से बहुत-से गुण रोमांसवादियों में भी विद्यमान थे। अपने आयुकाल में रोमांसवाद आधुनिक और क्रान्तिकारी आन्दोलन था। वह व्यक्तिवाद में विश्वास करता था और अपने इस विश्वास पर उसे नाज भी था। तार्किकता और उपदेशवाद से बचने की प्रवृत्ति रोमांसवाद में भी थी, गरचे इस प्रवृत्ति से वह बच नहीं पाता था। रंगों को कान से सुनने और ध्वनियों का स्पर्श करने का प्रयोग सबसे पहले रोमांसवादियों ने किया था। और इन प्रयोगों के अनुरूप उन्हें शब्द भी मिल गए थे। कला की उस शक्ति का सपना उन्होंने भी देखा था जो कविता को संगीत के समान निराकार कर सकती है, जो उसे चित्रों के समान साकार भी बना सकती है। यह सत्य है कि जैसे शुद्ध कवित्ववादियों के सभी सपने हाथ नहीं आ रहे हैं, उसी प्रकार रोमांसवादियों के भी सभी सपने साकार नहीं हुए। किन्तु यह उमंग तो रोमांसवादियों के भीतर भी थी कि कविता लॉजिक की अधीनता में नहीं रहे, वह किसी भी शास्त्र की अनुचरता स्वीकार न करे और समाज में अपना स्थान वह अपने ही बल से बनाये।

शुद्ध कवित्ववादी अब धीरे-धीरे उस स्थान पर पहुँच गए हैं, जहाँ कविता उस महल के समान आकाश में ठहरना चाहती है, जिसमें न तो कोई खम्भा है, न दीवार, जो शून्य में केवल अपनी साधना के सहारे खड़ा है। हाल के जर्मन

कवि बेन ने कहा है : 'आदर्श कविता वह है, जो आदि से अन्त तक कविता ही कविता है, जिसके भीतर न तो कोई आशा है, न विश्वास, जो किसी को भी सम्बोधित नहीं है, जो केवल उन शब्दों का जोड़ है, जिन्हें हम मोहिनी अदा के साथ एकत्र करते हैं।' लगता है, इस तरह की कोई कल्पना रोमांटिक युग में ही मँडराने लगी थी। जर्मनी के रोमांटिक उपन्यासकार नोवालिस (1772-1801) ने कहा था : 'सभी कविताओं को उस परी-कथा के समान होना चाहिए जिसके पीछे न तो कोई लॉजिक होता है, न इतिहास या भूगोल; जो केवल संयोग से उत्पन्न होती है।'

हिन्दी में जब प्रगतिवाद की धूम मची, तब यह बात बड़े जोर से कही गई थी कि छायावादी काव्य निरा काल्पनिक और जीवन से पलायन सिखानेवाला काव्य है। किन्तु अब जो नई कविता आई है, उसके परिप्रेक्ष्य में छायावाद जीवन से उतना दूर दिखाई नहीं देता, जितना दूर वह प्रगतिवादियों को दिखाई पड़ा था। यूरोप में जब रोमांटिक कविता का विरोध हुआ, तब इस विरोध का कारण यह नहीं था कि रोमांटिक कवि पलायनवादी सिद्ध हुए थे, बल्कि यह कि वे जीवन से बहुत अधिक लिप्त थे और जनता में अपने सन्देशों का प्रचार करते थे। रोमांसवादियों का दोष यह था कि वे शुद्ध कवित्ववादियों के समान खाँटी कलाकार नहीं थे; उनकी सारी आस्था शब्दों के प्रति न होकर जीवन के प्रति भी थी, कला के प्रति न होकर सन्देश के प्रति भी थी। भारत में कुन्तक ने कहा था कि कविता में भाव का स्थान गौण है, प्रमुखता भाषा और भाव के बीच चलनेवाली स्पर्धा को मिलनी चाहिए; अर्थात् सत्कवि के लिए भाषा और भाव में से भाषा ही बड़ी आराधना की अधिकारिणी है। यूरोप में रोमांसवाद के विरोधियों की धारणा यह बनी कि रोमांटिक कवि भावों की आराधना में गर्क हैं, उन्हें शब्दों के सुप्रयोग अथवा भाषा के भीतर छिपी सम्भावनाओं के अनुसंधान की कोई खास चिन्ता नहीं है। रोमांसवाद का उत्थान बुद्धिवादी दृष्टिकोण के विरुद्ध संबुद्धि की महिमा जगाने के लिए हुआ था, अतएव उसका असली जोर भाषा पर न होकर दृष्टिकोण की नवीनता पर था, यद्यपि दृष्टिकोण की नवीनता के अनुरूप रोमांसवादियों की भाषा भी नवीन हो गई थी। किन्तु रोमांसवादियों के विरुद्ध जो आन्दोलन उठा, उसका सारा जोर, आरम्भ से ही, शैली पर पड़ा और तब से यूरोप में जितनी भी कविताएँ लिखी गई हैं, उनमें शैली प्रधान रही है, भाव बिलकुल गौण हो गए हैं। किन्तु यहाँ भी ध्यान रखना चाहिए कि शैली का भी मार्जन रोमांटिक युग में आकर जितना हुआ, उतना पहले के किसी भी युग में नहीं हुआ था। यूरोप के रोमांटिक कवि यह कहकर

बदनाम किये गए कि वे जीवन के प्रति बहुत अधिक अनुरक्त हैं और भारत के छायावादी इस कारण कि वे जीवन से बहुत दूर हैं। किन्तु दोनों भूभागों में इन्हीं लोगों ने वह जमीन तैयार की, जिस पर शुद्ध कविता विचरण कर सकती थी। रोमांटिक युग वह सेतु है, जिस पर चढ़कर पुरानी कविता नये युग में प्रवेश करती है।

## 4. शुद्धतावादी आन्दोलन का आरम्भ

रोमांटिक कविता कल्पना-प्रधान होने पर भी जीवन के प्रति दायित्वहीन नहीं थी। रोमांसवादी काव्य पहले के काव्यों की तुलना में काफी व्यक्तिवादी था, लेकिन फिर भी वह समाज से सम्पृक्त था। रोमांटिक कवि चाहते थे कि समाज उन्हें पढ़े और समझे तथा बदले में उन पर कीर्ति की वृष्टि करे और कवियों की यह भावना उनकी कविताओं को प्रभावित करती थी, उन्हें समाज की पहुँच के भीतर रखती थी। किन्तु जनता के प्रति एक प्रकार के क्षीण अनादर और असन्तोष का भाव रोमांटिक युग में ही दिखाई पड़ने लगा था। कवियों को सलाह देते हुए एक बार शेली ने लिखा था : 'तुम तब तक कुछ भी नहीं लिखो, जब तक तुम्हें यह विश्वास न हो जाए कि तुम्हारे भीतर कोई सत्य है, जो तुम्हें लिखने को लाचार कर रहा है। सीधे-सादे लोगों को तुम सलाह दे सकते हो, किन्तु उनसे सलाह लेना तुम्हारा काम नहीं है। अपढ़ और बेवकूफ जनता कविता पर जो राय कायम करती है, वह टिकाऊ नहीं होती। काल अपनी राय उसके विरुद्ध बनाता है। समकालीन आलोचना उन मूर्खताओं का पुंज है, जिनसे प्रतिभाशाली लोगों को बेकार उलझना पड़ता है।'

जनता के प्रति शत्रुता और उपेक्षा के ये भाव शेली की कलम से किस कारण निकले होंगे? अवश्य ही, यह उस विचारधारा का आरम्भ था जो कविता को विशेषज्ञों की चीज बनाना चाहती थी, जो जनता के पूर्वग्रहों के जाल से कविता को मुक्ति दिलाना चाहती थी। यह कला की स्वाधीनता वाले आन्दोलन का पूर्वाभास था। इसके भीतर यह भाव छिपा था कि कला की जो असली बारीकियाँ हैं, कविता जिन गुणों के कारण और कुछ न होकर कविता होती है, उन खूबियों को केवल विशिष्ट रुचि के पाठक ही समझ सकते हैं। जनता कविताओं में सामाजिक उत्तेजना खोजती है, धर्म अथवा नैतिकता-सम्बन्धी विचार चाहती है, किन्तु जिन पाठकों की बौद्धिक क्षमता विकसित तथा रुचि परिमार्जित और महीन है, वे कविता की शैली को समझते हैं, उसकी ध्वनि और

निराकार संगीत का आनन्द लेते हैं। अतएव, कवियों को लिखते समय जनता का ध्यान नहीं रखना चाहिए। उन्हें या तो अपने सन्तोष के लिए लिखना चाहिए अथवा उन मुट्ठी-भर शिष्ट रुचि वाले पाठकों के लिए जो कवियों के समानधर्मी अथवा उनके आत्म-बन्धु हैं।

यह वह समय था जब ज्ञान के विभिन्न क्षेत्रों में विशिष्टीकरण की प्रक्रिया आरम्भ हो रही थी। उसकी संक्रामकता ने कविता के क्षेत्र में भी प्रवेश किया और काव्य भी विशिष्टीकरण की ओर लोभ से देखने लगा। जिस चेतना के बीज शेली के ऊपर के उद्‌गार में दिखाई देते हैं, उसी के प्रस्फुटन, वर्द्धन और विकास से समस्त यूरोप में सौन्दर्यबोध का एक नया आन्दोलन आरम्भ हो गया। इस आन्दोलन के आश्रय नवयुवकों की छोटी-छोटी टोलियाँ थीं। वे कलाप्रेमी युवक काव्य के उन गुणों पर जोर देते थे, जो कविता के शैली-तंत्र में निहित होते हैं; भावों या विचारों पर नहीं, जो बाहर से आकर कविता में शक्ति और प्रभविष्णुता उत्पन्न करते हैं। शैली, लय, चित्र, टोन और रूपकों की महिमा पहले के कवियों को भी ज्ञात रही थी, किन्तु वे शैली के इन गुणों को साध्य नहीं, केवल साधन मानते थे। साध्य तो कोई और वस्तु थी, जिसका सम्बन्ध विषय, विचार अथवा कवि के सम्पूर्ण दृष्टिबोध से पड़ता था। सभी गुणों में शैली कथ्य का माध्यम होने के कारण महत्त्वपूर्ण समझी जाती थी। किन्तु अब कलाकारों का जोर इस बात पर पड़ने लगा कि कथ्य तो बिलकुल बाहर से आई हुई चीज है। कला की सारी महिमा उसकी शैली में निविष्ट होती है। उन्नीसवीं सदी के पूर्वार्द्ध में ले हण्ट ने मार्लो, स्पेंसर और मिल्टन के काव्य का विश्लेषण करके शैली की महिमा निरूपित करने को अनेक निबन्ध लिखे थे, किन्तु पाठकों का भाव उस समय यह बना था कि खुद स्पेंसर, मार्लो और मिल्टन शैली की इन विलक्षणताओं को अपनी काव्यात्मक उपलब्धियों का सार नहीं मान सकते थे।

हर वैचारिक आन्दोलन अपने विरोध का बीज अपने ही भीतर लिये रहता है। शुद्धतावादी आन्दोलन, वैसे तो, रोमांसवाद के बाद और बहुत-कुछ उसके विरुद्ध उठा था, लेकिन उसके बीज रोमांटिक कवियों की ही साधना में मौजूद थे। ये बीज कवियों की उन पंक्तियों में मौजूद थे, जो अत्यन्त काव्यात्मक होकर प्रकट होती थीं, जिनमें कोई ज्ञान की बात नहीं होती थी, जो केवल अनुभूतियों का आख्यान, रूप का चित्रण अथवा किसी मनःस्थिति का तटस्थ संकेत देकर समाप्त हो जाती थीं। कविताओं के भीतर ये शुद्ध पंक्तियाँ ही सबसे अधिक लुभावनी भी दिखाई देती थीं। ऐसी ही पंक्तियों को देखकर

सजीव संवेदना वाले कवियों के भीतर यह कल्पना उठी होगी कि कविता का सौन्दर्य उसकी शैली में होता है, भाव में नहीं। शैली और भाव के बीच कवियों में शैली के प्रति जो पक्षपात उत्पन्न हुआ, असल में, शुद्धता का आरम्भ उसी पक्षपात में था। कवियों का विचार यह बनने लगा कि असली वस्तु शैली है, भाव का महत्त्व उस खूँटी का महत्त्व है जिस पर कमीज टाँगी जाती है। इसी से यह विचार भी उत्पन्न हुआ कि कुछ विषय काव्यात्मक और बाकी अकाव्यात्मक नहीं हैं। कविता की उत्तमता के लिए विषय का उत्तम या महान होना तनिक भी आवश्यक नहीं है। चूँकि भाव का महत्त्व अत्यन्त गौण है, इसलिए कोई भी विषय कविता का अनुकूल विषय हो सकता है। कवि का कार्य विषय का वर्णन अथवा भावों का आख्यान नहीं है। भाव और विषय केवल बहाने हैं, कवि का मुख्य कार्य कविता रचना है और सारी-की-सारी कविता शैली से लिपटी होती है।

जब भाव और विषय की महिमा समाप्त हो गई, तब स्वभावतः ही, दो और सिद्धान्त निकल पड़े कि कविता के भीतर वास्तविकता अथवा सत्य की खोज निरर्थक है तथा कविता के उपयोग की सारी चिन्ता बेकार है। कविता सत्य का वर्णन करने के लिए नहीं है। सत्य का वर्णन तो अपने-अपने क्षेत्रों में अनेक शास्त्र करते हैं। इसी प्रकार, कविता उपयोग के लिए भी नहीं है। जब फूलों का कोई उपयोग नहीं है, संगीत और चित्रकला बिना किसी खास उपयोग के कायम हैं, तब कविता से ही लोग यह आशा क्यों करते हैं कि वह उपयोगी होगी?

नई कविता से रोमांटिक कविता की तुलना करने पर न्यायतः यह नहीं कहा जा सकता कि रोमांटिक कवियों में कला का कोई अभाव था। नई और रोमांटिक कविताओं के भेद का आधार कला नहीं है। दोनों प्रकार की कविताओं में मुख्य भेद यह है कि एक में अर्थ सुस्पष्ट मिलता है और दूसरी में अर्थ पकड़ाई नहीं देता। एक में दुरूहता नहीं है, किन्तु दूसरी में दुरूहता दिनोंदिन अधिक सघन होती गई है। एक में अरूप जगत् के बीच धँसने की प्रवृत्ति कम, दूसरी में बहुत अधिक है। एक में बिम्बों का उपयोग साधन के रूप में किया जाता था, दूसरी में बिम्ब और चित्र लगभग साध्य हो गए हैं। किन्तु इससे यह नहीं कहा जा सकता कि कविता को शुद्ध कलाकृति के रूप में देखने का लोभ रोमांटिकों में नहीं जगा था। जरार द नेर्वाल (1808-1855) फ्रेंच भाषा के रोमांटिक कवि थे, किन्तु उन्होंने कहा था कि 'कला हमारे लिए साधन नहीं, साध्य है। जो भी कलाकार सौन्दर्य को छोड़कर किसी अन्य वस्तु को अपना लक्ष्य बनाता है, वह हमारी दृष्टि में कलाकार नहीं है।' और फ्रेंच भाषा के ही

एक दूसरे रोमांटिक कवि तियोफिल गोतिये (1811-1872) तो उपयोगिता से इतने घिनाते थे कि उन्होंने घोषणा कर दी थी कि 'जो भी वस्तु उपयोगी है, वह बिलकुल कुरूप है। घर का सबसे उपयोगी भाग वह है, जिसे हम शौचालय कहते हैं।'

ये भविष्य की चिनगारियाँ थीं, जो रोमांटिक युग में ही चमकने लगी थीं। शुद्ध कला की ओर सभी रोमांटिक कवि और लेखक एक रहस्यमय लोभ से देखते थे। किन्तु कला के जिस शुद्ध रूप की झाँकी उन्हें जब-तब कल्पना में दिखाई देती थी, व्यवहार में ठीक उसी प्रकार की कविताएँ वे नहीं लिख सके थे। ऐसी कविताएँ उन लोगों ने लिखीं, जो उनके बाद आए तथा जिनके भीतर नवीनता का तेज बहुत ही प्रखर था।

रोमांटिक आन्दोलन के समय ये सारी बातें उतनी स्पष्ट नहीं हुई थीं, जितनी ऊपर के सन्दर्भ में दिखाई देती हैं, किन्तु वे अस्पष्ट रूप से कवियों की अन्तरात्मा में गूँजने जरूर लगी थीं। इसी अस्पष्ट गुंजन की एक झंकार शेली ने सुनी थी, जिसे उन्होंने यह कहकर व्यक्त किया था कि कवियों का बन्धुत्व उन शिष्ट रुचिवाले थोड़े-से पाठकों में बैठता है, जो शैली की खूबियों का आनन्द ले सकते हैं। किन्तु युग के हृदय में छिपी हुई जिस भावना को पूरी अभिव्यक्ति कोई भी रोमांटिक कवि नहीं दे सका, वह अमरीका के एक कवि एडगर एलेन पो (मृत्यु 1849 ई.) के मुख में अच्छी भाषा पा गई। इसीलिए, हमारा खयाल है कि शुद्धतावादी आन्दोलन का आरम्भ एडगर एलेन पो से ही माना जाना चाहिए। क्योंकि आगामी काव्य के उन्होंने केवल लक्षण ही नहीं कहे, बल्कि प्रतीकों के प्रयोग से उन्होंने शुद्ध कविताएँ भी लिखकर एक नई परम्परा को जन्म दे दिया।

जब एलेन पो जीवित थे, अंग्रेजी कविता में रोमांसवाद का प्रभाव काफी गहराई से छाया हुआ था। शेली, बायरन और कीट्स तो गुजर चुके थे, किन्तु वर्ड्सवर्थ उस समय तक शायद स्वर्गीय नहीं हुए थे और अभिनव रोमांटिक के रूप में टेनिसन (1809-1892) और ब्राउनिंग (1812-1890) प्रसिद्धि प्राप्त कर रहे थे तथा रस्किन और मैथ्यू आर्नाल्ड साहित्य की जीवनवर्ती व्याख्या प्रस्तुत करने में तल्लीन थे। ऐसे समय में एडगर एलेन पो ने कला की भूमि पर बम फेंकते हुए यह घोषणा की कि 'कला का चरम ध्येय सौन्दर्य का विधान है, भावनाओं का जागरण है, आनन्द की उत्तेजना है और यह काम कला टेरर के जरिये करती है, ट्रेजेडी के जरिये करती है, सनक और पागलपन के भी जरिये करती है, किन्तु सत्य के द्वारा कभी नहीं करती।'

सोद्देश्य होने की सम्भावना उसी कवि में रहती है, जो सत्य, वास्तविकता अथवा जीवन के प्रति दायित्व का अनुभव करता है। अतएव, सोद्देश्यता को मिटाने के लिए एलेन पो ने साहित्य में से सत्य को ही मिटा दिया। और यह केवल सिद्धान्त की बात नहीं थी। इसका पालन उन्होंने अपने समग्र साहित्य में किया है। उनकी कविताओं और कहानियों में से एक भी ऐसी नहीं है, जिसके बारे में यह कहा जा सके कि वह वास्तविकता को ध्यान में रखकर रची गई है अथवा उसके भीतर, दूर पर भी, कहीं कोई उद्देश्य है। कविता में वे संगीत की महिमा को सर्वोपरि समझते थे, क्योंकि संगीत प्रचार का माध्यम बनने से इनकार करता है। उनका विचार था कि 'संगीत जब आनन्ददायी विचार के साथ होता है, तब उससे कविता उत्पन्न होती है। जब संगीत में विचार नहीं होते, तो वह केवल संगीत होता है। और जब विचारों में संगीत नहीं होता, तब वे केवल गद्य होते हैं।'

उपयोगिता और सोद्देश्यता को एलेन पो कवि के लिए बिलकुल त्याज्य समझते थे। उन्होंने लिखा है कि 'प्रत्यक्ष या अप्रत्यक्ष रूप से यह बात, प्रायः, मान ली गई-सी लगती है कि कविता का अन्तिम ध्येय सत्य है। लोग कहते आए हैं कि प्रत्येक कविता में कोई नीति अथवा उपदेश होना ही चाहिए; बल्कि उनका भाव यह दीखता है कि कविता का कवित्व उसमें निरूपित उपदेश से ही परखा जाना चाहिए। हमारे दिमाग में यह बात बैठ गई-सी लगती है कि अगर कोई कवि काव्य की रचना केवल कवित्व के लिए करे और यह बात स्वीकार कर ले कि यह दोष उसने जान-बूझकर किया है, तो साधारणतः लोग उसे समर्थ कवि मानने से इनकार कर देंगे। लेकिन सीधी बात यह है कि अगर हम अपनी आत्मा की गहराई में डूबकर विचार करें, तो हमें पता चलेगा कि जो कविता केवल कवित्व के लिए रची गई है, कवित्व से आगे जिसका कोई लक्ष्य नहीं है, जो केवल कविता है अन्यथा कुछ भी नहीं, उस कविता से बढ़कर सुन्दर और गौरवपूर्ण कृति संसार में और दूसरी नहीं हो सकती।'

लगता है, शुद्ध कवित्व का जो आन्दोलन आगे चलकर उठने वाला था, उसकी पूरी झलक एडगर एलेन पो को रोमांटिक युग में ही दिखाई पड़ गई थी। किन्तु उन्होंने आगामी काव्य का जो पूर्वाभास दिया था, उस पर अमरीका और इंग्लैंड में उस समय किसी ने भी ध्यान नहीं दिया। उनका जन्म 1809 ई. में और देहावसान सन् 1849 ई. में हुआ था। किन्तु अपनी चालीस साल की उम्र में वे बराबर गरीबी, रोग और उपेक्षा से आक्रान्त रहे। साहित्य-क्षेत्र में उन्हें चिढ़ानेवाले लोग तो थे लेकिन ऐसे लोग नहीं थे, जो उन्हें समझने का प्रयास

करते। इसके कारण शायद दो थे। पहला यह कि साहित्य का ध्येय वे शिव और सत्य को नहीं, केवल सुन्दर को मानते थे, केवल आनन्द को मानते थे और यह सिद्धान्त उस युग की मान्यता के विरुद्ध पड़ता था। और दूसरा कारण शायद यह था कि अपने वैयक्तिक जीवन में, नैतिक आचरण के मामले में, वे जनमत की उपेक्षा करते थे।

## 5. पेरिस के मनीषियों का प्रयोग

किन्तु पो के भीतर चमकनेवाली भविष्य की जिस रोशनी को इंग्लैंड और अमरीका के कवि नहीं देख सके, उसे फ्रांस के दो कवियों—बोदलेयर और मलार्मे—ने देख लिया। बोदलेयर एलेन पो से इतने अभिभूत हो उठे कि उन्होंने पो की कहानियों का अनुवाद फ्रेंच में किया और फ्रेंच में पो की प्रशंसा की नींव डाल दी। इसी प्रकार मलार्मे ने पो की अंग्रेजी कविताओं का अनुवाद फ्रांसीसी में किया। पो की मृत्यु पर मलार्मे ने कविता भी लिखी थी जिसमें उन्होंने यह कहा था कि 'पो की समाधि पर विचार कोई नक्काशी नहीं कर सकता।' अर्थात् पो की शोभा विचारों से नहीं बढ़ती, वे शुद्ध भावना के कवि थे।

बोदलेयर और मलार्मे के साथ साहित्य में जिस प्रतीकवादी आन्दोलन का आरम्भ हुआ, उसकी प्रेरणा पो की कविताओं से भी आई थी और उस आन्दोलन के समर्थन में एडगर एलेन पो का नाम नेता-कवि के रूप में लिया जाता था। पो के प्रति प्रतीकवादियों का भाव गुरु के प्रति शिष्यों का भाव था। यही भाव हम रूस के अर्वाचीन स्वर्गीय प्रतीकवादी कवि पास्तरनेक में भी देखते हैं, जिन्होंने एक कविता में एलेन पो का उल्लेख बड़ी ही श्रद्धा और प्रेम के साथ किया है। वैसे बोदलेयर और पास्तरनेक की तुलना में एडगर एलेन पो बहुत छोटे कवि थे।

कला को लेकर भारत में बंगाल का जो स्थान है, उससे कुछ अधिक तेजस्वी स्थान यूरोप में फ्रांस का है। कला की बारीक अनुभूतियाँ पहले फ्रांस में प्रकट होती हैं और वहाँ से वे सारे यूरोप और अमरीका में फैलती हैं। विशेषतः, शुद्ध कवित्व के आन्दोलन को जितनी पुष्टि फ्रांस में मिली, उतनी किसी और देश में प्राप्त नहीं हुई। यह सत्य है कि रोमांटिक कविता के खिलाफ एक प्रकार का अस्पष्ट असन्तोष कई देशों में दिखाई पड़ा था। इंग्लैंड में शेली ने यह संकेत दिया था कि शैली कदाचित् भाव से अधिक महत्त्वपूर्ण है। अमरीका में एडगर एलेन पो ने सत्य और उपयोगिता, दोनों को कला से

बाहर खदेड़ देने की बात कही थी। इसी प्रकार जर्मन कवि होल्डरलीन (1770-1843) ने रोमांटिक कविता की आवेशप्रियता को दुर्गुण बताया था। उन्होंने एक मित्र को पत्र में लिखा था कि 'होश-हवास की सुस्थिर मुद्रा जब कवि को छोड़ देती है, उसी समय कवि की प्रेरणा भी उससे विदा हो जाती है। बड़े कवि कभी भी अपने हाथ से नहीं छूटते।' लेकिन इतना होने पर भी शुद्ध कविता का असली प्रयोग, और किसी देश में आरम्भ न होकर, फ्रांस में आरम्भ हुआ और वहीं, तीन महाकवियों (बोदलेयर, रेम्बू और मलार्मे) के हाथों शुद्ध कविता ने ऐसा निखरा हुआ रूप प्राप्त कर लिया कि वह संसार-भर के आगामी काव्य का 'मॉडल' बन गया।

पिछले सौ वर्षों से फ्रांस के कवि विचार और विश्लेषण तथा आशा और विश्वास, सबसे विमुक्त खाँटी, शुद्ध कविता की साधना में ऐसी तन्मयता से लगे रहे हैं, जैसी तन्मयता से पहले के साधक कैवल्य या मोक्ष की खोज में लगते थे। और फ्रांस के कवियों की देखादेखी अन्य देशों के कवि भी उसी स्वप्न की ओर दौड़ते रहे हैं। 1849 ई. के पूर्व एडगर एलेन पो ने शुद्ध कविता का जो स्वप्न देखा था, वह स्वप्न अब इतना सूक्ष्म हो गया है कि अगर पो स्वयं वापस आकर देखें तो उन्हें आश्चर्य होगा कि बातें कहाँ से शुरू हुई थीं और वे अब कहाँ पहुँच गई हैं। हमारा खयाल है कि रोमांटिक युग के अन्त होते-होते कवियों के भीतर कविता के आगामी रूप की जो कल्पना, बीज के रूप में, दिखाई पड़ी थी, वह थोड़े ही दिनों में अंकुरित, पल्लवित और पुष्पित इसलिए हो गई कि लगभग एक ही समय पेरिस में उसे तीन ऐसे प्रतिभाशाली कवि मिल गए, जिनमें से प्रत्येक एक स्वतंत्र युग का नेता हो सकता था।

बोदलेयर, रेम्बू और मलार्मे बड़ी विलक्षण प्रतिभा के कवि थे। उनमें अरूप के भीतर धँसने की अपरिमित शक्ति थी। बोदलेयर में तो परम्परा की साफ निशानी जरूर मिलती है, मगर रेम्बू और मलार्मे को देखकर भासित होता है कि कवि ऐसे भी हो सकते हैं, जो चाहें तो प्राचीन परम्परा से टूटकर सर्वथा नई परम्परा का आरम्भ कर सकते हैं। चाहें तो ऐसे महल बना सकते हैं, जिनमें दीवार या खम्भे नहीं हों। बोदलेयर, रेम्बू और मलार्मे के बाद यूरोप की कविता ने वही राह पकड़ ली, जिसे इन तीन महाकवियों ने तैयार किया था।

अगर ये कवि कुछ कम क्रान्तिकारी हुए होते, तो नई कविता परम्परा से उतनी दूर नहीं जाती जितनी दूर वह आज दिखाई देती है। अगर ये कवि कुछ कम शक्तिशाली हुए होते, तो कविता अरूप के भीतर दूर तक धँसने के प्रयास में उतनी दुरूह भी नहीं हो पाती, जितनी दुरूह वह आज दिखाई देती है।

लेकिन यह भी ठीक है कि यदि ये तीन महाकवि नहीं उत्पन्न हुए होते, तो भाषा की वे प्रच्छन्न शक्तियाँ भी उतनी उद्बुद्ध नहीं हुई होतीं, जितनी उद्बुद्ध वे इन तीन कवियों के अथवा उनके उत्तराधिकारियों के दुर्धर्ष प्रयोगों के कारण हुई हैं। शुद्ध कविता की दिशा, आरम्भ में, इन्हीं तीन कवियों ने निर्धारित की थी और अन्तरराष्ट्रीय काव्य तब से उसी दिशा में प्रगति करता रहा है। अतएव, थोड़े में, हमें यह जानने का प्रयास करना है कि इन कवियों की इच्छा और उमंग क्या थी तथा उनके प्रयोगों का झुकाव किस ओर था।

## 6. बोदलेयर

चार्ल्स बोदलेयर का जन्म पेरिस में सन् 1821 ई. में हुआ यानी वे बायरन की मृत्यु से तीन वर्ष और शेली की मृत्यु से एक वर्ष पहले जनमे थे तथा मैथ्यू आर्नाल्ड के जन्म से उनका जन्म एक साल पूर्व हुआ था। फ्रांस के रोमांटिक कवि तियोफिल गोतिये और प्रकृतवादी उपन्यासकार गुस्ताब फ्लाउबेयर बोदलेयर से उम्र में बड़े थे। जब बोदलेयर ने साहित्य के संसार में अपनी आँख खोली, गोतिये और फ्लाउबेयर अपने-अपने क्षेत्र में काफी प्रसिद्ध हो चुके थे। अपने निर्माण के दिनों में बोदलेयर इन आचार्यों की संगति में भी रहे थे और, स्वभावतः ही, बोदलेयर ने उनकी कला-विषयक धारणाओं का अपने ऊपर प्रभाव भी लिया था। कवि की दृष्टि से गोतिये भी बोदलेयर से बड़े या अधिक शक्तिशाली नहीं थे, किन्तु वे शैली की शुद्धता के उपासक थे और इसी कारण बोदलेयर की उन पर अपार भक्ति थी। गोतिये उपयोगिता के कितने विरुद्ध थे, यह बात हम ऊपर कहीं देख चुके हैं। वे कहते थे कि 'कला हमारे लिए साधन नहीं, साध्य है। जो भी कलाकार सौन्दर्य को छोड़कर किसी अन्य वस्तु को अपना लक्ष्य बनाता है, वह हमारी दृष्टि में कलाकार नहीं है।' भावुकता के गोतिये घोर विरोधी थे। कविता को वे कारीगरी का काम मानते थे। मानवतावादी ध्येय और नैतिक आदर्शों की अभिव्यक्ति के कारण कला पूजित नहीं होती, उसकी विजय तकनीकी पूर्णता में देखी जाती है। दार्शनिक या सामाजिक उद्देश्यों के प्रवेश से कला को अपनी पूर्णता प्राप्त करने में कठिनाई होती है। गोतिये मानते थे कि 'कला का ध्येय शैली का सौन्दर्य है और सौन्दर्य-सृष्टि के बाद कला को और किसी लोभ में नहीं पड़ना चाहिए।' 'कला के लिए कला का सिद्धान्त', असल में, गोतिये का ही चलाया हुआ है।

कला के बारे में फ्लाउबेयर का भी लगभग ऐसा ही विचार था। अव्वल तो कलाकार के कामों की गिनती वे कर्म की श्रेणी में नहीं करते थे। दूसरे, वे इस मत को भी नहीं मानते थे कि कविता में कोई-न-कोई अर्थ और उपन्यासों में कोई-न-कोई सन्देश होना ही चाहिए। उनकी यह उक्ति प्रसिद्ध है कि 'एक अच्छी पंक्ति जिससे अर्थ कुछ नहीं निकलता, उस पंक्ति से श्रेष्ठ है, जिसमें अर्थ तो है, किन्तु जो कला की दृष्टि से कम अच्छी है।'

बोदलेयर पर दूसरा बड़ा प्रभाव एडगर एलन पो का था। पो की रचनाओं का उन्होंने फ्रांसीसी भाषा में अनुवाद किया था और कहते हैं, फ्रांसीसी में अनूदित पो अंग्रेजी के मौलिक पो से भी अधिक रोचक और प्रभविष्णु हैं। एलेन पो की रचनाओं का पारायण बोदलेयर जिन्दगी-भर करते रहे। यहाँ तक कि जब उन्हें लकवा मार गया, तब भी उनकी मेज पर पो की किताबें अवश्य रहती थीं, क्योंकि उनके मन-बहलाव का साधन या तो पो की पुस्तकें थीं अथवा वैगनर का संगीत। उनकी दिलचस्पी चित्रकला में भी थी और मानेत के चित्र भी उनकी रोगशय्या के पास रहते थे। कवि होने के अलावा बोदलेयर कथाकार भी थे तथा संगीत और चित्रकला के पारखी के रूप में भी उनका बड़ा नाम था।

बोदलेयर मलार्मे से 21 वर्ष और रेम्बू से 33 वर्ष पूर्व जनमे थे। अतएव मलार्मे और रेम्बू शुद्ध कवित्व को जिस दूरी तक खींच ले गए, उस दूरी तक बोदलेयर नहीं पहुँचे थे। रोमांसवाद के साथ उनके सम्बन्ध का सूत्र काफी मजबूत था। मगर वे भूत और भविष्य, दोनों ही दिशाओं की ओर देख सकते थे। उनकी कविताओं में यदि रोमांसवाद का रस है, तो उनके भीतर प्रतीकवादी आन्दोलन का प्रवर्तन भी है। यही नहीं, उनमें बहुत-से ऐसे लक्षण भी थे, जो साहित्य में प्रतीकवादी आन्दोलन के बाद विख्यात हुए।

बोदलेयर में अर्थ है, छन्द है और यह भाव भी है कि लोग मुझे समझें और मेरी कविताओं से प्रभावित हों। साहित्य में एक परम्परा-सी रही है कि जो कविताएँ नारियों के बारे में शृंगार-भाव से लिखी जाती हैं, उन्हें हम कला की शुद्धता से सम्बद्ध मानते हैं। इसका कारण शायद यह है कि शृंगार की कविताएँ सौन्दर्यानुभूति की कविताएँ होती हैं और जीवन के कर्म-पक्ष से उनका लगाव नहीं होता। प्रेम कदाचित् उस अर्थ में कर्तव्य है भी नहीं, जिस अर्थ में समाज-सुधार या देश-रक्षा के कर्म कर्तव्य हैं। किन्तु बोदलेयर का प्रेम एक विचित्र प्रकार का प्रेम है। उनका प्रेम उन आलम्बनों के इर्द-गिर्द घूमता है, जो गन्दगी, कदाचार, नग्नता, कुरूपता और बीभत्स वासना के जाल में हैं। कई आलोचकों की राय है कि बोदलेयर ने ऐसा जान-बूझकर किया है। वे समाज के

पापों और कदाचारों को नंगे रूप में अंकित करना चाहते थे। वे अपनी प्रतिभा के विशाल दर्पण में समाज को उसके पापों का अम्बार, एक जगह एकत्र, दिखलाना चाहते थे। समाज अपने पापों पर पर्दा डाले निश्चिन्त पड़ा था। बोदलेयर ने उसकी चेतना को धक्का दिया, उसे झकझोरकर यह बताया कि तुम ऊपर से नीति और पवित्रता की जो बातें बोलते हो, उनमें कोई सार नहीं है।

ये बातें अगर सच हैं तो बोदलेयर की कविताएँ निरुद्देश्य नहीं थीं और उनके भीतर कोई प्रच्छन्न ध्येय था। किन्तु हमारा अनुमान है कि बोदलेयर किसी सामाजिक ध्येय के कायल नहीं थे। जो कुछ उन्होंने लिखा था, अपनी प्रसन्नता के लिए लिखा था, अपने आनन्द की अभिव्यक्ति के लिए लिखा था :

*मैं तुम्हारी जवानी की आग को*
*खिलते और बलते देखता हूँ;*
*तुम्हारे खोये हुए दिनों को देखता हूँ*
*जो या तो चमकीले या गन्दे और गमगीन रहे होंगे।*
*मेरा हृदय, एक के बाद एक,*
*तुम्हारे सभी पापों का आनन्द उठाता है।*
*लेकिन, मेरी आत्मा की गहराई में*
*तुम्हारे दिव्य पुण्य की शिखा चमकती है।*

किन्तु सौन्दर्य और आनन्द की खोज वे बीभत्सता में क्यों करते थे, इसके मनोवैज्ञानिक कारण रहे होंगे। मनोवैज्ञानिकों को अपने कार्य की जितनी बड़ी भूमि बोदलेयर की कविताओं में मिली है, उतनी बड़ी भूमि किसी और कवि के जीवन और काव्य में उन्हें प्राप्त नहीं हुई।

बोदलेयर का प्रेम उस औसत स्वस्थ मनुष्य का प्रेम नहीं है, जो अपनी दैहिक क्षुधा की तृप्ति खोजता है। उनका प्रेम एक मानसिक व्यापार है। उनके प्रेम का ध्येय सौन्दर्यानुभूति के अतिरेक में पहुँचना है। वे जिससे प्रेम करते हैं, उसे कल्पना के अतिरेक से आवेष्टित कर देते हैं, स्वयं विचारों में खो जाते हैं और अपने आलम्बन को भी उसी धरातल पर खींच ले जाते हैं। उनकी प्रेमानुभूति में दृष्टि और घ्राण की जितनी प्रखरता है, उतनी प्रखरता किसी और इन्द्रिय की नहीं है। उनका आनन्द अपनी प्रेमिका को देर तक देखने का आनन्द है, उसके अवयवों से निकलनेवाली गंध को समाधिमग्न होकर सूँघने का आनन्द है :

*तब वासना के माधुर्य से*
*मेरे इन्द्रिय-लोल अधर कुंचित हो उठे,*

*मानो तबे हुए पत्थर पर*
*साँप जलता हुआ ऐंठ रहा हो।*
*जिन्होंने मुझे नग्न देखा है,*
*उनके लिए मैं*
*सूरज, चाँद और सितारों से श्रेष्ठ हूँ।*

किन्तु शारीरिक कृत्य से वे दूर रहते थे, ऐसा कई लेखकों का विचार है। इस पर से उनके सम्बन्ध में एक यह अनुमान भी निकला है कि वे नपुंसक थे। किन्तु उन्हें ऐसा रोग भी हुआ था जो नारी-समागम से दूर रहनेवाले को नहीं होता है। इन सारी बातों से उनका मामला मनोवैज्ञानिक समझा जाता है। वे, सचमुच ही, मनुष्य के किसी विशिष्ट स्वभाव के प्रतिनिधि और मनोवैज्ञानिक अनुसंधान के उपयुक्त विषय हैं।

मनुष्य अपनी जिस पस्ती, व्यथा और मानसिक वेदना को दिमाग से कुरेदकर फेंक देना चाहता है, स्मृति से उखाड़कर कहीं गाड़ देना चाहता है, उस दर्द, निराशा और पस्ती की तस्वीरें बोदलेयर ने बड़ी ही रंगीनी से तैयार की हैं और उन्हें दुनिया के सामने रखने में उन्होंने महान आनन्द का अनुभव किया है। उनकी कविताएँ बड़ी ही मृदुलता के साथ सड़ाँध के इर्द-गिर्द चक्कर काटती हैं, पाप के गीतों को गुनगुनाती हैं और मृत्यु की उपासना करती हैं :

*मृत्यु ईश्वर का चमत्कार है,*
*सबसे ऊपर की छत का*
*रहस्यमय कमरा,*
*एक ऐसा खजाना*
*जिसकी विरासत गरीब को भी मिलती है,*
*वह विशाल द्वार*
*जो अज्ञात आकाश की ओर खुलता है।*

सौन्दर्य की प्रतिमा के कानों में वे केसर और गुलाब की झंकारें नहीं भरते, बल्कि कब्र की पुकारें सुनाते हैं। किन्तु पाप, सड़ाँध और कदाचार के दलदल में से वे सौन्दर्य की ऐसी सत भी खींच निकालते हैं, जो अलौकिक और दिव्य है तथा जो मिटने से इनकार करती है।

वे पतनशीलता के कवि हैं और उनकी कल्पना सदैव उन लोकों में विहार करती है, जो विकृत और व्यभिचरित सुषमाओं के लोक हैं। किन्तु उनकी शक्ति इतनी बड़ी है कि वे राँगे को सुवर्ण बना देते हैं अथवा यों कहें कि राँगे के भीतर छिपे सुवर्ण का सार खींच लेते हैं। अपना अन्तर्मुखी अभियान उन्होंने

जुगुप्सा, घृणा, पाप और व्यभिचार के भीतर से किया था और इस प्रयास में कविता को भी उन्होंने अन्तर्मुखी बना दिया। उनकी कविताओं पर राय देते हुए एक लेखक ने लिखा है : 'साहित्य की खोज अब तक आत्मा की ऊपरी सतह पर चलती थी; अथवा साहित्य जब कभी इस सतह से नीचे जाता था, तब वह उसी कक्ष तक पहुँचकर रुक जाता था, जो पहले से ही प्रकाशित था और जहाँ पहुँचना कोई कठिन कार्य नहीं था। लेकिन बोदलेयर बहुत आगे तक चले गए। वे उस अतल लोक तक पहुँच गए, जो निर्जन और एकान्त था; जो अननुसंधानित और अन्धकारपूर्ण था तथा जहाँ रुग्ण मस्तिष्क की भयानक कल्पनाएँ विहार करती थीं।'

बोदलेयर प्रतीकवादी थे और समझते थे कि संसार की प्रत्येक वस्तु किसी अज्ञात सौन्दर्य का प्रतीक है। वे एक दार्शनिक सिद्धान्त में विश्वास करते थे, जिसका अनुवाद अंग्रेजी में 'कॉरेस्पोंडेंस' शब्द (अर्थात् सादृश्य) से किया जाता है। इस सिद्धान्त की व्याख्या यह है कि दृश्य जगत् आध्यात्मिक जगत् से जनमा है और आध्यात्मिक जगत् मानसिक जगत् का परिणाम है। पाप मन में अदृश्य रहता है और वह ऐसी चीजों में रूप ग्रहण करता है, जो हानिकारक और कुरूप हैं। इसी प्रकार, पुण्य भी मन में बसता है और जिन चीजों के भीतर वह आकार ग्रहण करता है, वे सुन्दर और उपयोगी होती हैं। दृश्य जगत् में जितनी भी चीजें हैं, वे अदृश्य की ओर इंगित करती हैं, वे आध्यात्मिक जीवन के प्रतीक हैं। किन्तु अभी उन व्यक्तियों की संख्या बहुत थोड़ी है, जो इन संकेतों को समझ सकें। ये प्रतीक, प्रकृति की भाषा के शब्द हैं और प्रकृति इन्हीं शब्दों के द्वारा दृश्य और अदृश्य के बीच सम्पर्क स्थापित करती है। संसार में जितनी भी सुरम्य वस्तुएँ हैं, वे स्वर्गीय सौन्दर्य के अपूर्ण प्रतीक हैं।

काव्य में कवि के व्यक्तित्व की प्रधानता बोदलेयर स्वीकार करते थे। वैसे तो कवि को वे स्रष्टा नहीं, एक प्रकार का अनुवादक मानते थे, किन्तु उनका विश्वास था कि कवि की रचना उसी परिमाण में मूल्यवान होगी, जिस परिमाण में उसने आध्यात्मिकता की उपलब्धि की है, देवत्व को प्राप्त किया है। सच्ची कला बोदलेयर उसे समझते थे, जो पूर्ण सौन्दर्य का प्रतिनिधित्व कर सके, उसका सवाक् संकेत या प्रतीक बन सके। किन्तु वे यह भी मानते थे कि व्यवहार में कला पूर्ण सौन्दर्य का अपूर्ण प्रतीक बनकर रह जाती है। बोदलेयर का विश्वास था कि कलाकार के माध्यम से बुद्धि नहीं, ईश्वरीय शक्ति काम करती है और जिस कवि ने ईश्वरीय शक्ति को जितनी दूर तक ग्रहण किया है, वह उतना ही सामर्थ्यवान है।

इस सिद्धान्त में बोदलेयर का विश्वास केवल बौद्धिक विश्वास नहीं था, वे उसे अपने हृदय से स्वीकार करते थे। इसीलिए वे मानते थे कि सभी कलाओं के बीच एकता का तार अनुस्यूत है और सभी कलाओं की सार्थकता इस एक बात में है कि वे उस सनातन सौन्दर्य के समीप पहुँचें, जो दृश्य जगत् के पीछे छिपा हुआ है और जिसे देखने में जनसाधारण असमर्थ है। अपने इस सिद्धान्त का निचोड़ उन्होंने 'कॉरेसपोंडेंस' शीर्षक एक कविता में रखा था, जो उनके 'पाप के पुष्प' नामक संग्रह में संकलित है।[1] आगे चलकर जब फ्रांस में प्रतीकवादी आन्दोलन का आविर्भाव हुआ, तब प्रतीकवादियों ने इस कविता का प्रचार अपने घोषणा-पत्र के रूप में किया था। फ्रांस में प्रतीकवाद 1875 ई. से 1890 ई. तक अपने उभार पर था। अन्य भाषाओं में वह बाद को विकसित हुआ।

किन्तु जिस कलाकार के सिद्धान्त इतने ऊँचे थे, उसकी कविताओं के भीतर, अद्‌भुत शैली और अपूर्व अन्तर्दृष्टि से आलोकित पंक्तियों के भीतर पाप, कदाचार, वासना और बीभत्स कामनाओं का ऐसा भयानक विस्फोट दिखाई पड़ा कि सन् 1857 ई. में जब उनका 'पाप के पुष्प' नामक काव्य-संग्रह पहले-पहल प्रकाश में आया, सरकार ने उसे अनैतिक करार दिया और लेखक तथा प्रकाशक, दोनों पर जुर्माने ठोंक दिये गए। बोदलेयर के जीवन-काल में इस पुस्तक के दो संस्करण और निकले थे, किन्तु दोनों में विवादग्रस्त कविताएँ छोड़ दी गई थीं।

बोदलेयर ने जीवन-भर अपरिमित कष्ट सहा, जीवन-भर आर्थिक दुश्चिन्ताओं में वे ग्रस्त रहे, जीवन-भर वे कुत्सित, कुरूप, वासना से जलती हुई, सस्ती औरतों के सम्पर्क में रहे और जीवन-भर वे अपने इन भयानक अनुभवों को काव्य में चित्रित करते रहे।

बोदलेयर का विश्वास था कि पाप स्वाभाविक और पुण्य कृत्रिम है। पाप मनुष्य से आपसे-आप हो जाता है, पुण्य उसे सोच-समझकर करना पड़ता है। वे यह भी मानते थे कि प्रत्येक व्यक्ति को यह अधिकार है कि वह पार्थिव जीवन का भोग करते हुए स्वर्ग या नरक का रास्ता अपने लिए आप ही चुन ले।

जां पाल सार्त्र ने बोदलेयर का मनोवैज्ञानिक विश्लेषण करते हुए एक अच्छा- खासा ग्रंथ लिखा है, जिससे पता चलता है कि बोदलेयर पाप से भीत नहीं थे। पाप को उन्होंने अपनी स्वाधीनता के लिए चुना था। समाज की अवज्ञा करके, सामाजिक नैतिकता को अँगूठा दिखाकर वे अपने स्वतंत्र होने के अभिमान की रक्षा करते थे और अपनी कारयित्री शक्तियों पर नाज करते थे। उनका यौन आचार शारीरिक पाप के लिए कम था, अधिक आनन्द वे अपनी

1. देखिए : परिशिष्ट

दृष्टि और घ्राण-शक्ति से लेते थे। काम का सुख उन्हें नारियों के केश, आभूषण, गंध और वस्त्र से जितना मिलता था, उतना उनके शरीर से नहीं। और अश्लीलता की संगति वे इसलिए करते थे कि पाप के पीछे छिपे पुण्य का संधान उनका ध्येय था। अश्लीलता के पीछे वे किसी पवित्र सौन्दर्य की अनुभूति खोजते थे। उनका आनन्द नग्न नारी-मूर्ति के निदिध्यायन का आनन्द था, उनका सुख काम के मानसिक चिन्तन का सुख था। बोदलेयर का यह भी विश्वास था कि कलाकार जब कृतियों के निर्माण में लगा होता है, तब वह अपने को सहवास के सुख से दूर रखता है यानी आदमी जिस डायनेमो से प्रकाश लेता है, उस डायनेमो से वह, उसी समय, ट्रैक्टर नहीं चला सकता।

बोदलेयर की आत्मा बेचैन मनुष्य की आत्मा थी—भीतर से पीड़ित, अशान्त और कुचले हुए मनुष्य की आत्मा थी। सार्त्र का कहना है कि बोदलेयर ने पाप का मार्ग पाप का आनन्द भोगने को नहीं चुना था, बल्कि इसलिए कि वे हमेशा अपने को अपराधी महसूस करें और हमेशा पश्चात्ताप का दंश भोगते रहें। अपनी अद्वितीयता की अनुभूति के लिए, अपने को यह विश्वास दिलाने के लिए कि मैं आजाद हूँ, उन्होंने पाप और पश्चात्ताप का मार्ग पसन्द किया था। अपराध की भावना और परिताप का दंश उनके भीतर आजीवन बना रहा—और परिताप का यही दंश उनकी साधना थी।

पाप की यह रहस्यवादी व्याख्या ठीक से समझ में नहीं आती। जो बात समझ में आती है, वह यह है कि बोदलेयर का जीवन घृणित, किन्तु उनका काव्य अपूर्व था। हमारा खयाल है, बाद के कवियों ने नैतिक मूल्यों की अवहेलना में जो उत्साह दिखाया, उसकी बहुत कुछ प्रेरणा बोदलेयर से भी आई होगी।

नैतिक मूल्यों की अवहेलना लॉर्ड बायरन ने जितनी की थी, वह कम नहीं थी। उस समय का समाज उनके आचरणों से विचलित भी हुआ होगा। किन्तु आज का समाज उनके प्रति सहनशील है, क्योंकि बायरन ने अपनी कलम से नैतिक मूल्यों का विरोध नहीं किया था। लेकिन बोदलेयर के बाद आनेवाले नये कवियों ने दो प्रकार की जिन्दगी जीने का विरोध कलम से भी किया। वे ईमानदारी से उसी जिन्दगी की बातें करने लगे, जो जिन्दगी वे सचमुच जी रहे थे। कुछ यह बात भी है कि पुराने मूल्यों पर सुदृढ़ रहकर कविगण नई दृष्टि नहीं प्राप्त कर सकते थे, न वे नवीनता की दिशा में उतनी दूर जा सकते थे, जितनी दूर जाने की उन्हें उमंग थी। बोदलेयर ने एक स्थान पर लिखा भी है :

*बिदा का जहर पिलाओ*
*जिसमें तुम्हारी सान्त्वना घुली हुई है।*

*कामना, भीतर पैठकर,*
*हमें इस जोर से खा रही है*
*कि हम नवीनता की तलाश में*
*स्वर्ग में घूमने, नरक में गिरने*
*और अज्ञात की अतल गहराई में*
*भटकने को तैयार हैं।*

## 7. मलार्मे और प्रतीकवाद

बोदलेयर, मलार्मे और रेम्बू जिस काल (1850-85) में हुए, उस काल को फ्रेंच साहित्य के इतिहास-लेखक एल. कजामियाँ ने वस्तुवाद का काल कहा है। रोमांसवाद का जोर जीवन के उस रूप पर नहीं था, जैसा सचमुच वह होता है, बल्कि उस रूप पर जैसा उसे होना चाहिए। लेकिन आदर्श के अतिरंजित चित्रण के लिए कल्पना जब दूर तक तानी जाने लगी, पाठकों ने संयम की माँग की और साहित्य आवेश छोड़कर संयम की वाणी बोलने को बाध्य होने लगा। ऐसी वाणी साहित्य में तभी प्रकट होती है जब लेखक और कवि वास्तविकता की ओर अग्रसर होते हैं।

वास्तविकता के उत्थान के कई कारण थे। अब तक विज्ञान और सामाजिक विज्ञान काफी दूर तक बढ़ चुके थे और नई पीढ़ी उनसे प्रभावित होने लगी थी। डारविन के विकासवाद के सिद्धान्त के कारण परम्परा की कट्टरता कमजोर होने लगी थी और आगस्ट कामते के पोजिटिविज्म के प्रभाव से साहित्यकार भी यह सोचने लगे थे कि साहित्य में जोर जीवन के वास्तविक पक्ष पर पड़ना चाहिए तथा कल्पना के स्थान पर उन तथ्यों को महत्त्व देना चाहिए, जो सुपरीक्षित और सत्य हैं। वस्तुवाद के साथ-साथ प्रकृतवाद का आन्दोलन उठा, जिसकी मान्यता यह थी कि नैतिकता किताबों से नहीं निकलती, बल्कि उसका कारण वे परिस्थितियाँ हैं, जिनमें हम निवास करते हैं। मनुष्य स्वयं कुछ नहीं है, वह परिस्थितियों का गुलाम है। परिस्थितियाँ हमसे जैसा आचरण करवाना चाहती हैं, वैसा ही आचरण हम करते हैं। निर्णय लेने में आत्मा का कोई हाथ नहीं होता।

मनुष्य अपने सारे निर्णय शरीर की आज्ञा से करता है, उसकी माँगों और आवेगों के अनुसार करता है। फ्लाउबेयर ऐसे ही प्रकृतवादी उपन्यासकार थे। कट्टरवादियों ने जैसा विरोध रोमांसवाद का किया था, वैसा ही विरोध उन्होंने

प्रकृतवाद का भी किया। समाज में आम धारणा यह बन गई कि प्रकृतवाद रोमांसवाद की सन्तान है, फर्क यह है कि लड़का अपने बाप की अपेक्षा कहीं ज्यादा गुनहगार है। इसका कारण यह था कि रोमांसवाद और प्रकृतवाद, दोनों साहित्यिक आन्दोलन थे और नैतिकता का मार्गदर्शन वे स्वीकार नहीं करना चाहते थे। इस दृष्टि से रोमांसवाद का गुनाह कम था, लेकिन प्रकृतवाद के दुस्साहस को देखकर समाज तिलमिला उठा।

वस्तुवाद और प्रकृतवाद, दोनों के दोनों, रोमांसवाद के विरुद्ध उत्पन्न प्रतिक्रिया से पैदा हुए थे, किन्तु दोनों के भीतर रोमांसवाद की थोड़ी-बहुत रंगीनी मौजूद थी। रोमांटिक रंग का उपयोग वस्तुवाद अपने अक्खड़पन को छिपाने के लिए करता था और प्रकृतवाद इसलिए कि उसके विषय बहुत ही नग्न थे। किन्तु इस रंग का उपयोग वे पाठकों को दी जानेवाली घूस के रूप में करते थे। असल में, उनका जो अपना उद्देश्य था, वह कल्पना और संवेदना को बहुत बढ़ावा नहीं देता था। कल्पना और संवेदना की इसी उपेक्षा ने वस्तुवाद और प्रकृतवाद के बारे में शंका उत्पन्न कर दी और कल्पना तथा संवेदना को फिर से साहित्य में प्रतिष्ठित करने को एक नये आन्दोलन का आविर्भाव हुआ, जिसका नाम प्रतीकवाद चलता है। इस आन्दोलन का आरम्भ एक प्रकार से खुद बोदलेयर ने किया था, किन्तु उसका पूरा विकास हम मलार्मे, वर्लैन, रेम्बू, लफूर्ज और वैलरी की रचनाओं में देखते हैं।

साहित्य का 'पेंडुलम' बराबर क्लासिक से रोमांटिक और रोमांटिक से क्लासिक की ओर हिलता रहता है, गरचे, समय-समय पर नाम उनके बदलते रहते हैं। जब कल्पना का आधिक्य होता है, पाठक साहित्य को वास्तविकता की ओर ले जाना चाहते हैं और जब सत्य इतिवृत्तात्मक हो उठता है, साहित्य कल्पना की ओर लौटने का बहाना खोजने लगता है। रोमांसवाद से ऊबकर साहित्य वस्तुवाद और प्रकृतवाद की ओर गया था, किन्तु ये दोनों वाद जब कुछ नीरस दिखाई देने लगे, साहित्य उन बहानों की खोज करने लगा, जिनका अवलम्ब लेकर कल्पना फिर से ऊपर लाई जा सकती थी। रोमांसवाद जिस रूप में विदा हुआ था, उस रूप में वह वापस नहीं लाया जा सकता था और वस्तुवाद की भी अब अवज्ञा नहीं चल सकती थी। अतएव, साहित्य में एक मत प्रकट हुआ कि वस्तुवाद ठीक है, किन्तु सत्य का चित्रण कला का ध्येय नहीं है। साथ ही दूसरा मत यह निकला कि कवि जिस सत्य पर काम करता है, उसका रूप ही कुछ और होता है; अर्थात् वस्तुओं के बाहरी ढाँचे कला के विषय नहीं हैं। कला का विषय वह अस्पष्ट और बिछलनेवाला प्रकाश है, जो वस्तुओं के साथ लिपटा

होता है और जिसे केवल संवेदनशील मनुष्य ही देख सकता है। यह सत्य है कि प्रत्येक वस्तु के भीतर सूक्ष्म छायाएँ होती हैं, अर्धोन्मीलित संकेत होते हैं; निगूढ़ भंगिमाएँ और धुँधली ज्योतियाँ होती हैं, जिन्हें शब्द ठीक से नहीं पकड़ पाते। साहित्य ने अब इन्हीं बारीक चीजों को अपना विषय मान लिया और उनके वर्णन के लिए प्रतीकों का वह उपयोग करने लगा। प्रतीकों के बिना इन बारीक बातों को व्यंजित करना सम्भव भी नहीं था।

कल्पना और संवेदना के गहरे पुट के बिना कविता कविता नहीं रह जाती है। रोमांसवाद सफल इसलिए हुआ था कि वास्तविकता से दूर होने के कारण वह कल्पना का प्रयोग मुक्त भाव से कर सकता था। किन्तु अब वास्तविकता की अवहेलना नहीं चल सकती थी। अतएव कल्पना को समुचित क्रीडा-क्षेत्र प्रदान करने के लिए साहित्य विषय से लिपटी बारीक भंगिमाओं को महत्त्व देने लगा।

इस तरह प्रतीकवाद रोमांसवाद की ही सम्भावनाओं का विकास था। यह सुस्पष्ट वर्णन की अपेक्षा अर्थगर्भ संकेतों पर अधिक आश्रित था। भावनाओं के साथ जो सूक्ष्म, धुँधली छायाएँ लिपटी होती हैं, ध्वनि और संकेत के द्वारा उनका वर्णन करना प्रतीकवादियों का मुख्य कार्य हो गया। इस धूमिलता के वर्णन में कला ने जो चमत्कार उत्पन्न किया, उससे प्रतीकवादी कवि और भी प्रोत्साहित हो उठे और अँधेरे में छिपकर बोलने के शौक में उन्होंने प्रकाश से, एक प्रकार से, संन्यास ले लिया। सुस्पष्ट और ठीक-ठीक वर्णन की पद्धति गौण हो गई तथा कविगण ध्वनि के सहारे थोड़ा कहकर बहुत अधिक कहने को अपना सर्वश्रेष्ठ चमत्कार मानने लगे। जिस समय प्रतीकवाद जोर पर था, लगभग उन्हीं दिनों फ्रांस में प्रभाववादी आन्दोलन भी चल रहा था। सम्भव है, प्रतीकवाद पर उस आन्दोलन का भी प्रभाव पड़ा हो! किन्तु; मूल में, यह वस्तुवाद की कठोरता और प्रकृतवाद की क्रूर नग्नता के विरुद्ध उत्पन्न प्रतिक्रिया से ही प्रेरित हुआ था।

आरम्भ में इस आन्दोलन का कोई नाम नहीं था, किन्तु जहाँ-तहाँ बिखरे, उच्छृंखल-विशृंखल कवियों के समूह को एक झंडे की जरूरत थी, जिसके पीछे वे जुलूस बाँधकर चल सकें, एक नाम की जरूरत थी, जो उनका सामूहिक नाम हो सके। काफी माथा-पच्ची करने के बाद सन् 1880 ई. में उन्होंने इस आन्दोलन का नाम 'प्रतीकवाद' रखा।

सिद्धान्त के धरातल पर प्रतीकवादियों ने वस्तुवाद का खंडन नहीं किया, लेकिन व्यवहार में वे बराबर उससे कतराते रहे। भावनाओं के अलक्ष्य, अरूप,

अतीन्द्रिय रूपों की व्यंजना ध्वनि और संकेत से करने के प्रयास में कविता को वे खींचकर अन्धकार में ले गए। काव्य में दुरूहता की वृद्धि तभी से होने लगी और, एक के बाद एक, ऐसे कवि उत्पन्न होने लगे, जिनकी कविताएँ अर्थ-बाधा से ग्रस्त थीं। प्रतीकवाद का सारा जोर इस बात पर पड़ा कि प्रत्यक्ष वर्णन साहित्य का धर्म नहीं है। साहित्य का वर्णन अप्रत्यक्ष अथवा वक्र होना चाहिए।

प्रतीक संकेत है जिसकी गूँज अभिधेयार्थ से परे बहुत दूर तक पहुँचती है, जो उससे बहुत अधिक अर्थ देता है, जितना अर्थ हम अभिधा से प्राप्त कर सकते हैं। प्रतीकों से जो चिनगारियाँ छिटकती हैं, वे किसी एक दिशा का संकेत नहीं देतीं, बल्कि वे अनेक दिशाओं की ओर इंगित करती हैं और यह स्थिर करना कठिन हो जाता है कि कवि का मुख्य अभिप्राय क्या है। इसीलिए प्रतीकों का वातावरण रहस्यपूर्ण हो जाता है, उनके अर्थ धूमिल हो जाते हैं। अब तक कविता (और शुद्ध कविता भी) भावों का वर्णन और रागों का आख्यान सुसम्बद्धता के साथ करती आई थी, किन्तु प्रतीकवाद के प्रभाव में आकर उसने अपना ध्येय बदल दिया और वह उन सूक्ष्म स्थितियों अथवा भावनाओं का संकेतों से वर्णन करने लगी, जो अभिधा की सीमा के पार पड़ती हैं और जो, स्वभावतः ही, धूमिल और अस्पष्ट हैं। इसका परिणाम यह हुआ कि काव्य में से पूर्वापर सम्बन्धों की लड़ियाँ लुप्त होने लगीं।

फ्रांस में प्रतीकवाद के दो बड़े नेता वर्लैन और मलार्मे माने जाते हैं। स्टीफैन मलार्मे का जन्म पेरिस में सन् 1842 ई. में हुआ था। वे कुछ दिनों तक इंग्लैंड में रहे थे और वहाँ से लौटकर वे अपने देश में अन्त तक अंग्रेजी पढ़ाकर अपनी जीविका चलाते रहे। उन्होंने एडगर एलेन पो की कविताओं का अनुवाद सन् 1888 ई. में प्रकाशित किया था। उनका निवास-स्थान कई बड़े लेखकों का अड्डा था। वे सारे जीवन प्रतीकवादी शैली के परिष्कार में लगे रहे। उनकी मृत्यु सन् 1898 ई. में हुई।

प्रतीकवाद का सघनतम रूप हम मलार्मे की कविता में देखते हैं और प्रतीकवादियों में से सबसे अधिक मौलिक कवि भी वे ही माने जाते हैं। किन्तु इस मौलिकता की प्राप्ति के क्रम में वे अपने सन्तुलन को कायम नहीं रख सके। उनकी कविता सर्वसाधारण की तो क्या, उन थोड़े-से रसज्ञ पाठकों की भी कविता नहीं है, जो अपनी रुचि को शिष्ट, परिमार्जित और बारीक समझते हैं। मलार्मे के प्रशंसक वे लोग रहे हैं, जो कदाचित् प्रतीकवाद के विशेषज्ञ हैं अथवा जिन्होंने मलार्मे की प्रवृत्तियों और उनकी तकनीक का विशेष रूप से अध्ययन

किया है। वे जब जीवित थे, उनकी कविताएँ दुरूह समझी जाती थीं और अब जब उन्हें गुजरे हुए कोई 68 साल हो चुके हैं, तब भी वे दुरूह हैं। उनकी कविताओं के अंग्रेजी अनुवाद जितने कठिन हैं, कहते हैं, फ्रेंच में उनका मौलिक रूप भी उतना ही दुरूह है।

मलार्मे ने बहुत अधिक कविताएँ नहीं लिखी थीं, लेकिन जो कुछ उन्होंने लिखा, उसके भीतर प्रतीकवाद का चरम लक्ष्य पूर्ण रूप से चरितार्थ दिखाई देता है। जैसी उनकी कविता थी, वैसा ही उनका मिजाज भी था। कलाकार के जीवन का उद्देश्य वे सफलता नहीं, सौन्दर्य की उपासना को मानते थे। कवि की रुचि और संवेदना जिस उक्ति को साहित्य में उतारना चाहती हो, उसे सिर्फ इस भय से नहीं लिखना कि वह लोगों की समझ में नहीं आएगी, इसे वे कथाकार का अक्षम्य अपराध समझते थे। उनका विश्वास था कि बातें जितनी ही मितव्ययिता के साथ और समेटकर संक्षेप में कही जाती हैं, अर्थ उतना ही अधिक समृद्ध हो जाता है और उक्तियाँ जितनी ही प्रत्यक्ष होती हैं, उनसे उत्पन्न होनेवाला मानसिक स्पन्दन उतना ही गम्भीर होता है।

इस दुष्कर कार्य में भाषा की अपूर्णता के साथ उन्हें जितना संघर्ष करना पड़ा, उतना संघर्ष पहले के किसी भी कवि को करना नहीं पड़ा था। आलोचकों का विचार है कि इस कठिन अभियान में मलार्मे सफल नहीं हो पाए। जो सफलता उन्हें प्राप्त हुई, वह मात्र आधी सफलता थी। किन्तु यह भी सत्य है कि साहित्य के भीतर इस अर्द्ध सफलता से जो प्रकाश फैला है, वह पूर्ण सफलता से भी कदाचित् ही कभी प्रसारित हुआ हो।

रहस्य को मलार्मे कवि का यंत्र समझते थे। अर्धज्योतियों, ध्वनियों, प्रसंगों, अनिश्चित सन्दर्भों, गोधूलि के वातावरण और दूरागत झंकारों को वे कला का अभिन्न अंग मानते थे। उनका विचार था कि साहित्य, संगीत और चित्र–सभी कलाओं का तीसरा आयाम ध्वनि है, जो प्रायः अनिश्चित होती है। वे कहते थे कि 'मेरी कविताओं से कुछ लोग नाराज होंगे, कुछ उदासीन रहेंगे, मगर कुछ लोग ऐसे भी होंगे जो उन पर विस्मय करेंगे। मैं इन्हीं विस्मित होनेवाले पाठकों के लिए लिखता हूँ।'

मलार्मे के अनुसार कवि का पहला कर्तव्य यह है कि वह उन लोगों के लिए अर्थ को ध्यान में रखकर लिखे, जिनकी भाषा का वह उपयोग कर रहा है। फिर भी उनकी अपनी कविताएँ पहेलियों के समान लगती हैं। हमारा अनुमान है कि रोमांटिक परम्परा के किंचित् समीप होने के कारण अर्थ की अनिवार्यता की बात उन्हें सूझी होगी। किन्तु वे जब सचमुच रचना में प्रवृत्त

हुए, वह परम्परा उन्हें रिक्त दिखाई देने लगी और वे कलम को हाथ में धरे यह सोचने लगे कि लिखने की नई बात अब क्या हो सकती है? कहाँ पहुँचकर ठहरें कि कविता में ताजगी उतरे? किस क्षितिज को छुएँ कि अछूती बातें बरस जाएँ? जो बातें लिखी जा चुकी हैं, वे लिखने लायक नहीं रहीं, न उनसे मिलती-जुलती बातें लिखी जाने के योग्य हैं। तो फिर वे बातें कौन-सी हैं जिन्हें मैं लिखना चाहता हूँ?

मलार्मे बराबर कोई और चीज चाहते हैं अन्यथा वे कुछ भी नहीं चाहते। रचना की यह वेदना अनेक कवियों ने सही है। यह उन सभी लोगों की वेदना है, जो प्रचलित से ऊबकर नवीन की खोज करते हैं। मलार्मे की इस वेदना को एक आलोचक ने अनुर्वरता की वेदना या बाँझपन का दर्द कहा है। किन्तु अनुर्वरता की यह वेदना है क्या चीज? असल में, रोमांसवाद के बाद यह प्रतीकवाद या नई कविता के जन्म की वेदना है। रोमांसवाद की धारा चुक गई है, यह पानी बेस्वाद हो गया है। कविगण किसी नई दृष्टि की खोज में हैं, किसी नये माध्यम की तलाश में हैं जो उनकी नई मनोदशा को अभिव्यक्ति दे सके। अनुर्वरता की वेदना यह है कि कवि लिखना तो चाहता है, किन्तु उचित भाषा तथा उचित माध्यम का उसे सुराग नहीं मिलता और वह कलम पकड़े हुए कागज को देखता रह जाता है। कागज सादे का सादा पड़ा है और मन व्यूह के दरवाजे पर संघर्षशील है। विषय उसे नहीं सूझते, यह बात नहीं है। विषय तो उसे सूझते हैं, मगर वह किसी और चीज की तलाश में है। जो कुछ वह देखता है और जो कुछ वह सोचता है, वह सब-का-सब वास्तविकता का अंग है लेकिन कवि वास्तविकता को कागज पर उतारना नहीं चाहता। दिमाग में कौंधनेवाले सपने छोड़ दिये जाते हैं। अधरों पर आनेवाली बात लौटा दी जाती है। कवि केवल यह जानता है कि वह किसी और चीज के इन्तजार में है :

*ओ मेरे अधरों के नग्न पुष्प!*
*तुम मुझे धोखा देते हो।*
*मैं किसी अज्ञात वस्तु के इन्तजार में हूँ।*

ज्ञान कर्तव्य का उद्गम है। उपदेश किसी-न-किसी कर्म के लिए ही दिया जाता है। मलार्मे कवियों को कर्म से दूर, शुद्ध भावना के शिखर पर देखना चाहते थे। कवि का धर्म कुछ करना नहीं, वस्तुओं के साथ लगे अन्धकार के भीतर प्रविष्ट होकर अकथ्य को कथ्य बनाना है—उन भावों को अभिव्यक्ति देना है, जिन्हें अब तक अभिव्यक्ति नहीं मिली है। उन्होंने कहा था : 'जभी

कोई कवि यह संकेत देता है कि वह कुछ करने की मुद्रा में है, तभी मुझे खतरे का भान होता है।'

जो कुछ सुस्पष्ट है, मलार्मे उसे सुन्दर नहीं समझते और सुन्दर हो भी तो वह कवियों के द्वारा लिखे जाने के योग्य नहीं है। प्रेम का चित्रण प्रेमी अथवा प्रेमिका से मिलन अथवा विरह का चित्रण नहीं होता, उसे बराबर उन सूक्ष्म भंगिमाओं का चित्रण होना चाहिए जो प्रेम के साथ अदृश्य रूप से लिपटी होती हैं :

*चाँद का चेहरा उदास था।*
*कामदेव की आँखों में आँसू और स्वप्न!*
*वह हाथ में धनुष धरे*
*उफनाते हुए फूलों की शान्ति में खड़ा*
*म्रियमाण वीणा से*
*उजली सिसकियाँ खींच रहा था;*
*उजली सिसकियाँ, जो फूलों के*
*नील दलों में समा रही थीं।*
*—यह तुम्हारे चुम्बन का प्रथम दिन था।*

कविता ज्यों-ज्यों शुद्धता की ओर बढ़ी है, त्यों-त्यों वह दुरूह होती गई है। इसका कारण यह है कि कवियों ने जब अर्थ को छोड़ दिया, वे अपनी कला की शक्ति आजमाने के लिए, सूक्ष्मता की टोह में अदृश्य और परोक्ष के अन्धकार में डुबकी लगाने लगे। अपने इस अदृश्य-विषयक अभियान को मलार्मे 'एब्सोल्यूट' (पूर्ण, समुच्चय, पूरी वास्तविकता) पर आक्रमण कहते थे। उनकी एक उक्ति मिलती है : 'मैं केवल एब्सोल्यूट पर धावा करने में दक्ष हूँ। मुझमें और कोई क्षमता नहीं है।' एब्सोल्यूट एक प्रकार की निराकार सम्पूर्णता का नाम है, जिसकी लपेट में अध्यात्म और तत्त्वज्ञान भी आ जाते हैं। मलार्मे, अपने जानते, इसी निराकार सम्पूर्णता के लिए भाषा की तलाश में थे।

प्रतीकवाद रोमांसवाद का रूपान्तरण था। रोमांसवादी कवि जिस तत्त्व की खोज अतीत की घटना अथवा प्राथमिक जीवन में करते थे, उसी तत्त्व की खोज प्रतीकवाद के अधीन धूमिलता और अन्धकार में चलने लगी। बोदलेयर का विचार था कि कविता में कुछ ऐसी चीज होनी चाहिए जो रागात्मक दृष्टि से बेचैन हो, उदास और गमगीन हो; सुस्पष्ट नहीं, कुछ दुरूह हो, जिससे कल्पना और अनुमान को क्रीडा के लिए थोड़ा अवकाश मिल सके। मलार्मे भी अर्ध-प्रकाश और गोधूलि-जैसे धुँधलके को कला का अनिवार्य अंग मानते थे।

उनका खयाल था कि प्रत्येक पवित्र वस्तु अपनी पवित्रता की रक्षा के लिए अपने चारों ओर रहस्य का निर्माण करती है। अपने एक सॉनेट में बोदलेयर ने भी यह लिखा था कि यदि पाठकों को पाप का कोई ज्ञान नहीं है अगर उनका परिचय उस अँधेरी रात से नहीं है, जिसमें से यह किताब निकली है, तो इस पुस्तक का पढ़ा जाना बिलकुल ही व्यर्थ होगा। और रेम्बू की यह मान्यता थी कि कविता अन्धकार के उस घेरे में बसती है, जहाँ पहुँचते ही असली दुनिया दिमाग से गायब हो जाती है।

प्रतीकवाद ने आकर्षण और ललक जगानेवाले अपने सारे गुण रोमांसवाद से सीखे थे। किन्तु इन गुणों का प्रयोग वह वास्तविक जगत् को याद रखकर नहीं कर सकता था। अतएव कला की कलात्मकता को निखारने के प्रयास में उसने वस्तु-जगत् से नाता तोड़ लिया। एक वस्तुवादी युग में मलार्मे ने कविता का रुख एक ऐसे जगत् की ओर फेर दिया, जो अपने-आपमें वास्तविक होते हुए भी सामान्य वास्तविकता से दूर था।

## 8. रेम्बू का काव्यशास्त्र

आर्थर रेम्बू का जन्म, पेरिस से बाहर, सन् 1854 ई. में हुआ था। जैसे बोदलेयर के बारे में यह कहा जाता है कि उनकी मानस-ग्रन्थियों का कारण उनकी माता का कटु स्वभाव था, उसी प्रकार, रेम्बू के भीतर भी अपनी माता के कटु व्यवहार से मनोवैज्ञानिक ग्रन्थियाँ उत्पन्न हो गईं और उनका स्वभाव आरम्भ से ही विद्रोही हो उठा। कविता लिखना उन्होंने 15 की उम्र में शुरू किया था। 15 की उम्र में ही उन्होंने साहित्यिकों के सम्पर्क में रहने के उद्देश्य से दो बार पेरिस की यात्रा की, किन्तु धनाभाव के कारण वे वहाँ टिक नहीं सके। इसी उम्र में उन्होंने कवियों के सम्बन्ध में एक धारणा बनाई थी कि उन्हें द्रष्टा और कल्पक होना चाहिए तथा रेम्बू की कसौटी पर तत्कालीन फ्रेंच कवियों में से केवल दो ही कवि खरे उतरते थे–एक, चार्ल्स बोदलेयर और दूसरे, पाल वर्लैन। रेम्बू ने 16 की उम्र में अपनी एक कविता वर्लैन को डाक से भेजी। वर्लैन उस कविता से बहुत प्रसन्न हुए और रेम्बू को उन्होंने पेरिस बुला लिया। वर्लैन रेम्बू से उम्र में दस साल बड़े थे।

इस दोस्ती के कारण 16 वर्ष की अवस्था में ही रेम्बू के कवि-जीवन का आरम्भ हो गया। लेकिन इसी दोस्ती से उनकी और वर्लैन की बदनामी भी बढ़ी। वर्लैन और रेम्बू के सम्बन्ध से वर्लैन की पत्नी जल उठीं। कई बार उन्होंने

इस दोस्ती को तोड़ना चाहा और कई बार वर्लेन और रेम्बू पेरिस से बाहर भाग गए। बात इस हद तक पहुँची कि एक बार वर्लेन ने रेम्बू की बाँह में गोली मार दी। दोस्ती टूटी, रेम्बू पेरिस लौटे, मगर अपने को उन्होंने इतना बदनाम कर लिया था कि पेरिस में हर किसी ने उनके खिलाफ अपना दरवाजा बन्द कर लिया। यह उनकी उम्र का बीसवाँ वर्ष था। इस निराशा से घबराकर रेम्बू ने लिखना बन्द कर दिया और साहित्य छोड़कर जीविका की तलाश में वे अफ्रीका चले गए। वहाँ से काफी दिनों बाद वे अनेक प्रकार के रोगों से आक्रान्त लौटे। अस्पताल में उनकी टाँग काटी गई। लेकिन वे बचे नहीं। सैंतीस साल की उम्र में उनकी मृत्यु हो गई।

इस प्रकार रेम्बू ने जो कुछ लिखा, 16 साल और 20 की उम्र के बीच लिखा। उनका यही संक्षिप्त साहित्य-संसार में उनका नाम अमर किए हुए है। संसार की विभिन्न भाषाओं में उन पर 500 ग्रंथ प्रकाशित हुए हैं तथा उनके प्रशंसक और आलोचक एक मत से यह स्वीकार करते हैं कि रेम्बू अद्‌भुत प्रतिभाशाली कवि थे और जितनी अछूती जमीन पर उन्होंने काम किया, उतनी अछूती जमीन पर किसी अन्य कवि ने काम नहीं किया था। अगर कविता कोई देवी है, तो रेम्बू उसकी ऐसी वीणा थे, जिस पर परम्परा अथवा वैचारिक आन्दोलन का कोई दाग नहीं था, जिसके तार बिलकुल अछूते और सजीव थे, जिसके भीतर से अविगत और अरूप की झंकार सुनाई देती थी। अफसोस कि यह वीणा बीस की आयु में ही मौन हो गई।

युग-चेतना के अन्तराल में जो बारीक-से-बारीक ऊर्मियाँ किलोल कर रही थीं, रेम्बू ने उनका गुंजन काफी समीप से सुना और वे उन ऊर्मियों के माध्यम बन गए। प्रतीकवादी तो रेम्बू भी समझे जाते हैं, किन्तु उनका प्रभाव प्रतीकवाद तक ही सीमित नहीं रहा। प्रतीकवाद पर उनका प्रभाव कुछ कमजोर ही माना जाता है। उनकी महत्ता का कारण प्रतीकवाद से कोई और बड़ी चीज है। कविता, कला और नीतिशास्त्र के क्षेत्रों में पिछले साठ वर्षों से जो भी नवीन आन्दोलन उठते रहे हैं, उन सबका उद्‌गम, कहीं-न-कहीं, रेम्बू की कविताओं और विचारों में मौजूद था। वे चित्रवादी थे, वे प्रतीकवादी थे, वे अभिव्यंजनावादी थे, जो घट-बढ़कर प्रत्येक कवि को होना पड़ता है। किन्तु विस्मय की बात यह है कि वे सुरर्रियलिज्म के भी प्रवर्तक माने जाते हैं, क्योंकि वे चेतन के कवि नहीं थे। उनकी अनुभूतियाँ अवचेतन अथवा अचेतन से सम्बद्ध थीं तथा उनके संकेत जिन शिखरों की ओर इशारे करते हैं, उन शिखरों की राह लॉजिक की राह नहीं है। वे बुद्धि नहीं, संबुद्धि के कवि हैं। विचार उन्हें नहीं चाहिए। शब्द उनके लिए

पर्याप्त नहीं हैं। केवल ललक और कामना की लहरों पर वे मनमाने ढंग से बहना चाहते हैं :

*शब्द मुझे नहीं चाहिए।*
*विचार निरर्थक और बेकार हैं।*
*मेरी आत्मा में प्रेम का ज्वार दौड़ेगा*
*और जिप्सी की तरह कहीं दूर पर*
*मैं प्रकृति को अपनी संगिनी बनाऊँगा*
*और सोचूँगा, मेरी बगल में*
*कोई लड़की पड़ी है।*

× × ×

*क्षितिज से क्षितिज तक मैंने रस्सियाँ जोड़ी हैं,*
*खिड़की से खिड़की तक मैंने फूलों के हार सजाये हैं,*
*और सितारों से सितारों तक*
*मैंने सोने की जंजीरें तान दी हैं*
*जिससे उन पर मैं नृत्य कर सकूँ।*

× × ×

*जब दुनिया सिमटकर एक सघन कुंज बन जाएगी,*
*मैं तुम्हारे पास आऊँगा।*
*जब दुनिया सिमटकर दो बच्चों के खेलने योग्य*
*एक समुद्र-तट बन जाएगी,*
*मैं तुम्हारे पास आऊँगा।*
*जब दुनिया सिमटकर संगीत-सदन बन जाएगी,*
*मैं तुम्हारे पास आऊँगा।*

इन उद्धरणों में तर्क के पूर्वापर सम्बन्ध विलुप्त नहीं हैं। किन्तु ऐसे उदाहरण अत्यन्त विरल हैं। रेम्बू की कविताओं में पूर्वापर सम्बन्धों का निर्वाह नहीं है। ऊपर से उनके सभी बिम्ब खंडित और असम्बद्ध दीखते हैं। किन्तु विशेषज्ञों का कहना है कि उनकी एकता नीचे कहीं मनोवैज्ञानिक भूमि पर है। यह स्थिति उस प्रयोग की पूर्णता की स्थिति है, जो मलार्मे आदि की रचनाओं में चलता आया था; अथवा यह भी कहा जा सकता है कि यह सुर्रियलिज्म का आरम्भ था। साहित्य परम्परा से टूटकर अलग होने के प्रयास में था, किन्तु रोमांसवाद और वस्तुवाद, दोनों आन्दोलन परम्परा से जुड़े हुए थे। परम्परा से अपनी गाँठ खोलने की कोशिश बोदलेयर, मलार्मे और वर्लैन ने भी की थी, किन्तु गाँठ पूरी तरह खुली

नहीं थी। उस गाँठ को तोड़कर रेम्बू ने नई कविता को परम्परा से छिन्न कर दिया। वे कला के क्षेत्र में प्रचंड विद्रोही बनकर प्रकट हुए थे और जो कुछ उन्हें करना था, उसे उन्होंने केवल चार वर्षों में सम्पन्न कर दिया।

रेम्बू के पत्रों और रचनाओं में से उनके कला-विषयक सिद्धान्तों का जो परिचय मिलता है, वह बड़ा ही रोचक और महत्त्वपूर्ण है। रोमांसवादियों को लक्ष्य करके उन्होंने कहा है कि कवि के लिए क्रान्ति का कोई भी कार्यक्रम गलत कार्यक्रम है। तुक्कड़ों को गलत किस्म की कविता लिखने की आदत हो गई है। हमें इस आदत के खिलाफ बगावत करनी चाहिए।

कविता लिखने का अर्थ एक नई दुनिया बसाने के जोश में सामने के संसार का त्याग करना है। कविता लिखने का अर्थ एक ऐसी भाषा तैयार करना है जो सभी संवेदनाओं, सभी रंगों, सभी गंधों और सभी स्वरों को अभिव्यक्ति दे सके। 'मुझे इस बात पर नाज है कि मैंने एक ऐसी भाषा का आविष्कार किया है, जो किसी समय सभी इन्द्रियों की भाषा बन जाएगी। मैंने नीरवता का अंकन किया है, मैंने रात्रि को वाणी दी है। मैंने उसे लिखा है, जो अगदित और अकथ्य है।'

कविता का प्रयोजन अगम और अगोचर की स्वरलिपि तैयार करना है, मानव-मन की अथाह गहराइयों को साँचे में ढालना है।

कविता अपरिभाषेय है। कविता की परिभाषा इसलिए नहीं दी जा सकती, क्योंकि उसका जन्म मानव-मन की उस गहराई में होता है, जो स्वभाव से ही अविज्ञेय है।

कवि के शब्द कविता के शब्द नहीं होते, अधिक-से-अधिक, वे कविता के अत्यन्त समीप के शब्द माने जा सकते हैं। कविता कहकर जितना कहती है, न कहकर उससे बहुत अधिक कह जाती है।

प्रत्येक कवि अपने भीतर एक अज्ञात, असाधारण लोक की यात्रा करता है, और इस यात्रा में उसके साथ और कोई नहीं होता। कविता एक अन्य प्रकार की सृष्टि है। उसकी सड़कों पर चलने के लिए पाठकों को एक नई चाल सीखनी पड़ेगी।

प्रत्येक कवि अद्वितीय होता है। प्रत्येक बड़ी कविता अतुलनीय होती है। इसीलिए सामान्य भाषा से कविता का काम नहीं चलता। वह नई भाषा का आविष्कार करती है। इसीलिए कविता को हृदयंगम करने के निमित्त विश्व की शान्ति अपेक्षित है। कोलाहल अथवा मौखरी की अवस्था में कविता नहीं समझी जा सकती।

कविता अन्धकार में पकड़ी जाती है, जहाँ कवि को वास्तविक विश्व का स्मरण नहीं रहता।

कवि के रूप में सफल होने का अर्थ यह है कि आदमी प्रतिक्रियाओं, प्रवृत्तियों और चीजों को देखने की उन दृष्टियों को खतरे में डाल दे जिन्हें संसार सहज और स्वाभाविक मानता है।

बौद्धिक ज्ञान कवि के उपयोग की वस्तु नहीं है। ज्ञान उसे अपनी आत्मा का चाहिए, अपनी संवेदना का चाहिए, अपने भीतर छिपे अन्धकार और प्रकाश का चाहिए। इस आत्म-ज्ञान तक जाने की राह प्रेम की राह है, दर्द और वेदना की राह है, विक्षिप्तता और उन्माद की राह है।

आत्मानुसंधान का उद्देश्य, असल में, अज्ञात का अनुसंधान है। और ज्ञान वह है, जो हमें यह बताता है कि हमारे अवचेतन में क्या छिपा है, हमारी स्मृतियों के नीचे कौन-सी स्मृतियाँ दबी हैं तथा जीवन के आरम्भ के पूर्व तक उनकी लड़ी पहुँचती है या नहीं।

कविता के शब्दों में सनसनाहट होती है, खुशबू होती है, ध्वनि और रंग होता है। शब्द, स्वभावतः ही, सत्यवादी और ईमानदार होते हैं अगर उन पर ऐतिहासिक सत्यों के धब्बे नहीं लगे हों।

काव्यात्मक सत्य तक जाने का अभिनव मार्ग ऊँचा और खतरनाक है। उस पर चलने के लिए शृंखला, परम्परा, उदाहरण, रिवाज, नजीर और नियमों का उल्लंघन आवश्यक होता है।

कविता कला का वह रूप है, जिस पर भाषा की असमर्थता अंकित होती है। कवि वह अभागा प्राणी है, जो भाव और शब्द के बीच की दूरी में भटकता रहता है।

बिम्ब शब्दों से बनते हैं, लेकिन वे भूचाल के समान शक्तिशाली होते हैं जिसके धक्कों से पहाड़ अपनी जड़ से उखड़ जाता है।

रेम्बू ने लिखा है कि ज्ञान ने उनकी कोई सहायता नहीं की। क्लासिक ग्रंथों ने उन्हें कुछ नहीं दिया। वे सस्ती, सनसनीखेज कहानियाँ अथवा चर्च का पौराणिक साहित्य अधिक पढ़ते थे और इन्हीं से उन्हें प्रेरणा भी मिलती थी।

रेम्बू का जीवन दुराचारमय था और उनका अन्त भी अत्यन्त कारुणिक हुआ। किन्तु अब मनोवैज्ञानिकों का विचार यह बना है कि रेम्बू का दुराचार उनके साधुत्व का ही परिवर्तित रूप था।

नैतिकता को रेम्बू दिमाग की कमजोरी कहते थे और नारियों के वे घोर रूप से विरुद्ध थे। 'मैं नारियों को पसन्द नहीं करता। प्रेम का आविष्कार फिर से किया जाना चाहिए। नारियों का स्वभाव है कि सुरक्षा छोड़कर वे और कोई भी

चीज नहीं चाहतीं। और सुरक्षा की स्थिति के प्राप्त होते ही उनका हृदय उनके सौन्दर्य को छोड़ देता है।'

सभ्यता के वृत्त से रेम्बू अपने को बाहर समझते थे। 'पुरोहितो, धर्माचार्यो, मालिको, तुम मुझे कानून के हवाले करके गलती कर रहे हो। मैं इन लोगों के बीच का आदमी नहीं हूँ। मैं ईसाई तो कभी था भी नहीं। मैं उस कौम का हूँ, जो अत्याचार और पीड़ाओं के बोझ के नीचे गान करती है। कानून को मैं नहीं जानता। मेरे भीतर नैतिक विचार नहीं हैं। मैं जानवर हूँ। तुम गलती कर रहे हो।'

'मुझे इन्द्रधनुष का शाप लगा है। कर्म जीवन नहीं है। वह शक्ति के अपव्यय का एक साधन मात्र है जो आदमी को कमजोर बनाता है। और नैतिकता दिमागी कमजोरी का नाम है।'

शुद्ध कविता की खोज के सिलसिले में जो बात हमें दिखाई पड़ी है, वह यह है कि विषय उतना उपेक्षणीय नहीं है, जितना शुद्धतावादी लोग उसे बताना चाहते हैं। यही नहीं, समकालीन जीवन उनके भीतर भी खलबली पैदा कर सकता है, जो शुद्धता की उपासना में लगे हुए हैं अथवा जिन्होंने यह विश्वास कर लिया है कि साहित्य जीवन से मुक्त है। रेम्बू के असम्बद्ध उद्गार भी, कभी-कभी दूर पर, कहीं उस पीड़ा से सम्पृक्त मिलते हैं, जिसकी अनुभूति उन्हें समकालीन जीवन में हुई थी :

'बिक्री के लिए वह चीज, जिसे यहूदियों ने नहीं बेचा है, जिसके मजे अमीर और अपराधी नहीं उठा सके हैं, जिसे घातक प्रेम और जनता की नारकीय सचाई नहीं जानती, जिसे समय और विज्ञान पहचानते भी नहीं हैं।'

'फिर से अस्तित्व में आई हुई आवाजें; मूँगे और वाद्यवृन्द की शक्तियाँ, जो सहेली बनकर जगी हैं और उन शक्तियों के उपयोग की विधि; इन्द्रियों की मुक्ति का अद्वितीय अवसर।'

'बिक्री के लिए बेशकीमती जिस्म, जो न तो किसी जाति का है, न दुनिया का, न औरत का, न मर्द का। कदम-कदम पर बढ़नेवाला कोष। उन हीरों की बिक्री जिन पर नियंत्रण नहीं है।'

'बिक्री के लिए अराजकता, जिसे जनता खरीदेगी; जो शौक में आकर अपने को बड़ा समझ रहे हैं, उनके लिए अदमनीय सन्तोष; और उनके लिए खौफनाक मौत, जो प्रेमी और वफादार हैं।'

'बिक्री के लिए जिस्म, आवाजें, अपार धन, जो आगे और नहीं बिकेगा। बेचनेवालों का माल अभी खत्म नहीं हुआ और मुसाफिरों को तुरन्त रोकड़ मिलाने की भी कोई जरूरत नहीं है।'

अर्थ और सुसम्बद्धता की तलाश में रहनेवाले लोग रेम्बू से हमेशा निराश हुए हैं और आगे भी निराश होंगे। किन्तु रेम्बू की मुट्ठी भर कविताओं से जो चिनगारियाँ छिटकीं, वे अनेक स्थानों पर आज भी ज्वाला बनकर जल रही हैं। रेम्बू की सबसे बड़ी विशेषता यह है कि परम्परा के टूटने की आवाज उन्हें सबसे पहले सुनाई पड़ी थी और आगामी पीढ़ियों को इसकी सूचना उन्होंने इस आत्मविश्वास से प्रदान की, मानो वे 18-20 साल के लड़के नहीं, कला के अवतारी पुरुष रहे हों!

## 9. अन्तर्मुखी यात्रा का दंड

बोदलेयर, मलार्मे और रेम्बू ने साहित्य में जिस आन्दोलन का प्रवर्तन किया, वह अन्तर्मुखी यात्रा का आन्दोलन था और यह आन्दोलन उन्होंने फ्रायड के अनुसंधानों से प्रेरित होकर नहीं उठाया था। फ्रायड उस समय कहीं भी नहीं थे। सन् 1914-15 तक भी साहित्य पर फ्रायड का कोई प्रभाव नहीं पड़ा था। वे केवल उन लोगों के काम के थे, जो मनोवैज्ञानिक रोगों का इलाज करते हैं।

साहित्य में अन्तर्मुखी यात्रा का प्रवर्तन स्वयं साहित्यिकों ने किया था और इसके कारण भी मनोवैज्ञानिक न होकर साहित्यिक थे। रोमांसवादी कवि भावना, राग और कल्पना के कवि थे, अतएव, स्वभावतः ही, भावनाओं के मूल तक जाने के लिए वे कल्पना के सहारे चेतन मन के परे भी झाँका करते थे। बुद्धि जब अतिचिन्तन के कारण संबुद्धि हो जाती है, आदमी उस लोक की झाँकी लेने लगता है, जो बुद्धि की सीमा के पार है, जो कदाचित् अचेतन अथवा अवचेतन से सम्बद्ध है। इस लोक का संकेत क्लासिक युग के भी कोई-कोई कवि देते रहे थे, किन्तु उस युग में यह संकेत सुस्पष्ट होता था। जो संकेत सुस्पष्ट नहीं बनाये जा सकते थे, उनके कथन का रिवाज साहित्य में नहीं था। किन्तु रोमांटिक युग में आकर धुँधले संकेतों का भी आदर होने लगा था, बल्कि इस धुँधलेपन के कारण कवि के गाम्भीर्य की कुछ अधिक ही प्रशंसा की जाती थी। प्रतीकवादियों में आकर यह गुण और वृद्धि पा गया। रोमांटिक कवि जिस लोक का संकेत दूर से देते थे, प्रतीकवादी कलाकार उसी लोक को अपने विहार की प्रमुख भूमि समझने लगे। शुद्धतावादी आन्दोलन का हरएक कदम काव्य के विशिष्टीकरण की ओर पड़नेवाला कदम रहा है। प्रतीकवादियों का भी प्रयास इसी विशिष्टीकरण की ओर था।

कविता की अन्तर्मुखी यात्रा को समर्थन समकालीन वस्तुवाद या प्रकृतवाद से भी मिला। प्रकृतवादियों का उद्‌देश्य मनुष्य का अध्ययन काफी कठोरता के साथ करना था। वे नैतिकता के रस्म-रिवाजों को मनुष्य का ऊपरी खोल समझते थे और अध्ययन वे उन मूल प्रवृत्तियों और आवेगों का करना चाहते थे, जो मनुष्य के आचरण की असली प्रेरणा हैं। प्रकृतवादी कलाकार मनुष्य के भीतर छिपे जीव का जितना ही अध्ययन करते गए, मनुष्य के अन्तश्चेतन की प्रवृत्तियाँ उतनी ही अन्धी दिखाई देने लगीं। उसके आवेग उतने ही अदमनीय दिखाई देने लगे। ये आवेग और ये प्रवृत्तियाँ केवल अन्धी और धूमिल ही नहीं थीं, बल्कि वे खट्टी भी थीं, और उनकी मूल-शिराएँ बुद्धि में नहीं, लहू और मांस में गड़ी थीं। वस्तुवादी की इस दुनिया से प्रतीकवादियों का दुनिया का मेल था क्योंकि प्रतीकवादियों का संसार प्रभावों, मनोदशाओं और स्वप्नों का संसार था तथा इस संसार में बुद्धि की प्रमुखता नहीं थी।

इस समय प्रतीकवादी और वस्तुवादी कलाकार जिस दिशा की ओर जा रहे थे, उसका समर्थन बर्सों के दार्शनिक सिद्धान्त ने भी किया। पहले के दार्शनिक बुद्धि को अपनी मार्गदर्शिका मानते आए थे। बर्सों ने कहा, मनुष्य का व्यक्तित्व बुद्धि से नहीं, संबुद्धि से समझा जा सकता है; वह तर्क से नहीं, भावना से चालित होता है। हमारी अनुभूतियों की जड़ें चेतन मन में नहीं होतीं, वे अवचेतन से लगी हैं। अतएव कोरी बुद्धि उनका पता पाने में असमर्थ है।

फ्रायड से प्रभावित होने के पूर्व प्राउस्ट बर्सों से प्रभावित हुए थे। कहते हैं, उनके सोलह जिल्दों वाले विशाल उपन्यास की शैली मनोवैज्ञानिक शैली है। उपन्यास में आनेवाली, एक के बाद दूसरी, घटनाओं को उन्होंने अलग-अलग प्रतीकवादी शीर्षकों के अधीन सजाया है और पूरे उपन्यास की सम्बद्धता काफी सामंजस्यपूर्ण नहीं है। यह क़दाचित् उस शैली का पूर्वाभास है, जिसका पूर्ण विकास हम जेम्स ज्वायस के उपन्यासों में देखते हैं। ज्वायस उस शैली के प्रवर्तक माने जाते हैं, जिसे चेतना-प्रवाह (स्ट्रीम-ऑव-कांशसनेस) की शैली कहा जाता है। लगता है, इस चेतना-प्रवाह-शैली के बीज प्राउस्ट के ही उपन्यास में थे। प्राउस्ट की विशेषता यह है कि मनुष्य के आचरण को प्रेरित करनेवाली भावनाओं का पता लगाते हुए वे उसके अन्तर्मन के भीतर बहुत दूर तक उतर जाते हैं, जहाँ अन्धकार है, कुरूपता है, मनुष्य की पाशविक इच्छाएँ किलोल करती हैं और जहाँ पहुँचकर चेतन मन को अपनी असमर्थता पर निराशा होती है, मनुष्य को अपने ऊपर ग्लानि होती है।

साहित्य के अन्तर्मुखी प्रयोग और मनोविज्ञान के अन्तर्भेदी अनुसंधान से जिस सत्य का पता चला है, वह सुखदायी नहीं है। आदमी के भीतर जितनी ही खुदाई की गई है, उतनी ही उससे दुर्गन्ध पैदा हुई है। आदमी जब तक गोपो-तोपो की नीति पर चलता था, तभी तक वह सुखी था। जब से उसने अपने मन का पर्दा उघार दिया, वह चिन्तित और विषण्ण हो गया है। आग से खेलने का अधिकार वैसे तो बहुत बड़ा अधिकार है, मगर जो आग से खेलता है, उसे जलना भी पड़ता है। कला जीवन से जन्म लेती है, मगर वह जीवन को बनाती और बिगाड़ती भी है। प्रकृतवाद ने जब मनुष्य को यह बताया कि तू अब भी जीवधारी है, तू अब भी पशु है, तब मनुष्य में यह घबराहट नहीं जगी कि वह पशुता से ऊपर उठकर, असली मायनों में, मनुष्य बनने का प्रयास करे; बल्कि अपने स्खलनों को स्वाभाविक मानकर उसने नियंत्रण की लगाम कुछ और ढीली कर दी। विज्ञान का प्रभाव सर्वत्र एक ही रूप में पड़ रहा है। उससे हमारे ज्ञान में वृद्धि होती है, मगर आचरण में सुधार नहीं होता। उससे हमारी शक्ति बढ़ती है, लेकिन उस शक्ति के दुरुपयोग का लोभ हममें क्षीण नहीं होता। धर्म, नैतिकता तथा जीवन-सम्बन्धी दृष्टिबोध शायद उतने उपेक्षणीय नहीं हैं, जितने साहित्य में वे अब माने जा रहे हैं।

यह सब साहित्य में क्यों हुआ, इसे ठीक से समझ सकना बड़ा ही कठिन कार्य है। रोमांटिक युग तक साहित्य के भीतर, कहीं-न-कहीं, यह मान्यता मौजूद थी कि सौन्दर्य का सेवन वहीं तक उचित है, जहाँ तक स्वास्थ्य पर उसका दुष्प्रभाव नहीं पड़ता हो; किन्तु रोमांसवादी युग के बाद साहित्य में मानवता के स्वास्थ्य की चिन्ता क्षीण होने लगी और यह ध्येय खुलकर मान लिया गया कि नये सौन्दर्य की खोज में कलाकार को कहीं भी जाने का नैसर्गिक अधिकार है। बोदलेयर ने लिखा था कि 'नवीनता की तलाश' में हम स्वर्ग में घूमने, नरक में डूबने और अज्ञात में भटकने को तैयार हैं।

That we would roam through Heaven, descend to Hell,
Deep in the unknown of find something New.

तब से कविता दिनोंदिन अज्ञात मन के स्वर्ग और नरक में, अधिक-से-अधिक दूर तक, डूबती रही है, यद्यपि स्वर्ग रिल्के और इलियट का है, जो अपेक्षाकृत रक्तहीन है और नरक उनका है, जो 'रूह को खाबीदा' और 'बदन को बेदार' करके संसार में यश लूट रहे हैं, बल्कि कई तो 'नोबुल-प्राइज-लौरियेट' कहला रहे हैं।

मार्क्सवादी विद्वानों की राय है कि साहित्य हमेशा समाज के अनुसार बदला करता है और इसमें सन्देह नहीं कि साहित्य को समझने में यह सिद्धान्त बहुधा

हमारी सहायता करता है। किन्तु बोदलेयर, रेम्बू, मलार्मे आदि का आविर्भाव क्यों हुआ, यह रहस्य समाज की पृष्ठभूमि पर पूरी तरह नहीं खुलता। सबसे बड़ी सामाजिक घटना तो यह थी कि सन् 1848 ई. में पेरिस में समाजवादी क्रान्ति हुई थी। इसका स्वाभाविक प्रभाव यह होना चाहिए था कि कवि समाज की ओर जोर से मुड़ जाते। लेकिन परिणाम इसके ठीक प्रतिकूल हुआ–कविगण समाज से और भी दूर चले गए।

यदि विज्ञान की दृष्टि से देखें तो धरती सृष्टि का केन्द्र नहीं है, यह ज्ञान कोपरनिकस के समय से चला आ रहा था। हाँ, उन्नीसवीं सदी में दो घटनाएँ ऐसी अवश्य घटीं, जिसका प्रभाव युग की पूरी विचारधारा पर पड़ सकता था। पहली घटना यह थी कि डारविन ने आदमी पर यह इलजाम लगाया कि वह बन्दर की सन्तान है। और दूसरी बड़ी घटना यह थी कि फ्रायड ने मनुष्य को यह बताया कि तुम्हारा अहं (ईगो) अपने घर में भी स्वतंत्र नहीं है। वह उन घटनाओं की अधूरी सूचनाओं से चालित होता है, जो तुम्हारे भीतर के देशों में अज्ञात रूप से घटित हो रही हैं।

साहित्य पर फ्रायड का प्रभाव उन्नीसवीं सदी में नहीं पड़ा था। लेकिन प्रकृतवादी उपन्यासकार जिस दृष्टि से मनुष्य के आभ्यन्तर रूपों का अध्ययन कर रहे थे, उसका प्रभाव कवियों पर भी पड़ा होगा। लेकिन यह प्रभाव इतना अनिष्टकारी क्यों हुआ कि कविगण समाज से दूर चले गए? प्रकृतवादी उपन्यासकार तो अपने पाठकों को ध्यान में रखकर लिखते थे। फिर कवियों ने ही अपने श्रोताओं की उपेक्षा क्यों की?

यूरोप के कई आलोचकों का अनुमान है कि रोमांटिक कविता अभिजातीय भावना की कविता थी। वैसी कविता लिखकर कवि समाज के अग्रणी तभी तक रह सकते थे, जब तक आभिजात्य का आदर और प्रभाव था। किन्तु जैसे-जैसे औद्योगिक क्रान्ति का प्रसार हुआ, समाज में सब कुछ लुढ़ककर जनसाधारण की ओर जाने लगा तथा जिस ऊँचाई पर पहले जमींदार घरानों के शिष्ट और सम्भ्रान्त लोग अवस्थित थे, उस पर, धन के बल से, व्यापारी वर्ग पहुँचने लगा। अब कवियों के सामने दो ही मार्ग थे : या तो वे अपनी ऊँचाई से उतरकर जनसाधारण के बीच आएँ अथवा व्यापारियों को अपना श्रोता समझें, जिनके भीतर अभी शिष्ट रुचि का विकास नहीं हुआ था। किन्तु कवि ने इन दोनों में से कोई भी रास्ता पसन्द नहीं किया। जनसाधारण के बीच जाकर वह अपना आभिजात्य गँवाना नहीं चाहता था, न वह उन्हें अपने समकक्ष समझने को तैयार था, जो केवल धन के बल पर समाज में आदरणीय बनते जा रहे थे।

जैसे-जैसे समाज साधारणता से आक्रान्त होने लगा, वैसे ही वैसे कवि अपने को और भी अभिजातीय समझने लगे। उनकी गजदन्त की मीनार कुछ और ऊँची हो गई। अपनी रचना के विषय के लिए उन्होंने समाज की ओर देखना छोड़ दिया और ध्यान उनका प्रत्येक विषय के ऐसे पहलू पर जाने लगा, जिससे कला और कारीगरी में चमत्कार पैदा किया जा सकता था, जीवन से भले ही वह दूर अथवा असम्बद्ध हो। शैली उन्होंने एक खोज निकाली थी। विषय का महत्त्व उनके लिए उतना ही रह गया जितना कमीज टाँगने के लिए खूँटी का होता है। धीरे-धीरे वे इस सिद्धान्त पर पहुँच गए कि सामान्य मानवीय चेष्टाओं की उपेक्षा करके हमें सौन्दर्य का एक नया लोक, भाषा और शब्द से, तैयार करना चाहिए, जो जनता के कर्म-लोक से श्रेष्ठ हो। कवियों में जब यह शक्ति नहीं रही कि बदलते हुए समाज में वे अपने नीति-विधायक पद को अक्षुण्ण रख सकें, तब उन्होंने ठान लिया कि हम जादूगर बनकर समाज के मस्तक पर रहेंगे। मलार्मे, वर्लैन, रेम्बू और लफूर्ज भाषा और शब्दों की इसी जादूगरी को कविता का पर्याय समझते थे।

उन्नीसवीं सदी के उत्तरार्ध में केवल वे ही साहित्यकार नहीं हुए, जो 'कला के लिए कला' वाले सिद्धान्त में विश्वास करते थे अथवा शैली पर जिनका विषय की अपेक्षा अधिक मोह था। इस काल में इंग्लैंड में मैथ्यू आर्नाल्ड का जन्म हुआ था, जो कविता को समाज की आलोचना बनाना चाहते थे, जो यह मानते थे कि कविता की रीढ़ शैली नहीं, विचार है। इसी काल में टॉल्स्टॉय हुए, जो काल को नैतिकता के वृत्त से बाहर जाने देने को तैयार नहीं थे। और इसी युग में बर्नार्ड शॉ का भी जन्म हुआ, जिन्होंने अपने साहित्य में विचारों के आगे भावों को कभी कोई स्थान नहीं दिया। किन्तु लगता है, ये महापुरुष परम्परा की सेना के सेनापति थे। उनकी ऊँचाई बहुत बड़ी और उनका आकार विशाल था, किन्तु वे उस समय घटित होनेवाली कलात्मक क्रान्तियों के प्रतिनिधि नहीं हैं। क्रान्ति उस धारा के खिलाफ आई थी, जिस धारा ने टॉल्स्टॉय, आर्नाल्ड और बर्नार्ड शॉ को जन्म दिया था। क्रान्ति की इस धारा के असली प्रतिनिधि प्राउस्ट, फ्लाउबेयर, इब्सेन, जोला और नीत्शे थे।

बोदलेयर के साथ साहित्य में जो क्रान्ति उठी, उसका मुख्य उद्देश्य नवीनता की खोज, सौन्दर्य की रचना और आनन्द का उपभोग था। नैतिकता मुक्त आनन्द में बाधक थी, अतएव कलाकारों ने प्रचलित नैतिक रिवाजों को मानने से इनकार कर दिया। वे अपरिचित और अछूते सौन्दर्य की सृष्टि करना चाहते थे, अतएव उन्होंने उन सभी विषयों से मुँह मोड़ लिया जो साहित्य के

परिचित विषय रहे थे। कवियों में से कुछ ने तो शारीरिक सौन्दर्य को प्रमुखता दी और कविताओं में वे चित्रकारी करने लगे और कुछ ने काव्य के भीतर चिन्तन को प्रतिष्ठित करना आरम्भ किया। यह चिन्तन विचारों की स्थापना के लिए नहीं था क्योंकि विचार कबिता से निष्कासित किये जा रहे थे; प्रत्युत वह चिन्तन भावों के साथ लिपटी सूक्ष्म छायाओं के संधान के निमित्त था। उसका ध्येय अनुभूतियों के साथ लिपटी उन झंकारों को पकड़ना था, जो ध्वनि और संकेत के सिवा अन्य किसी भी यंत्र से पकड़ी नहीं जा सकतीं।

भावों और विचारों के बीच कठोरता से विभाजन करने की जो प्रथा चली, उससे कविता दिनों-दिन अधिक अमूर्त होने लगी। विचार खूँटे के समान होते हैं। उनसे बँधा कवि उतनी ही दूर तक जा सकता है, जितनी लम्बी जंजीर का उसने प्रबन्ध किया हो। किन्तु भावना हवा में तैरनेवाली चीज है। केवल भावना के बल पर चलनेवाला मनुष्य कहाँ से कहाँ पहुँचेगा, इसका कोई ठिकाना नहीं है। नवीन दर्शन में 'एब्सर्डिटी' का सिद्धान्त कदाचित् विचार और भावना के बीच इसी अति विभाजन से उत्पन्न हुआ है और कविता जो उतनी अधिक बौद्धिक हो गई, उसका भी कारण यही है कि विचारों के त्याग के बाद कविता के भीतर जो जगह खाली हुई, उसे भरने के लिए कवियों को अत्यन्त कठोर चिन्तन करना पड़ा है।

जिस पस्ती और घोर नैराश्य के स्वर आज के बीटनिक और क्रुद्ध युवकों के मुख से सुनाई देते हैं, उनसे मिलते-जुलते स्वर उन्नीसवीं सदी में भी सुनाई पड़े थे। अपने एक मित्र को पत्र लिखते हुए इब्सेन ने लिखा था कि 'कभी-कभी मानवता का सारा इतिहास मुझे ऐसा दिखाई देता है, मानो भरा जहाज बीच समुद्र में डूब रहा हो! ऐसी अवस्था में दूसरों के बचाने की बात नहीं उठती। असली चिन्ता यही होती है कि हम बचते हैं या नहीं।' इसी प्रकार एक अन्य लेखक हरमैन कोनरेडी ने लिखा था : 'हमारे युग की मृत्यु हो गई। महापुरुषों का समय समाप्त हो गया। हम सब-के-सब कमीने और छोटे लोग हैं। हम जो कुछ करते हैं, स्वार्थ से करते हैं, किसी योजना के अधीन करते हैं और हमारी आत्मा हर समय कामिनी और कंचन के लिए तड़पती रहती है।'

नैतिकता का बन्धन तोड़ने में मजा तो है मगर जब उसका कुफल सामने आता है, क्रान्तिकारी दर्शन उससे हमारी रक्षा नहीं कर सकता। नीत्शे ने बड़ी वीरता से घोषणा की थी कि ईश्वर की मृत्यु हो गई; किन्तु बाद को चिन्तित होकर उन्होंने भी कहा था कि 'ईश्वर की मृत्यु उस हस्ती की मौत है,

जो संसार में सबसे बड़ी और सबसे पवित्र थी। मगर इस घटना की महत्ता हम नहीं समझ रहे हैं क्योंकि उसकी तुलना में हमारा कद बहुत छोटा है। इस घटना की बराबरी हम तभी कर सकते हैं, यदि हम सब-के-सब ईश्वर बन जाएँ।'

जब तक जीवन साहित्य का ध्येय था, साहित्यिकों में निराशा की मात्रा न्यून, आशा और उमंग का भाव अधिक था। किन्तु जीवन से मुख मोड़ते ही उनकी समस्या विकराल हो उठी। अब वे अपना सारा चमत्कार शब्दों के प्रयोग में दिखलाने लगे, अरूप भावों को रूपायित करने में प्रदर्शित करने लगे। भाषा या तो उनका साध्य बन गई अथवा उसका प्रयोग वे अतल में डूबी भावनाओं को पकड़ने के लिए करने लगे, जैसे झग्गड़ को कुएँ में डालकर खोई हुई बाल्टी निकाली जाती है। मलार्मे, वर्लैन, रेम्बू, नीत्शे और कार्ल क्रौस को पढ़ते समय यह स्पष्ट भासित होता है कि जिस वास्तविकता को अभिव्यक्त करने का ये कलाकार प्रयास कर रहे हैं, वह शब्दों से भागती है, भाषा में आने से इनकार करती है। किन्तु तब भी ये कवि अपनी कल्पना को तानते हैं, अपने दिमाग पर जोर डालते हैं और अपनी शक्ति को वहाँ तक खींचते हैं, जहाँ उसके टूट जाने का खतरा हो सकता है। इन कवियों में जो असम्बद्धता दिखाई देती है, उसका भी एक कारण यही है कि इस रस्साकशी में भाषा चरमराकर टूट गई और पूर्वापर सम्बन्ध की कड़ियाँ विलुप्त हो गईं।

यदि बात यहीं तक रुकती, तो वह उतनी दुखदायी नहीं होती। किन्तु भाषा के साथ-साथ अनेक कवि खुद टूट गए, उनकी चेतना विलुप्त हो गई अथवा उसमें दरारें पड़ गईं, जिसके कारण उनमें से अनेक को जीवन-भर कष्ट भोगना पड़ा।

जर्मन कवि होल्डरलीन पागल हो गए थे। डॉक्टरों ने कहा था कि वे केवल तीन वर्ष और जिएँगे, किन्तु पागलपन के साथ उन्हें 36 वर्ष जीना पड़ा।

फ्रांसीसी कवि जेरार द नेर्वाल को उन्माद की बीमारी हो गई और उसी अवस्था में उन्होंने आत्मघात किया।

चित्रकार वान गाग भी पागल हो गए थे और उसी अवस्था में उनकी मृत्यु हुई।

नीत्शे सारे जीवन अर्ध-विक्षिप्तता से ग्रस्त रहे।

बोदलेयर जीवन-भर दरिद्रता, कर्ज, रोग और शोक से घिरे रहे। हूल वाल्टन ने उनके एक फोटो का उल्लेख किया है, जिसमें वे सनकी दिखाई देते हैं तथा जिसमें उनकी आकृति कड़वाहट और निराशा से भरी हुई है।

संसार के इतिहास में कविता के लिए रोटी, वस्त्र, भवन और परिवार के सुखों से वंचित रहने वाले लोग बहुत हुए थे। किन्तु उन्नीसवीं सदी में आकर कला की ऊँची चढ़ाई को पार करने की कोशिश में कलाकारों ने अपनी चेतना का बलिदान दिया, अपनी कीर्ति की कुर्बानी दी, अपने जीवन का अपने ही हाथों अन्त कर डाला।

मन की दुनिया जहाँ तक छानी हुई है, वहीं तक सीमित रहनेवाले कलाकार सुखी और सकुशल रहते हैं; किन्तु मन की जो गलियाँ अनुसंधानित और अन्धकारपूर्ण हैं, उनके भीतर धँसनेवाले कलाकार का वही हाल होता है, जो कभी-कभी मोती खोजनेवाले गोताखोरों का होता है अथवा जो हाल पहले उन नाविकों का होता था, जो धरती के अज्ञात भागों का पता लगाने के लिए अपरिचित दिशाओं में निकल पड़ते थे। जो भी चिन्तक संसार को परिचित से उठाकर सर्वथा अपरिचित धरातल पर ले जाना चाहता है, उसे इस अमानवीय कर्म का मूल्य चुकाना ही पड़ता है और जो चिन्तक कई पीढ़ियों का काम एक ही पीढ़ी में पूरा करना चाहता है, उसे यह मूल्य कुछ अधिक चुकाना पड़ता है।

मानव-मन के निगूढ़ अन्तराल में छिपी जिस नई वास्तविकता को काबू में लाने के लिए इन कलाकारों ने भाषा के साथ बलात्कार किया, अपनी चेतना पर घातक वार झेले और अपने प्राणों का उत्सर्ग किया, वह वास्तविकता बीसवीं सदी के पूर्व ही साहित्य के अधिकार में आ गई। कवि और उपन्यास-लेखक, दोनों इस अनुमान पर आगे बढ़े थे कि वास्तविकता का असली रूप मानसिक है, आभ्यन्तरिक है। बीसवीं सदी के मनोवैज्ञानिकों की खोजों ने इस अनुमान को और भी पुष्ट बना दिया। यही नहीं, जब से परमाणु तोड़े गए हैं, तब से विज्ञान भी मानसिकता की ही ओर अग्रसर हो रहा है। सम्भव है, आगे चलकर यह प्रमाणित हो जाए कि जो कुछ हम देख रहे हैं, वह वास्तव में शून्य है, पोला है, कुछ नहीं के भीतर कुछ के होने का आभास है। सृष्टि कोई ठोस वस्तु नहीं, केवल कल्पना है।

विज्ञान की सफलता से भौतिकवादियों का यह विश्वास बढ़ गया था कि चूँकि बाहर का आधिभौतिक जगत ठोस अणुओं का बना हुआ है, इसलिए मन भी आधिभौतिक है और चेतना सूक्ष्म अणुओं की क्रिया का परिणाम है। किन्तु परमाणु- भंजन के बाद पता यह चला कि परमाणु ठोस नहीं हैं, वे पोले हैं। वे ऊर्जा हैं अथवा तरंग हैं। यह घटना संकेत देती है कि विज्ञान में भी हमारी प्रगति मानसिकता की ओर है।

भौतिकवादी लोग यह भी मानते थे कि देश और काल की सत्ताएँ अलग-अलग और स्वतंत्र हैं। किन्तु नई भौतिकी समझती है कि बात ऐसी नहीं है। देश और काल मिलकर, कहीं-न-कहीं, एकाकार हैं। उसी एकता से हमारे मन ने, अपनी सुविधा के लिए, देश और काल को तोड़कर अलग-अलग कर लिया है। यह भी विज्ञान के मानसिकता की ओर गमन करने का ही संकेत है।

भौतिकवादी मानते थे कि शून्य ठोस कणों से पूर्ण है। ये कण विद्युत्, चुम्बक अथवा गुरुत्वाकर्षण से परस्पर खिंचे हुए हैं और यही खिंचाव उनकी गतियों का निर्धारण करता है। किन्तु सापेक्षवाद का सिद्धान्त अब यह बतलाता है कि विद्युत् और चुम्बक की शक्तियाँ वास्तविक नहीं हैं। वे हमारी अपनी कल्पना के निर्माण हैं। गुरुत्वाकर्षण की शक्ति और मोमेंट्स के सिद्धान्त हमारे मन की रचनाएँ हैं।

संसार अगर केवल यांत्रिक और आधिभौतिक होता, तो विज्ञान की भाषा इंजीनियर और मेकैनिक की भाषा होती, जैसा आज तक होता आया था। मगर नई भौतिकी की हर ऊँची बात अब गणित के फार्मूलों में कही जा रही है। यह मानसिकता की ओर गमन नहीं तो और क्या है? विज्ञान का हर कदम अब कण से तरंग की ओर उठ रहा है, आधिभौतिकता से मानसिकता की ओर जा रहा है। ब्रह्मांड का जो नया चित्र भौतिकी ने खींचा है, उसमें तरंग ही प्रधान है तथा उस तरंग के अवयवों के विषय में हमारी जो धारणा बनी है, वह मानसिक है।

नई कविता इसी वैज्ञानिक युग की कविता है और उन्नीसवीं सदी के फ्रांसीसी कवि इस श्रेय के अधिकारी हैं कि अपनी संबुद्धि के बल से वास्तविकता के मानसिक अथवा आन्तरिक रूप पर उन्होंने उस समय जोर देना आरम्भ किया, जब विज्ञान निरा यांत्रिक था और संसार को वह यंत्र समझता था। संसार यंत्र तो शायद अब भी है, किन्तु अब यह नहीं कहा जा सकता कि यह यंत्र ठोस है अथवा उसके भीतर ऐसी घटनाएँ नहीं घटतीं, जो बुद्धि और यंत्र की पहुँच के पार न हों।

तब भी उन्नीसवीं सदी में ये कवि शंका से देखे जाते थे। बेलजाक के साथ एक काल्पनिक वार्तालाप में हाफमेंस्थाल ने बेलजाक के मुख से कहलवाया था :

*सन् 1890 ई. के आसपास हम कवियों की मानसिक विक्षिप्तता के दृश्य देखेंगे। उनकी संवेदनशीलता अत्यन्त विकराल हो उठेगी। वे ऐसी*

*घड़ियों से गुजरेंगे, जो भयानक निराशा और पस्ती की घड़ियाँ होंगी। तुच्छ-से-तुच्छ वस्तुओं के भीतर उन्हें बड़े-बड़े प्रतीक दिखाई देंगे और अपनी भावनाओं की अभिव्यक्ति के लिए उन्हें कोई शब्द उपयुक्त नहीं प्रतीत होगा। और इस सबका परिणाम होगा एक सार्वभौम अस्वास्थ्य, जिसमें उच्च वर्ग के युवक और युवतियाँ गिरफ्तार हो जाएँगे।*

इस सार्वभौम अस्वास्थ्य का सारा जहर होल्डरलीन, नेर्वाल, वान गाग, बोदलेयर, मलार्मे, रेम्बू और नीत्शे ने खुद पी लिया। अपने उत्तराधिकारियों के पास भेजने के पूर्व ही उन्होंने इस नई वास्तविकता पर पूरा अधिकार पा लिया था। अब उस वास्तविकता पर काम करने के लिए किसी भी कवि या कलाकार को पागल होने की जरूरत नहीं होगी।

# शुद्ध कविता का इतिहास-2

## विभिन्न भाषाओं की प्रवृत्तियाँ

जब फ्रांस में बोदलेयर और मलार्मे रोमांसवाद से निकलकर प्रतीकवाद पर जा पहुँचे थे और रेम्बू की कविताओं में, अज्ञात रूप से, सुर्रियलिज्म की नींव पड़ रही थी, उस समय अंग्रेजी के कवि किसी और धुन में थे। टेनिसन और ब्राउनिंग तो रोमांसवाद के ही पिछले खेवे के कवि थे। मारिस और रासेटी जब रोमांसवाद से अलग हुए, तब उन्हें इतना ही मालूम था कि कविता को चित्रकला के बहुत समीप होना चाहिए। उनके बाद स्विनबर्न और आस्कर वाइल्ड का आविर्भाव हुआ। इन कवियों पर बोदलेयर का प्रभाव जरूर था, लेकिन वे भी प्रतीकवाद की साधना में तत्पर नहीं हुए। उन्होंने फ्रेंच कवियों के प्रयोग से इतनी ही शिक्षा ली कि कविता में उपयोगिता और सोद्देश्यता का होना दोष है। कविता को केवल सुन्दर होना चाहिए और सौन्दर्य-विधान में अगर नैतिकता बाधा डालती हो, तो उसका तिरस्कार करना कवि का धर्म है। और ऐसा मानने में स्विनबर्न और आस्कर वाइल्ड का कोई खास दोष नहीं था। नये प्रयोगों का, सामान्यतः, यही प्रभाव पड़ सकता था कि कविता कविता के लिए लिखी जानी चाहिए—कवि का और कोई उद्देश्य नहीं होता है।

पिछले सौ वर्षों से फ्रांसीसी के कवियों की सबसे बड़ी अभिलाषा यह रही है कि वे ऐसी कविताएँ रचें, जो शुद्ध और निर्मल हों अर्थात् उनमें विचार नहीं, केवल भाव हों; टिप्पणी नहीं, केवल देखने की चाह हो। कविता को नीति और राजनीति से स्वतंत्र होना चाहिए। उसका आदर इसलिए नहीं होना चाहिए कि वह समाज को रास्ता दिखाती है या मनुष्य को और भी श्रेष्ठ होने की प्रेरणा देती है, बल्कि इसलिए कि वह वस्तुओं के भीतर छिपी विलक्षणता का उद्घाटन करती है, मनुष्य की चेतना को चौंकाने का काम करती है और अरूप के संधान में भाषा को नियोजित करके उसकी शक्ति को बढ़ाती है। कविता केवल कविता के लिए है। उसे अपने लिए जीना चाहिए और अपनी ही शक्ति से

जीना चाहिए। कविता जब दर्शन बघारती है, तब वह अपने बल से कम, दर्शन के बल से अधिक जीती है। जब वह राजनीति को अपना उद्देश्य बनाती है, तब उसकी लोकप्रियता का कारण कवित्व कम, राजनीति अधिक होती है। और जब वह अपना सम्बन्ध धर्म से जोड़ती है, तब उसका प्रभाव कवित्व के कारण कम, धर्म के कारण अधिक फैलता है। अतएव, कविता की सच्ची शक्ति की परख तभी सम्भव है जब वह धर्म, दर्शन, राजनीति और नैतिकता से मुक्त होकर अपना सारा प्रभाव अपनी शक्ति से उत्पन्न करे।

यह अत्यन्त गहन अर्थ में निर्वासन की कविता थी; अपने देश से निर्वासन की कविता, अपने काल से निर्वासन की कविता, युग के विचारों से निर्वासन की कविता; यहाँ तक कि, अन्त में, वह अर्थों से भी निर्वासन की कविता बन गई। कविता का यह ध्येय कैसे प्राप्त हो, इस प्रश्न को लेकर गहन, कठोर, भयानक चिन्तन आरम्भ हुआ, जो फ्रांस में पिछले एक सौ वर्षों से चलता रहा है। इस गम्भीर चिन्तन का एक परिणाम यह हुआ कि मनोविज्ञान और अध्यात्मशास्त्र की अनेक समस्याएँ कविता की समस्या बन गईं और जहाँ कवित्व को लहराना चाहिए था, वहाँ निगूढ़ चिन्तन की लहरें उठने लगीं। जहाँ तक जीवन था, वहाँ तक उपयोगिता की गंध भरी थी और सिद्धान्त के स्तर पर, कवियों ने प्रतिज्ञा कर ली थी कि वे कविता को इस गंध की महक भी नहीं लगने देंगे। निदान, कविता उस लोक की ओर उड़ी, जो मानव-बुद्धि की रेखा के पार है। इस क्रम में पहले तो वह मनुष्य को मानवोत्तर शक्तियों से जोड़ने का प्रयास करने लगी, पीछे वह अवचेतन और अचेतन के अन्धकार में प्रविष्ट हो गई, जो सुर्रियलिस्टों का अत्यन्त आकर्षक क्षेत्र है। जाग्रत बुद्धि की सीमा के परे जो धुँधला, अरूप देश दिखाई पड़ा, कविगण उसकी ओर जोर से बढ़े। किन्तु यह लोक जितना ही अछूता और नवीन था, उतना ही वह खतरनाक भी साबित हुआ। जरार द नेर्वाल ने इस धुँधली भूमि की ओर पहला इशारा किया था और उसके बाद के प्रायः सभी महाकवि उस भूमि में प्रवेश करने को लालायित रहे हैं। किन्तु इस प्रयास से कविता में जितना अछूता सौन्दर्य उभरा है, उससे कविता की कई गुनी अधिक क्षति सामान्य पाठकों के बीच हुई है।

## जर्मन भाषा की प्रवृत्ति

फ्रांस में शुद्ध कवित्व की जो प्रवृत्ति दिखाई पड़ी, उसका आभास जर्मनी में पहले-पहल नीत्शे (1844-1900) ने दिया था। नीत्शे जर्मन रोमांटिकों की ठीक

पीठ पर आए थे, जिनमें होल्डर लीन (1770-1843), नोवालिस (1772-1801) और हाइने (1797-1856) प्रधान थे। वैसे, गेटे (1749-1832) की भी गिनती रोमांटिकों में ही की जानी चाहिए, किन्तु जर्मनी में उनकी शैली को क्लासिक मानने का रिवाज है। गेटे ने जिस शैली का आविष्कार या निर्माण किया था, उसमें कुछ दिनों तक ताजगी बनी रही, किन्तु धीरे-धीरे वह अलंकरण की वस्तु हो गई। इस शैली के काव्यरसिकों को जो विरक्ति हो रही थी, उसका प्रमाण पहले-पहल मेयर (1825-1898) में मिला, जिनकी लिरिक कविताएँ नियंत्रित और सुशान्त थीं तथा जिनके भीतर कवि के भाव बिम्बों में पुंजीभूत होकर प्रकट होते थे तथा जो कविताएँ व्याख्या या टिप्पणी नहीं देती थीं। इसी प्रकार, स्टीफेन जार्ज (1868-1933) ने रोमांटिक शैली से असन्तुष्ट होकर अभिव्यक्ति में नियंत्रण लाने की आवश्यकता अनुभव की और कविता को वे चित्रकला की ओर मोड़ने लगे। अंग्रेज कवि रोसेटी भी यही कर रहे थे। वे एक साथ कवि और चित्रकार भी थे। स्टीफेन जार्ज रोसेटी के भारी प्रशंसकों में से थे और उन्होंने रोसेटी के कुछ सानेटों का जर्मन में अनुवाद भी किया था।

नीत्शे का सुयश कवि से अधिक चिन्तक का सुयश है। किन्तु शुद्ध काव्य के आन्दोलन को नीत्शे से भी प्रेरणा प्राप्त हुई। रोमांटिक परम्परा के ढीले-ढालेपन को वे भी नापसन्द करते थे और कहते थे कि जर्मन समाज खोखला हो गया है, इसी से वह ऐसी कविताओं को पसन्द या बर्दाश्त करता है। साहित्य के प्रचलित रूप से नीत्शे को असन्तोष इसलिए था कि वह शैली यह बतलाती थी कि जिस समाज से यह साहित्य उत्पन्न हो रहा है, वह समाज ढीला-ढाला, पुलपुला और कमजोर है। साहित्यिक परम्परा से अधिक वे समाज की उस परम्परा पर टूटे, जो बीमार और असमर्थ कविताओं को जन्म देती है। शैली और कुछ नहीं, मनुष्य के चरित्र का प्रतिबिम्ब है। जिस जाति का चरित्र ठोस और चिन्तन की पद्धति कठोर है, उस जाति में पुलपुली भावनाओं का आदर नहीं होता, न उसके भीतर ऐसे कवि उत्पन्न होते हैं, जो निरे खोखलेपन पर रंग चढ़ाने को कवि का श्रेष्ठ कर्म समझें।

विचित्र बात यह है कि समाज के उद्धार के लिए तो नीत्शे ने अतिमानव की कल्पना तैयार की, जो बलिष्ठ, पवित्र और मेधावी पुरुष की कल्पना है, किन्तु साहित्य के लिए उन्होंने वास्तविकता से भागने का सन्देश दिया। अपने 'ट्रेजेडी का जन्म' नामक निबन्ध में उन्होंने अपनी पूरी आस्था कला में दिखलाई क्योंकि वे वास्तविकता के साथ जीने की क्रिया को कठिन और दुःसाध्य मानते थे। फिर अपने दूसरे निबन्ध 'विल टू पावर' में उन्होंने लिखा : 'दार्शनिक के

लिए यह मानना कलंक की बात है कि शिव और सुन्दर एक हैं। और कहीं वह इन दोनों के साथ सत्य को भी मिला दे, तो उसे भली भाँति पीटना चाहिए। सत्य कुरूप होता है। हम सत्य की संगति में विनष्ट न हो जाएँ, इसीलिए कला हमारे साथ है।' कला का प्रयोजन नीत्शे यह मानते थे कि उसके द्वारा हम अस्तित्व पर सोचने, उसे समझने और अनुभव करने की शक्ति प्राप्त करते हैं और इसी चिन्तन तथा अनुभूति से अस्तित्व की सार्थकता और पूर्णता का हमें ज्ञान होता है।

क्या जीवन इतना दुःखपूर्ण और कुरूप है कि श्रेष्ठ चिन्तन और कवित्व को उसका त्याग कर देना चाहिए? जीवन की कुरूपता और विषमता पर विजय पाने को मनुष्य अभियान पर अभियान चलाता आ रहा है और इस कार्य में कलाएँ उसके साथ रही थीं। आज भी साम्यवादी देशों में कलाएँ साम्यवादी अभियान के साथ हैं। किन्तु धरती के असंख्य कलाकार अपनी शक्तियों का उपयोग मानवता की रक्षा और उत्थान के लिए करने को अब तैयार नहीं हैं। कहीं ऐसा तो नहीं है कि पराजित बुद्धि अपने विश्राम के लिए गजदन्ती मीनार खोज रही है? कहीं ऐसा तो नहीं है कि जिसे हम शुद्ध कवित्व का आन्दोलन कहते हैं, वह पलायनवाद का प्रयास है?

नीत्शे ने और उनके बाद रिल्के (1875-1926) ने दुःख की महिमा का चित्रण बड़े ही खूबसूरत रंगों में किया है। उनसे भी पूर्व होल्डरलीन ने कहा था : 'आदमी प्रतिदान पाए बिना दान देता चले, बर्फ पर बैठकर भी गरमी का अनुभव करता चले, यह उनका गुण है, जिनकी गणना संसार के अल्पतम मानवों में की जा सकती है। मगर मैं समझता हूँ कि मैं उन थोड़े-से लोगों में नहीं हूँ। जब शीत मुझे घेरती है, मैं ठिठुरने लगता हूँ।'

जाड़ा लगे तो शरीर का ठिठुरना कोई आश्चर्य की बात नहीं है और ठिठुरन पीड़ा ही देती है; किन्तु नीत्शे और रिल्के ने इस ठिठुरन को दर्शन के धरातल पर पहुँचा दिया। उनकी दृष्टि में आनन्द का प्रस्रवण शोक और दुःख के पर्वत से झरता है। शापेनहार ने कहा था कि दुःख का अभाव सुख होता है। किन्तु नीत्शे और रिल्के मानते थे कि सुख-दुःख के अभाव का नाम नहीं है, वह उसका परिणाम है। जब हम दुःख को सर्वतोभावेन अंगीकार कर लेते हैं, तब उसी अंगीकृति के भाव से सुख का फव्वारा फूट पड़ता है। अस्तित्व दुःखपूर्ण है। सुख का मार्ग दुःख के खंडन का नहीं, उसके रूपान्तरण का मार्ग है। सुख की खोज में जीवन का त्याग न करके उसका रूपान्तरण करो, जिससे दुःख ही सुख की भावना में परिवर्तित हो जाए। हम मृत्यु नहीं, अनन्त जीवन के कामी हैं और

हमारा अनन्त जीवन इसी वेदनापूर्ण विश्व का अनन्त जीवन होगा, जहाँ हमारे संकल्प मात्र से दुःख-सुख में परिवर्तित हो जाएँगे। नीत्शे और रिल्के–दोनों ही वेदनाप्रियता के कवि थे, निःसंगता और एकाकीपन के कलाकार थे। नीत्शे चाहते थे कि आदमी अधिक-से-अधिक दुःखों की कामना करे, जिससे वेदना-विजय से उठनेवाला उसका आनन्द अधिक-से-अधिक हो सके। और रिल्के ने कहा था : 'शहीद बड़े चतुर होते हैं। वे वेदना की कोई ऐसी गहरी घूँट पी लेते हैं कि आनन्द से उनमें कोई भी विकार उत्पन्न नहीं होता।'

नीत्शे जिस दुनिया के दार्शनिक हैं, रिल्के उसी संसार के कलाकार हैं, सिवाय इसके कि मनुष्य को रिल्के ने अतिमानव के रूप में नहीं, देवदूत के रूप में देखा था। रिल्के के कवि-जीवन का आरम्भ रोमांटिक के रूप में हुआ था, किन्तु शीघ्र ही वे सौन्दर्यबोध के कवि हो गए, जैसे कवि प्रभाववादी और चित्रवादी बननेवाले थे। फिर उन्होंने एक प्रकार के काव्यात्मक अस्तित्ववाद को अपना लिया या यों कहें कि एक प्रकार का काव्यात्मक अस्तित्ववाद उनका सिद्धान्त बन गया। उनका प्रभाववाद वस्तुपरक न रहकर पूर्ण रूप से वैयक्तिक अथवा आत्मनिष्ठ बन गया और वे ऐसी कविताएँ लिखने लगे, जिन्हें वही समझ सकता है, जिसे उस प्रकार के दर्शन तथा उस प्रकार की भावधारा की शिक्षा दी गई हो। वे कवियों के कवि हैं और समझ में गरचे उनकी कविताएँ कम आती हैं, किन्तु समकालीन काव्यधारा को उन्होंने जिस जोर से प्रभावित किया है, उसके कारण उनके नाम का उल्लेख सर्वत्र किया जाता है।

मलार्मे के प्रसंग में कागज के क्वारेपन की जिस वेदना का उल्लेख ऊपर किया गया है, उस वेदना की अनुभूति रिल्के को भी थी। वे भी किसी ऐसे भाव की प्रतीक्षा में रहते थे, जो पहले किसी और को अनुभूत नहीं हुआ हो। 'मैं उन सभी बातों में विश्वास करता हूँ, जो पहले कही नहीं गई हैं। मैं अपने प्रिय से प्रिय भावों को मुक्त अभिव्यक्ति दूँगा और एक दिन वह वस्तु, खुद-ब-खुद, मेरे समीप आ जाएगी, जिसकी कामना करने का साहस किसी को भी नहीं हुआ है।'

आगे चलकर शुद्ध कविता इस बात पर जोर देने लगी कि कविता का प्रत्येक सौन्दर्य शारीरिक होता है, दृष्टिगम्य होता है और जो कुछ दृष्टिगम्य नहीं बनाया जा सकता, उसे कविता से बाहर ही छोड़ देना चाहिए। किन्तु प्रतीकवाद का लक्ष्य सम्पूर्णता थी। मलार्मे एब्सोल्यूट पर आसक्त थे और रिल्के का कहना था कि 'हमें निस्सीमता की आवश्यकता है। हम अनन्त के बीच रहना चाहते हैं क्योंकि हम जो संकेत देते हैं, उसे केवल अनन्त ही सँभाल सकता है। किन्तु

हम जानते हैं कि हम जिस दुनिया में रहते हैं, वह सीमित और संकीर्ण है, तो हमारा कर्तव्य यह हो जाता है कि हम सीमित की चौहद्दी के भीतर अनन्तता की सृष्टि करें क्योंकि यह युग असीम के साथ अपना परिचय भूल चुका है।'

## रूसी भाषा की प्रवृत्ति

रूस में प्रतीकवाद की झलक सन् 1890 ई. के बाद दिखाई पड़ने लगी। उपयोगितावाद के विरुद्ध एक हल्की-सी प्रतिक्रिया रूस में सन् 1880 के बाद से ही प्रत्यक्ष होने लगी थी, किन्तु प्रतीकवाद ने साकार रूप 1900 से लेकर 1910 के बीच धारण किया और इसके सबसे बड़े कवि अलेक्सांद्र ब्लाक (1880-1921) हुए। रूसी प्रतीकवाद केवल कविताओं तक सीमित न रहकर सांस्कृतिक आन्दोलन बन गया। इस आन्दोलन का प्रभाव गद्य और पद्य, दोनों प्रकार के साहित्य पर पड़ा और समग्र रूसी साहित्य एक नवीन आभा से द्योतित हो उठा। रूसी साहित्य का प्रतीकवादी काल रूसी भाषा का द्वितीय स्वर्ण-युग समझा जाता है। कहते हैं, इस आन्दोलन के कुछ थोड़े-से बीज पहले की भी रूसी कविताओं में पाए जाते हैं। किन्तु अधिकांश में इस आन्दोलन की प्रेरणा फ्रांस से आई थी और रूस में भी कवि बोदलेयर, वर्लेन और मलार्मे को ही अपना आदर्श समझते थे। फ्रांसीसी प्रतीकवादियों के समान रूस के प्रतीकवादी भी वास्तविकता के उस रूप को महत्त्व देते थे, जिसकी वैयक्तिक अनुभूति कवि को होती है। उनका भी यह विश्वास था कि दृश्य जगत् का मूल अदृश्य में है, अरूप आदर्श में है और दृश्य तथा अदृश्य के बीच जो सम्बन्ध है, उसकी अभिव्यक्ति केवल प्रतीकों में की जा सकती है। यह और कुछ नहीं, बोदलेयर के 'कॉरेसपोंडेंस' सिद्धान्त की आवृत्ति थी। फ्रांस की तरह रूस में भी प्रतीकवादी कवि संगीत की आत्मा को कविता के भीतर पचाने को बेचैन थे। रूस में यह प्रवाद भी चला था कि प्रतीकवाद केवल साहित्यिक आन्दोलन नहीं, एक प्रकार का धार्मिक भाव है, जिसका पौरोहित्य कवि कर रहे हैं।

सन् 1910 ई. के आसपास रूसी काव्य-क्षेत्र में सौन्दर्यबोध और तत्त्वबोध के बीच संघर्ष छिड़ गया और उसके परिणामस्वरूप प्रतीकवादी आन्दोलन शिथिल पड़ने लगा। सन् 1910 में ही कुजमिन का एक निबन्ध 'रमणीय सुस्पष्टता के बारे में' नाम से प्रकाशित हुआ। इस निबन्ध में लेखक ने कवियों को सलाह दी थी कि उन्हें वस्तुओं के यथातथ्य वर्णन पर सबसे अधिक ध्यान देना चाहिए, विस्तृत के बदले उन्हें संक्षिप्त होना चाहिए तथा बराबर इस बात

का खयाल रखना चाहिए कि वे शब्दों का अपव्यय अथवा दुरुपयोग न करें। यह कार्यक्रम प्रतीकवादियों के धुँधले रहस्यवाद और शैलीगत दुरूहता के खिलाफ आया था। इस आन्दोलन को परिणति तक पहुँचाने का श्रेय एकमिस्ट सम्प्रदाय ने लिया, जिसका रूसी कविता में नेतृत्व प्रायः 1917 ई. तक चलता रहा था।

एकमिस्ट आन्दोलन बहुत ज्यादा दिन नहीं ठहरा, किन्तु थोड़े दिनों में ही उसने कवियों पर यह प्रभाव भली भाँति बिठा दिया कि कविता की महिमा बिम्बों की स्वच्छता एवं अभिव्यक्ति की पूर्णता में है। गुमिलेव और अन्ना अख्मतोवा इस धारा के विलक्षण कवि हुए। यह आन्दोलन एक तरह से वही आन्दोलन था, जिसका जर्मन नाम 'अभिव्यंजनावाद' और अंग्रेजी नाम 'चित्रवाद' है।

रूसी भाषा में नवीनता का एक तीसरा आन्दोलन भविष्यवाद के नाम से चला था। किन्तु इस आन्दोलन का ध्येय शुद्ध कवित्व नहीं था। इस आन्दोलन का घोषणा-पत्र सन् 1912 ई. में प्रकाशित हुआ था। 'जन-रुचि के मुँह पर एक तमाचा'—यह उस घोषणा-पत्र का शीर्षक था और उस पर हस्ताक्षर करनेवाले लोगों में मायकोव्स्की का भी नाम था। इस घोषणा-पत्र में निम्नलिखित बातें मुख्य रूप से कही गई थीं :

1. पुश्किन, डोस्टावास्की और टॉल्स्टॉय को आधुनिकता के जहाज से नीचे फेंक दो।
2. कविता को प्रतीकवादियों की आध्यात्मिक निराकारता से मुक्त करो तथा उसे समकालीन राजनीतिक एवं औद्योगिक जीवन से उलझने के योग्य बनाओ।
3. जो केवल परम्परा के कारण सुन्दर है, अन्यथा नीरस और निष्प्राण है, उसे छोड़ दो।
4. कविता में जीवन का स्पन्दन भरने के लिए एक नई काव्यात्मक भाषा तैयार की जानी चाहिए।

इस आन्दोलन के अग्रणी कवि ख्लेवनिकोव थे, किन्तु उनकी कोई भी कविता ऐसी नहीं उतरी, जो पूर्ण मालूम होती हो। मायकोव्स्की भी इसी धारा के कवि थे। वे क्रान्तिकारी थे और कविता का उपयोग समाज-सेवा के लिए करने के पक्षपाती थे। किन्तु उनकी बिम्ब-योजना से स्पष्ट भासित होता है कि चित्रवाद अथवा अभिव्यंजनावाद का उन पर काफी प्रभाव था। वे ऐसे कवि थे, जिनके बारे में यह कहा जा सकता है कि शैली के गुणों पर मुग्ध रहनेवाला कलाकार क्रान्ति का पैगम्बर बन गया। टेनिसन और ब्राउनिंग पर यह आक्षेप

लगाया जाता है कि उनकी शैली विषय के साथ नहीं उभरती थी, बल्कि वे शैली को विषय के ऊपर ओढ़ा देते थे। किन्तु मायकोव्स्की पर ऐसा कोई आक्षेप नहीं लगाया जा सकता। उनकी शैली भाव के साथ उभरती है और उनके भावों की सारी भंगिमा उनकी शैली से लिपटी मिलती है।

## अंग्रेजी की प्रवृत्ति

शेली, कीट्स, बायरन और वड्र्सवर्थ के ठीक बाद अंग्रेजी कविता के सबसे बड़े नाम टेनिसन, ब्राउनिंग और मैथ्यू आर्नाल्ड के नाम हैं। किन्तु इन कवियों के भीतर न तो रोमांसवाद के विरुद्ध कोई तीखी प्रतिक्रिया थी, न ऐसी कविताएँ लिखने का लोभ जो विचारों से मुक्त हों। किन्तु विक्टोरिया-युग में ही अंग्रेजी में ऐसे कवि उत्पन्न हुए, जो दिमाग की अपेक्षा आँखों पर अधिक आश्रित रहना चाहते थे, जो कविता में चित्रकारी के गुणों को प्रमुखता देने को तैयार थे।

इस युग के सबसे बड़े कला-विवेचक रस्किन थे। उन्होंने यह स्थापना रखी कि इटली का चार सौ साल पहले का कलाकार रफैल, गरचे, क्लासिक कलाकार था किन्तु उसके चित्रों में प्राण नहीं हैं। अतएव कलाकारों को चाहिए कि वे उस प्रणाली पर चलने की कोशिश करें, जिस पर रफैल से पूर्व के चित्रकार चलते थे। इस प्रकार 'पूर्व-रफैल' शब्द का आविष्कार हुआ और सन् 1848 ई. में पूर्व-रफैल सम्प्रदाय की स्थापना कर दी गई, जिसके सदस्य कवि और चित्रकार, दोनों हो सकते थे। इस सम्प्रदाय के सदस्यों में अंग्रेजी के दो सुकवि रोसेटी और मौरिस भी थे, जो एक साथ कवि और चित्रकार थे।

चित्र की इस नई पद्धति की विशेषताएँ क्या थीं, इसकी तफसील में जाने की यहाँ कोई खास जरूरत नहीं है। केवल इतना ही जानना काफी है कि अंग्रेजी साहित्य में रोमांसवादियों के अपकर्ष के बाद यह प्रवृत्ति दिखाई पड़ी कि कविता और चित्रकारी को परस्पर समीप आना चाहिए। इस मैत्री में विजय चित्रकारी की थी क्योंकि लाख कोशिश करने पर भी चित्रकार का चिन्तन कूँची के सहारे नहीं चल सकता। अगर वह बातों को दूर तक सोचना चाहे, तो एक हद के बाद सहारा उसे लेखनी का लेना पड़ेगा। और चित्रण का थोड़ा काम गरचे कलम को भी करना पड़ता है, लेकिन कूँची के साथ गहरी दोस्ती वह तभी निभा सकती है, जब चिन्तन की प्रखरता को वह मन्द कर दे। किन्तु मौरिस और रोसेटी ने इस दोस्ती का बहुत अच्छा निर्वाह किया और कविता में चित्र को महत्त्व देकर उन्होंने बीसवीं सदी में उठने वाले इमैजिज्म या चित्रवाद की

पूर्व-पीठिका तैयार कर दी। एक ही व्यक्ति कवि भी हो और चित्रकार भी, यह साधना यथेष्ट दिखाई नहीं पड़ी। लोगों ने यह प्रयोग भी आरम्भ कर दिया कि एक ही भाव कविता और चित्र, दोनों का उपयोग कर सकता है या नहीं। रोसेटी एक दिन एक चित्र और एक सानेट पर एक साथ काम कर रहे थे कि उनके एक मित्र ने कहा : 'अगर मैं तुम्हारी जगह पर होता तो चित्र को फ्रेम से निकालकर उसकी जगह पर सानेट को फिट कर देता।'

कविता में चित्रकारी की महिमा स्थापित करनेवालों के सिवा उन्नीसवीं शताब्दी के उत्तरार्द्ध में अंग्रेजी में दो कवि ऐसे भी हुए, जिनका दृष्टिकोण बोदलेयर के दृष्टिकोण से मिलता-जुलता था। स्विनबर्न और आस्कर वाइल्ड, दोनों के भीतर हम कर्म की उपेक्षा, ज्ञान से भागने का भाव और शैली के प्रति एक प्रकार का पक्षपात देखते हैं। वाइल्ड की यह उक्ति प्रसिद्ध है कि 'आदमी जब कर्म करता है, वह परिस्थितियों का गुलाम हो जाता है। जब वह चिन्तन करता है, वह परिस्थिति का स्वामी बन जाता है।' विचित्र संयोग की बात है कि कविता जीवन के दायित्व से मुक्त हो जाए, यह विचार सभी देशों में लगभग एक साथ और आप-से-आप जगने लगा था। वाइल्ड की एक उक्ति कला के बारे में यह भी मिलती है : 'जैसे सजावट के लिए निर्मित वैनेशियन शीशे का टुकड़ा आध्यात्मिकता का कोई सन्देश नहीं देता, उसी प्रकार चित्र का उद्देश्य आध्यात्मिक प्रेरणा का दान नहीं है। तसवीरें हमारी आत्मा का स्पर्श रेखाओं की सचाई के जरिये नहीं करतीं। विषय कोई वस्तु नहीं है। असली काम विषय को किसी सृजनशील, आविष्कारात्मक शैली के द्वारा अंकित करना है और शैली की यही आविष्कारमयी भंगिमा चित्र का प्राण है। कविता का आनन्द भी उसमें वर्णित विषय से उत्पन्न नहीं होता, वह लयमयी भाषा के आविष्कारपूर्ण प्रयोग से आता है।'

कविता और कला को लेकर युग के हृदय में जो नई धारणा उत्पन्न हो रही थी, उसकी सबसे प्रबल अभिव्यक्ति हम आस्कर वाइल्ड में पाते हैं। 'डोरियन ग्रे' नामक अपने छोटे-से उपन्यास की अत्यन्त संक्षिप्त भूमिका में इस नई धारणा को उन्होंने काफी सुस्पष्टता और निर्भीकता के साथ व्यक्त किया है :

> *कलाकार रमणीय वस्तुओं का निर्माण करता है। कला का उद्देश्य अपने को प्रकाशित करना और कलाकार को छिपाना होता है। पुस्तकें नैतिक या अनैतिक नहीं होतीं। वे या तो अच्छी तरह से लिखी होती हैं या बुरी तरह से। उन्नीसवीं सदी में वस्तुवाद के विरुद्ध जो प्रतिक्रिया उत्पन्न हुई, वह उस आदमी का क्रोध था, जिसने अपना चेहरा आईने*

*में देखा था। और उसी सदी में रोमांसवाद के विरुद्ध जो प्रतिक्रिया उठी, वह भी उसी आदमी का क्रोध था, जब आईने में उसे अपना चेहरा दिखाई नहीं देने लगा। कलाकार में नैतिक भावना नाम की चीज नहीं होती है। कलाकार के भीतर नैतिक भावना का होना शैली का एक ऐसा अपराध है, जिसे अक्षम्य समझना चाहिए। किसी भी वस्तु को सिद्ध करने का प्रयास कलाकार का धर्म नहीं है। भाषा और भाव, कलाकार की दृष्टि में, कला के औजार हैं। पाप और पुण्य कलाकार के लिए कला के कच्चे माल हैं। शैली की दृष्टि से देखें तो सभी कलाओं की शैली संगीत की शैली है। भावना की दृष्टि से विचार करें तो सभी कलाओं की भावनाएँ अभिनेता की भावनाएँ हैं। कला की किसी कृति के बारे में जब मतभेद प्रबल हों, तब समझना चाहिए कि वह कृति नई है, जटिल है और जानदार है। आलोचक जब आपस में झगड़ते हैं, वह मुहूर्त्त कलाकार की शान्ति का मुहूर्त्त होता है। अगर कोई व्यक्ति उपयोगी वस्तु का निर्माण करता है, मगर उसकी बड़ाई नहीं करता, तो वह क्षम्य है। अक्षम्य वह व्यक्ति है, जो उपयोगी वस्तु तैयार करके उसकी घोर रूप से प्रशंसा करता है। सभी कलाएँ बिलकुल अनुपयोगी होती हैं।*

स्विनबर्न शेली और बायरन की धारा के कवि थे, किन्तु रोमांटिक परम्परा से वे काफी दूर भी हो गए थे। साहित्य सामाजिक जीवन की माँग और समाज की रुचि का भी ध्यान रखे, स्विनबर्न इस पक्ष में नहीं थे। उलटे, उनका झुकाव कला को वासनापूर्ण विषयों से भरने की ओर था। वे पूर्व-रफैलाइट सम्प्रदाय के अनुगामी और रोसेटी के अत्यन्त प्रशंसक मित्र थे। जोन हीथ स्टब्स ने उन्हें मनोवैज्ञानिक ग्रन्थि से पीड़ित माना है। उन्हें मिरगी भी आती थी और एक साथ वे आत्मपीड़क और पर-पीड़क भावनाओं के भी शिकार थे। शृंगार के वर्जित और विकृत रूप की ओर वे बड़े उत्साह से दौड़ते थे। कोई आश्चर्य नहीं कि बोदलेयर के प्रति उनमें अपार भक्ति थी और जो अनुमान बोदलेयर के पुंस्त्व के बारे में लगाया जाता है, वही बात स्विनबर्न के विषय में भी कही जाती है अर्थात् वे नपुंसक थे। उन्होंने धर्मनिरपेक्ष आनन्द का सिद्धान्त चलाया था और वे सभी प्रकार के नैतिक नियंत्रणों के विरुद्ध थे। स्टब्स उन्हें नैराश्य, विफलता-बोध और नपुंसकता से पीड़ित कवि मानते हैं।

बोदलेयर, आस्कर वाइल्ड और स्विनबर्न–इनमें छोटी-मोटी समानता कई बार दिखाई पड़ती है, किन्तु उनके बीच सबसे बड़ी समानता काम-विकार को

लेकर थी। नैतिकता की साहसपूर्ण अवज्ञा की जो परम्परा इस प्रकार के कवियों ने चलाई, वह भी आगामी आन्दोलनों का एक अंग बन गई। यह परम्परा सिद्धान्त के कारण चली या वह आचरण से सिद्धान्त में पहुँची, इसका निर्णय आसान नहीं है। अलंकरणप्रियता और सौन्दर्यबोध की ओर झुकाव रस्किन और मैथ्यू आर्नाल्ड का भी था। किन्तु उनका दृष्टिकोण पवित्रतावादी रहा था। वे कला को सुन्दर तो रखना चाहते थे, किन्तु उसे नैतिक बन्धनों से मुक्त करने को तैयार नहीं थे। आर्नाल्ड और रस्किन के इस पवित्रतावाद का विरोध पेटर ने किया। उन्होंने यह मतवाद चलाया कि जब तक कलाकार नैतिक विचिकित्सा में गिरफ्तार है, वह सौन्दर्य को सही अभिव्यक्ति देने में असमर्थ रहेगा। जब कलाकार को नैतिक दुविधा से मुक्ति मिल जाती है, तभी सौन्दर्यानुभूति का क्षण कला की एकमात्र वास्तविकता बन जाता है।

किन्तु शुद्धता की दृष्टि से अंग्रेजी के कवि पिछड़े हुए थे। अभी वे इसी उलझन में ग्रस्त थे कि कविता केवल चित्रों से बन सकती है या उसके भीतर कुछ विचार भी रखना आवश्यक है। स्विनबर्न ने दोनों ही प्रकार की कविताएँ लिखी थीं। आगे जब चित्रवादी आन्दोलन प्रकट हुआ, तब आधुनिकता की खोज में इलियट और एजरा पौंड ने फ्रांस के कवि बोदलेयर, रेम्बू और लफूर्ज की ओर देखा। मगर इसके मानी ये हैं कि फ्रेंच में जो प्रश्न रेम्बू ने उन्नीसवीं सदी के बीच में पूछे थे, अंग्रेजी में उन प्रश्नों के पूछने की जरूरत इलियट को हुई, उनके पूर्वजों को नहीं।

## क्या इलियट की कविता शुद्ध कविता है?

रेम्बू और मलार्मे के बाद फ्रेंच, जर्मन और अंग्रेजी भाषाओं में नवीनता और शुद्धता के जो आन्दोलन चले, कवियों ने शुद्ध काव्य की कल्पना को साकार करने के लिए जो घोर आत्म-मन्थन किया, उसके परिणामस्वरूप, दो कवि ऐसे उत्पन्न हुए, जिनके शिखर संसार के प्रत्येक भाग से दिखाई देते हैं। इनमें से एक हैं जर्मन कवि रिल्के, जिनका देहान्त सन् 1927 ई. में हुआ और दूसरे हैं अंग्रेजी के कवि इलियट, जिनका अवसान अभी पिछले साल हुआ है।

इलियट के आविर्भूत होते ही अंग्रेजी काव्य का चित्रवादी आन्दोलन समाप्त हो गया, मानो कविता जहाँ पहुँचना चाहती थी, वह मंजिल उसे इलियट में आकर प्राप्त हो गई। किन्तु क्या इलियट शुद्ध कवि हैं? अर्थात् वे क्या ऐसे कवि हैं, जो विचारों की छूत से बचकर चलता है, जो केवल ऐसे भावों का

अंकन करता है जिनका कर्म से कोई सम्बन्ध नहीं है? और क्या उनकी कविताएँ सन्देश-मुक्त हैं, जीवन से छिन्न हैं, वास्तविकता से अस्पृष्ट हैं और उनके भीतर मनुष्य के लिए कोई सन्देश नहीं है?

हमारा खयाल है, इलियट नये कवि हैं, किन्तु वे उस अर्थ में शुद्ध नहीं हैं, जिस अर्थ में शुद्धता की कल्पना आन्दोलनकारी कर रहे थे। फ्रेंच, जर्मन और अंग्रेजी भाषाओं में प्रतीकवाद, अभिव्यंजनावाद और चित्रवाद के नाम से जो भी प्रयोग किये गए थे, उन्हें इलियट ने ठीक से समझा, उन पर स्वामित्व प्राप्त किया और तब इस शक्ति के साथ वे उस ध्येय में लग गए, जो सभी महाकवियों का ध्येय है। जो भी कला विश्व-जीवन के प्रभावों को आत्मसात् करने से घबराती है, जो भी कला मानवता की विवेक-चेतना से अलग रहना चाहती है, जो भी कला दृष्टि-बोध को स्वीकार नहीं करती, वह अभी कच्ची है, अपरिपक्व है, धुँधली और पोली है। अगर कविता जन-जीवन के प्रभाव से भागती रही, दृष्टिबोध को जिम्मेदारी समझकर उससे कतराती रही, मानवता की विवेक-चेतना से अछूती रही, तो वह चाहे जितनी भी बिम्बपूर्ण हो, उसे अकाल ही काल-कवलित होना पड़ेगा।

इलियट पूरे अर्थ में जीवन के कवि हैं। उनके भाव समाज से आते हैं। उनकी दृष्टि समाज के खोखलेपन पर है। स्पैंगलर ने भविष्यवाणी की थी कि पाश्चात्य सभ्यता का पतन समीप है। इस भविष्यवाणी की गहरी अनुभूति यूरोप के जिन थोड़े-से लेखकों और कवियों को हुई थी, उनमें इलियट अन्यतम थे। इलियट ने इसी मरणासन्न सभ्यता की कविता लिखी है और, परोक्ष रूप से, मनुष्य को यह सन्देश भी दिया है कि अगर विनाश से बचना चाहते हो तो विज्ञान पर मत चलो, नई सभ्यता से मिलनेवाले सस्ते सुखों से परहेज करो और उन मूल्यों को स्वीकार करो, जिनका प्रतीक धर्म है। रोमांटिक कवियों से इलियट इस बात में भिन्न थे कि रोमांटिक कवि युग के साथ होने का दावा करके भी, वास्तव में, युग के साथ नहीं थे। वे युग नहीं, सौन्दर्य के पुजारी थे; बुद्धि नहीं, भावना के प्रेमी थे और सन्तुलन नहीं, आवेश की ओर थे। बीसवीं सदी का असली चित्र इलियट में उभरा क्योंकि इलियट इस सदी का पानी खींचकर पौधे के समान बढ़े थे। उनकी भावदशा संयत और मुद्रा विचारमग्न थी। उनके बिम्ब, विचार और लय समन्वित थे और उस समन्वय पर एक विचित्र प्रकार का नियंत्रण था, जिसके कारण इलियट थोड़ा ही कहकर बहुत अधिक कह जाते थे। चीख-चिल्लाहट, क्रन्दन, विलाप और विस्फोट इलियट की कविता में नहीं हैं। उनकी सबसे बड़ी विशेषता शब्दों, भावनाओं, विचारों और

मनोदशाओं के प्रति उनकी कठोर सचाई है। यही सचाई उनकी शैली को संक्षिप्त और ठोस बना देती है और इसी संक्षिप्तता के कारण ऐसा अनुभव होता है कि जितना हम समझते रहे हैं, इलियट की कविताओं में समझने के लिए उससे कहीं अधिक अर्थ प्रच्छन्न अथवा विद्यमान हैं।

इलियट वह कवि नहीं हैं, जो यह जानकर निराश और उच्छृंखल हो जाता है कि अब समाज में कहीं कोई स्थिर मूल्य नहीं है, अतएव दायित्वहीनता को कला का सबसे आवश्यक गुण बन जाना चाहिए। वे ऐसे दायित्वपूर्ण गम्भीर कवि थे, जो यह मानता है कि अगर मनीषियों ने समाज की चिन्ता छोड़ दी, तो समाज छिन्न-भिन्न हो जाएगा। वे तो कुरूपता में से सौन्दर्य और पाखंड के भीतर से सत्य की उपलब्धि करना चाहते थे।

कई लोग यह भी इशारा करते हैं कि इलियट जब मरे, तब वे नवीन नहीं रहे थे। ऐसे लोग नये युग का आरम्भ पिकासो से मानते हैं। इलियट उनकी दृष्टि में वह कवि हैं, जिसके साथ पुराने युग का अन्त होता है। वास्तव में नये युग का आरम्भ इलियट से नहीं, पिकासो से माना जाना चाहिए। ये सारी फालतू बातें हैं। इलियट नये युग के कवि हैं और नये प्रयोगों की सारी खूबियाँ उनके बस में आ गई थीं। किन्तु साहित्य में वे आतिशबाजी खेलने को नहीं आए थे। उन्हें कोई गम्भीर काम करके कविता को फिर से प्रतिष्ठा दिलवाना था। रोमांटिक शैली के वे विरुद्ध थे। उनका कहना था कि जीवन में रोमांसवाद का महत्त्व हो सकता है, किन्तु कला के क्षेत्र में अब उसका कोई महत्त्व नहीं है। ईमानदार होने के कारण वे यह भी समझते थे कि आलोचक भाव और विचार के बीच जिस आसानी से विभाजन कर सकता है, उस आसानी के साथ यह विभाजन कवि नहीं कर सकता। इसीलिए, उनका कहना था कि कविता में विचार नहीं लिखे जाते, विचारों का केवल भावपक्ष लिखा जाता है। शैली और भाव के द्वन्द्व पर उनकी एक और सूक्ति मिलती है : 'कविता का सौन्दर्य उसकी शैली में है, किन्तु उसका गाम्भीर्य भावों के गाम्भीर्य में परखा जाता है।' और उन्होंने यह भी कहा था कि जब मैं महान काव्य की बात करता हूँ, तब मेरा अभिप्राय शुद्ध काव्य से नहीं होता है; अर्थात् शुद्ध कविता चाहे जितनी शुद्ध हो किन्तु केवल शुद्ध होने से वह महान नहीं हो जाती। महान काव्य कोरा शुद्ध काव्य भी हो सकता है तथा वह ऐसा काव्य भी हो सकता है, जिसमें विचार भी हों और समाज के लिए सन्देश भी।

शुद्ध कविता का आन्दोलन बिना चुनौतियों के नहीं चला है। आन्दोलनकारी कवि विचार और भावना का विभाजन जितनी ही बारीकी से करते गए, उतनी

ही वह वस्तु, जिसे वे प्राप्त करना चाहते थे, पोली और अरूप होती गई, उतना ही साहित्य में 'एब्सर्डिटी' अथवा बेहूदी असम्भवता का दर्शन उभरता गया। यह विभाजन कविता को बहुत ही महँगा पड़ा है। ज्यों-ज्यों समाज में कविता का सम्मान क्षीण हुआ, त्यों-त्यों कवियों के भीतर रोष जागा है, वे इस शैली को छोड़कर परम्परा की ओर मुड़ने को बेचैन हुए हैं और उन्होंने ऐसे आन्दोलनों का सूत्रपात किया है, जो काव्य को निराकार से हटाकर फिर साकार बनाना चाहते हैं।

कविता में भविष्यद्वाद का आन्दोलन इसी असन्तोष के कारण उत्पन्न हुआ था। यह आन्दोलन पहले तो फ्रांस में उठा और बाद को रूस में। मेरिनेत्ती नामक एक फ्रेंच कवि ने इस आन्दोलन का घोषणा-पत्र लिखते हुए सन् 1909 ई. में कहा था कि 'हम भीड़ के गीत गाएँगे, उत्तेजित मजदूरों के गीत गाएँगे, आनन्द के गीत गाएँगे, बगावत के गीत गाएँगे, हम बारूद के उन कारखानों के गीत गाएँगे जो रात-भर हाहाकार करते रहते हैं। हम उन कारखानों के गीत गाएँगे जो बिजली की चाँदनी में रात-भर काम करते हैं।' इसी से मिलता-जुलता आन्दोलन वह था, जो इसी नाम से सन् 1912 ई. में रूस में उठा था।

विचारों का कविता में नैसर्गिक स्थान है, किन्तु कवि और दार्शनिक उनके प्रयोग भिन्न उद्देश्यों के लिए करते हैं। दार्शनिक की दिलचस्पी विचारों की सत्यता में होती है, कवि की केवल अभिव्यक्ति में। दार्शनिक हमें विचारों में विश्वास करने को आमंत्रित करता है। किन्तु कवि उनका वर्णन हमें प्रसन्न करने को करता है, विचलित और आन्दोलित करने को करता है।

इलियट में विचार तो थे, किन्तु कवि की कल्पना में पिघलकर वे भाव बन गए थे। लेकिन उनकी शैली दुरूह थी। उनकी कविताएँ पाठकों से प्रगाढ़ ज्ञान की माँग करती हैं। समाज ने 1930 ई. तक आकर इलियट की अपूर्व महत्ता स्वीकार कर ली थी। किन्तु इसी समय कवियों का एक नया दल मैदान में आया और उसने शुद्ध कविता के विरुद्ध एक आन्दोलन छेड़ दिया। इस दल के नेता औडन थे। इन लोगों का कहना था कि कविता समाज के उपयोग के लिए होती है और हमारे पास इतना समय नहीं है कि हम दुरूहता के मजे लें अथवा संसार से विमुख होकर अपने अन्दर डूब जाएँ या फैशन के लिए नित्य नये प्रयोग किया करें। किन्तु जिन आन्दोलनों से शिक्षा लेकर इलियट बढ़े थे, उन आन्दोलनों से कुछ शिक्षाएँ औडन और उनके साथियों ने भी लीं और वे परम्परा से जुड़ी हुई कविताएँ नई तकनीक में लिखने लगे। सन् 1940 ई. के आसपास अंग्रेज कवियों का प्रयोगवादी आन्दोलन समाप्त हो गया और

नवीनता का जामा पहनकर पारम्परीण शैली साहित्य में वापस आ गई। छूँछा हवाई खेल लोगों को सचमुच रिक्त दिखाई देने लगा और भावों के बहाने विचार फिर से लिखे जाने लगे।

औडन की विशेषता यह है कि वे भावनात्मक कम, बुद्धिवादी अधिक हैं, अतएव उनकी धारा से असन्तुष्ट कवि फिर भावना की ओर मुड़ने लगे। यह द्वितीय महायुद्ध का समय था और संसार से त्रस्त आत्मा कुछ ऊँची, धुँधली उड़ान चाहने लगी थी। लगता है, डायलन टामस का जन्म पाठकों की इसी तृषा को शान्त करने को हुआ था। डायलन टामस सुर्रियलिस्ट समझे जाते हैं, किन्तु उनकी कविताओं में अर्थ का अभाव नहीं है। परन्तु उनकी लोकप्रियता से अभिभूत होकर जिन कवियों ने उन्हें घेर लिया, उनमें से अधिकांश नकली लोग थे। उन्हें केवल इतना ही ज्ञान था कि जो भी आदमी देखने में नया लगता है, वह नवीन है। उन्होंने अनुकरण के बल पर नई कविताएँ जरूर लिखीं, किन्तु उन्होंने काव्य से अर्थ को विदा कर दिया।

## जापानी और चीनी भाषाओं की प्रवृत्तियाँ

यूरोप के चित्रकार जब परम्परा की परिपाटी से निकलकर चित्र की नई शैली की खोज कर रहे थे, उस समय चीन और जापान के चित्रों से उन्हें बड़ी प्रेरणा मिली थी। प्रभाववाद ने अन्ततः जिस शैली को जन्म दिया, उस शैली का बहुत कुछ आभास चीन और जापान के चित्रों में परम्परा से चला आ रहा था। चीन और जापान के चित्रकारों के प्रधान विषय प्रकृति के विभिन्न रूप थे और वे दृश्य के सार-रूप का ही अंकन करते थे। कम-से-कम रेखाओं के जरिये अधिक-से-अधिक दृश्य की व्यंजना उनकी विशेषता थी और, कृषि-प्रधान सभ्यता के कलाकार होने के कारण, वे सीधे-सादे ग्रामीण जीवन के चित्र भी बिना किसी भेदभाव के अंकित करते थे।

यही हाल चीन और जापान के कवियों का भी था। यह ध्यान देने की बात है कि अंग्रेजी में जब कविता के भीतर चित्रवादी आन्दोलन का आरम्भ हुआ, उस समय एजरा पौंड ने अनेक चीनी कविताओं के अनुवाद अंग्रेजी में तैयार किए थे। एजरा पौंड नये आन्दोलन के नेता के रूप में प्रकट हुए थे और उनका जीवन-भर चीनी कविताओं के अनुवाद में लगा रहना यह सूचित करता है कि चीनी कविताओं में उन्हें कुछ चीज दिखाई पड़ी थी, जिसे वे अंग्रेजी के नये काव्य में पचाना चाहते थे।

चीनी कविताओं का वह गुण क्या था? चीन में दो दार्शनिकों के मतवाद परस्पर एक-दूसरे को दबाने के प्रयास में थे। कन्फ्यूसियस प्रवृत्तिमार्गी थे। वे ज्ञान का उपयोग समाज के लिए करना चाहते थे। किन्तु लाओत्से का सिद्धान्त निवृत्ति-मार्ग का सिद्धान्त था। वे सारे ज्ञान को फालतू समझते थे और उपदेश देने के बदले आदमी के भीतर वे कोई रहस्यवादी अनुभूति जगाना ज्यादा पसन्द करते थे। 'ताओ-ते-किङ्' लाओत्से की छोटी-सी विख्यात पुस्तक है, जो श्रीमद्‌भगवद्‌गीता के समान सारपूर्ण और गूढ़ है। यद्यपि उपदेश ताओ-ते-किङ् (जीवन-मार्ग) में भी हैं किन्तु वे उपदेश उपदेशवादिता के विरुद्ध पड़ते हैं। ताओ वह मार्ग है जो ज्ञान से सीखा नहीं जा सकता। ताओ वह तत्त्व है, जिसकी शब्दों में व्याख्या नहीं की जा सकती। 'भला आदमी तर्क नहीं करता और जो बहस करता है, वह भला आदमी नहीं होगा।'...'संसार का ज्ञान तुम घर छोड़े बिना भी प्राप्त कर सकते हो और ताओ को देखने के लिए खिड़की पर जाना जरूरी नहीं है। तुम जितनी ही दूर जाओगे, तुम्हारा ज्ञान उतना ही कम होगा।'...'दुनिया को छोड़ देने से दुनिया जीती जाती है। जो आदमी दुनिया को जीतने के लिए बार-बार कोशिश करता है, दुनिया उसके हाथ से निकल जाती है।'...'जब कानूनों की संख्या बढ़ती है, समाज में अपराधी अधिक हो जाते हैं।'...'जब मैं लोगों को सुधारने की चिन्ता छोड़ देता हूँ, लोग आप-से-आप सुधरने लगते हैं। जब मैं शान्त हो जाता हूँ, प्रजा भी शान्त होने लगती है।'

लाओत्से का दर्शन आयासहीनता का दर्शन है। मनोविज्ञान यह शिक्षा अब देने लगा है कि जानबूझकर न तो सिकुड़ने की कोशिश करनी चाहिए, न फैलने की। जो धारा तुम्हारी ओर आ रही है, उसे रोकने की कोशिश में अपनी शक्ति का अपव्यय मत करो। इसी प्रकार, जो वस्तु तुमसे दूर है, उसे पाने की कोशिश में इन्द्रियों को सताना, उन पर जोर देना बुरा काम है। लाओत्से ने भी इसी प्रकार सहज धर्म की, आयासहीन धर्म की बात कही थी : 'काम ऐसे करो कि मालूम हो, तुम कोई काम नहीं कर रहे हो। अकर्म ही सबसे बड़ा कर्म है।'

सभ्यता का बोझ नये मनुष्य को भीतर ही भीतर तोड़ रहा है। जिसने शास्त्र नहीं सीखा है, वह क्या जानता है कि पाप किस चिड़िया का नाम है? सुर्रियलिज्म का सभ्यता-विरोधी अभियान, कहीं-न-कहीं, किसी सत्य पर आधारित है। लाओत्से द्वारा प्रतिपादित आयासहीनता और अविरोध का प्रभाव चीनी साहित्य पर स्पष्ट दिखाई देता है। इसीलिए चीनी काव्य की भंगिमा नई कविता की भंगिमा से मिलती-जुलती है।

वैसे तो, सारे इतिहास में कन्फ्यूसियस ने लाओत्से को दबाए रखा, किन्तु चीनी कवियों और लेखकों की चिन्ताधारा अधिकतर लाओत्से से ही प्रभावित रही थी। चीनी कविताओं में जो एक प्रकार के फक्कड़पन के भाव हैं, जो लापरवाही और मस्ती है, उसका कारण लाओत्से का प्रभाव है। चीनी कविताएँ संसार के सभी देशों की कविताओं से इस बात को लेकर भिन्न हैं कि इन कविताओं में वैयक्तिक भावनाओं की सहज अभिव्यक्ति है, जिनके दर्पण में हम उस कवि के स्वभाव और जीवन की भी थोड़ी झाँकी पा लेते हैं, जिसका जीवनचरित अनुपलब्ध है। समाज-सेवा का काम चीनी कविताओं ने भी किया था, किन्तु उनके भीतर एक ऐसी सहजता और ऐसा अछूतापन है कि यत्किंचित् सोद्देश्य होती हुई भी वे शुद्ध कविता के बहुत ही समीप पहुँच जाती हैं। यही कारण है कि यूरोप में ज्यों-ज्यों शुद्ध कविता का आन्दोलन जोर पकड़ता गया, त्यों-त्यों यूरोपीय भाषाओं में चीनी कविताओं के अनुवाद की माँग बढ़ती गई :

*वेणुवन की छाँह में बैठा अकेला*
*मैं कभी बंसी, कभी सीटी बजाता हूँ।*
*खूब खुश हूँ, आदमी कोई नहीं आता।*
*चाँद केवल रात में आ झाँकता है।*
*सूर्य, पर, दिन में चला जाता बिना देखे।*
*कौन दे उसको खबर, इस कुंज में कोई छिपा है?*

इस कविता में जो फक्कड़पन, लापरवाही और मस्ती है, वह अधिकांश चीनी कविताओं की विशेषता है और इस कारण पिछले पचास वर्षों में चीनी कविताओं के अनुवाद यूरोप में खूब पढ़े गए हैं। चीनी कविताएँ सामाजिक व्यंग्य के लिए भी लिखी गई थीं, मगर टोन उनका तब भी अहिंसक और लापरवाह था। बाकी कविताएँ तो ऐसी भी हैं, जिनमें मनुष्य के सुधारने का ध्येय बिलकुल गौण है। ये कविताएँ कवियों ने अपनी मौज के लिए लिखी थीं। वैसे, चीन में कविताएँ दोस्तों को तोहफों के रूप में भेजने को भी लिखी जाती थीं और पर्व-त्योहार पर आनन्द मनाने के लिए भी। इसी प्रकार, अतिथियों के स्वागत और विदाई में भी चीन में कविताएँ लिखने का रिवाज है। सब मिलाकर देखें तो दिखाई यही देता है कि चीनी कविताओं का उद्देश्य समाज-सुधार नहीं, मनोरंजन और मन-बहलाव है। जो बातें शास्त्रों में कही जाने के योग्य हैं, वे चीन में कविताओं में नहीं कही जाती थीं। कविता के द्वारा व्यक्ति अपनी वैयक्तिक भावना की अभिव्यक्ति करता था, अपने स्वभाव का परिचय देता

था। जो वस्तु आनन्द और मनबहलाव की है, उसकी ओर पाठकों का ध्यान आकर्षित करता था।

जब चीन का यूरोप से सम्पर्क हुआ, यूरोप ने चीनी कविता से शुद्धता की प्रेरणा ली, संक्षिप्तता और प्रभाववाद का सबक लिया। किन्तु बदले में, चीन को प्रगतिशीलता के भाव मिले, कविताओं द्वारा प्रचार करने की प्रेरणा प्राप्त हुई। यह अच्छा हुआ या बुरा, इसका पता शायद सौ-दो सौ वर्ष के बाद चलेगा। अभी तो एशिया हीन भावना से ग्रस्त है। चूँकि यूरोप शारीरिक विजय में एशिया से बहुत आगे है, इसलिए हम यूरोप के शरीर ही नहीं, उसके मन का भी अनुकरण करना चाहते हैं। स्थिति ऐसी है कि यूरोप का हर अतीत एशिया का वर्तमान बन रहा है और जिन चीजों को यूरोप छोड़ चुका है, उन्हें भी हम तभी छोड़ेंगे, जब उनकी आजमाइश एक बार एशिया में भी हो जाए।

चीन और जापान की संस्कृति, प्रायः, मिलती-जुलती है। किन्तु कन्फ्यूसियस का प्रभाव जापानी कविता पर बिलकुल नहीं पड़ा। चीन में वैचारिक संघर्ष कन्फ्यूसियस, लाओत्से और बुद्ध के बीच था। लेकिन चीन के राजे कन्फ्यूसियस के इतने बड़े भक्त थे कि जो विद्वान मन से लाओत्से और बुद्ध का प्रेमी होता, वह भी नौकरी के लोभ में यही कहता था कि वह कन्फ्यूसियस का अनुगामी है। किन्तु जापान में ऐसा कोई वैचारिक संघर्ष नहीं था। अतएव जापानी भाषा में कविता की प्रवृत्ति समाज-सेवा की ओर ज्यादा नहीं गई। जैसे जापानी चित्र आँखों के सुख के लिए होते थे, मन की प्रसन्नता के लिए होते थे, उसी प्रकार जापानी कविता का भी ध्येय मनोरंजन था। किसी ऐसे सौन्दर्य का उद्‌घाटन करके पाठकों को चकित करना था, जो सौन्दर्य उन्हें पहले दिखाई नहीं देता था।

जापानी काव्य में हाइकू और टंका नामक दो संक्षिप्त छन्द इतने लोकप्रिय हुए कि जापान के सभी बड़े नगरों में हाइकू और टंका क्लब स्थापित हो गए और, हजारों की संख्या में, कविगण इन छन्दों के जरिये लोगों का मनोरंजन करने लगे। टंका पाँच पंक्तियों का छन्द होता है, किन्तु हाइकू में केवल तीन पंक्तियाँ होती हैं। टंका बहुत प्राचीन छन्द है, किन्तु कवियों ने हाइकू का आविष्कार सत्रहवीं सदी में किया था।

कला को प्रचार का माध्यम बनाने की प्रवृत्ति जापान में कभी चली ही नहीं। चूँकि सामाजिक समस्याएँ जापान में कला की समस्याएँ न बन सकीं, इसलिए जापानी चित्र के समान जापानी कविता भी प्रकृति को ही अपना मुख्य विषय मानती रही। जापानी कवि वर्णन की तफसील में जाने से परहेज करता

था। इशारों और संकेतों से जितना अर्थ देना सम्भव है, उतने ही अर्थ पर कवियों को सन्तोष हो जाता था। जो बातें कथ्य के निचोड़ में नहीं समा सकतीं, वे बातें जापानी कवि के लिए त्याज्य थीं। इंग्लैंड के दो कवि, रोसेटी और मौरिस, एक साथ कवि और चित्रकार भी थे। किन्तु ऐसे कवि जापान में असंख्य हुए हैं, जो एक साथ कवि भी थे और चित्रकार भी। और यही हाल चित्रकारों का भी था। अनेक कवि शब्दों के जरिये कविताएँ रचकर, फिर रेखाओं के जरिये उन्हीं भावों के चित्र भी बना देते थे। और चित्रकार भी चित्र रचकर उसके पार्श्व में एकाध छन्द रच देते थे। इंग्लैंड का चित्रवादी आन्दोलन जापानी काव्य की इस चित्रप्रियता से प्रभावित हुआ और जापानी कविता का ऐसा ही प्रभाव जर्मनी के अभिव्यंजनावाद पर भी पड़ा। उक्ति-लाघव, अर्थगर्भता तथा ध्वनि और शब्द-प्रयोग में मितव्ययिता—ये जापानी कविता के मुख्य गुण थे और यूरोप के कवि जब नई कविता के लिए समुचित शैली का संधान कर रहे थे, उस समय जापानी काव्य के इन लक्षणों ने, परोक्ष रूप से, उनकी सहायता की।

जापानी कविताएँ, सचमुच, विलक्षण होती हैं और, गरचे, एब्सोल्यूट पर आक्रमण उनका ध्येय नहीं है, फिर भी उनकी ध्वनि उस गहराई का स्पर्श अवश्य करती है, जो किसी-न-किसी हद तक अनिर्वचनीय है :

*उड़ गई वह कोयल क्या*
*जिसकी पुकार ने*
*भरी रात में मुझे नींद से जगा दिया?*
*तब भी, लगता है, उसका गीत*
*मेरे तकिये के पास पड़ा है।*

× × ×

*मैं केवल वाह! कह सकता हूँ*
*चेरी के उन फूलों के लिए*
*जो योशिनो पर्वत पर खिलते हैं।*

× × ×

*चुप तो हूँ, मगर सोच रहा हूँ।*
*मैं बातें भले न करूँ,*
*मगर मुझे तुम दीवार मत समझ लेना।*

जापान में हाइकू और टंका का प्रयोग अब भी उतना ही प्रचलित है, जितना पहले था। लेकिन अब जापान में भी यूरोपीय कविताओं के ढंग की

कविताएँ लिखी जाने लगी हैं। वे लम्बी होती हैं और यदा-कदा प्रगतिशील भी। किन्तु ये कविताएँ जापान के शिष्ट पाठकों को सन्तोष नहीं देतीं। उनकी शिकायत यह है कि ये कविताएँ बहुत ज्यादा खुलकर बोलती हैं और जहाँ एक हल्का-सा इशारा काफी होता, वहाँ भी कवि कई-कई पंक्तियाँ लिख डालते हैं।

## चित्रकला का कविता पर प्रभाव

बोदलेयर का यह कहना सत्य है कि एकता का तार सभी कलाओं के भीतर अनुस्यूत होता है। विशेषतः यह एकता काव्य और चित्रकला के बीच कुछ अधिक प्रत्यक्ष हो जाती है। उससे भी बड़ी बात यह है कि कला-चेतना के भीतर जब भी कोई नई दिशा प्रकट होती है, तब वह चित्र में पहले, कविता में बाद को दिखाई देती है। मध्यकालीन भारत में अजन्ता और मोगल कलमों के मिलन से प्रेरित होकर जब कला ने नई उड़ान भरी, तब उसके प्रमाण चित्रकला में पहले दिखाई पड़े, रीति की कविताओं में कुछ बाद को। यह बात दूसरी है कि पीछे चलकर कविता चित्रकला के आगे-आगे चलने लगी और कुछ दिनों तक चित्र कविताओं को देखकर बनाये जाते रहे। इसी घटना की आवृत्ति द्विवेदी-युग में हुई, जब रवि वर्मा के चित्र और द्विवेदीयुगीन काव्य एक-दूसरे के प्रतिबिम्ब बन गए। यहाँ भी चित्र पहले आए थे और उनके अनुरूप कविताएँ बाद को लिखी गई थीं। नन्दलाल बोस के चित्र और रवीन्द्रनाथ की कविता के बीच भी साम्य है और यदि भारत की सामूहिक कला-चेतना की पृष्ठभूमि पर नन्दलाल बाबू के चित्रों को देखा जाए तो कहना यही पड़ेगा कि बंगेतर भारत में रोमांटिक शैली की कविता बाद को लिखी जाने लगी, पहले उसका आभास भारतीय कलाकारों के चित्रों में दिखाई पड़ा था।

और सबसे विलक्षण बात तो यह है कि रोमांटिक चेतना के विरुद्ध भारतीय काव्य में, नई कविता के नाम से, जो नया कलात्मक आन्दोलन उठनेवाला था, उसका भी आदि विस्फोट रवीन्द्रनाथ के चित्रों के भीतर से हुआ था। रवीन्द्रनाथ रोमांटिक कवि थे और रोमांसवादी शैली में उन्होंने जमकर पचास-साठ वर्ष तक लिखा था। एक ही शैली में आधी शताब्दी तक लिखकर भी वे उस शैली से ऊबे नहीं, यह उनकी जीवनी-शक्ति का अद्‌भुत प्रमाण है। किन्तु ऊब एक हद तक उन्हें महसूस हुई थी। लेकिन इस ऊब को उन्होंने अपनी कविताओं में आने नहीं दिया। उसे राह देने को उन्होंने कूँची का सहारा ले लिया। रवीन्द्रनाथ की कविता और उनके चित्र दो विरोधी

दिशाओं से आए थे। कविता वे सन्देह-वहन के लिए लिखते थे, सौन्दर्य और परमात्मा के प्रति आत्मनिवेदन के लिए लिखते थे, किन्तु चित्रों में केवल उनकी मनोदशा की अभिव्यक्ति मिलती है, उनके भीतर अर्थ और सन्देश नहीं हैं।

रवीन्द्रनाथ अत्यन्त जागरूक कवि थे। संसार के कोने-कोने में कला जो नई करवटें ले रही थीं, उनका उन्हें पूर्ण ज्ञान था। इतना ही नहीं, कला की नई ऐंठन और बेचैनी का रवीन्द्रनाथ के अन्तर्मन पर प्रभाव भी पड़ा था। वही प्रभाव उनके चित्रों में प्रकट हुआ। रवीन्द्रनाथ कलम से रोमांटिक और कूँची से सुर्रियलिस्ट थे। उनकी लेखनी का ध्यान इसलिए भंग नहीं हुआ कि उनके भीतर के कोलाहल को उनकी कूँची बाहर निकाल देती थी। चित्रकारी के शौक ने रवीन्द्रनाथ की सुर्रियलिस्टिक अनुभूतियों को चित्रों में अंकित करके उन्हें उस सुकोमल शैली पर जमाए रखा, जो दीर्घ साधना के कारण उनके प्राणों को उतनी प्यारी हो गई थी।

चित्रों में भी कवित्व होता है और कविताओं में भी चित्र होते हैं। गरचे चित्रों के भीतर छिपे कवित्व तक पहुँचना केवल विशेषज्ञों का काम है, किन्तु कविता में उगनेवाले चित्रों का आनन्द साधारण पाठक भी उठा सकते हैं। हाँ, कविता में अब जो गंध और स्पर्श के चित्र आने लगे हैं, उनका आनन्द उठाने के लिए विशेष प्रकार के प्रशिक्षण की आवश्यकता है।

चित्र और कवित्व के संयोग के जो दृष्टान्त भारत में दिखाई पड़े, वैसे दृष्टान्त अंग्रेजी और फ्रेंच भाषाओं में भी दिखाई पड़े थे। महारानी विक्टोरिया के युग में अंग्रेजी में एक खास तरह की कविताएँ लिखी गई थीं, जिनका विशेषण 'प्रि-रफैलाइट' (अर्थात् रफैल से पूर्व की शैली) बताया जाता है। रफैल इटली का मध्यकालीन चित्रकार था। उसकी शैली रूढ़िग्रस्त समझी गई थी। अतएव कवियों ने अपने लिए चित्रों की उस शैली को आदर्श माना, जो रफैल से पूर्व प्रचलित थी। चित्रकला काव्यकला को केवल प्रभावित ही नहीं करती, वह काव्यकला में रूपान्तरित भी हो जाती है। कला-चेतना का मूल रूप तो नहीं बदलता, केवल उसके आस्वादन का माध्यम बदल जाता है। चित्र में जिस सौन्दर्य का आस्वादन हम आँखों से करते हैं, कविता में उसी सौन्दर्य का रस हमें मन और कल्पना के द्वारा मिलता है। उस समय अंग्रेजी में रोसेटी और विलियम मौरिस नामक दो कवि हुए, जो कवि होने के साथ-साथ चित्रकार भी थे। इस युग के प्रयोग का परिणाम यह निकला कि कविता में शारीरिकता उभरने लगी, रंगों की चमक बढ़ने लगी और मन की बजाय आँखों

के लिए आहार प्रचुर मात्रा में तैयार होने लगा। प्रि-रफैलाइट कवि, अज्ञात रूप से, आगामी चित्रवाद अथवा इमेजिज्म की पूर्व-पीठिका तैयार कर रहे थे।

## प्रभाववाद

फ्रेंच भाषा में, कविता के भीतर, इम्प्रेशनिज्म अथवा प्रभाववाद नामक जो आन्दोलन उठा, वह भी कविता से पहले चित्रकला का ही आन्दोलन था। यह आन्दोलन फ्रांस के तत्कालीन उस्तादों की सुकोमल, शान्त और आत्मप्रशंसा के भाव से पीड़ित, सुकुमार शैली के खिलाफ उठा था। बात यह हुई कि मोनेत नामक एक चित्रकार ने सन् 1874 ई. में तूफान में सूर्यास्त का एक चित्र बनाया और उसका नाम 'इम्प्रेशन' रखा। इससे कला-प्रेमियों की रुचि को एक धक्का-सा लगा और उस चित्र का मजाक उड़ाने को वे कहने लगे कि लो, अब चित्र भी इम्प्रेशन होगा! वह घटना का वर्णन नहीं करेगा, अर्थ या विचार नहीं देगा, उसमें न इतिहास होगा, न भूगोल, केवल टेढ़ी-मेढ़ी रेखाएँ होंगी! यहीं से इस कला का नाम 'इम्प्रेशनिज्म' पड़ने लगा। जनता झूठ नहीं कह रही थी। जब से प्रभाववाद का आगमन हुआ, चित्र निरर्थक नहीं, तो अर्थहीन अवश्य हो गए हैं।

इम्प्रेशनिस्ट अथवा प्रभाववादी चित्रकार अपने को वस्तुवादी कहते थे, किन्तु वस्तुवाद से उनका आशय प्रचलित आशय से भिन्न था। वृक्ष की असली वास्तविकता उस वृक्ष के तने, डालियों और पत्तों में होती है। किन्तु हम जिसे देखते हैं, वह दस, बीस या सौ-दो सौ गज अलग से देखी जानेवाली वास्तविकता होती है। समीप से देखने पर पत्ते एक-दूसरे से अलग दिखाई देते हैं, किन्तु दूर से देखने पर वृक्ष हरियाली के पुंज-सा दिखाई देता है। प्रभाववादी चित्रकारों की दृष्टि में वृक्ष की वास्तविकता वह नहीं है, जो वृक्ष के पास से दिखाई देती है। वह वह है, जो दूर से दृष्टिगत होती है। वास्तविकता वृक्ष नहीं, वन है। अगर चित्रकार वृक्ष का ब्यौरेवार चित्र बनाने लगेगा, तो वन उसके हाथ से निकल जाएगा। ब्यौरे की चित्रकारी फोटो से मिलती-जुलती है और फोटो चित्र नहीं होता, वह मात्र फोटो होता है। इसलिए प्रभाववादियों की दृष्टि में असली चित्र वह है, जो ब्यौरे को छोड़कर साररूप प्रभावों का अंकन करता है। जब कला में नख-शिख-वर्णन की परिपाटी प्रचलित थी, चित्र में नारी-रूप के एक-एक ब्यौरे के अंकन का महत्त्व था। किन्तु प्रभाववादी चित्रकार, ब्यौरे में न जाकर, केवल कुछ रेखाओं के जरिये नारी के उस नारीत्व का अंकन करता है, जो उसकी विशेषता है–उसकी असली वास्तविकता है।

प्रभाववादी चित्रकार अधिक रेखाएँ नहीं खींचते। वे कम-से-कम रेखाएँ खींचकर दृश्य का सम्पूर्ण प्रभाव दिखलाना चाहते हैं। वे मैदान की विस्तृत हरियाली दिखाते समय घास की पत्तियों का अंकन तफसील में नहीं करते। वे भीड़ दिखाते हैं, आदमी नहीं। और आदमी का चित्रण करते समय भी वे मर्दानगी का अंकन करते हैं, नारीत्व के भाव को दिखलाते हैं। वस्तु का अंकन प्रभाववाद का ध्येय नहीं है। वह वस्तुओं से उत्पन्न होनेवाले प्रभाव का चित्रण करता है।

कोई-कोई विद्वान प्रभाववादी प्रवृत्ति का मूल बैरोक-सम्प्रदाय की चित्रकारी में खोजते हैं, जब रेनासां-कला के खिलाफ प्रतिक्रिया आरम्भ हुई थी और ढाँचे (आउट लाइन) के खिलाफ युद्ध छिड़ गया था, उस समय सारा जोर वातावरण के निर्माण पर दिया जाता था और कूँची की भाषा अस्पष्ट होने लगी थी। इन सबका परिणाम यह हुआ था कि चित्रों में रहस्यमय संकेत भरने लगे थे तथा उनके भीतर मोहकता और स्वाभाविकता भी कुछ अधिक दिखाई देने लगी थी।

यूरोप के कलाकार 18वीं सदी के अन्त से ही कला में नवीनता की जिज्ञासा करने लगे थे। तब तक प्रचलित कला के सभी विचारों और शैलियों की सम्भावनाएँ शायद खत्म हो चुकी थीं और कलाकार का व्यक्तित्व किसी हद तक वैयक्तिक अभिव्यक्ति की ओर लोभ से देखने लगा था। पारम्परीण कला का दोष यह था कि वह सभ्यता का अलंकरण बनकर जीना चाहती थी, केवल भावनाएँ जगाकर अपना अस्तित्व कायम रखने के पक्ष में थी। वह किसान और मजदूर के चित्र बनाने से परहेज करती थी, क्योंकि किसान और मजदूर समाज के सबसे रूपवान व्यक्ति नहीं थे। इस प्रवृत्ति से ऊबकर कलाकार प्रकृतवाद और यथार्थवाद की ओर भी गए, किन्तु सन्तोष उन्हें कभी भी नहीं मिला। उस समय यूरोप पर वैज्ञानिक पद्धति और विचार का गहरा प्रभाव था, जैसा वह आज भी है। अतएव विज्ञान के प्रभाव में आकर कलाकार भावना और वैचारिकता के विरुद्ध हो गए। वे किसी ऐसी शैली की खोज में थे, जिसमें वही चीज चित्रित की जा सके, जो आँखों को दिखाई पड़ती है। उपदेश, शिक्षा, आलोचना या टिप्पणी के वे विरुद्ध थे। प्रभाववाद ऐसी ही शैली का नाम है। वह दिखनेवाली चीज के सार का अंकन करता है और अपनी ओर से न तो कोई निष्कर्ष निकालता है, न शिक्षा या उपदेश अथवा किसी प्रकार की टिप्पणी देता है। साथ ही, वह संसार के प्रत्येक पदार्थ को चित्रकारी का विषय मानता है।

कहते हैं, सन् 1867 ई. में पेरिस में जापानी कला की एक प्रदर्शनी हुई थी। उस प्रदर्शनी में फ्रांस के चित्रकारों पर जापानी चित्रों का काफी प्रभाव पड़ा। जापानी चित्रकला से उन्हें यह संकेत मिला कि कला का सार वस्तुओं के ब्यौरों को ग्रहण करने में नहीं, उन्हें छाँटने या छोड़ने में है। कला खंड का चित्रण जान-बूझकर करती है और इसलिए करती है कि अंश के द्वारा वह पूर्ण का ज्ञान संकेतों के द्वारा कराना चाहती है। चित्रण सम्पूर्ण वास्तविकता का नहीं, उसके सारभूत केन्द्र-बिन्दु का होना चाहिए, उस सुदृढ़ तत्त्व का होना चाहिए, जिसमें सभी गंधों का कोष है, सभी रंगों की झंकार है। संसार का जो प्रभाव कलाकार के मन पर पड़ता है, उसी का अंकन उसका वैयक्तिक काव्य है। अनुभूति और चित्रण में कोई भेद नहीं है। जब कलाकार प्रकृति के आमने-सामने आए, उसे भूल जाना चाहिए कि कला का कोई अपना अस्तित्व है। प्रकृति हमें जैसी दीखे, उसका तद्वत् चित्रण करना ही कला का कार्य है। जापानी और चीनी चित्रों में प्रकृति का अस्तित्व मनुष्य से स्वतंत्र दिखाई देता है। प्रकृति वहाँ असीम की अभिव्यक्ति होती है, ब्रह्मांड की प्रमुख शक्ति-सी दिखाई देती है और जीव, जन्तु तथा मनुष्य उसकी निस्सीमता के सामने छोटे दिखाई देते हैं।

चित्रकारी की प्रभाववादी पद्धति ब्यौरे को छाँटकर सारांश के चित्रण से प्रभाव उत्पन्न करती थी। जब यह पद्धति काव्य में स्वीकृत हुई, कवि भी वर्ण्य विषय में से ब्यौरे को छाँटने लगे और कथ्य के सारांश के वर्णन से उसकी सम्पूर्णता का प्रभाव उत्पन्न करने लगे। दूर से देखने पर हरे वृक्ष भी नीले या श्याम वर्ण के दिखाई देते हैं। दूर से देखने पर रंग चटकदार नहीं दीखते, वे मटियाले या भूरे दिखाई देते हैं। इसका प्रभाव कविता पर यह पड़ा कि काव्य में से भी रंगों की तीक्ष्णता गायब होने लगी और उसका रूप भूरा या मटियाला होने लगा।

ब्यौरे का वर्णन मध्ययुगीन कला की विशेषता थी, जब समाज में सामन्तशाही का जोर था और राजसी पोशाकों की चमक-दमक देखने को ज्यादा मिलती थी। प्रभाववादी आन्दोलन के आरम्भ होते ही कला उस दुनिया से निकलकर यंत्र-युग में प्रवेश करने लगी, अभिजातीयता के शिखर को छोड़कर जनसाधारण के जीवन की ओर बढ़ने लगी। प्रभाववादी कला का उपयोग गुजरे हुए जमाने के चाकचिक्य के चित्रण के लिए भी किया जा सकता था, किन्तु व्यवहार में इस कला ने यंत्रयुग के साथ अपना नाता जोड़ लिया, नग्न वास्तविकता को अपना विषय बना लिया। यही कारण है कि हम जहाँ भी देखते हैं, प्रभाववाद और वस्तुवाद का गठबन्धन हमें सर्वत्र दिखाई देता है। प्रभाववाद

ने कविता के ढाँचे की रेखाओं को अस्पष्ट बना दिया, उसके रंगों की चटकदारी को मन्द कर दिया। प्रभाववादी कविताओं में अक्सर रंग बुझे-बुझे होते हैं, आकार धुँधले और आकृतियाँ अस्पष्ट होती हैं। स्पष्ट ही, यह जीवन की उस वास्तविकता का चित्रण है, जो कुछ दूर से दिखाई देती है। और दूर से दिखाई देने पर चीजें धुँधली और अस्पष्ट ही दिखाई देंगी।

विज्ञान के प्रभाव के कारण कला आवेगों को दबाकर संयत होना चाहती थी, रेखाओं के मामले में मितव्ययी होना चाहती थी, दृश्यों का चित्रण हू-ब-हू करना चाहती थी, अतिरंजन से बचना चाहती थी, वास्तविक और कठोर होना चाहती थी, ईमानदार और सत्यवादी होना चाहती थी। उसकी ये सारी अभिलाषाएँ प्रभाववाद से, कुछ दूर तक, पूरी हुईं। किन्तु धारा अब परम्परा से टूट चुकी थी और वैयक्तिक भावनाओं की बाढ़ के कारण कलाकार नित्य नये प्रयोगों की ओर उन्मुख होना चाहते थे। उनके लिए कोई भी प्रयोग अन्तिम प्रयोग नहीं था, कोई भी वाद अन्तिम वाद नहीं था।

परम्परा के दो लक्षण हैं : पहला तो यह कि वह अनुशासन देती है, रुकावट डालकर पानी को गहरा बनाती है और दूसरा यह कि अपनी सीमा तक पहुँचाकर कलाकार को वह आगे की राह दिखाती है। किन्तु यूरोप के कलाकारों ने परम्परा के अनुशासन-पक्ष का तिरस्कार कर दिया और वे नवीन प्रयोगों की ओर इस उत्साह से बढ़ने लगे कि चित्रकला अबूझ पहेली बन गई और जनता के भीतर यह भाव जगने लगा कि चित्रकला अब हमारी नहीं रही। वह कलाकारों की कठपुतली बन गई है। कलाकार उसे अपनी इच्छा के अनुसार नचा रहे हैं। इन्हीं नये प्रयोगों से डाडावाद, सुर्रियलिज्म, क्यूबिज्म, प्वायंटिलिज्म आदि अनेक आन्दोलन उत्पन्न हो गए।

## डाडावाद

'डाडा' का अर्थ 'हाबी हॉर्स' यानी खिलौने का घोड़ा होता है। इस दृष्टि से डाडावादियों के चित्र वैसे होने चाहिए, जैसे चित्र खिलौने के घोड़ों पर चढ़नेवाले बच्चे खींचते हैं। बच्चों का रेखा-अंकन अटपटा होता है, उनकी बोली भी अटपटी होती है। डाडा कलाकार इसी तुतलाहट को महत्त्व देते हैं। जो कुछ अभी सभ्यता की छूत से बचा हुआ है, जो कुछ भी प्राकृतिक, निश्छल और निर्विकार है, वही वास्तविकता का असली रूप है। इसलिए अटपटी बोली और टेढ़ी-मेढ़ी रेखाएँ ही वास्तविकता को पकड़ सकती हैं।

डाडावादियों की दृष्टि में संसार विश्रृंखलताओं का समूह है। इसके जितने तत्त्व हैं, परस्पर धक्का-मुक्की मचा रहे हैं। आदमी बदलकर वृक्ष हो रहा है। वृक्ष, परिवर्तन के क्रम में, रूपान्तरित होकर मनुष्य बन रहे हैं। वास्तविकता का मौलिक रूप अव्यवस्था है, कोलाहल है, विश्रृंखलता है। और अन्त में जाकर भी वास्तविकता विश्रृंखल और अव्यवस्थित ही रह जाती है। अतएव, वस्तुवादी कलाकार अव्यवस्था और विश्रृंखलता का ही कलाकार होता है।

डाडा सम्प्रदाय की स्थापना सन् 1916 ई. में जूरिख में हुई थी। इसके संस्थापक हांस अर्प और ट्रिस्टन जारा थे। जब सन् 1919 ई. में जारा पेरिस आए, यह आन्दोलन उनके साथ फ्रांस पहुँच गया और वहाँ फ्रांस के चिन्तकों और कलाकारों ने इस आन्दोलन को फ्रांसीसी रूप दे दिया। फ्रांस में इस आन्दोलन से प्रभावित होनेवालों और उसे प्रभावित करनेवालों में सबसे बड़ा नाम आन्द्रे ब्रेतों (1896-00) का माना जाता है। जिस तरह के चिन्तन से डाडा की उत्पत्ति हुई थी, उस तरह का चिन्तन फ्रांस में डाडा के आगमन के पूर्व से ही चल रहा था। डाडा का फ्रांस में आगमन सन् 1919 ई. में हुआ, किन्तु सन् 1917 ई. में ही अपौलिनैर (1880-1918) ने लिखा था : 'प्रेरणा का असली और सबसे बड़ा स्रोत अब आश्चर्य है; चकित करने, कुतूहल उपजाने और रुचि को धक्का देने का भाव है। साहित्य और कला के जो आन्दोलन पहले गुजर चुके हैं, उनसे हमारा नया आन्दोलन उसी मात्रा में भिन्न होगा, जिस मात्रा में हम चकित करने और रुचि को धक्का देने के कौशल का उपयोग करेंगे।'

सुर्रियलिज्म के समान डाडा भी केवल कला का आन्दोलन नहीं था, वह राजनीतिक भावनाओं से भी युक्त था। अपनी जन्मभूमि यानी जर्मनी में डाडा उग्र वामपंथी विचारधारा के साथ था और फ्रांस में भी उसका झुकाव बुर्जुआ समाज के विरुद्ध ही रहा। डाडा कला दुस्साहसी प्रयोग की कला थी, उसका स्वरूप पूर्णतः वैचारिक और निराकार था तथा बुर्जुआ समाज की रुचि के वह बिलकुल विरुद्ध पड़ती थी।

डाडा की आत्मा नकारात्मक थी। उसका जोर अस्ति नहीं, नास्ति पर था। 'सुन्दर क्या है? असुन्दर क्या है? बड़ा, मजबूत और कमजोर क्या है? कार्पेंटर क्या है? रेनान क्या है? नहीं जानता हूँ। मैं कौन हूँ? नहीं जानता हूँ, नहीं जानता हूँ, नहीं जानता हूँ।'

डाडावाद के मनसूबे क्या थे, इसका कुछ पता रीवियर के इस उद्‌गार से चलता है। 'आत्मा जब तक किसी वस्तु के साथ स्वीकारात्मक सम्बन्ध जोड़े, उसके पूर्व ही उस पर टूट पड़ो। उसे उस समय पकड़ो, जब उसका तारतम्य

किसी से नहीं बैठा हो अथवा बैठा हो तो मात्र उस प्रकार, जैसे आदिकालीन समाज में होता था। वस्तुओं के भीतर जो तर्कसम्मत एकता है, उसकी जगह पर बेहूदी असम्भवता के ऐक्य की कल्पना करनी चाहिए। असम्भवताओं की एकता ही चीजों की मौलिक एकता है।'

डाडावाद से प्रेरित कविताएँ दुर्बोध ही नहीं, अपठनीय भी निकलीं। डाडा कवि कृतियों के नियोजन और रचना में विश्वास नहीं करते थे। शब्दों को वे आकस्मिक घटना के सिवा और कुछ नहीं मानते थे। शब्दों का वे चयन नहीं करते थे, उन्हें केवल घटित होने देते थे। साहित्य पर डाडावाद का प्रभाव तनिक भी स्थायी नहीं हुआ। हाँ, अगर यह समझा जाए कि डाडा का प्रभाव सुर्रियलिस्ट आन्दोलन में जीता है, तो यह बात, एक हद तक, सच मानी जा सकती है।

## सुर्रियलिज्म

सुर (sur) का अर्थ ऊपर होता है। अतएव, सुर्रियलिज्म, इस पूरे शब्द का अभिप्राय उस कला से है, जो वास्तविकता से ऊपर उठकर काम करती है। हिन्दी में सुर्रियलिज्म का अनुवाद अति-वस्तुवाद के नाम से किया जाता है, किन्तु जो वास्तविकता दृश्य या चेतन के नीचे अथवा उससे बहुत दूर है, वह वास्तविकता है या कोई और तत्त्व, यह कहना कठिन है। सुर्रियलिज्म इस धारणा के अधीन काम करता है कि जब तक हम जाग्रत रहते हैं, वास्तविकता से हम छिन्न रहते हैं। सामाजिक आचार, विचार और परम्परा की जकड़ में रहते-रहते मनुष्य के भीतर निषेधात्मक प्रवृत्तियाँ उत्पन्न हो गई हैं। उसके भीतर की वास्तविकता जो बात बोलना चाहती है, ये प्रवृत्तियाँ उसे वह बात बोलने नहीं देतीं। हमारा जो असली रूप है, उसे प्रकट करने का साहस हममें नहीं है। हम जो बातें बोलना चाहते हैं, उन्हें हम लज्जा के कारण नहीं बोलते हैं, भय के कारण नहीं बोलते हैं। वास्तविकता जिस रूप में प्रकट होना चाहती है, निषेधात्मक प्रवृत्तियाँ उसे उस रूप में प्रकट होने नहीं देतीं। जब हम जाग्रत होते हैं, हम सुयश के लोभ से चालित होते हैं, निन्दा के भय से चालित होते हैं, संस्कृति और सौजन्य की भावनाओं के अधीन रहते हैं। हम अपने ऊपर रोक लगाते हैं, नियंत्रण लगाते हैं, अवरोध की पोशाक पहनकर सुसंस्कृत और सभ्य दिखाई देना चाहते हैं। यह मनुष्य की असली वास्तविकता नहीं है। अतएव, आज तक जो साहित्य लिखा गया, वह नकली है, अधूरा है, अयथेष्ट है।

किन्तु जब हम सो जाते हैं, हमारी असली वास्तविकता काम करने लगती है। निद्रा मनुष्य की असली स्वतंत्रता की स्थिति है, जब नियंत्रण और अवरोध दूर हो जाते हैं और हमारा जो असली रूप है, वह काम करने लगता है। अतएव हमारी असली वास्तविकता वह है, जिसकी ओर हमारे स्वप्न संकेत करते हैं। हम असल में क्या हैं, इसकी जैसी व्याख्या हमारे स्वप्न करते हैं, वैसी व्याख्या तर्क और ज्ञान से सम्भव नहीं है। अतएव, स्वप्न का चित्रण ही हमारे आन्तरिक जीवन, हमारी असली वास्तविकता का सही चित्रण है।

जो लोग सामाजिक घटनाओं और राजनीतिक क्रान्तियों को साहित्यिक परिवर्तन का कारण मानते हैं, उनका खयाल है कि डाडा और सुर्रियलिज्म–ये दोनों आन्दोलन उस परिस्थिति के विरुद्ध कलाकारों के क्षोभ से जन्मे थे, जो प्रथम विश्वयुद्ध के बाद उत्पन्न हुई थी। प्रथम विश्वयुद्ध में बहुत-से चिन्तक और कलाकार युवक युद्ध के मोर्चों पर लड़ने को भेजे गए थे। वे जब युद्ध से लौटे, प्रौढ़ चिन्तकों का चिन्तन उन्हें कुछ पिछड़ा हुआ-सा दिखाई पड़ा, प्रौढ़ कलाकारों की चेतना उन्हें समय के 'गियर' से कुछ बेमेल-सी लगी। फ्रांस में सुर्रियलिस्ट आन्दोलन के नेता आन्द्रे ब्रेतों गिने जाते हैं। वे और उनके अनुगामी युवक प्रचलित साहित्यिक वाग्मिता और एकरसता से बिलकुल ऊबे हुए थे। ब्रेतों ने विख्यात कवि क्लाडेल और चिन्तक-शिरोमणि बर्सों के खिलाफ अपना असन्तोष व्यक्त किया था। जो लोग सुर्रियलिस्ट बननेवाले थे, वे केवल काव्य और कला की ही प्रचलित शैलियों से असन्तुष्ट नहीं थे, युग का सारा जीवन-दर्शन ही उन्हें खोखला और निस्सार दिखाई देता था। वह सारा-का-सारा युग उनकी चेतना पर दुःस्वप्न के समान छाया हुआ था। रेडियो से क्षण-क्षण जो शब्दों के कोलाहल का प्रवाह बहता था, उससे उन्हें दुनिया और भी सन्निपात-ग्रस्त प्रतीत होती थी और साहित्य के नाम पर मान्यता-प्राप्त लोग जो कुछ लिख रहे थे, उसे वे भाषा का व्यभिचार समझते थे।

आन्द्रे ब्रेतों ने सन् 1924 ई. में सुर्रियलिज्म का जो घोषणा-पत्र प्रकाशित किया, उसमें उन्होंने सबसे ज्यादा जोर इस बात पर दिया कि सुर्रियलिज्म का सबसे बड़ा आधार स्वतंत्रता है और कलाकार के लिए मुक्ति का पहला अर्थ कला के नियमों से मुक्ति है, जिसे वह प्रतिमा-भंजन की शैली में व्यक्त करता है। ब्रेतों ने कविता में सुर्रियलिज्म का आदर्श रेम्बू और मलार्मे को माना तथा चित्रकला में वान गाग, मतीसे और पिकासो को।

यूरोप और अमरीका के काव्य पर सबसे बड़ा प्रभाव इम्प्रेशनिज्म और सुर्रियलिज्म का पड़ा है। अन्य छोटे-मोटे वादों का प्रभाव समाप्त हो गया है,

किन्तु प्रभाववादी, विशेषतः, सुर्रियलिस्टिक कविताएँ यूरोप में आज भी लिखी जा रही हैं; बल्कि कहना चाहिए कि यूरोपीय काव्य की सबसे बड़ी प्रवृत्ति अभी सुर्रियलिस्टवाद की ही प्रवृत्ति है। अतएव, उचित है कि हम यह जानने की कोशिश करें कि जो लोग सुर्रियलिज्म के कर्णधार हैं, कला के बारे में उनकी मान्यताएँ कैसी हैं।

इस प्रसंग में पिकासो ने जो कुछ कहा है, उसे देखकर अचम्भा होता है। उनका कहना है कि :

1. कला सत्य नहीं होती। वह एक ऐसा असत्य है, जिसे देखकर हम सत्य की अनुभूति प्राप्त करते हैं। कलाकार को असत्य का चित्रण इस कौशल से करना चाहिए कि उसे देखकर दर्शक सत्य की अनुभूति तक जा सके।
2. कला जब अनुसंधान की ओर बढ़ती है, तब वह गलती करती है। ऐसे कलाकार, असल में, उस वस्तु का चित्रण करना चाहते हैं, जो अदृश्य है और जिसका चित्र बनाना असम्भव कार्य है।
3. कला और प्रकृति एक नहीं हैं। कला में हम चित्रण उसका करते हैं, जिसका अस्तित्व प्रकृति में नहीं है।
4. कला की दृष्टि से ढाँचे के मानसिक, अतीन्द्रिय, वास्तविक अथवा शुद्ध ऐन्द्रिय रूपों में कोई भेद नहीं है। अस्तित्व केवल ढाँचों का होता है। और सभी ढाँचे असत्य के ढाँचे हैं, जिनसे वास्तविकता अथवा सत्य की अनुभूति उत्पन्न होती है।
5. लोग शिकायत करते हैं कि क्यूबवाद उनकी समझ में नहीं आता; किन्तु क्यूबवाद अन्य विधाओं के ही समान चित्रकला की एक विधा है। मैं अंग्रेजी नहीं जानता हूँ, तो क्या इससे मैं यह समझूँ कि उस भाषा का अस्तित्व ही नहीं है?
6. अमूर्त कला केवल चित्रकारी है। चित्रकारी को छोड़कर और कोई भी कला अमूर्त नहीं होती। चित्रकार को भी आरम्भ तो किसी-न-किसी वस्तु से ही करना पड़ता है, किन्तु बाद को उसे वास्तविकता के सभी निशानों को मिटा देना चाहिए।
7. सौन्दर्य की शिक्षा नहीं दी जा सकती, न सौन्दर्य की भावना प्रशिक्षण के द्वारा जगाई जा सकती है। कला सौन्दर्य के नियमों से नहीं बनती, बल्कि नियमों के घेरों के परे उस प्रेरणा से, जिसे दिमाग और सहज प्रवृत्ति ग्रहण करते हैं।

8. हर आदमी कला को समझना चाहता है; किन्तु वह पक्षी के संगीत को क्यों नहीं समझता? वह रात्रि और पुष्प तथा दुनिया की अन्य वस्तुओं को, बिना समझे ही, प्यार क्यों करता है? दुनिया में बहुत-सी ऐसी चीजें हैं, जो प्यारी हैं, मगर उनका अर्थ आदमी को नहीं मालूम है। बस, कला भी उन्हीं वस्तुओं में से एक है।
9. कोई भी दर्शक मेरे चित्रों को उस प्रकार कैसे जी सकता है, जैसे उन्हें मैंने जिया है? कोई क्या जानता है कि मेरे चित्र कितनी दूर से आते हैं? मेरे स्वप्न, मेरी प्रवृत्तियाँ, मेरी इच्छाएँ और मेरे विचार–ये कितने अनुभवों के बाद परिपक्व हुए हैं? क्या यह सम्भव है कि जो भी व्यक्ति चाहे, उनके भीतर प्रवेश पा जाए? इसीलिए तो मैं चाहता हूँ कि चित्रकारों को तानाशाह माना जाना चाहिए।

विचित्र बातें! और उसके मुख से, जिसका नाम घर-घर में फैला हुआ है! यह मानसिक विक्षिप्तता है, कला का कोई दूरगामी उभार है अथवा युग के मस्तिष्क का कोई रोग? इसका विवेचन शायद आगे चलकर काल करेगा, यदि सभ्यता तब तक कायम रह गई।

कौन सुर्रियलिस्ट है और कौन नहीं, इस विषय में, ब्रेतों की सूची बराबर ही फैलती और सिकुड़ती रही है। समझा यह जाता है कि सूची के इस घटने-बढ़ने का कारण तात्त्विक न्याय नहीं, प्रत्युत ब्रेतों का अपना स्वभाव है, जिस पर मौसमी दोस्ती और दुश्मनी का प्रभाव पड़ता रहता है। इस आन्दोलन के आरम्भ में सुर्रियलिस्टों के बीच आपसी कलह ने बड़ा ही उग्र रूप धारण किया था। गाली- गलौज, कटुता, निन्दा और जात-निकाले के उस समय इतने उदाहरण सामने आए थे कि यह आन्दोलन अत्यन्त संकीर्ण और सम्प्रदायवादी बन गया था। वैसे, साहित्यिक आन्दोलनों के कटु पक्ष पर ध्यान न देना ही उचित मालूम होता है, किन्तु सार्त्र-जैसे चिन्तकों ने यह बात स्वीकार की है कि 'दलबन्दी, कटुता और संकीर्णता इस आन्दोलन के स्वभावगत लक्षण हैं।'

सुर्रियलिज्म केवल काव्यगत आन्दोलन नहीं है। उसके अनुगामियों का दावा है कि यह आन्दोलन नवीन जीवन-दर्शन का आन्दोलन है। 'सुर्रियलिज्म अभिव्यक्ति का कोई नया और आसान तरीका नहीं है, न वह कविता का अध्यात्मशास्त्र है। यह एक माध्यम है, जिसके जरिये आत्मा अपनी सम्पूर्ण मुक्ति प्राप्त करना चाहती है।' अन्यत्र सुर्रियलिज्म की ओर से किये गए प्रचार में यह वाक्य भी मिलता है कि 'हम क्रान्ति के विशेषज्ञ हैं।'

जहाँ तक सुर्रियलिज्म के साहित्यिक पक्ष का प्रश्न है, अपने घोषणा-पत्र में ब्रेतों ने कहा था : 'साहित्य में जो कुछ आश्चर्यजनक और आकस्मिक है, जो कुछ भी मन को चकित करनेवाला है, उससे लोग घृणा करते हैं। वे उपेक्षा और मजाक के नीचे उसे दबाकर मार डालना चाहते हैं। इस बार हमारा लक्ष्य इसी घृणा और उपेक्षा पर प्रहार करना है। संक्षेप में, हम कहना चाहते हैं कि जो कुछ आश्चर्यजनक है, वह हमेशा सौन्दर्यपूर्ण होता है। जो कुछ भी आश्चर्यजनक है, वह सुन्दर है--नहीं, सौन्दर्य का एकमात्र निवास आश्चर्य में है।'

एक अन्य सुर्रियलिस्ट (अरागोन) ने कहा था : 'सुर्रियलिज्म प्रेरणा का एक स्वीकृत स्वरूप है। वह केवल स्वीकृत ही नहीं है, उसका प्रयोग भी किया जाता है। यह प्रेरणा ऐसी नहीं है, जो अचानक आती हो और अव्याख्येय होकर रह जाती हो। वह एक ऐसी शक्ति है, जो उपयोग में लाई जाती है।'

आचार्यों के अनुसार इस आन्दोलन का ध्येय मनुष्य को लौटाकर कल्पना के उद्‌गम पर ले जाना है। 'आदमी अगर लौटकर उस बिन्दु पर पहुँच जाए, जहाँ से कल्पना का जन्म होता है, तो उसकी सारी चिन्ताधारा नवीन हो जाएगी, सारा जीवन ताजगी से भर जाएगा।'...'मनुष्य अपना चिन्तक और विधाता आप होता है। वह अपने आपका होकर रहे, इसकी जिम्मेवारी भी उसी की है। जब कामनाएँ अराजकता की अवस्था में हों और क्षण-क्षण दुर्दमनीय हो रही हों, तब भी आदमी को अपनी कामनाओं के साथ बँधा रहना चाहिए। कविता मनुष्य को इसी बात की शिक्षा देती है।'

सुर्रियलिस्टिक कविताओं के बारे में समाज की सामान्य धारणा यह है कि ये कविताएँ गैरजिम्मेवारी की कविताएँ हैं, सन्निपाती और उन्मत्त चेतना के उद्‌गार हैं; किन्तु सुर्रियलिस्ट कवि अपने को जीवन से भिन्न नहीं समझते हैं। उलटे, उनका विश्वास है कि वे जीवन के गहन अन्तराल से बोलते हैं, मन की उस कन्दरा से बोलते हैं, जहाँ तक कूँची और कलम की पहुँच पहले नहीं हुई थी। और सुर्रियलिज्म प्रधानतः मनुष्य के अवचेतन की खोज है, वह कविता से अधिक जीवन के लिए चिन्तित है। 'सुर्रियलिज्म कविता की शैली नहीं है। यह कराहती और करवटें लेती हुई उस आत्मा की पुकार है, जिसने निराशा से आजिज आकर अपनी सभी बेड़ियों के काट डालने का निश्चय किया है।'

सुर्रियलिज्म अपने को आत्मा के उद्धार का दर्शन मानता है। चित्र और कविताएँ आनुषंगिक वस्तुएँ हैं। हाँ, चित्रों और कविताओं की रचना के समय आत्मा जिस पीड़ा का अनुभव करती है, जो ऐंठन महसूस करती है, वह भी आत्मा के ही उद्धार की प्रक्रिया है।

इस विचारधारा का ध्येय जीवन अवश्य रहा होगा, क्योंकि जीवन को बदलने के प्रयास में बहुत-से सुर्रियलिस्ट कवि साम्यवादी हो गए थे। एक समय ब्रेतों खुद साम्यवादी थे। साम्यवाद से उनका सम्बन्ध-विच्छेद सन् 1935 ई. में हुआ। किन्तु कला में सुर्रियलिज्म मनोविज्ञान के मार्ग से चलता है और उस पर फ्रायड के अनुसंधानों का पूरा प्रभाव है। ब्रेतों ने अपने 1924 वाले घोषणा-पत्र में साइकिक (स्वतः) लेखन पर इसलिए जोर दिया था कि इस क्रिया से विचारों की असली प्रक्रिया को अभिव्यक्ति मिल सकती है। विचार शुद्ध तभी आते हैं, जब लेखक पर बुद्धि का नियंत्रण न रहे और लेखक अपनी नैतिक तथा कलात्मक धारणाओं को अपने को प्रभावित करने का अवसर प्रदान नहीं करे।

स्वतः लेखन का प्रयोग कई कवि करते थे। कहते हैं, इसका कुछ थोड़ा मजा यीट्स ने भी चखा था। कुछ लोग ऐसे भी थे, जो निद्रा में जाकर बोलने का अभ्यास करते थे। रॉबर्ट डेसनो नामक एक फ्रांसीसी कवि इस कला में बड़े ही माहिर थे। कहा जाता है, नींद में वे सुर्रियलिस्टिक कविताएँ बका करते थे।

उन्नीसवीं सदी नें बोदलेयर, रेम्बू और मलार्मे ने कविता को मनुष्य का धर्म बनाना चाहा था। सुर्रियलिज्म उसी प्रवृत्ति का विकास बनकर आया। किन्तु उन्नीसवीं सदी के कवियों से सुर्रियलिस्ट इस बात में भिन्न रहे कि पहले के कवि भाषा की जादूगरी में विश्वास करते थे, किन्तु सुर्रियलिस्टों का अधिक जोर कल्पना की शक्ति पर पड़ा। इसका एक दुष्परिणाम यह हुआ कि इस वाद ने कृति के निर्माण पर बल न देकर उस मानसिक प्रक्रिया पर बल दिया, जिससे कृतियों की प्रेरणा आती है। उन्नीसवीं सदी की प्रवृत्ति कविता को लोकोत्तर धरातल पर ले जाने की थी। सुर्रियलिस्टों को लोकोत्तर लोक का पता मन की अपार गहराई में चला, उपचेतन में चला। किन्तु उपचेतन की आवाज सुनने में वे इतने ध्यानस्थ हुए कि कविता के स्वरूप की महिमा उनके सामने, आप-से-आप, गौण हो गई।

## सुर्रियलिस्ट साधना और मनोविज्ञान

सुर्रियलिज्म कविता की शैली है अथवा मनोवैज्ञानिक अनुसंधानों का कोई मार्ग, यह बात स्पष्ट रूप से बताई नहीं जा सकती। दिखाई यही पड़ता है कि वह काव्यात्मक कम, मनोवैज्ञानिक अधिक है। स्वतः लेखन का उद्‌देश्य यह था कि चेतन के नीचे जो अचेतन मानस है, वह भाषा में अपनी अभिव्यक्ति पा सके। चेतन मन वह है, जिसे हमने शिक्षित किया है; जो हमारे संस्कारों, वर्जनों और

निषेधों की जंजीरों से आबद्ध है। इसीलिए हमारा जो रूप चेतन में स्थित है, वह हमारा ठीक-ठीक सहज रूप नहीं है। हमारे सहज रूप की अभिव्यक्ति अचेतन ही दे सकता है, अगर उसे उसकी भाषा प्राप्त हो जाए। सुर्रियलिज्म इसी भाषा के संधान की साधना है।

शुद्ध मनोविज्ञान वह शायद इसलिए नहीं है कि उसका ध्येय अवचेतन का उपयोग रचनात्मक निर्माण के लिए करना है, मनोवैज्ञानिक प्रक्रियाओं के निरूपण की चिन्ता सुर्रियलिस्टिक कवियों में दिखाई नहीं देती। सृजनशीलता की प्रक्रियाओं को समझने का एक ही मार्ग है यानी उस समुद्र में डुबकी लगाना, जो चेतन के नीचे छिपा हुआ है, जो बुद्धिवाद की सतह के नीचे बहता है। वैसे, रचना की प्रक्रिया में विचार और भावना, दोनों काम करते हैं, किन्तु बुद्धि का महत्त्व रचना के आरम्भ होने के बाद शुरू होता है। उससे पूर्व इस प्रक्रिया की मुख्य प्रेरणा भावना होती है, विवेकहीनता होती है, असम्बद्धता होती है। रचना की शक्ति को जगाने तथा उसका अध्ययन करने के लिए अब मनोविज्ञान में एक नई शाखा उत्पन्न हुई है, जिसे साइनेटिक्स (synetics) कहते हैं। इस शाखा के अनुसंधानों से पता यह चला है कि असम्बद्धता और अप्रासंगिकता में गए बिना न तो कोई अच्छी कविता लिखी जाती है, न वैज्ञानिक कोई आविष्कार कर पाता है।

कवि और वैज्ञानिक, दोनों को, समाधि के क्रम में, बुद्धिसम्मत, धरातल से उठकर उस धरातल पर जाना पड़ता है, जहाँ बुद्धि के नियम नहीं चलते, जो धरातल अप्रासंगिक और विवेक-मुक्त है, जहाँ चिन्तन तथ्यों के अनुसार नहीं चलता, फैंटेसी में चलता है। फैंटेसी और विवेकमुक्तता, दोनों ही अचेतन अथवा अवचेतन की स्थितियाँ होती हैं। अतएव प्रत्येक आविष्कार और प्रत्येक कविता, जन्म के पूर्व, अवचेतन से प्रेरणा ग्रहण करती है।

हमारा चेतन ही नहीं, अचेतन अथवा अवचेतन मन भी स्मृतियों से भरा हुआ है और मुक्त संगति अथवा 'फ्री एसोसिएशन' स्मृति का धर्म है। एक स्मृति के साथ अनेक स्मृतियाँ जुड़ी होती हैं। एक वस्तु की याद आने पर हमें उससे मिलती-जुलती अनेक वस्तुओं की याद आने लगती है। इसी क्रिया का नाम मुक्त संगति की क्रिया है। स्मृति का स्वभाव 'फाइलिंग' है। वह एक प्रकार की सभी स्मृतियों को अपनी एक फाइल में जमा करती है और अन्य प्रकार की स्मृतियों को अन्य फाइलों में। अवचेतन में स्मृति के खाने अलग-अलग हैं। सुख की स्मृतियाँ सुख के साथ और दुःख की स्मृतियाँ दुःख के साथ संचित रहती हैं। जब हम किसी एक घटना की याद करते हैं, तब उस तरह की अनेक घटनाएँ

हमें स्वतः याद आने लगती हैं। जेम्स ज्वायस की चेतना-प्रवाह वाली शैली इसी मुक्त संगति के नियम पर आधारित है। एक झरने की याद करने पर दूसरा झरना याद आता है, फिर किनारे के फूल याद आते हैं, फिर वे लोग याद आते हैं जिनके साथ हम वहाँ गए थे। और उनमें से किसी के साथ अगर हमने प्रेम किया हो, तो फिर उस व्यक्ति के सम्बन्ध की दूसरी बातें भी याद आने लगती हैं। यही चेतना-प्रवाह का रूप है।

हिप्नोसिस में चेतन को दबाकर अवचेतन को ऊपर लाने का काम किया जाता है और तब आदमी बहुत-सी ऐसी बातें भी बोल जाता है, जिनका पता चेतनावस्था में उसे भी नहीं होता। इस पद्धति से आदमी ने पूर्वजन्म तक की बातें कही हैं और जाँच करने पर वे सही पाई गई हैं। अब मनोवैज्ञानिकों का विश्वास है कि हिप्नोसिस का सहारा लिये बिना भी आदमी साधनापूर्वक चेतन से उतरकर अचेतन में जा सकता है और अपने भीतर से ऐसी अनुभूतियाँ निकाल सकता है, जिनका पता उसके चेतन मन को नहीं है।

जो कुछ भी प्रासंगिक है, बुद्धि-सम्मत और तर्कयुक्त है, वह सीमित है। सीमाओं से बाहर फैला मैदान वह है, जिसे हम स्वप्न, दिवास्वप्न अथवा कल्पना कहते हैं। इस मैदान की कहीं भी कोई सीमा नहीं है। जब तक मनुष्य इस क्षेत्र की निस्सीम विस्तीर्णता में नहीं पहुँचता, कविता और आविष्कार उसे नहीं सूझते हैं। रचना के पूर्व, विषय और शैली की अवधारणा के पूर्व, आदमी उन्माद की एक हलकी अवस्था में प्रवेश करता है। तभी उसे आविष्कारक शक्ति प्राप्त होती है। सृजनशीलता बराबर विवेक-मुक्तता की स्थिति से उत्पन्न होती है।

सुर्रियलिज्म आन्दोलन का जब आरम्भ हुआ, मनीषी बुद्धिवाद की अतिशयता से ऊबे हुए थे, धर्म की कट्टरता उन्हें पसन्द नहीं थी, प्रचलित दर्शन उन्हें बेमानी लगता था और जो दुनिया उन्हें विरासत में मिली थी, उससे वे नाराज थे। अतएव उन्होंने मुक्ति का नारा बड़े जोर से बुलन्द किया, गरचे इस नारे का साहित्य से बाहर कोई प्रभाव नहीं पड़ा। संसार को बदलने के प्रयास में जैसे मलार्मे तथा उनके अनुयायियों की भाषा की जादूगरी नाकामयाब सिद्ध हुई थी, उसी प्रकार, सुर्रियलिस्टों की उपचेतन-आराधना और अपने को एक नये अनुशासन के अधीन लाने का प्रयास भी व्यर्थ हुआ। कोई आश्चर्य नहीं कि कितने ही क्लान्त सुर्रियलिस्टों ने चिन्तन से निराश होकर कर्म की राह पकड़ी और वे साम्यवाद की ओर चले गए।

जो लोग साहित्य में रहे, उनके सामने कई प्रकार की कठिनाइयाँ दिखाई देने लगीं। उन्होंने रह-रहकर इतनी विभिन्न शैलियों के प्रयोग किये थे कि केन्द्रित

उपलब्धि उनकी छूँछी दीखने लगी। उनके दिलासे के लिए ब्रेतों ने कहा था कि 'यह शैली दूषित नहीं है। इसमें स्वप्न और कर्म के बीच जो खाई दीखती है, उसे पाटनेवाले कवि शीघ्र ही उत्पन्न होंगे।'

कविता कर्म-लोक की उपेक्षा करके जादूगरनी बनने चली थी, किन्तु अब उसे यह अनुभव होने लगा कि ज्ञान जब कर्म का तिरस्कार करता है, तब अनादर कर्म का नहीं होता, प्रत्युत, ज्ञान ही छूँछा होने के कारण तिरस्कृत हो जाता है।

किन्तु साहसी सुर्रियलिस्ट कवि इस पर भी हार मानने को तैयार नहीं थे। अपनी रचना की सार्थकता सिद्ध करने को वे लॉजिक की और भी अवहेलना करने लगे, बिम्ब-विधान में और भी छूट लेने लगे और उनकी कविताएँ चेतना अथवा अर्धचेतना की खंडित अभिव्यक्तियाँ बनने लगीं। ऐसा दीखने लगा, मानो ये कविताएँ जागृति और स्वप्न के बीच की कड़ियाँ खोज रही हों!

सुर्रियलिस्ट कवि सभ्यता, नैतिकता और तर्कशास्त्र को शंका से देखते हैं। वे जिस लोक में जाना चाहते हैं, वह लोक सभ्यता के पीछे छूट चुका है। वह लोक नैतिक नियमों और तर्क के सोपानों के लिए अगम्य है। नैतिकता और तर्क मनुष्य के ऊपरी लिबास हैं। अपने रक्त और मांस के अन्दर आदमी कुछ और होता है। इस कुछ और का संधान सुर्रियलिज्म का ध्येय है। सुर्रियलिस्टों की दृष्टि में कोई तुतलानेवाला बच्चा वास्तविकता के अधिक समीप है। वह बोलने में तर्क के पूर्वापर नियमों का खयाल नहीं रखता, इसीलिए वह अछूती वास्तविकता की वाणी बोलता है।

सन् 1932 ई. में ब्रेतों ने एक निबन्ध लिखा था, जिसमें उन्होंने कहा था कि सभ्यता तूफान से सिकुड़ रही है, किन्तु मनुष्य उस तूफान के केन्द्र में स्थिर और अकम्प है। यह भी कि मैं मनुष्य को उस शक्ति से युक्त करना चाहता हूँ, जिसे निद्रा कहते हैं, जिस शक्ति के द्वारा वह उस रात्रि के अंक में पहुँच सकता है, जहाँ असंख्य मनुष्यों और वस्तुओं का निवास है। अन्तश्चेतन, उपचेतन और अचेतन में दूर तक धँसने की प्रवृत्ति सुर्रियलिज्म की सबसे बड़ी शक्ति समझी जाती है।

विद्वानों का मत यह है कि इतना कुछ होने पर भी फ्रांस में न तो एक कविता लिखी गई, जिसे हम शुद्ध-शुद्ध सुर्रियलिस्टिक कविता कह सकें, न वहाँ कोई एक ऐसा कवि उत्पन्न हुआ, जो सुर्रियलिज्म का खाँटी प्रतिनिधि माना जा सके। फिर भी, यह आन्दोलन यूरोप में जम गया और वहाँ अभी भी ऐसी कविताएँ लिखी जा रही हैं, जो सुर्रियलिज्म से प्रभावित मानी जाती हैं।

सुर्रियलिस्टों ने प्रयोग का जो साहस दिखाया, उससे कविता की सामान्य धारणा परिवर्तित हो गई। 'वस्तुवादी कलाकार का ध्येय मनुष्य और उसके

जीवन को एकाकार करना होता है। किन्तु सुर्रियलिस्ट कलाकार कवि और उसके भवितव्य (डेस्टिनी) के बीच सम्पर्क स्थापित करना चाहता है। कलाकार और उसके भवितव्य के एकाकार होने से कला की महिमा बढ़ जाती है। जो वस्तुएँ मौजूद हैं, उनसे छुटकारा हम इसलिए चाहते हैं कि हम उन वस्तुओं के सम्पर्क में आएँ, जो मौजूद होनेवाली हैं। कविता तो असली वही है, जिसे हम खतरों के बीच से उठाते हैं। कविता का साम्राज्य आश्चर्यजनक का साम्राज्य है, जो परिचित होते-होते वास्तविक हो जाता है। आश्चर्य के विश्लेषण का प्रयास फालतू प्रयास है। स्वप्न देखना कल्पकों का स्वभाव है, स्वप्नद्रष्टाओं का स्वभाव है और स्वप्न वे उसकी व्याख्या किये बिना देखते हैं।'

सुर्रियलिस्टों की आशा यह है कि एक दिन ऐसा आएगा, जब अभ्यस्त होते-होते वास्तविकता के ऊपरवाली वास्तविकता सामान्य वास्तविकता बन जाएगी यानी चेतन और अचेतन के बीच की दीवार धराशायी हो जाएगी।

नई चित्रकला अत्यन्त बौद्धिक है, अत्यन्त विश्लेषणात्मक है। उसका मूल ध्येय ढाँचा है, शैली है, कथ्य या विषय नहीं। नई चित्रकला का प्रायः प्रत्येक सम्प्रदाय कट्टरपंथी है। इसीलिए, नई कला में जीवन का सत्य मुखरित नहीं होता, न उससे किसी कल्पना या 'विजन' का संकेत मिलता है। कला का ध्येय विश्लेषण नहीं होना चाहिए। कला गणित का फार्मूला नहीं, एक लपट है, एक आग है, जो हमें अदृष्ट रूप को रूपायित करने को प्रेरित करती है। कहते हैं, नई कला जीवन का प्रतिनिधित्व करती है। किन्तु वह जीवन के किस रूप की प्रतिनिधि है? शायद उन प्रवृत्तियों की, जो आदिम और कुरूप हैं; शायद उन अन्ध आवेगों की, जो अभी ठीक से समझे भी नहीं गए हैं; शायद स्नायविक उत्तेजनाओं की और लोहू में दौड़नेवाली सनसनाहटों की, जो आत्मनियंत्रण को कमजोर बनाती हैं। कला ने नये-नये प्रयोग खूब किये, लेकिन साथ ही उसने अपने को उन गुणों से भी अलग कर लिया, जिन गुणों के कारण कला मनुष्य के ऊर्ध्व अभियान में सहायक होती थी। और कविता पर भी उसका प्रभाव इसी प्रकार अनिष्टकारी सिद्ध हुआ है।

## अभिव्यंजनावाद

अभिव्यंजनावाद अभिव्यक्ति की खूबियों का आन्दोलन है। अभिव्यक्ति की खूबियों का ध्यान सभी युगों के श्रेष्ठ कवियों को रहा था। किन्तु पहले के कवि उक्ति और चित्रण की सुन्दरता को साध्य नहीं, साधन मानते थे। उनका लक्ष्य

उक्ति और चित्रण का प्रयोग कथ्य को प्रभावशाली बनाने को करना था। किन्तु अभिव्यंजनावादी आन्दोलन ने कथ्य की महिमा को तिरस्कृत कर दिया। वह जोर इस बात पर देने लगा कि कविता कथ्य के प्रचार का माध्यम नहीं है। कवि का काम सिर्फ यह है कि वह जो भी बात कहे, स्वच्छता से कहे, सुस्पष्टता के साथ कहे, कम-से-कम शब्दों में कहे तथा अपनी अनुभूतियों को चित्रों और बिम्बों में परिवर्तित करके कहे। चित्र बनाते समय चित्रकार की जो मनोदशा होती है, कविता रचते समय कवि की भी मनोदशा वैसी ही होनी चाहिए। कलाकार-धर्म कवि का सबसे बड़ा धर्म है और अभिव्यक्ति की चुस्ती और सफाई को छोड़कर उसे और किसी बात की चिन्ता नहीं करनी चाहिए।

रोमांसवाद और अभिव्यंजनावाद के बीच कला के दो बड़े आन्दोलन, प्रतीकवाद और प्रभाववाद के रूप में, उठे थे। इन दोनों आन्दोलनों का प्रभाव अभिव्यंजनावाद की पीठ पर था, मगर यह नया आन्दोलन अपने से पहले के दो आन्दोलनों से कुछ भिन्न भी था। प्रतीकवाद का स्वभाव अन्योक्तियों में बोलने का था। वह प्रसंगों और संकेतों के द्वारा अनुभूतियों का चित्रण करता था, बल्कि अनुभूतियों के साथ लिपटी अरूप छायाएँ उसे अधिक लुभाती थीं। इस पर से कुछ आलोचकों का मत यह बना है कि प्रतीकवाद से अभिव्यंजनावाद इस अर्थ में भिन्न है कि प्रतीकवादी कवि बराबर वस्तुओं के भीतर धँसने की कोशिश करते हैं, जबकि अभिव्यंजनावादी कवि सतह पर के दृश्य सौन्दर्य को ही यथेष्ट समझते हैं। यह सिद्धान्त की बात हो सकती है, किन्तु व्यवहार में, अभिव्यंजनावादी कवि भी वस्तुओं के भीतर झाँकने से बाज नहीं आते। वस्तुओं के जो पक्ष आँखों से ओझल हैं, उन्हें वे भी दृश्य-रूप प्रदान करते हैं। शायद यह मानना अधिक युक्तिसंगत है कि चित्रण की सफाई अभिव्यंजनावाद की अपनी साधना है और वस्तुओं के भीतर झाँकने की प्रवृत्ति प्रतीकवाद से आया हुआ प्रभाव।

अभिव्यंजनावाद से प्रभाववाद इस अर्थ में भिन्न था कि प्रभाववाद यद्यपि वस्तु के अनावश्यक पक्षों को छोड़कर उसके सार-तत्त्व का वर्णन करता था किन्तु उसके बिम्ब विषय के साथ जुड़े रहते थे। प्रभाववादी कविता मूल में रोमांटिक वृत्ति लिये चलती थी। फर्क यह था कि वह हड्डी तक नग्न थी और रंग की रोमांटिक चटकदारी उसमें नहीं थी। किन्तु अभिव्यंजनावाद के बिम्ब विषय से जुड़े नहीं होते थे। एक भेद दोनों के बीच यह भी था कि प्रभाववाद में वस्तु पर टिप्पणी करने की थोड़ी गुंजाइश थी, लेकिन अभिव्यंजनावादी कवि व्याख्या और टिप्पणियों से बिलकुल अलग रहना चाहते थे।

अभिव्यंजनावाद और चित्रवाद, ये एक ही प्रवृत्ति से उत्पन्न दो आन्दोलन थे। अभिव्यंजनावाद का प्रवर्तन सन् 1912 ई. के आसपास जर्मनी में हुआ और चित्रवादी आन्दोलन उसके एक साल बाद इंग्लैंड में उत्पन्न हुआ। ये दोनों आन्दोलन कला के आन्दोलन थे, जिसका अर्थ यह है कि उनका लक्ष्य विषय नहीं था, शैली थी। उक्ति की भंगिमा और चित्रण की सफाई थी। इन दोनों आन्दोलनों पर विज्ञान का प्रभाव था। वे भाव और भाषा में आवेशमयता के विरुद्ध थे और अनुभूतियों का चित्रण वैज्ञानिक सुनिश्चितता से करना चाहते थे। आवेश और भावुकता मानवता के कैशोर्य के लक्षण हैं। वैज्ञानिक युग के मनुष्य को आविष्ट और भावुक नहीं होना चाहिए।

अभिव्यंजनावाद कविता में शुद्धता लानेवाले आन्दोलन का परिपाक था। सन् 1912 ई. के आसपास जिस प्रवृत्ति का नाम अभिव्यंजनावादी आन्दोलन पड़ा, वह प्रवृत्ति दरअसल उतनी नई नहीं थी। वह युग-युग से कविता की मुख्य प्रवृत्ति रहती आई थी। प्रत्येक युग के श्रेष्ठ कवि की चरम-क्षमता, ज्ञान-कथन अथवा वास्तविकता के विश्लेषण में नहीं, प्रत्युत चित्रण की सजीवता और पूर्णता में परखी गई थी और जैसी पंक्तियों को हम आज शुद्ध कविता कहते हैं, वैसी पंक्तियाँ प्रत्येक अच्छे कवि की रचनाओं में आती थीं और आलोचकों के यहाँ उन पंक्तियों का मान भी कुछ अधिक होता था। और जैसे-जैसे कविता प्रगति करती जा रही थी, कवियों का लोभ शुद्ध कवित्व की ओर बढ़ता जा रहा था।

रोमांटिक कविता के बारे में आज हमारी राय यह हो गई है कि वह शुद्ध न होकर सन्देश-दान की कविता थी, तटस्थ न होकर जीवन की समस्याओं से उलझने की कविता थी। किन्तु कविता की जो यात्रा शुद्धता की ओर थी, उसमें रोमांसवाद ने बाधा न डालकर कुछ सहायता ही पहुँचाई थी। हिन्दी के छायावादी और यूरोप के रोमांटिक कवियों के बारे में यह नहीं कहा जा सकता कि वे कविता न लिखकर संसार पर केवल फतवे दिया करते थे। रोमांटिक कवि व्यक्तिवादी थे और अपने-आप पर रीझने का भाव उनका तब भी कायम रहता था, जब वे नबी अथवा पैगम्बर की भूमिका अदा करते थे। उनका एक मन तो संसार का अध्ययन करता था और दूसरा मन उस मन से प्यार, जो बाहरी संसार के विश्लेषण में लगा हुआ था। इसीलिए रोमांटिक कविता केवल भावनात्मक ही नहीं, चिन्तनशील भी दिखाई देती थी, मानो कविता अनुभूति की अनुभूति बनाना चाह रही हो! मानो कविता कविता के बारे में कविता होना चाहती हो!

अभिव्यंजनावाद का आन्दोलन डाडा और सुर्रियलिज्म से दो-चार वर्ष पहले उठा था, किन्तु इन सभी आन्दोलनों पर प्रभाववादी विचारधारा का असर था।

असल में, भिन्न-भिन्न देशों में आन्दोलनों के नाम भिन्न-भिन्न पड़ गए, लेकिन मूलतः सभी आन्दोलनों का ध्येय एक ही था यानी उस स्वप्न को साकार करना जिसे रेम्बू और मलार्मे ने देखा था। यह स्वप्न एक ऐसी कविता का स्वप्न था, जो ज्ञान-दान नहीं करती है, जिसे नीति-अनीति की विचिकित्सा नहीं सताती, न मनुष्यों के सुधार की चिन्ता होती है, जो अभिव्यक्ति की पूर्णता के बाद और कुछ भी करने की इच्छा नहीं रखती। जर्मन कवि बेन (1886-1956) जर्मन भाषा के इलियट समझे जाते थे। उन्होंने आदर्श काव्य का लक्षण बताते हुए कहा था : 'आदर्श काव्य वह है, जो पूर्णतः काव्य है, जिसके भीतर न तो कोई आशा है, न विश्वास; जो किसी को भी सम्बोधित नहीं होता, जो केवल शब्दों के आकर्षक आकलन से विरचा जाता है।'

रोमांसवाद और प्रतीकवाद, दोनों ही आन्दोलनों ने इस बात पर जोर दिया था कि कविता वस्तुओं की सतह पर नहीं मिलती, वह उनके भीतर की अथवा उनके परे की चीज है। यह काव्य का भौतिकोत्तर (तत्त्व-ज्ञानात्मक अथवा मेटाफिजिकल) पक्ष था, जो नई कविता का गुण-विशेष समझा जाने लगा। अभिव्यंजनावादी कवि की तुलना एक लेखक ने लम्बी और पैनी छुरीवाले उस मदमस्त सर्जन से की है, जो आदमी की रूह का पता लगाने के लिए उसके शरीर पर शल्यक्रिया करता है। अभिव्यंजनावादी कवि स्वप्नद्रष्टा और कल्पनाशील थे। भाषा उन्होंने बोलचाल की चुनी थी और शब्द वे बहुत थोड़े रखते थे। अभिव्यंजनावाद में शब्दों की मितव्ययिता का महत्त्व इतना अधिक हो गया था कि एक आलोचक ने लिखा है कि 'मिस्टर इलियट शब्द को इस दृष्टि से तोलते हैं, मानो वे आगामी पीढ़ी को केबिलग्राम भेज रहे हों!' अभिव्यंजनावादी कवि कविता की पंक्तियों को बिम्बों में सजाते थे और उनके बिम्ब काफी केन्द्रित, सुदृढ़ और तेज होते थे। इन कविताओं में उनकी जो मनोदशा व्यक्त होती थी, वह एक नये प्रकार के आनन्द की मनोदशा थी। वह जीवन के प्रति एक नई क्रान्ति का मनोभाव था।

अभिव्यंजनावाद और चित्रवाद में एक फर्क यह देखा गया है कि अभिव्यंजनावादी कवि कभी-कभी भारी-भरकम शब्दों का भी प्रयोग कर डालते थे। उनका बिम्बों का आकलन मनमाने ढंग पर होता था, जिससे उनके चित्र कभी-कभी अवास्तविक हो जाते थे। व्यंजनों की अपेक्षा स्वरों पर उनका ज्यादा जोर था और शैली में दृश्य और श्रव्य, दोनों तत्त्व कुछ अधिक रहते थे। इसके विपरीत, चित्रवादियों के शब्द हल्के और अधिक सहज होते थे। काव्य के दृश्य गुणों पर उनका ज्यादा जोर था और उनकी कविताएँ चित्रमयी अधिक होती थीं।

किन्तु चित्रवाद का अंग्रेजी कविता पर जितना प्रभाव पड़ा, अभिव्यंजनावाद का जर्मन कविता पर उससे अधिक प्रभाव पड़ा है।

इंग्लैंड में चित्रवादी आन्दोलन का सूत्रपात सन् 1908 में हुआ, जब हूल्म नामक एक कवि ने अंग्रेजी कविता में क्रान्ति लाने की कवियों के एक क्लब की स्थापना की। हूल्म की घोषणा थी कि 'बड़े से बड़े रोमांटिक कवियों के प्रति भी मुझे आपत्ति है। मुझे उनकी नीरसता, एकरसता और मन्दता पर आपत्ति है, जिसके कारण वे किसी भी ऐसी चीज को कविता नहीं मान सकते, जो किसी बात का विलाप नहीं करती हो या किसी विषय को लेकर दुत्कारती-फुफकारती न हो। रुचि अब इतनी बिगड़ गई है कि अगर कोई कविता सूखी और कठोर हो या खाँटी क्लासिक ढंग की हो, तो लोग उसे कविता ही नहीं मानते हैं। रोमांटिकों को यह पता ही नहीं है कि अनत्युक्तिपूर्ण वर्णन ही कविता का न्यायसंगत ध्येय है। उनकी दृष्टि में कविता वह चीज है, जिसके बहाने 'अनन्त' के चारों ओर भावनाओं का तूफान खड़ा किया जाता है।'

नये कवि भावुकता को काव्य का दुर्गुण मानते हैं। जार्जियन कवियों की निन्दा करते हुए एक आलोचक ने लिखा है कि 'ये कवि इतने भावुक थे कि मरे हुए गधे के पास बैठकर वे इस प्रकार रोते थे, मानो वह उनका भाई रहा हो!'

कविता दरअसल होनी कैसी चाहिए, इस बारे में हूल्म का विचार यह था कि 'कविता की रचना मुजेक-विन्यास के समान कठोर काम है। जैसे मुजेक का हर बिन्दु ठीक-ठीक आकार का होता है, वैसे ही कविता की प्रत्येक पंक्ति सुगढ़ और ठुकी हुई होनी चाहिए। हमारा प्रत्येक शब्द ठोस होना चाहिए, सुनिश्चित होना चाहिए और वैयक्तिक होना चाहिए। हमारे प्रत्येक शब्द पर एक बिम्ब चिपका होना चाहिए और हमें कोई भी शब्द ऐसा नहीं रखना चाहिए, जो लद्धड़ या पुलपुला हो।'

भावनाओं के बिना कविता नहीं बन सकती, यह बात हूल्म भी मानते थे। किन्तु उनका कहना था कि 'भावना किसी-न-किसी ठोस स्वप्न का आधार लेती है अथवा वह स्वर पर अवलम्बित होती है। प्रत्येक भावना शारीरिक होती है।' अर्थात् कविता में भावना की सार्थकता तभी है, जब वह चित्र में बदली जा सके; अनुरूप लय, नाद या ध्वनि में परिवर्तित की जा सके। इसी सिद्धान्त के कारण चित्रवादी काव्य अरूप विचारों के बिलकुल विरुद्ध जा पड़ा और वह उन स्वच्छ, सुनिश्चित और सुस्पष्ट बिम्बों पर जोर देने लगा, जो कल्पना की आँखों से देखे जा सकते हैं।

आगे चलकर इस आन्दोलन का नेतृत्व एजरा पौंड और इलियट ने किया। चित्रवादी कवियों को उनका धर्म समझाते हुए एजरा पौंड ने लिखा था :

'दार्शनिक और वर्णनात्मक कविताएँ मत लिखो। अरूपता से तुम्हें भय मानना चाहिए और बिम्ब केवल ऐसे रखने चाहिए जो साकार और सुस्पष्ट हों, जो तराशे हुए पत्थर के समान ठोस हों।'

नई कविता के और भी लक्षण बताते हुए एजरा पौंड ने कवियों को सलाह दी थी :

- फालतू शब्दों का प्रयोग मत करो। विशेषण तब तक मत लगाओ, जब तक वह वस्तु के भीतर प्रच्छन्न किसी गुण-विशेष को प्रकट न करता हो।
- अरूपता के फेर में मत पड़ो। जो बात किसी अच्छे गद्य में कही जा चुकी है, उसी बात को पद्य में कहने का प्रयास व्यर्थ है।
- अलंकार मत रखो। अगर रखो तो उन्हें बहुत ही उच्च कोटि का होना चाहिए।
- वैचारिक बनने अथवा ध्यान में किसी वैचारिक ध्येय को रखने की कोशिश मत करो। यह काम तुच्छ दार्शनिकों का है।
- कविता में संगीत लाना जरूरी नहीं है। लेकिन अगर संगीत लाना ही हो तो उसे इतनी उच्च कोटि का होना चाहिए कि उस पर विशेषज्ञ रीझ सकें।
- कविता में साबुन के प्रचारक की शैली को स्थान मत दो, प्रत्युत कविता रचते समय वैज्ञानिक पद्धति का ध्यान करो। वैज्ञानिक मनुष्य मान्यता की आशा तब तक नहीं करता, जब तक वह किसी नई वस्तु का आविष्कार न कर ले और नई वस्तु का आविष्कार करने के पूर्व वह पहले के सभी आविष्कारों से परिचय प्राप्त करता है।
- तुकें तभी सार्थक समझी जाती हैं, जब उनमें आकस्मिकता हो, आशा के विपरीत कोई जमनेवाली बात हो।
- कल्पना की आँखों को जो कविता अपील करती है, वह अनुवाद में भी ठहरेगी। जो कविता कानों के लिए है (अर्थात् जो संगीत या नाद के कारण प्रिय लगती है), वह दूसरी भाषा में उतारी नहीं जा सकती।
- मुक्त छन्द की ओर तभी जाओ, जब उसके भीतर छन्द से अधिक सुन्दर संगीत उभर रही हो। कोई ऐसा लय उत्पन्न हो रही हो, जो अधिक सत्य हो, वस्तु के साथ उभरनेवाली भावना का अधिक सार्थक अंग हो।
- जो भी व्यक्ति कविता में ठोस काम करना चाहता है, उसके लिए कोई भी छन्द मुक्त नहीं हो सकता।

पौंड के ये उद्गार हमने उनके कई निबन्धों से संकलित करके यहाँ इसलिए एकत्र किये हैं कि ये सभी किरणें नई कविता को एक साथ आलोकित कर सकें और हमें यह पता चले कि नई कविता के आन्दोलन से उसके नेता-कवियों ने क्या-क्या आशाएँ की थीं।

सभी सांस्कृतिक आन्दोलनों के समान चित्रवाद का आन्दोलन भी सामान्य जनरुचि के प्रतिकूल था। पौंड ने शुद्ध कविताओं के कई संग्रह सम्पादित किये थे; किन्तु इन संकलनों का जनता ने कोई भी सम्मान नहीं किया। कहते हैं, उन दिनों एक संग्रह ऐसा भी निकला था, जिसमें सभी युगों की अंग्रेजी की चुनी हुई ऐसी कविताएँ संकलित थीं, जिनमें उपदेश नहीं थे, विचार नहीं थे, जीवन-मरण की समस्या का स्पर्श नहीं था, देशभक्ति नहीं थी, समाज-सुधार की चिन्ता नहीं थी, दुखी मनुष्यों के लिए दर्द नहीं था, न अन्याय की निन्दा थी, न न्याय के लिए पक्षपात था; यहाँ तक कि उनमें ईश्वर-भक्ति के भी भाव नहीं थे। स्पष्ट ही, यह संग्रह इसलिए तैयार किया गया होगा कि लोग समझ सकें कि शुद्ध कविता से नये कवियों का अभिप्राय कैसी कविताओं से है। किन्तु इस संग्रह को भी जनता ने नहीं पूछा, क्योंकि जनता हमेशा ऐसी कविताओं की खोज में रही है, जो उसे जीने की प्रेरणा दे सकें, जो उसके भीतर उदात्त भावों का संचार कर सकें।

किन्तु कविगण हर तरह की कुर्बानी देकर शुद्ध कविता के प्रयोग को सफल करने को कटिबद्ध थे। एजरा पौंड का नये कवियों को यह भी उपदेश है कि वे जनता की रुचि का प्रभाव अपने ऊपर नहीं पड़ने दें और विशेषज्ञों की प्रशंसा पाकर सन्तुष्ट रहें : 'सभी अच्छी कलाओं का लक्षण है कि वे समकालीन रुचि के विरुद्ध पड़ती हैं।'...'आज जिस चीज से विशेषज्ञ ऊबे हुए हैं, उससे कल जनता भी ऊबेगी।' यह भी कि 'जिस कवि की एक आँख बराबर जनता पर लगी हुई है, उसे सही शब्द नहीं सूझेंगे। वह कवि कविता का असली काम नहीं कर सकेगा।'

नये कवि वस्तु के सभी आवरणों के भीतर धँसकर कोई सौन्दर्य, कोई विलक्षण अभिव्यक्ति खोज रहे थे। किन्तु जनता की आदत है कि वह सभी सुन्दरताओं के भीतर अर्थ खोजती है, सभी कविताओं के भीतर कोई उपयोगी मंत्र ढूँढ़ती है। अतएव पौंड ने लिखा : 'जो लोग कविता के बारे में उपयोग का प्रश्न उठाते हैं, वे कभी यह भी पूछ सकते हैं कि नगरों में खुली जगहें क्यों रखी जाएँ? गुलाब के पौधों का क्या उपयोग है? पेड़ क्यों लगाए जाएँ और उद्यानों की योजना की सार्थकता क्या है?'

उपयोगिता के घेरे के टूटने के बाद नैतिकता की बारी आई। सिद्धान्त आचार्यों के चाहे जो भी रहे हों, किन्तु अनुपयोगी और अनैतिक काव्य संसार में बराबर लिखे जाते रहे हैं। शेक्सपियर को एक समय जानसन ने अनैतिक माना था। इधर आकर शेक्सपियर की निन्दा टॉल्स्टॉय ने भी लिखी। किन्तु इन आलोचनाओं से शेक्सपियर का मान नहीं घटा। जनता उन्हें हमेशा प्यार करती रही है। अतएव नये कवि इस निश्चय पर आ गए कि कला कि कृति नैतिक है या नहीं, यह प्रश्न विवेच्य नहीं है। विवेच्य विषय यही हो सकता है कि उस कृति में अभिव्यक्ति की पूर्णता दिखाई देती है या नहीं। एजरा पौंड ने लिखा है : 'जो कला सुनिश्चित नहीं है (यानी जिस कला में शैथिल्य है, पुलपुलापन है और जिसकी अभिव्यक्ति स्वच्छ और कसी हुई नहीं है), वही कलाओं में अधम समझी जाएगी। जो कला बुरी है, वही अनैतिक भी है। इसके विपरीत, जो कला अच्छी है, वह अनैतिक होती हुई भी गुणों की खान है।'

अगर अभिव्यक्ति को पूर्णता प्रदान करने की प्रक्रिया में, उसे सुन्दर बनाने के प्रयास में नैतिकता के बाँध कहीं टूट जाते हों, तो इसका दोष कलाकार के माथे नहीं जाना चाहिए। क्रोसे ने तो यहाँ तक कहा है कि कलाकारों को नैतिकता का बन्धन तोड़ने का पूरा अधिकार है। अगर इससे समाज की कोई हानि होती हो, तो सरकार को चाहिए कि वह पुलिस की संख्या बढ़ा दे, लेकिन कलाकार का कोई अधिकार न छीने।

एजरा पौंड का यह भी खयाल था कि नई कविता का आन्दोलन सभी देशों की कविताओं को राष्ट्रीय धरातल से उठाकर अन्तरराष्ट्रीय धरातल पर ले जाएगा। उनका कहना था कि 'कविता की आलोचना विश्व-कविता के आधार पर की जानी चाहिए।' उन्होंने फ्रांसीसी कवि लफूर्ज की प्रशंसा यह कहकर की है कि 'वे ऐसी भाषा नहीं लिखते, जो एक ही देश में प्रचलित या लोकप्रिय हो। लफूर्ज उस अन्तरराष्ट्रीय भाषा में लिखते हैं, जिसे सभी देशों के शीर्षस्थ, सुसंस्कृत लोग समझ सकते हैं।' संसार की सभी भाषाओं के बीच कोई एक ऐसी भाषा छिपी हुई है, जिसका अनुवाद सभी भाषाओं में सुगमता से किया जा सकता है। एजरा पौंड उसी भाषा की ओर कवियों का ध्यान दिला रहे थे।

लेकिन पौंड ने सबसे अधिक जोर इस बात पर दिया कि कवि को जब तक पूर्ण रूप से अनुकूल शब्द न मिलें, उसे सन्तोष नहीं करना चाहिए। 'कविता में प्रशिक्षण का ठोस सिद्धान्त यह है कि कवि असन्तोष के विज्ञान को समझे।' कविता में शब्दों के अपव्यय से बचना चाहिए। 'रेम्बू के बिम्ब इसलिए स्वच्छ हैं कि उन पर ऐसे शब्दों का बोझ नहीं है, जो कोई काम नहीं करते हों।'

पौंड ने यह भी लिखा है कि प्रत्येक युग में एक-दो व्यक्ति ही होते हैं, जिनके पास कहने की कोई बात होती है और वे उस बात को सही अभिव्यक्ति देकर नई दृष्टि का प्रवर्तन करते हैं। हूल्म की धारणा इससे भिन्न नहीं थी। काव्य-रचना का औचित्य वे कवि की उस शक्ति में बताते थे, जिसके द्वारा वह वस्तुओं के भीतर कोई ऐसी चीज देख लेता है, जो पहले किसी को दिखाई नहीं पड़ी थी और उस चीज से उत्पन्न प्रभाव को वह इस प्रकार अभिव्यक्त करता है कि पाठक के भीतर वही संवेदना जग जाती है, जिसका अनुभव कवि ने स्वयं किया है। किन्तु दृष्टि की इस नवीनता का प्रमाण दो-एक कवियों में ही दिखाई पड़ा। बाकी सभी कवियों का जोर रूप के ठीक-ठीक चित्रण पर ही पड़ा, जो चित्रवादी आन्दोलन का, काव्य को, ठोस अवदान था।

चित्रवादी आन्दोलन ने इस बात पर भी जोर दिया कि चूँकि कोई भी प्रेरणा, अनुभूति का कोई भी क्षण बहुत देर तक नहीं ठहरता, इसलिए, कविता छोटी ही हो सकती है। कविता यदि उत्तेजना या प्रेरणा की अवस्था का उद्गार है अथवा यदि वह अनुभूति की सही-सही अभिव्यक्ति है, तो वह लम्बी हो ही नहीं सकती। लम्बी वह इसलिए हो जाती है कि कविगण अनुभूति की व्याख्या करने लगते हैं, उसका वर्णन करने लगते हैं, उससे शिक्षा निकालने की कोशिश करते हैं और व्याख्या, वर्णन तथा शिक्षा निकालने की प्रवृत्ति कविता के लिए बाह्य प्रवृत्ति है। वस्तुओं का जो प्रभाव हमारे मन पर पड़ता है, वह क्षण-भर को ही कौंध में आता है। इसी क्षण को शब्दों में बाँध देना असली कवित्व है।

ऊपर कहा जा चुका है कि प्रभाववादी आन्दोलन के पीछे कुछ थोड़ा प्रभाव जापानी चित्रों का भी था। जापानी और चीनी चित्रों का प्रभाव अंग्रेजी के चित्रवाद पर भी पड़ा। जापान और चीन के लघु चित्र (मिनियेचर) स्वच्छ और प्रभावकारी होते हैं। उनमें रेखाएँ कम खींची जाती हैं, मगर जो खींची जाती हैं, वे सुस्पष्ट होती हैं तथा विरोधी रंगों के मिश्रण से उनमें प्रभाव उत्पन्न किया जाता है। इन्हीं चित्रों के समान जापानी कविता में टंका और हाइकू नामक कविता की विधाएँ चलती हैं, जिनमें पंक्तियाँ बहुत थोड़ी होती हैं और जो क्षणजीवी अनुभूतियों का हू-ब-हू चित्रण करके समाप्त हो जाती हैं। अंग्रेजी के चित्रवादी काव्य पर टंका और हाइकू कविताओं का भी प्रभाव पड़ा। अनेक चित्रवादी कविताएँ ऐसी हैं, जो पाँच-सात पंक्तियों में ही समाप्त हो जाती हैं।

चित्रवादी आन्दोलन बड़ी ही आतुरता और बेचैनी के साथ कवियों को यह समझाना चाहता था कि काव्य में अकाव्यात्मक विवरणों के लिए स्थान नहीं है।

कविता का मुख्य गुण चित्रमयता है। कविता की असली शोभा वह है, जो आँखों से देखी जा सकती है और जो विचार या भाव चित्र में रूपान्तरित नहीं किए जा सकते, उन्हें कवि को निर्मम होकर छोड़ देना चाहिए। कविता ज्ञान नहीं है, उपदेश नहीं है, शंकाओं का समाधान नहीं है, न समस्याओं से उलझने का प्रयास है। वह चित्र है, दृश्य सौन्दर्य है और सभी सौन्दर्य शारीरिक होता है। किन्तु तब भी ऐसे कवि थे जो ठोस वास्तविकता की चोट खाकर बेचैन थे और जिनका मन बौद्धिक शंकाओं से बेहाल था। चित्रवाद ऐसे कवियों की बहुत अधिक सहायता नहीं कर सका। ऐसे एक कवि (आलडिंगटन) ने लिखा था : 'मैं तुम तक कैसे पहुँच सकता हूँ? तुम मेरी बाँहों में आबद्ध हो, किन्तु तुम्हारा जो सार-रूप है, वह अब भी मुझसे दूर है। तुम्हारी आत्मा की रीढ़ तक पहुँचना मेरे लिए दुष्कर कार्य है।' व्याजान्तर से यह इस बात की स्वीकृति थी कि महज ढाँचे और आकार का चित्रण तथा रंगों का खेल आत्मा की गहराई तक जाने का मार्ग नहीं है।

रोमांटिक युग तक कविता में प्रेरणा और आवेश का स्थान आदर का स्थान रहा था, यद्यपि समझा यह जाता था कि क्लासिक शैली का गाम्भीर्य वही कवि ला सकता है, जो प्रेरणा और आवेश को नियंत्रण में रखकर चले। किन्तु जैसे-जैसे शुद्ध कविता का आन्दोलन आगे बढ़ा, कविगण आवेश की वांछनीयता पर शंका करने लगे। फ्रांसीसी कवि पॉल वैलरी (1871-1945) ने घोषणा की थी कि 'प्रेरणा और उन्माद की अवस्था में मास्टरपीस की रचना करने के बजाय मैं होश-हवास में रहकर कोई कमजोर चीज लिखना ज्यादा पसन्द करूँगा।' जर्मन भाषा में इस प्रवृत्ति का संकेत बहुत पहले ही मिल चुका था। होल्डरलीन (1770-1843) नये आन्दोलन के आरम्भ से बहुत पूर्व स्वर्गीय हो चुके थे। किन्तु उन्होंने भी कहा था : 'होश-हवास की सुशान्त मुद्रा जब कवि को छोड़ देती है, उसी समय कवि की प्रेरणा भी उससे विदा हो जाती है। बड़े कवि कभी भी अपने हाथ से बाहर नहीं होते हैं।'

प्रेरणा की गर्मी और अनुभूति को बेचैनी कवि को उन्मत्त बना देती है, यह शिक्षा हम संसार के सभी महाकवियों के जीवन से निकाल सकते हैं, यद्यपि यह भी सत्य है क़ि प्रत्येक महाकवि, अभिव्यक्ति के लिए शब्द खोजते समय, एक हद तक, धीरज और शान्ति से काम लेते थे। किन्तु कविता के नये आन्दोलन का जोर आवेश के विरुद्ध पड़ने लगा। उसका सारा जोर कारीगरी पर पड़ने लगा, पच्चीकारी पर पड़ने लगा। परम्परा से कवि कारीगर और विचारक साथ-साथ होते आए थे। किन्तु नये काव्य में कारीगरी का महत्त्व इतना बढ़

गया कि कविगण विचारों की छाया से बचने का मार्ग ढूँढ़ने लगे। कवियों को चित्रकारी का लोभ बहुत अधिक होने लगा और वे यह बात भूलने लगे कि कवि और चित्रकार हमेशा एक नहीं रह सकते। कलम और कूँची, दोनों चित्र गढ़ सकते हैं, किन्तु दोनों की शक्ति एक ही नहीं है। उदाहरणार्थ चिन्तन लेखनी का स्वाभाविक धर्म है। कूँची चिन्तन से भले ही मुक्त हो जाए, लेखनी उससे पूरा छुटकारा नहीं पा सकती। किन्तु नया आन्दोलन विचारों से सम्पूर्ण मुक्ति को अपना ध्येय बना रहा था। कविता में कथ्य का कोई महत्त्व नहीं है। जो भी महत्त्व है, शैली का है। शब्दों के अर्थ का कोई अर्थ नहीं। कविता में जो कुछ है, वह चित्र है; जो कुछ है, वह नाद है।

सन् 1913 ई. में चित्रवादियों ने अपना जो संकल्प प्रकाशित किया, उसमें कहा गया था कि यह धारणा गलत है कि कुछ विषय कविता के उपयुक्त होते हैं और कुछ ऐसे, जिन पर कविता नहीं लिखी जा सकती। अतएव नये कवि को विषय चुनते समय पूरी स्वाधीनता से काम लेना चाहिए। हमें शब्द सामान्य भाषा से चुनने चाहिए और उन्हीं शब्दों को चुनना चाहिए, जो सुनिश्चित और ठोस हों। जो शब्द केवल लगभग ठीक हैं, उनका त्याग करना ही धर्म है। जो शब्द अलंकृति को छोड़कर अपने साथ और कोई शक्ति नहीं लाते, उनका भी हमें त्याग ही करना है। हमें ऐसी कविता रचनी है, जो ठोस हो, सुनिश्चित और स्वच्छ हो। धूमिल, अस्पष्ट और गोलमटोल बातें, चाहे वे कितनी भी खूबसूरत क्यों न हों, कविता में नहीं लाई जानी चाहिए। पुरानी लय पुरानी मनोदशा की पोषक है। हमें अपने युग की मनोदशा के अनुरूप नई लयों का संधान करना है।

उस घोषणा में यह भी कहा गया था कि नई कविता के लिए मुक्त छन्द अनिवार्य नहीं है। कविताएँ छन्दोबद्ध भी हो सकती हैं। यह भी कि हमारा सम्प्रदाय चित्रकारों का सम्प्रदाय नहीं है, किन्तु हमारा विश्वास है कि कविता का काम वस्तुओं का ठीक-ठीक तद्रूप चित्रण करना है। गोल-मटोल ढंग से उलझी और अस्पष्ट समग्रता का चित्रण काव्य नहीं है। हमें ऐसी कविताएँ तैयार करनी हैं, जो कठोर हों, निर्मल और स्वच्छ हों तथा जिनमें न तो उलझन हो, न अस्पष्टता का कोई दाग। कविता का सार यह है कि वह सुकेन्द्रित ढंग से लिखी जाए।

कविता का प्रतिलोम गद्य नहीं, विज्ञान है। प्रत्येक युग में कविता की शैली विज्ञान की शैली से भिन्न रही थी और भिन्न वह आज भी है। किन्तु नये आन्दोलन का जोर इस बात पर पड़ा कि कवि को भी वैज्ञानिक शैली के समीप आना चाहिए। एक दृष्टि से यह क्लासिक पद्धति की ओर प्रत्यावर्तन का भाव

था। हूल्म ने भविष्यवाणी भी की थी कि 'सूखी, ठोस और क्लासिक श्रेणी की कविताओं का युग आगे आ रहा है। आज ऐसे लोगों की संख्या बढ़ती जा रही है, जो स्विनबर्न को बर्दाश्त नहीं कर सकते।'

रोमांटिक परम्परा का जोर प्रेरणा पर था, वैयक्तिक प्रतिभा पर था। मास्टरपीस कैसे उत्पन्न होते हैं, इस विषय में रोमांटिक परम्परा का कहना यह था कि कुछ लोग अद्भुत प्रतिभा से सम्पन्न होते हैं। जब वे लोग पहुँचते हैं, प्रेरणा सुगबुगाने लगती है और अद्भुत काव्य, आप-से-आप, तैयार हो जाता है। नये कवियों ने, विशेषतः इलियट ने, इस धारणा को तोड़कर अभ्यास की महिमा पर जोर दिया। 'साहित्य की कृति वह चीज नहीं है, जो बाहर जन्म लेकर साहित्य में आ जुड़ती हो, बल्कि वह साहित्य के भीतर से पैदा होती है।' नये आन्दोलन के साथ साहित्य में यह धारणा चल पड़ी कि 'कला का मूल कलाकार के जीवन में नहीं होता। कवि के यंत्र भाषा और शब्द हैं, जिनसे वह कला की सृष्टि करता है। कला कवि के व्यक्तित्व की अभिव्यक्ति नहीं होती। वह तो व्यक्तित्व से पलायन करती है।'

इलियट के मतों का प्रभाव कुछ लोगों पर यह पड़ा कि कवि होने के लिए किसी और शक्ति की आवश्यकता नहीं है। कवि को केवल हुनरमन्द, मेहनती, मौलिक और बुद्धि से तेज होना चाहिए। कोई आश्चर्य नहीं कि ज्यों-ज्यों नया आन्दोलन आगे बढ़ा, कविता के पाठक घटने लगे और उसी परिमाण में, काव्य रचनेवालों की संख्या बड़ी होने लगी।

चित्रवादी कवि कविता के विशिष्ट कलाकार हो गए। कविता के सामान्य पाठकों से उनका सम्बन्ध छिन्न हो गया और वे अपनी तुष्टि एवं अपने मित्रों के सन्तोष को अलम् मानकर नई चेतना को नये ढंग से अभिव्यक्त करने में एकचित्त होकर लग गए।

शुद्धता को लक्ष्य बनाकर चलनेवाले आन्दोलन से आशा यह थी कि कविता किसी स्वर्ण-काल में प्रवेश करनेवाली है। लेकिन श्रद्धा, विश्वास और किसी सुदृढ़ दृष्टि-बोध के अभाव में कविगण सतही होने लगे। जिस युग में बौद्धिक, नैतिक और कलात्मक मूल्य बिखर रहे हों, उस युग में इन्द्रियों का देखना ही सही देखना रह जाता है। अतएव सभी कविताओं में दृश्य सौन्दर्य की चिनगारियों की भरमार हो उठी; किन्तु ये चिनगारियाँ केवल अपने-आपको ही दिखाती थीं, उनके भीतर से कुछ और चीज दिखाई नहीं देती थी। इस काल के प्रायः सभी कवियों में हम मिरगी से पीड़ित नये मनुष्य की विशृंखल चेतना के खंडित रूप देखते हैं। उस चेतना के साथ संस्कृति की कुछ चिन्दियाँ भी हैं,

परम्परा की कुछ धुँधली स्मृतियाँ भी हैं। किन्तु उनकी सबसे बड़ी पूँजी ऐन्द्रियता की आग है। इसीलिए जब भी इस कविता के भीतर से पश्चात्ताप की यह ध्वनि निकलती है कि 'हाय, हम निर्दोष क्यों नहीं हुए?' तब वह सच्ची और बड़ी खूबसूरत दिखाई देती है।

बिम्बवादियों को जब समाज ने उपेक्षा की दृष्टि से देखना शुरू किया, तब भी वे हतप्रभ नहीं हुए। उन्होंने अपने को समझाया कि यह समय बर्बरता का है और ऐसे युग में कलाएँ छोटे-छोटे छिटपुट द्वीपों में ही जी सकती हैं। टामस एडवर्ड हूल्म (1883-1917 ई.) अंग्रेजी में नये आन्दोलन के पुरोहित थे। उन्होंने अपने अनुयायियों के ढाढ़स के लिए ऐलान किया कि 'मानवता के ठीक आगे का युग अन्धकारपूर्ण है। इस बर्बर काल में मूल्य, नैतिकता, धर्म और कला की सँभाल केवल वे थोड़े-से लोग कर सकते हैं, जो अपने को मानवता का रत्न समझने को तैयार हों।' यह ढाढ़स का बहुत अच्छा तरीका था और तब से मानवता के ये रत्न आतिशबाजी खेलने में ही लगे हुए हैं, किन्तु कविता और समाज के बीच जो खाई खुदी, वह आज तक नहीं भरी है।

अंग्रेजी कविता को नई तकनीक की आवश्यकता है, इस बात पर जोर देने के कारण चित्रवादी आन्दोलन अंग्रेजी के महाआन्दोलनों में से एक है। किन्तु चित्रवादी काल कविता का कोई बड़ा काल नहीं माना जाता है। चित्रवादी कवि किताबों में बहुत ज्यादा रहते थे। उनका दिमागी काम कुछ बहुत उच्च कोटि का नहीं था और समकालीन वास्तविकता से तो उनका सम्पर्क अत्यन्त संक्षिप्त था। अतएव पच्चीकारी का काम तो वे कर गुजरे, किन्तु कविता का मानसिक पक्ष उनका दुर्बल का दुर्बल रह गया। वे विचार नहीं चाहते थे, केवल चीज चाहते थे, और चीज ही उन्हें प्राप्त भी हुई।

## प्रतीकवाद और अभिव्यंजनावाद

कविता में महत्त्व की धारा प्रतीकवाद की धारा थी, जो मलार्मे के समय से यूरोप में काम करती आ रही थी। अभिव्यंजनावाद और चित्रवाद, दोनों के मूल में प्रतीकवाद की प्रेरणा रही थी। लेकिन प्रतीकवाद का उद्‌देश्य चित्रवाद के उद्‌देश्य से अधिक गहरा और सूक्ष्म था। उसकी तकनीक बारीक थी और उसके इशारे भी ज्यादा महीन थे। चित्रवाद मानसिकता के नाम से ही भड़कता था। किन्तु प्रतीकवाद के पीछे मानसिकता का अदृश्य किन्तु प्रबल आधार था। चित्रवादी कवि बिम्ब रचकर सन्तुष्ट हो सकते थे, किन्तु प्रतीकवादी कवियों के

लिए बिम्ब यथेष्ट नहीं थे। वे पाठकों के भीतर ठीक वही मनोदशा उत्पन्न करना चाहते थे, जिस मनोदशा में उन्होंने कविता की रचना की थी। वे ऐसी अनुभूतियों की तलाश में रहते थे, जो बिलकुल असाधारण, बिलकुल अद्वितीय हों। स्पष्ट ही, ऐसी अनुभूतियों को भाषा में चित्रित करना आसान काम नहीं है। इसलिए प्रतीकवादी कवि जादूगर बनना चाहते थे, मंत्र की भाषा की खोज करते थे। मलार्मे ने कहा था : 'कविता आत्मा के संकट की भाषा है।' लेकिन चित्रवादी कवि ऐसे शब्दों को चाहते थे, जो बिम्ब-विधान में सहायक हो सकें, भावों और अनुभूतियों को चित्रों में ढालने का काम कर सकें। किन्तु प्रतीकवादियों की आसक्ति उन शब्दों पर थी, जो जड़ में से चेतन को निकाल सकें, उसे ऊँचा उठाकर अमरता प्रदान कर सकें। चित्रकाव्य केवल अभिधा और लक्षणा के सहारे भी जी सकता है। प्रतीक काव्य का सारा आधार ध्वनि है। प्रतीकवादी कविता चित्रकारी पर सन्तोष कर सकती है या नहीं, यह उत्तेजक प्रश्न है। सांत को अनन्त से मिलाने का सारा काम चित्रकारी का काम नहीं हो सकता। उसके पीछे मानसिकता का पूरा हाथ रहेगा, नहीं तो ध्वनि अपना काम नहीं कर सकेगी। प्रतीक जितनी बातों का प्रतिनिधित्व करता है, उससे बहुत अधिक को वह संकेतित करता है।

इलियट और एजरा पौंड चित्रवादी आन्दोलन में अवश्य पड़े, किन्तु बिम्बों को उन्होंने साध्य नहीं, साधन के रूप में स्वीकार किया। जब वे अपना कवि-जीवन आरम्भ कर रहे थे, उस समय उन पर प्रतीकवाद का प्रभाव था। यह प्रभाव उन पर अन्त तक बना रहा। चित्रवादी आन्दोलन के समय आविर्भूत होनेवाले अंग्रेजी के तीनों महाकवि (यीट्स, एजरा पौंड और इलियट) प्रतीकवादी हुए, यह बात अपने-आप में अर्थपूर्ण है। इलियट और पौंड ने चित्रवादी आन्दोलन को खूब प्रोत्साहन दिया। किन्तु उसकी सारी शक्ति निचोड़कर वे उस आन्दोलन से आगे बढ़ गए। इलियट और पौंड ने जैसी कविताएँ लिखीं, वैसी कविता और कोई भी चित्रवादी नहीं लिख सका था। जब वन के भीतर से इलियट और पौंड-रूपी दो महावृक्ष ऊपर आ गए, चित्रवादी आन्दोलन समाप्त हो गया। साहित्य के आन्दोलन तभी तक चलते हैं, जब तक शक्तिशाली कवि उनमें प्रवेश नहीं करते। शक्तिशाली कवियों के आते ही आन्दोलन गौण और काव्य प्रमुख हो जाता है। और किसी भी आन्दोलन से जनमे हुए किसी भी सच्चे कवि के बारे में यह नहीं कहा जा सकता कि उस पर केवल उसी आन्दोलन का प्रभाव है। प्रभावशालिनी कविता जब भी प्रकट होती है, वह सभी युगों के श्रेष्ठ काव्य के समान होती है।

## सुर्रियलिज्म और अभिव्यंजनावाद

अभिव्यंजनावाद, आदि से अन्त तक, कला का आन्दोलन है। उसका लक्ष्य जीवन नहीं, अभिव्यक्ति है। वह कविता के शरीर से चरबी को छाँटकर उसे चुस्त बनाना चाहता है। किन्तु सुर्रियलिज्म का क्षेत्र केवल कला नहीं, सम्पूर्ण जीवन है। चूँकि विचारों की नींव पर उठाये गए मानवता के भवन टिकाऊ नहीं हुए, इसलिए वह नये भवन की नींव मनुष्य की आदिम प्रवृत्तियों पर रखना चाहता है। नीत्शे, रेम्बू आदि के भीतर से उन्नीसवीं सदी में सभ्यता के विरुद्ध जो भी लहरें उठी थीं, सुर्रियलिज्म अपने-आपको उनसे सम्बद्ध मानता है। इस आन्दोलन के आचार्य यह स्वीकार करते हैं कि बुद्धि के तिरस्कार से सभ्यता और कमजोर हो सकती है, किन्तु वे आश्वस्त हैं कि जब तक सभ्यता के नये सोपान तैयार नहीं हो जाते, तब तक अराजकता ही ठीक है।

किन्तु अभिव्यंजनावाद ऐसे किसी भी ध्येय से सम्पृक्त नहीं है। वह केवल कारीगरी, पच्चीकारी और हुनर तक अपने को सीमित रखता है।

अभिव्यंजनावाद कविता की शारीरिकता पर जोर देता है। वह सौन्दर्य के उतने ही रूप को ग्राह्य मानता है, जो चित्रों में परिवर्तित किया जा सके। ज्ञान-दान और उपदेशवादिता के लिए अभिव्यंजनावादी शैली में कोई स्थान नहीं है। किन्तु सुर्रियलिज्म अचेतन और अवचेतन के चित्रण की कला है। ज्ञान और उपदेश के दोनों विरुद्ध हैं। दोनों आन्दोलन कविता को सामाजिक जीवन की छाया से दूर रखना चाहते हैं। अभिव्यंजनावादियों ने कविता की शुद्धि के लिए जो प्रभूत आत्ममंथन किया, उसने सुर्रियलिज्म को प्रेरणा मिली और बदले में सुर्रियलिज्म ने भी अभिव्यंजनावाद के उद्‌देश्य को प्राप्त करने का प्रयास किया।

सुर्रियलिज्म ने ज़ितनी गर्म हवा बहाई, उतनी गर्म हवा किसी और आन्दोलन से पैदा नहीं हुई थी। लेकिन वह कोई ऐसा काव्यशास्त्र उत्पन्न न कर सका, जो सुसम्बद्ध हो। वह काव्यशास्त्र से अधिक मनोविज्ञान के समीप है।

अभिव्यंजनावाद और सुर्रियलिज्म–दोनों ही शैलियाँ तर्क और बुद्धि की विरोधिनी हैं। मगर इस विरोध में सुर्रियलिज्म अभिव्यंजनावाद से बहुत आगे जाता है। वह अधिक अरूप है, कम केन्द्रित और बहुत कम स्पष्ट है। और देखा यह गया है कि उसी का दुरुपयोग भी बहुत अधिक हुआ है। सुर्रियलिस्टों में अच्छे कवि वे हुए, जो धीरे-धीरे एक ऐसी शैली पर आ गए, जिसमें कल्पना और भावना बुद्धि का कुछ थोड़ा नियंत्रण स्वीकार करती है।

नई कविता के अनेक आन्दोलन केवल उसके विभिन्न सोपान हैं। असल में, सभी आन्दोलनों का ध्येय एक ही रहा है अर्थात् कविता को अधिक-से-अधिक अरूप बनाना, उसे अन्य विद्याओं से अधिक दूर ले जाना। तब भी मनोविज्ञान से नई कविता कुछ समीप पड़ती है, जिसका कारण यह है कि मनोविज्ञान आधी कविता और आधा विज्ञान है। कविगण चित्रमयता को जितना बड़ा गुण समझने लगे, वह उतना बड़ा गुण है या नहीं, यह प्रश्न विचारणीय है। कविता का आनन्द केवल चित्र देखने का आनन्द नहीं है, आम या सेब के रंग या आकार देखने का आनन्द नहीं है। यह वह आनन्द है, जब हम देखते भी हैं और खाते भी हैं। अगर आम के भीतर गूदा नहीं है, तो केवल रंगों से क्या होगा?

निरी अभिव्यक्ति, निरे बिम्ब-विधान को लक्ष्य करके कविता एक चोटी पर चढ़ने लगी। अभियान ज्यों-ज्यों आगे बढ़ा, कला और सत्य के बीच की दूरी भी अधिक होने लगी। शुद्ध कवित्व का लक्ष्य कवियों को प्राप्त हुआ है या नहीं, इसका हमें ठीक-ठीक पता नहीं है। किन्तु जीवन और कला का सम्बन्ध पूर्ण रूप से छिन्न हो गया है, यह बात हमें भली भाँति मालूम है। फिर भी प्रश्न उठ रहा है, सत्य कहाँ है : वह वास्तविक जगत् में है अथवा कवि के उस स्वप्न में, जो हमें वास्तविकता से बचाने का वायदा करता है? उत्तर शायद उस बारीक सरहद पर मँडराता है, जिसके इस ओर निराशा है और उस ओर उन्माद; जिसके इस पार रिल्के है, और उस पार नीत्शे।

# कविता में दुरूहता

एक लेखक ने श्री टी.एस. इलियट से एक बार यह पूछा था कि नई कविता में इतनी दुरूहता क्यों है और क्या नई कविता का दुरूह होना आवश्यक है?

कुछ सोचकर इलियट ने उत्तर दिया : 'मेरा खयाल है, दुरूहता कई कारणों से उत्पन्न होती है। उदाहरणार्थ, एक दुरूहता तो केवल बहाना ही है। कभी-कभी कवि के पास कहने को कोई गम्भीर बात तो होती नहीं, किन्तु वह इस भ्रम में पड़ जाता है कि उसका कथ्य बड़ा ही गम्भीर है। अतएव उसके भ्रम की अभिव्यक्ति दुरूह हो जाती है।

'दुरूहता का दूसरा कारण यह है कि कवि की अनुभूति तो सच्ची होती है, किन्तु कभी-कभी उसकी अभिव्यक्ति का मार्ग कठिन होता है। यह कठिनाई प्रायः नये कवियों के सामने आती है। इस प्रकार की कुछ थोड़ी दुरूहता मेरे 'वेस्ट लैंड' में भी है। जो बातें मैं कहना चाहता था, वह उसी शैली में कही जा सकती थीं, अन्यथा मुझे उन्हें अनकहे ही छोड़ देना पड़ता। जैसे-जैसे कवि अपनी कला पर हावी होता जाता है, वैसे-वैसे उसकी रचना की दुरूहता भी घटती जाती है।

'कभी-कभी विषय के दुरूह होने से भी कविता दुरूह हो जाती है। मेरे 'क्वार्ट्रेट्स' के पिछले दो भाग दुरूह हैं। कारण यह है कि उनमें जो विचार अभिव्यक्त किये गए हैं, दुरूहता उन विचारों के साथ लिपटी हुई है।

'एक तरह की दुरूहता तब उत्पन्न होती है, जब बातें बिलकुल नये ढंग से कही जाती हैं। यह लक्षण चित्रों में भी देखा गया है। पहले चित्र देखने का हमारा एक खास ढंग था। अब जो चित्र बनते हैं, उन्हें हमें एक दूसरे ढंग से देखना चाहिए, लेकिन चूँकि चित्रों के देखने का नया ढंग हमने नहीं अपनाया है, इसलिए नये चित्र हमें दुरूह दिखाई देते हैं।

'अन्त में एक यह बात भी है कि कला की जो भी कृतियाँ सबसे ऊँची, सबसे गम्भीर हैं, उन्हें पढ़ते समय हमें कभी यह विश्वास नहीं होता कि हम ऐसे

बिन्दु पर पहुँच गए हैं, जहाँ सारा का सारा अर्थ हमारी समझ में आ रहा है। यह लक्षण मुख्यतः सभी देशों की बाइबलों पर घटित होता है।'

जैसे सभी प्रकार की कविताओं में शुद्ध कवित्व वाली कविताएँ हमेशा हीरों की तरह चमकती रही हैं, उसी प्रकार, सभी युगों में लोग यह भी समझते रहे हैं कि प्रसाद कविता का चाहे जितना भी बड़ा गुण हो, किन्तु अस्पष्टता या दुरूहता से कविता की शक्ति और सुन्दरता घटती नहीं, कुछ और निखार पाती है, बल्कि अस्पष्टता श्रेष्ठ काव्य का दूषण नहीं, भूषण है।

नई कविता के उत्थान के साथ दुरूहता के आयामों में वृद्धि अवश्य हुई है, किन्तु उसके कुछ आयामों का पता पहले के भी आचार्यों को था। दुरूहता इसलिए स्वीकार्य थी कि वह ध्वनि के गाम्भीर्य से उत्पन्न होती है और ध्वनि काव्य का सर्वश्रेष्ठ रूप है। ध्वनि-काव्य ऐसा हो सकता है, जिससे निकलनेवाली किरणें अनेक दिशाओं में छिटक रही हों और पाठक यह निश्चित न कर सके कि इस काव्य का कौन-सा अर्थ अभिप्रेत है। जब ध्वनि की किरणें अनेक दिशाओं में छिटकने लगें, तब किसी एक अर्थ पर अड़ने का आग्रह करनेवाला पाठक सही नहीं होता। और अनेक अर्थों के बीच सामंजस्य का सूत्र नहीं पा सकने के कारण वह कविता को दुरूह मान लेता है। पाठक सामान्यतः तर्क के अनुसार चलते हैं और शब्दों के अर्थ भी वे अपनी तर्क-बुद्धि के ही अनुसार निकालना चाहते हैं। किन्तु यह पद्धति सर्वत्र कारगर नहीं होती। ऐसी कविताएँ होती हैं, जिनमें शब्द और अर्थ अपने को गुणीभूत करके किसी विशेष अर्थ का संकेत देते हैं। पंडितराज जगन्नाथ ने ऐसे काव्य को भी सर्वश्रेष्ठ काव्य माना है। दुरूहता की महिमा प्राचीनों को भी स्वीकार्य थी। वे मानते थे कि काव्य का सच्चा सौन्दर्य 'रेशमी वस्त्र में झिलमिलाते हुए कामिनी के लावण्य की भाँति है।' काव्य के अर्थ का सच्चा सौन्दर्य नातिपिहित तथा नातिपरिस्फुट रहने में ही है।

*नान्ध्रीपयोधर इवातितरां प्रकाशो*
*नो गुर्जरीस्तन इवातितरां निगूढ़ः।*
*अर्थो गिरामपिहितः पिहितश्च कश्चित्*
*सौभाग्यमेति मरहट्ठवधू-कुचाभः।*

*कवि आखर अरु तिय सुकुच*
*अध उघरे सुख देत।*
*अधिक ढकेहु सुख देत नहीं,*
*उघरे महा अहेत।*

काव्यगत दुर्बोधता को व्यंजित करने के लिए अंग्रेजी में दो शब्दों का प्रयोग किया जाता है। एक शब्द है : 'आब्सक्योरिटी', जिसका अर्थ अन्धकार है। दूसरा शब्द है : 'एंबिग्विटी', जिसका अर्थ संदिग्धता अथवा संदिग्धार्थता करना चाहिए। अर्थ में सन्देह केवल इसी कारण उत्पन्न नहीं होता कि कवि जिस विषय पर लिख रहा है, वह अत्यन्त जटिल तथा गूढ़ है एवं उसके अनुकूल भाषा कवि को आसानी से नहीं मिल रही है। अर्थ-सन्देह वहाँ भी आ जाता है, जहाँ कवि व्याकरण की अवहेलना करता है अथवा उसके वाक्य विवक्षा-दोष से पीड़ित होते हैं अथवा उसके प्रयोग सामान्य तर्क के विरुद्ध होते हैं। संदिग्धार्थता का दोष भाषा की असमर्थता का दोष है, उसके दुष्प्रयोग से उत्पन्न दुर्बलता है। किन्तु आब्सक्योरिटी या सान्धकारता का दोष वहीं हो सकता है, जहाँ कवि जान-बूझकर उच्चता या गाम्भीर्य का ढोंग रच रहा हो, जबकि कहने योग्य कोई भी ऊँची बात उसके पास नहीं है। अन्यथा अन्धकार-जन्य दुरूहता साहित्य में हमेशा आदर की वस्तु रही है।

*गगन गरजि बरसै अमी, बादल गहिर, गम्भीर।*
*चहुँ दिसि दमकै दामिनी, भींजै दास कबीर॥*

कबीरदास जी की ये पंक्तियाँ 'आब्सक्योर' हैं, 'एंबिगुअस' नहीं। इनकी दुरूहता भाषा के दुष्प्रयोग अथवा व्याकरण की अवहेलना से उत्पन्न नहीं हुई है, बल्कि वह भाषा की असमर्थता का परिणाम है। कबीरदास योग अथवा अध्यात्म की जिस ऊँचाई से बोल रहे हैं, उसकी अभिव्यक्ति के योग्य भाषा उपलब्ध नहीं दीखती। किन्तु कबीर की अनुभूति सच्ची थी, यह इस बात से प्रमाणित है कि कवि के भीतर अभिव्यक्ति की खोज है। वह किसी-न-किसी गूढ़ स्थिति का हमें आभास देना चाहता है, किन्तु सम्यक् भाषा के अभाव में वह अपनी बात पूरी स्पष्टता के साथ नहीं कह पाता।

किन्तु :

*गगन की धो देता राकेश*
*चाँदनी में जब अलकें खोल,*
*कली से कहता था मधुमास*
*बता दो मधु मदिरा का मोल।*

महादेवी जी की ये पंक्तियाँ संदिग्धार्थता के दोष से पीड़ित हैं, क्योंकि यहाँ व्याकरण की दृष्टि से विवक्षा-दोष है और इस विवक्षा के शमन का कोई उपाय नहीं है।

जिस संकट का सामना रहस्यवादी करता है, लगभग वैसे ही संकट का सामना बड़े कवियों को भी करना पड़ता है। सम्भव है, ऐसे अवसर जीवन में

दो-एक बार ही आएँ, मगर कवि की मनोदशा ऐसी होती है जब उसे शब्दों और विचारों की सामान्य भूमि से बाहर निकलकर ऐसी प्रेरणा का साक्षात् करना पड़ता है, जो सृष्टि के मूल से उठकर आती है और प्रचलित भाषा में अभिव्यक्त होने से इनकार करती है। उस समय कवि के सामने दो ही विकल्प रह जाते हैं : या तो वह लिखना छोड़ दे अथवा अपूर्ण भाषा के भीतर अपनी असीम प्रेरणा को, किसी-न-किसी तरह, समेटने का प्रयास करे। कवि के भीतर, स्वभावतः ही, असम्भव को सम्भव बनाने की प्रवृत्ति होती है। इसीलिए कभी तो अपूर्ण भाषा के भीतर से वह पूर्ण की झाँकी देता है और कभी नये रूपकों का विधान करता है और कभी-कभी भाषा के साथ हिंसा का बर्ताव भी कर डालता है। किन्तु ये सभी अपराध इसलिए क्षम्य हो जाते हैं कि पाठकों के हृदय पर यह प्रभाव पड़ता है कि कवि, सचमुच ही, किसी सच्ची स्थिति का संकेत दे रहा है।

सभी दुरूहताएँ स्थायी नहीं होतीं। जब छायावादी युग आरम्भ हुआ था, छायावाद की बहुत-सी कविताएँ दुरूह दिखाई देती थीं, किन्तु अब वे दुरूह नहीं हैं। निराला जी की 'राम की शक्ति-पूजा' पं. रामनरेश त्रिपाठी को बिलकुल दुरूह प्रतीत हुई थी, किन्तु अब वह कविता किसी को भी दुरूह नहीं लगती। अपनी भाषा से भिन्न भाषा में कविता पढ़ते समय हमें एक प्रकार की दुरूहता का बोध होता है, किन्तु जब भाषा की दीवार खत्म हो जाती है, कविता का सार हमारे सामने उद्‌भासित हो उठता है।

यह भी देखा गया है कि जो रचना सर्वथा मौलिक होती है, वह जनसाधारण को दुरूह प्रतीत होती है। किसी भी सर्वथा मौलिक कृति को, प्रकाशन के साथ ही, जनता का सम्मान नहीं मिलता। जनता तो हमेशा उन कृतियों का स्वागत करने को तैयार रहती है, जो नवीन होने पर भी परम्परा से अधिक दूर न हों। मौलिक कृतियों को अपना श्रोता आप तैयार करना पड़ता है। और मौलिक कृतियों को ठुकराने की भावना जनसाधारण में ही नहीं होती, कभी-कभी कला के विशेषज्ञ भी इस भावना के शिकार हो जाते हैं। आन्द्रे जींद जब एक प्रकाशन-गृह के सलाहकार थे, तब उन्होंने प्राउस्ट के एक उपन्यास को छापने से इनकार कर दिया था। ब्लेक की कविताएँ जब ले हंट की समझ में नहीं आईं, तब उन्होंने यह बात कही थी कि 'ब्लेक पागल है और वह अगर पागलखाने में भेजा नहीं गया है, तो इसका कारण यह है कि उसका पागलपन कुछ मद्धिम किस्म का है।' ब्लेक को वर्ड्सवर्थ भी पागल समझते थे। और इन लोगों की देखा-देखी पं. रामचन्द्र शुक्ल ने भी ब्लेक को नकली रहस्यवादी मान लिया था। किन्तु अब सभी लोग मानते हैं कि ब्लेक अत्यन्त उच्च कोटि के कवि थे।

किन्तु ऐसी भी दुरूहताएँ हैं, जो हमेशा कायम रहती हैं। मलार्मे जितने दुरूह अपने जीवनकाल में थे, उतने ही दुरूह आज भी हैं और केवल विदेशियों के लिए ही नहीं, फ्रांसीसी पाठकों के लिए भी। यही हाल रिल्के का भी है। काल के प्रभाव से इन कवियों की अस्पष्टता में कोई भी कमी नहीं हुई। जिन कवियों की दुरूहता कथ्य की अनिर्वचनीयता के कारण है, वे हमेशा दुरूह रहेंगे। रहस्यवादी कबीर इसी कारण दुरूह हैं। और जो कवि दुरूह इसलिए हैं कि उनकी संदिग्धार्थता का कारण भाषा के प्रयोग में गड़ा है, वे भी हमेशा दुरूह रहेंगे। महादेवी जी, माखनलाल जी और निराला जी की कृतियों में ऐसे कुछ स्थल हैं, जिनकी दुरूहता भाषा के विचित्र प्रयोग के कारण है। ये दुरूहताएँ हमेशा बनी रहनेवाली हैं।

कवि की काव्य-सम्बन्धी धारणा जैसे-जैसे बदली है, वैसे ही वैसे काव्य में दुरूहता की वृद्धि होती आई है। साहित्य में जब प्रतीकों का प्रयोग सीमित था, दुरूहता की मात्रा भी अल्प थी। जब प्रतीकों का प्राधान्य हो उठा, दुरूहता घनीभूत हो गई। नई कविता पर दुरूहता का जैसा आक्षेप है, वैसे ही आक्षेप रवीन्द्रनाथ पर उस समय लगाये गए थे, जब उनकी 'सोनार तरी' नामक कविता प्रकाशित हुई थी। बोदलेयर के समय उनकी कविता बहुत दुरूह समझी जाती थी, किन्तु रिल्के के पार्श्व में बैठकर देखें तो बोदलेयर बहुत ही प्रसन्न दिखाई देंगे। और खुद रिल्के हमें जितने भी दुरूह दिखलाई दें, किन्तु सेंट जां पर्स की तुलना में वे काफी स्पष्ट हैं।

पश्चिम की नई कविता दुरूह है, यह सभी लोग मानते हैं और स्वयं कविगण भी इस आक्षेप का खंडन नहीं कर सकते। किन्तु यह दुरूहता लगभग सत्तर वर्षों से क्यों बरकरार है, यह सबकी समझ में नहीं आता। यदि यह बात सत्य होती कि अपनी कला पर कवि का अधिकार जैसे-जैसे बढ़ता है, वैसे-वैसे उसकी दुरूहता छीजती जाती है, तो अधिकांश कवियों की प्रौढ़ उम्र की रचनाएँ प्रसादपूर्ण हुई होतीं। किन्तु यह बात नहीं है। दुरूहता के प्रश्न को हम यह कहकर भी नहीं टाल सकते कि संसार में समर्थ कवियों के जन्म का मुहूर्त समाप्त हो गया, अब जो भी कवि जन्म लेते हैं, वे असमर्थ होते हैं। वास्तव में, दुरूहता का मूल इससे कुछ अधिक गहराई में है। वह कवि का अभ्यास-जनित दोष नहीं है, उसकी शक्ति के अभाव का सूचक नहीं है, बल्कि उसका सम्बन्ध उस शैली से है, जिसका जन्म एक नई मनोदशा, एक नये 'विजन', एक नई दृष्टि की अभिव्यक्ति के लिए हुआ है। नई कविता दुरूह मुख्यतः इसलिए है कि नये कवि की दुनिया दुरूह है। वह एक ऐसी उलझी हुई विषण्ण स्थिति का सामना कर रहा है, जिसका वर्णन सफाई के साथ नहीं किया जा सकता। नया

कवि जब भी बोलेगा, कहीं-न-कहीं, दुरूहता उसके साथ रहेगी। दुरूह संकेतों से उसका कुछ काम चल जाता है। अगर पारम्परीण प्रसाद के लिए दुराग्रह किया जाए, तो वह मौन हो जाना ज्यादा पसन्द करेगा। धन को वह छोड़ चुका है, यश को वह अपनी पहुँच से परे मानता है, लोकप्रियता का लोभ उसे नहीं है। इतने पर भी अगर समाज उससे पुरानी सुस्पष्टता की माँग करे, तो केवल हँस देने के सिवा वह और कर क्या सकता है?

किन्तु कवि को इस स्थिति में पहुँचानेवाला कौन है? या तो समाज ने कवि को दबाकर, उसकी उपेक्षा करके उसे बेकार कर दिया है, अथवा स्वयं कवि ही अपनी कला को विकसित करके उस जगह पहुँच गया है, जहाँ उसका कोई भी सामाजिक उपयोग नहीं है। यदि इस दृष्टि से विचार किया जाए कि श्रोताओं की विशाल संख्या के बिना कोई भी कला ज्यादा दिन नहीं टिक सकती, तो कहना यह पड़ेगा कि काव्य की सामाजिक स्थिति को कमजोर करने का अपराध स्वयं कवि ने किया है। उसने समाज को यह अवसर क्यों दिया कि वह उसकी उपेक्षा करे अथवा अपनी कला का विकास उसने इतनी दूर तक क्यों किया कि वह समाज के लिए अनुपयोगी हो गई?

लेकिन एक दूसरी दृष्टि से देखने पर यह प्रश्न ही हास्यास्पद बन जाता है। यह वैसा ही प्रश्न है, जैसा यह कि फ्रांस ने इतनी अधिक सभ्यता क्यों सीखी कि हिटलर का आक्रमण झेलना उसके लिए असम्भव हो गया? अथवा भारत ने अहिंसा और वैराग्य की इतनी साधना क्यों की कि वह पराधीन हो गया? अथवा विज्ञान ने इतनी प्रगति क्यों की कि वह मानवता का शाप बन गया?

नये कवि काल की महिमा को नहीं मानते। वे अपने को काल-मुक्त समझते हैं। किन्तु यह कभी-कभी ही सत्य होता है। सामान्य नियम तो यही देखा गया है कि काल की अनुभूतियों के परिवर्तन से साहित्य की अनुभूतियाँ, आप-से-आप, परिवर्तित हो जाती हैं। कवि वह संवेदनशील यंत्र है, जिसके भीतर से काल अपनी आन्तरिक पीड़ाओं को अभिव्यक्ति देता है। कवि वह दर्पण है, जिसमें समकालीन समाज की मुद्रा और मानसिकता प्रतिफलित होती है। कविता में हम जैसा परिवर्तन आज देख रहे हैं, वैसा घनघोर परिवर्तन और कभी देखने में नहीं आया था। मध्यकालीन काव्य से रोमांटिक काव्य जितना भिन्न था, आज की कविता रोमांटिक कविता से उससे कहीं अधिक भिन्न हो गई है। इसका एकमात्र कारण यह है कि मनुष्य के चिन्तन, स्वभाव और परिवेश में जो परिवर्तन पिछले सौ वर्षों में घटित हुए हैं, उतना बड़ा परिवर्तन पहले कभी और देखने में नहीं आया था।

नक्शे के भीतर अगर यूरोप के आदमी को बिठाकर देखें, तो दिखाई यह देता है कि सन् 1850 का आदमी आज के आदमी से बिलकुल भिन्न था। 1850 का आदमी यह समझता था कि दुनिया भगवान की बनाई हुई है और भगवान ने इस संसार की रचना ईसा के जन्म से सिर्फ चार हजार वर्ष पहले की थी। यह भी कि आदमी पहले देवता था। देवत्व का भार नहीं सँभाल सकने के कारण वह आदमी हो गया। किन्तु जब डारविन की जीवों की उत्पत्ति-विषयक पुस्तक प्रकाशित हुई, भूगर्भशास्त्र का विकास हुआ और ऐतिहासिक अनुसंधानों से मनुष्य के अतीत की जानकारी हासिल हुई, मनुष्य के सभी प्रकार के धार्मिक विश्वास क्षीण होने लगे। उसके बाद जीवशास्त्र, मनोविज्ञान और आचरणवाद के अनुसंधानों ने और भी क्रान्ति उपस्थित कर दी तथा मनुष्य यह मानने लगा कि मूलतः वह अन्य जीवों से भिन्न नहीं है एवं वह संयम, धर्म, नैतिकता आदि के जो महल खड़े करता है, वे प्रकृति के एक ही झटके से टूटकर खंड-खंड हो जाते हैं। धर्म के भाव मनुष्य को सँभालकर सिंहासन पर आसीन नहीं रख सके। वह लुढ़ककर नीचे आ गया तथा उसका यह अहंकार चूर्ण हो गया कि भगवान ने उसे जीवों का सरताज बनाया था।

विज्ञान ने मनुष्य के सोचने की दिशा ही नहीं बदली, उसने उसके परिवेश को भी बदल दिया। जो किसान थे, वे मजदूर हो गए। जो राजा और नवाब थे, वे नौकर और व्यापारी बनने लगे। जो लोग महलों, मन्दिरों, कुटीरों और ठाकुरवाड़ियों में रहते थे, वे वहाँ से उठकर विज्ञान के नगर में चले आए, जहाँ सुख और स्वास्थ्य का सुन्दर प्रबन्ध है। किन्तु इस नगर में मानवीय उदारता नहीं है, युगों के पूजित शील नहीं हैं, न शान्ति और सहजता के भाव हैं। मनुष्य पहले गरीब था, मगर तब वह हरियालियों के पास रहता था। अब वह अमीर है मगर रेगिस्तान में बसता है। मनुष्य पहले अपने परिवेश को कम जानता था, मगर इसीलिए वह अपनी आलोचना भी थोड़ी ही करता था। जब दुनिया अँधेरी थी, आसमान साफ था। अब दुनिया रोशनी से भर गई, आसमान पर अँधियाली छा गई। पहले मनुष्य को सत्य वहाँ भी दिखाई देता था, जहाँ सचमुच सत्य नहीं था। अब जो सत्य है, उस पर भी मनुष्य को विश्वास नहीं होता।

जब ऐसी स्थिति आ गई, कवि का घबराहट से भर जाना स्वाभाविक बात थी। ऐसी स्थिति में अपनी सामाजिकता बनाये रखने के लिए वह करता तो क्या करता? दलीलें कहती थीं कि विज्ञान का विरोध करो। किन्तु विज्ञान का विरोध मनुष्यता की प्रगति का नहीं तो और किसका विरोध है? दलीलें कहती

थीं, धर्म को बचाओ। किन्तु बुद्धिवाद जिसका विरोध करे, उसकी रक्षा का जिम्मा कौन ले सकता है? समाज ने यह भी चाहा कि साहित्य पुरानी नैतिकता का पक्ष ले। किन्तु साहित्य समझ चुका था कि नैतिकता के विषय में जीवशास्त्र और मनोविज्ञान के मत क्या हैं। निदान, कवि ने अपने सामाजिक दायित्व से नाता तोड़ लिया और वह उस उपाय की खोज में निकल पड़ा, जिसके जरिये कविता अब भी अपने को जीवित रख सकती थी।

उन्नीसवीं सदी के नये कवियों ने कविता के लिए सर्वथा नई भूमि खोज निकालने के लिए जितनी माथापच्ची की, उतनी माथापच्ची किसी और युग के कवि ने नहीं की थी। कविता हमेशा प्रकाश में घूमती आई थी। नये कवि उसे अपने भीतर के अन्धकार में ले गए। मन की अपेक्षा अन्तर्मन की महिमा साहित्य में प्रधान होने लगी और कविगण काव्य के मूल उत्स की खोज में अपनी आत्मा की गहराइयों में डूबने लगे। यहीं से साहित्य में अर्थ की बाधा बढ़ने लगी, क्योंकि ये कवि (नीत्शे, रेम्बू, मलार्मे, लफूर्ज आदि) जिस वस्तु को पकड़ना चाहते थे, वह वस्तु पकड़ में आने से इनकार करती थी। इन कवियों की कविताएँ पढ़ते समय यह स्पष्ट दिखाई देता है कि वे जिस वास्तविकता को अभिव्यक्त करना चाहते हैं, वह वास्तविकता भाषा में ठीक से नहीं समाती है, शब्दों और विचारों के बीच ठीक से नहीं अँट पाती है। तब भी वे भाषा को तानते जाते हैं, इतना तानते जाते हैं कि अन्त में वह चरमराकर टूट जाती है। इस नई वास्तविकता को समझने, पकड़ने और अभिव्यक्त करने के प्रयास में इन कवियों ने अपने दिमाग पर इतना अधिक जोर डाला कि उनमें से कई लोग विक्षिप्त हो गए और बाकी कवियों का जीवन रोग और अभाव से ग्रस्त हो गया। यह नई वास्तविकता क्या है, इसकी व्याख्या तो नहीं की जा सकती, किन्तु फ्रांस के कवि उसे 'एब्सोल्यूट' के नाम से अभिहित करते रहे हैं।

इस 'एब्सोल्यूट' के संधान से साहित्य में जो नई मान्यताएँ प्रकट हुईं, वे इस प्रश्न पर काफी प्रकाश डालती हैं कि इन कवियों की कविताएँ दुरूह क्यों हैं। रेम्बू कविता को अनिर्वचनीय की स्वर-लिपि मानते थे। उनका विश्वास था कि कवि का मन जब अपनी गहराई में डूबता है, उस स्थिति को साँचे में ढालना ही काव्य है। सामाजिक समस्याएँ कवि के लिए उपेक्षणीय हैं। कवि उसी मात्रा में कवि है, जिस मात्रा में वह अपने-आपके समीप पहुँच पाता है। कविता की उत्पत्ति मानव-मन के उस प्रान्त में होती है, जो अवर्णनीय है। इसीलिए कविता सृष्टि के कोलाहल के पास नहीं, उसकी नीरवता के समीप रहती है। कवि के आत्मानुसंधान का अन्तिम लक्ष्य अविज्ञेय और अज्ञात है।

सर्वश्रेष्ठ कविता उस अन्धकार की चौहद्दी में मिलती है, जहाँ पहुँचकर वस्तु-जगत् स्मृति से लुप्त हो जाता है।

इन कवियों की दृष्टि में कविता वाणी की वह विधा है, जो भाषा की असमर्थता को सबसे अधिक पहचानती है। जो अलभ्य है, अनिर्वचनीय और पूर्ण अथच 'एब्सोल्यूट' है, कविता उसी को अभिव्यक्त करना चाहती है। कवि वह अभागा प्राणी है, जो विचार और शब्द के बीच भटकता रहता है। वह जो कुछ कह पाता है, वह उसका अभिप्रेत काव्य नहीं, बल्कि उसके निकटतम पहुँचने का प्रयास है। अचेतन तथा अर्द्धचेतन की परिभाषा शब्दों में बाँधी नहीं जा सकती। वे शब्दों की उन झंकारों से अधिक अभिव्यक्ति पाते हैं, जो अनिश्चित और निराकार हैं।

इन सारी मान्यताओं का प्रभाव यह हुआ कि पहले जो प्रेरणा महाकाव्यों और नाटकों को जन्म देती थी, अब वह दिमागी और साइकिक बनकर घुमड़ने लगी। पाठकों की ओर से जब यह पूछा गया कि आखिर इन कविताओं को हम किस प्रकार समझें, तब कवियों और आलोचकों ने यह उत्तर दिया कि कविता अर्थ किये बिना भी समझी जा सकती है। कवि से उसकी कविता का अर्थ पूछना उचित नहीं। कल्पनाशील व्यक्ति बिना समझे हुए देखा करता है।

कलाओं में संगीत साहित्य की अपेक्षा अधिक निराकार माना जाता है क्योंकि उसका आनन्द अर्थ नहीं, आलाप में है। जैसाकि एडगर ऐलेन पो (मृत्यु 1840 ई.) ने कहा था : 'संगीत जब आनन्ददायी भाव के साथ सम्बद्ध होता है, तब वह काव्य होता है। जब भाव या विचार उसके साथ नहीं रहते, वह केवल संगीत होता है। और विचार जब संगीतमय नहीं होता, तब वह गद्य बन जाता है।' जब कवियों ने अपना अभियान एब्सोल्यूट की ओर मोड़ा, काव्यगत संगीत का भी रूप परिवर्तित हो गया। काव्य में संगीत का अर्थ यह था कि छन्द गेय हों, पंक्तियों और पंक्ति-खंडों में लय हो और शब्द संगीत की कड़ी के समान हों। अब धारणा यह बन गई कि संगीत का गुण अगेय छन्दों में भी होता है, छन्द-मुक्ति पंक्तियों में भी होती है, विचारों के सामंजस्य और बिम्बों की योजना में भी संगीत है और यही निराकार संगीत काव्य के लिए वरेण्य है।

वैसे यह बात प्रायः ठीक है कि जैसे सभी विज्ञानों की गति गणित की ओर है, उसी प्रकार सभी कलाएँ संगीत का गुण लेना चाहती हैं क्योंकि सभी कलाओं की यात्रा अतीन्द्रियता की ओर है। किन्तु कविता जब संगीत के अतीन्द्रिय गुणों को आत्मसात् करने लगती है, संगीत को जब वह छन्दों से उठाकर चिन्तन की पद्धति अथवा विचार की भंगिमा में डालना चाहती है, तब वह विषय और अर्थ के भार से भी मुक्ति खोजने लगती है। इस प्रकार की कविता की पूर्णता के लिए

विषय और अर्थ–दोनों को दबाना पड़ता है। वैसी स्थिति में कविता का अर्थ हमें जिस मार्ग से प्राप्त होता है, वह बुद्धि और तर्क का मार्ग नहीं होता। तब भी यदि हम बुद्धि और तर्क को छोड़ने को तैयार नहीं हों, तो हमें यही कहना पड़ेगा कि जो कविता हमें उतनी सुन्दर दिखाई पड़ी है, वह अर्थहीन है। और ऐसी टीका-टिप्पणी से ये कवि अपना अपमान भी नहीं समझते।

भारत में शब्द और अर्थ, दोनों को काव्य मानने का रिवाज था। भारतीय आचार्यों के मतानुसार जहाँ अर्थ नहीं है, वहाँ कवित्व का अस्तित्व भी नहीं होता है। किन्तु यूरोप के पिछले सौ वर्षों के चिन्तन और प्रयोग से उत्पन्न यह सिद्धान्त अब प्रायः सर्वमान्य हो गया है कि कविता को केवल कविता होना चाहिए। यह तनिक भी आवश्यक नहीं है कि उसमें अर्थ भी हो। शैली की महिमा को लेकर चलनेवाला यह घनघोर प्रयोग, आरम्भ में, उन्होंने किया था, जो अनिर्वचनीयता को भाषाबद्ध करने के लिए बेचैन थे। किन्तु इस शैली को उपार्जित करने के लिए उन्होंने जो भयानक बलिदान किये, उससे यह शैली नवीन युग मात्र की शैली बन गई। पीछे चलकर अनेक कवि ऐसे भी आए, जो एब्सोल्यूट के फेरे में नहीं थे, जिनका लक्ष्य अनिर्वचनीय की अपेक्षा कोई अधिक ठोस पदार्थ था, किन्तु उन्हें भी मलार्मे, रेम्बू और लफूर्ज द्वारा आविष्कृत शैली ही रुचिकर प्रतीत हुई और इसी शैली के आसपास घूमते हुए उन्होंने अपनी-अपनी धुँधली शैलियाँ तैयार कर लीं।

किसी भी युग में आध्यात्मिक कविता की शैली एक और सामाजिक कविता की शैली दूसरी नहीं होती है। युग जब बदलता है, तब वह रहस्यवादियों के लिए भी बदलता है, जादूगरों के लिए भी बदलता है और सामाजिक चिन्तकों के लिए भी बदल जाता है। अतएव जो दुरूहता हम बोदलेयर, रेम्बू, मलार्मे और लफूर्ज में देखते हैं, घट-बढ़कर वही दुरूहता हमें यूरोप और अमरीका के परवर्ती कवियों में भी दिखाई देती है। यहाँ तक कि भारत की जो पीढ़ी आज अन्तरराष्ट्रीय रुचि के प्रभाव में है, थोड़ी-बहुत दुरूहता उस पीढ़ी के कवियों में भी मौजूद है।

दुरूहता के कुछ छींटे रूस और चीन की भी नई कविताओं पर पड़े हैं, किन्तु रूसी और चीनी भाषाओं में दुरूहता का रूप अभी बिलकुल झीना है। कारण यह है कि उन देशों के पाठक साहित्य से उसके सामाजिक ध्येयों की माँग करते हैं और समाजोन्मुख रहने के लिए साहित्यकारों को अर्थ का ध्यान रखना पड़ता है। फिर भी रूस के दो कवियों, पास्तरनेक और एब्तेशेंकू में दुरूहता का कुछ-न-कुछ पुट दिखाई पड़ा है। मगर इसी कारण रूसी साहित्यकार इन कवियों के प्रति बहुत अधिक श्रद्धा भी नहीं रखते हैं।

जापानी कविता दुरूह नहीं होती है। जापान में कविता पहले भी न तो संसार को हिलाने के लिए लिखी जाती थी, न समाज अथवा मनुष्य के सुधार के लिए। जापानी कविता अत्यन्त संक्षिप्त होती है, सीधी-सादी, सुकुमार और शुद्ध होती है। शुद्ध कविता की खोज में यूरोप के कवियों ने जापानी कविता की ओर बराबर बड़े ही लोभ से देखा है और उससे प्रभाव भी ग्रहण किया है। जापान की जो पुरानी कविता थी, वह यूरोप की नई कविता के उत्थान में सहायक हुई। किन्तु अब जापान में जो कविताएँ उद्यतन यूरोपीय कविताओं के अनुकरण में लिखी जा रही हैं, वे कुछ थोड़ी दुरूह अवश्य हैं। अतएव दुरूहता कविता का आज अन्तरराष्ट्रीय लक्षण माना जा सकता है।

पुरानी कविता आश्वस्त समाज की वाणी थी, जिसके मूल्य स्थिर थे, परम्पराएँ दृढ़ थीं, जिसकी शंकाएँ थोड़ी थीं और विश्वास काफी मजबूत था। नई कविता उस समाज की वाणी है, जिसकी परम्पराएँ टूट रही हैं, जिसका विश्वास शंकाओं के समुद्र में खो गया है और जिसके सारे के सारे मूल्य डाँवाँडोल हैं। पुरानी कविता युद्ध को स्वर्ग का द्वार मानती थी, नई कविता इस बात पर अचरज करती है कि पुराने लोग इतने सीधे क्यों थे। पुरानी कविता देशभक्तों को त्याग और तपस्या का अवतार समझती थी, नई कविता इस पर भी आश्चर्य करती है कि पुराने कवियों ने देशभक्तों के भीतर कुछ और देखने की कोशिश क्यों नहीं की थी। पुरानी कविता ने जजों को जजों के ही रूप में देखा था, नई कविता ने उन्हें भी कठघरों में खड़ा देखा है। पुरानी कविता मन्दिर के देवताओं की पूजा करती थी, नई कविता ने पत्थर की इन मूर्तियों को चोरबाजारी करते देखा है। 'आफ्टर सच नालेज व्हाट फारगिवनेस?' इस जानकारी के बाद क्षमा की महिमा क्या है?

नई कविता मोह-भंग की कविता है, विफलता-बोध की कविता है, निराशा की कविता है, पूर्वजों की सिधाई पर पश्चात्ताप की कविता है। पुराने कवि मानवता को संवाद पहुँचाते थे कि बाग में फूल खिले हैं और आसमान आज बिलकुल साफ है। नये कवि की दृष्टि उस विपत्ति पर है, जो फूलों से भरे हुए इस सुरम्य भूतल पर मँडरा रही है। 'मैं अन्धकार का कवि हूँ। शान्ति से बोलना बेहूदापन है। जो आदमी हँसता है, उसने दुःसंवाद शायद नहीं सुना है।'

कुछ मूल्य थे, जो पुराने कवियों को अटल मालूम होते थे। नया कवि यह जानकर क्रोधित और निराश है कि रुपये और ताकत के सिवा समाज में और किसी भी चीज की हस्ती नहीं है।

हमारा खयाल है, ये सारे भाव प्रसन्न शैली में भी व्यक्त किये जा सकते हैं। किन्तु ऐतिहासिक कारणों से नई कविता की जो शैली तैयार हो गई, उसमें प्रसाद के लिए बहुत अधिक गुंजाइश नहीं है। यह शैली अपरिचित रूपकों में बोलती है, एक बिम्ब से दूसरे बिम्ब तक टहलकर नहीं, छलाँग मारकर जाती है। जिन कड़ियों की विवक्षा पाठक के मन में विद्यमान है, उन कड़ियों को भी यह शैली छोड़ देती है। पूरा हस्ताक्षर लिखना नई शैली की रुचि के विरुद्ध है। वह नाम के एक-दो अक्षरों से ही दस्तखत करने की अभ्यासी बन गई है। और इन सभी कारणों से दुरूहता में वृद्धि होती है।

यूरोप की नई कविताओं का एक लक्षण यह है कि उनमें बिम्ब निरन्तरता से उगते हैं, किन्तु बिम्बों को परस्पर बाँधनेवाला विचार अमूर्त होता है। अगर बिम्ब तर्क के अनुसार सजाए जाएँ तो उनका ग्राफ सीधी लकीर में बनेगा और तब अर्थ पाठक की समझ में आसानी से आ जाएगा। किन्तु इन कविताओं में ग्राफ बनता ही नहीं। लगता है, प्रकाश का एक पिंड कहीं से आन गिरा है और वह चूर्ण-चूर्ण हो गया है। किरणें सभी दिशाओं की ओर छिटकती हैं और अर्थ का समन्वित रूप पाठक को पकड़ाई नहीं देता।

इस तकनीक का प्रयोग अब यूरोप की फिल्मों में भी किया जाता है। फिल्म-निर्माता शॉट असम्बद्ध रूप से लेते हैं तथा उन्हें किसी क्रम से सजाकर खास भाव-दशा की अभिव्यक्ति करते हैं। जहाँ तक हमारा खयाल है, इस तकनीक का उपयोग श्री उदयशंकर ने अपनी 'कल्पना' फिल्म में भी किया था और वह फिल्म भी लोगों को दुरूह प्रतीत हुई थी। कविता में इस तकनीक का जब प्रयोग किया जाता है तब बिम्ब तो पाठक की समझ में आ जाते हैं, लेकिन वह मन-ही-मन यह सोचने लगता है कि काश, अगर रहस्य समझने का कोई संकेत मिल गया होता तो पूरी कविता समझ में आ सकती थी!

दुरूहता का एक कारण यह भी है कि भाषा के सभी शब्द पूर्व कवियों द्वारा प्रयुक्त होने के कारण परम्परा की गंध से भर गए हैं। नया कवि परम्परा से बचने की कोशिश में शब्दों को इस अदा से बिठाता है कि परम्परा से बाँधनेवाले उनके तार टूट जाते हैं, अर्थ शब्दों से विदा ले लेते हैं और कविता उस महल के समान दिखाई देने लगती है जो बिना खम्भों के खड़ा हो!

नई कविता अर्जन नहीं, विसर्जन की कविता है। पहले उसने छन्द का त्याग किया, फिर उसने युगों से आती हुई इस परम्परा को तोड़ दिया कि कुछ विषय काव्य के लिए उपयोगी और कुछ अनुपयोगी होते हैं। नई कविता कहानी नहीं कहती, यह काम उसने उपन्यासों के लिए छोड़ दिया है। नई कविता भावों का

भी वर्णन नहीं करती, यह काम उसने कहानियों के लिए छोड़ दिया है। उपदेश, प्रचार, सन्देश-वहन, वर्णन और विचार से अलग वह केवल अनुभूतियों को पहचानने की कोशिश करती है, वास्तविकता के एक ऐसे रूप की ओर हमारा ध्यान आकर्षित करती है, जो हमारी आँखों के समक्ष नहीं था। अतएव जो पाठक कविता से भाव-वर्णन अथवा अर्थ की अपेक्षा रखते हैं, उन्हें निराश होना पड़ता है।

काव्य-रचना के समय कवि को दो धरातलों पर जगना पड़ता है। एक धरातल वह है, जहाँ अनुभूतियाँ जगती हैं और भाव सुगबुगाते हैं। दूसरा धरातल शिल्प का धरातल है, भाषा का धरातल है, जहाँ अनुरूप शब्दों की खोज चलती रहती है। नई कविता चाहती है कि कवि दोनों धरातलों पर समान रूप से जगे। यूरोप में बार-बार यह बात दुहराई गई है कि कवि को चिन्ता न तो प्रसाद गुण की करनी चाहिए, न इस बात की कि उसकी कविताओं के पाठक कौन लोग हैं। उसकी सारी चिन्ता इस एक बात पर केन्द्रित होनी चाहिए कि वह अपनी अनुभूतियों के प्रति ईमानदार है या नहीं। क्या वह उन भावों को ठीक से पहचान रहा है या नहीं, जो लिखे जाने की माँग करते हैं और लिखते समय वह शब्दों के प्रति मितव्ययिता का व्यवहार करता है अथवा अपव्यय का। यही नहीं, बल्कि उसके भीतर जो रहस्यमय भाव जगते हैं, उन्हें तभी लिखा जाना चाहिए जब वे वैज्ञानिक सुस्पष्टता को ग्रहण कर लें। और लिखते समय यह सोचना चाहिए कि जितनी रेखाओं के मिट जाने पर भी चित्र नहीं मिटता, उतनी रेखाओं को मिटा देना ही धर्म है। जितने शब्दों को हटा देने पर भी कवित्व का ह्रास नहीं होता, उन शब्दों का कविता में प्रयोग करना खर्राची का फालतू काम है। यह भी एक गुण है, जो नये कवि को रोमांटिक कवियों से अलग कर देता है।

सिद्धान्ततः नई कविता पहले की अपेक्षा अधिक ईमानदारी की कविता है और पूरी तरह ईमानदारी बरतने की कोशिश में भी वह दुरूह हो जाती है। दुनिया अब जहाँ पहुँच गई है, वहाँ जीवन के बारे में कोई भी बात दो टूक ढंग से नहीं कही जा सकती। एक बात कहते समय उसके विरोधी पक्ष पर ध्यान चला जाता है और अनेकान्तवादी होने के सिवा कवि के सामने दूसरी राह नहीं रह जाती। अनुभूतियों के मूल तक जाते-जाते अन्तर्मन की वे अनेक गुत्थियाँ झिलमिलाने लगती हैं, जो किसी भी ज्ञान को गरजकर बोलने देना नहीं चाहतीं। आवेगों के वश में बोलने वाला कवि किसी भी सत्य या ज्ञान की घोषणा काफी सबलता के साथ कर सकता है। किन्तु जिसके आवेग बुद्धि से दबे हुए हैं, जो व्यक्ति बहुत गहराई में जाकर सत्य का संधान करता है, वह कोई भी बात जोर से नहीं बोल सकता। अनेकान्तवाद की भाषा अहिंसक होती है। स्याद्वाद की

भाषा धुँधली और कमजोर होती है। किन्तु वही भाषा सत्य के सबसे अधिक समीप पहुँचती है। अर्द्धप्रकाश कला का असली वातावरण है। दुविधा, अनिश्चय, प्रसंग (एलुजन), ध्वनि, धुँधली स्मृतियाँ, मिश्रित झंकारें —ये मनोवैज्ञानिक जगत् की अर्द्ध-ज्योतियाँ हैं और नई कविता इसी अर्द्ध-ज्योति, इसी गोधूलि में निवास करती है। ध्वनि ही कविता का तीसरा आयाम है और नई कविता के भीतर यह आयाम अत्यन्त गम्भीर और दूरगामी हो गया है। कविता ने अपने अनेक उपकरणों का त्याग कर दिया है, किन्तु ध्वनि को, जो कवित्व का सर्वश्रेष्ठ गुण है, वह आज भी रखे हुए है।

यह भी कहा जा सकता है कि शुद्ध कवित्व की साधना जिस अनुपात में बढ़ी है, अन्तरराष्ट्रीय काव्य में दुरूहता की भी वृद्धि उसी अनुपात से होती आई है। शुद्ध कवित्व का आन्दोलन इस उद्देश्य से आरम्भ हुआ था कि कविता को उपदेशवाद से बचाया जाए। वह केवल भावों तक सीमित रहे, विचारों के वर्णन को वह साहित्य की अन्य विधाओं के लिए छोड़ दे। किन्तु शीघ्र ही, बातें इससे बहुत आगे पहुँच गईं। एडगर एलेन पो खुद जो कविताएँ लिखते थे, वे रोमांटिक किस्म की शुद्ध कविताएँ होती थीं और अर्थ का उनमें अभाव नहीं था। लेकिन कविता में अर्थ की महिमा होनी चाहिए या नहीं, इस विषय में उन्हें सन्देह था। कम-से-कम विषय की गौणता में वे पूरा विश्वास करते थे।

पो के प्रयोगों पर कवियों का ध्यान सबसे पहले फ्रांस में गया और वहीं यह सिद्धान्त उत्पन्न हुआ कि कविता का वास्तविक गुण शब्दों का संगीत है, एक प्रकार की मोहक ध्वनि, एक तरह की पकड़ में नहीं आनेवाली झंकार है, जो हमें अपने भीतर के आनन्द-लोक में पहुँचा देती है। तब से चिन्तकों ने इस बात पर बार-बार विचार किया है कि कविता का वास्तविक मूल्य किसमें है—शब्दों के संगीत में अथवा बिम्बों के संकेत में अथवा उस पूरे अर्थ में जो कविता से निःसृत होता है? इस सम्बन्ध में एबी ब्रिमोंड के मतों का हवाला देते हुए हर्बर्ट रीड ने लिखा है कि :

1. कविता में रहस्यमयता होती है और उसमें अभिव्यक्त वास्तविकता, किसी विलक्षण ढंग से, एकीभूत होती है। यही कविता का सारभूत कवित्व है।
2. कविता को कविता की तरह पढ़ने के लिए यह काफी नहीं है कि हम उसके अर्थ को भी समझें। अर्थ समझना हर समय आवश्यक भी नहीं होता। कविता की असली मोहिनी-शक्ति अर्थ पर निर्भर नहीं करती। वह खुद एक दुरूह और अव्याख्येय वस्तु है।

3. कविता को घसीटकर तर्कसम्मत वर्णन के धरातल पर लाना असंगत कर्म है। कविता अभिव्यक्ति की वह विधा है, जो वर्णन के सामान्य रूपों से परे है।
4. कविता किसी-न-किसी प्रकार का संगीत है। किन्तु वह केवल संगीत भी नहीं है। वह एक विद्युत-प्रवाह का कंडक्टर है, जो हमारी आत्मा की गुह्य दशा का सम्प्रेषण करता है।
5. कविता मंत्र अथवा अभिचार है, जिससे कवि की आन्तरिक स्थिति अचेतन रूप से अभिव्यक्त होती है। इस प्रकार हम उन अस्पष्ट अनुभूतियों को हृदयंगम करते हैं, जिन अनुभूतियों तक सुस्पष्ट चेतना की पहुँच नहीं है।

ये बातें सब-की-सब सही हैं या नहीं, इसे हम चिन्तनीय मानते हैं। किन्तु इससे यह बात अवश्य स्पष्ट होती है कि नई कविता में दुरूहता की वृद्धि क्यों हुई है। भारतीय आचार्यों ने जब शब्द और अर्थ दोनों को काव्य कहा था, तब इसका यह अर्थ नहीं था कि केवल अर्थवत्ता काव्य के लिए यथेष्ट है। अगर वैसी बात होती तो आयुर्वेद और ज्योतिष के भी सभी ग्रंथ काव्य मान लिये गए होते। किन्तु जिस कविता में अर्थ नहीं है, केवल शब्दों का संगीत है, केवल मोहिनी और जादू है, वह कविता है या नहीं, इस विषय को भी चिन्त्य ही समझना चाहिए। हाँ, उन कविताओं की बात अलग है, जिनका लक्ष्य एक ऐसी वास्तविकता है, जहाँ तक बुद्धि नहीं पहुँच पाती और जिसकी झाँकी कवि केवल संबुद्धि के सहारे लेता है।

कविता की दुरूहता के कई सोपान अनुमान से समझे जा सकते हैं। जब कविता ने यह आग्रह पकड़ा कि वह उन सारे कार्यों से अपना नाता तोड़ लेगी, जिन्हें दार्शनिक, इतिहासकार, समाजशास्त्री तथा धर्म और नैतिकता के व्याख्याकार किया करते हैं, उसी समय यह संकेत ले लेना चाहिए था कि कविता ज्यों-ज्यों शुद्धता की ओर बढ़ेगी, उसके पाठकों की संख्या घटती जाएगी, क्योंकि कविता समाज में लोकप्रिय इसलिए नहीं थी कि वह शुद्ध कविता थी, बल्कि इसलिए कि वह लोगों में प्रेरणा भरती थी, उनका दुःख भुलाती थी, उनकी भावनाओं को खास दिशा की ओर मोड़ती थी और जो समस्याएँ मनुष्य को हमेशा घेरे रहती हैं, उनका विश्लेषण करती थी; संक्षेप में, इसलिए कि वह सामाजिक वस्तु थी। जब कविता ने सामाजिकता का त्याग किया, पाठक उसे अनावश्यक मानकर उसकी ओर से मुख मोड़ने लगे और पाठकों की विरक्ति का कवि पर यह प्रभाव पड़ा कि अब उसे किसी और के लिए नहीं, केवल अपने आपके लिए लिखना है।

जब कविता प्रभाववाद के प्रभाव में आई, उसने अभिव्यक्ति का एक 'शॉर्टकट' निकाल लिया। पहले के कवि पाठकों को वे सभी कड़ियाँ बता देते थे, जो कविता समझने के लिए आवश्यक समझी जाती थीं। प्रभाववादी शैली में सभी कड़ियाँ देने का रिवाज बन्द हो गया। इसी प्रकार, कविता की चुस्ती तो बढ़ गई, लेकिन, पाठकों का बोझ बहुत भारी हो गया। पहले कविता समझने के लिए पाठक को आयास नहीं करना पड़ता था, किन्तु नई कविता पाठकों से काफी बड़े रचनात्मक सहयोग की अपेक्षा रखती है।

यही नहीं, इलियट जैसे कवियों को समझने के लिए केवल रचनात्मक सहयोग ही यथेष्ट नहीं है, पाठक को संसार भर के साहित्य, धर्म, नीति, दर्शन और सामाजिक समस्याओं की जानकारी भी चाहिए। जब कविता सुर्रियलिज्म के प्रभाव में आई, तब एक नई विपत्ति और खड़ी हो गई। सुर्रियलिज्म अवचेतन और अचेतन को अपना कथ्य मानता है। वह नैतिकता और तर्क-बुद्धि का भी बन्धन स्वीकार नहीं करता। अतएव, स्वभावतः ही, इस वाद की कविताएँ काफी अभ्यास के बिना पाठकों को धूमिल आनन्द भी नहीं दे पाती हैं।

दुरूहता पसन्द किसी को भी नहीं आती है। पाठक तो दुरूहता से घबराता ही है, स्वयं कवि भी यही चाहता है कि वह अधिक-से-अधिक सुस्पष्ट हो सके। टी.एस. इलियट काफी दुरूह कवि थे, किन्तु एक जगह उन्होंने लिखा है कि मैं बराबर यही सोचकर लिखता रहा हूँ कि मेरी कविताएँ जनसाधारण भी समझ लेता है; अर्थात् अपनी अनुभूतियों को इलियट जितना सुलझाकर लिखते थे, उन्हें उससे अधिक सुलझाना सम्भव नहीं था।

सुस्पष्टता शायद नई कविता के भाग्य में नहीं है। प्रत्येक युग में हम जो कुछ देखते, करते, कहते, सुनते और सोचते हैं, उसकी एक अरूप ध्वनि संस्कृति के हृदय में पहुँच जाती है। इसी ध्वनि को पकड़ने की कोशिश से साहित्य में नई शैलियों का जन्म होता है। नये कवियों ने जिस युग में आँख खोली है, उसकी कविता शेली, वायरन और टेनिसन की शैली में नहीं लिखी जा सकती। वह समय बहुत पीछे छूट चुका है, जब दो-दो शताब्दियों तक लोग एक ही प्रकार की कविता लिखते जाते थे। अब तो प्रत्येक पीढ़ी को, शैली-परिमार्जन के लिए, कुछ-न-कुछ आविष्कार करना पड़ता है।

पहले के कवि अनुभव, ज्ञान और विचार की जो पूँजी एकत्र करते थे, कविता उसका उपयोग सीधे ढंग से करती थी। किन्तु अब ज्ञान का सीधा उपयोग नहीं किया जाता। कवि या तो सारी बातें भूल जाता अथवा वह अपने को इतना रिक्त बना लेता है कि कविता, उसकी आत्मा के अवकाश में,

आप-से-आप उतर आती है। आज की कला, कम-से-कम, कहकर अधिक-से-अधिक को ध्वनित करने की कला है। इलियट ने जितना कहना चाहा था, वस्तुतः उससे बहुत कम कहा है। इस युग के अन्य सफल कवियों में भी 'कहने-से-कम-कहने' की शैली अपने-आपमें कला बन गई है। इलियट ने ऐसी पंक्तियाँ लिखी हैं, जिनमें से एक-एक पंक्ति एक पूरे काव्य का संक्षिप्त रूप है। एक-एक पंक्ति पूरे काव्य का सूत्र है। नई कविता का लक्ष्य मंत्र की शक्ति प्राप्त करना है, सूत्र-शैली में बोलना है। अगर सूत्र से अधिक कहा जाए तो वह वार्तिक हो जाएगा और वार्तिक लिखने से कला का अब ह्रास समझा जाता है।

नई कविता ने जिस शैली को अपनाया है, वैसी कठिन शैली संसार में कभी भी देखी नहीं गई थी। यही कारण है कि कवि-कर्म में सफलता अब विरले साधकों को ही प्राप्त होती है। दुरूहता चाहे जिस कारण से भी उत्पन्न होती हो, किन्तु वह धर्म नहीं, आपद्धर्म ही है। आज भी उन कवियों के शिखर आसानी से सबसे ऊपर उठ जाते हैं, जो गहरे भी हैं और सुस्पष्ट भी, जो संक्षेप में सब कुछ कह डालते हैं, किन्तु सर्वत्र प्रकाश भी रहता है। इस दृष्टि से इलियट और पास्तरनेक आदर्श कवि हुए हैं।

# शुद्ध काव्य की सीमाएँ

शुद्ध कवित्ववाले आन्दोलन में पिले रहने पर भी इलियट का विचार यही बना कि जब हम महान कविता की खोज करते हैं, तब यह खोज, अनिवार्यतः, शुद्ध कविता की खोज नहीं होती। मनुष्य की रुचि शास्त्रीय नियमों के अधीन नहीं है। वह सभी परिभाषाओं का अतिक्रमण करती है। जिस कवि ने यह सूक्ति कही थी कि :

*उपमा कालिदासस्य, भारवेरर्थगौरवम्,*
*दंडिनः पदलालित्यम्, माघे सन्ति त्रयोगुणाः।*

उसके अनुसार सबसे बड़ा कवि माघ को ही होना चाहिए था। किन्तु सबसे बड़े कवि माघ नहीं, कालिदास हैं। कविता का जो अपना स्वभाव और धर्म है, सभी विद्याओं से अलग जिस गुण के कारण उसका अपना अस्तित्व है, उसे देखते हुए कविता तो वही श्रेष्ठ समझी जानी चाहिए, जो उपदेश नहीं देती, ज्ञान का कथन नहीं करती, कर्म के कोलाहल से जो दूर है और जो ऐसा कोई कार्य नहीं करती, जो राजनीतिज्ञों का कार्य है, धर्माचार्यों और दार्शनिकों का कार्य है। किन्तु कविता के जितने नियम हम जानते हैं, उनके सिवा उसका कोई एक और नियम है, जो सभी नियमों को काटकर आगे निकल जाता है। उसी नियम के अधीन बहुत-सी ऐसी कविताएँ भी श्रेष्ठ काव्य के रूप में पूजित रही हैं, जिनमें केवल भावनाएँ ही नहीं हैं, कुछ विचार भी हैं, सीधे या परोक्ष कुछ उपदेश भी हैं।

इस प्रसंग में सबसे उल्लेखनीय बात यह है कि कथाकाव्य, खंडकाव्य और महाकाव्य शुद्ध कवित्व के अनेक प्रमुख नियमों की अवहेलना करते हैं, किन्तु आरम्भ से ही समाज में जो प्रतिष्ठा इन काव्यों की रही है, वह किसी और कविता को नहीं मिली। अभी हाल तक सारे संसार में परम्परा यह रही थी कि जो कवि खंडकाव्य, महाकाव्य अथवा काफी लम्बी कविता सफलता के साथ लिख पाता था, वही महाकवि समझा जाता था। यूरोप और अमरीका में

खंडकाव्य अथवा कथाकाव्य लिखने की परम्परा अब अवरुद्ध हो गई है। कारण शायद यह है कि शुद्ध कविता की आराधना करते-करते इन देशों के कवि अब यह मानने लगे हैं कि लम्बी कविता आत्म-विरोधी नाम है। जो चीज लम्बी है, वह कविता नहीं हो सकती। जो सचमुच काव्य है, वह लम्बा नहीं होगा। चूँकि प्रेरणा की आयु क्षणिक होती है और कविता उसी भाव के हू-ब-हू चित्रण का नाम है, अतएव कविता लम्बी हो ही नहीं सकती। कविता जब कहानी कहने लगती है, तब लम्बी वह कवित्व के कारण नहीं होती, बल्कि कथा के कारण हो जाती है और कथा कहना कवियों का नहीं, उपन्यास-लेखकों का काम है।

शास्त्रीय विवेचन के बिना ही यह बात मान ली गई है कि चूँकि प्रेरणा की अवस्था ज्यादा देर नहीं टिकती, इसलिए काव्य हमेशा छोटा ही हो सकता है और उसका सबसे सहज रूप प्रगीत (लिरिक) ही हो सकता है। लम्बी कविता वह कविता है, जिसमें कई प्रगीत एक गुच्छे में बाँध दिये जाते हैं। हमारा खयाल है, यह प्रबन्ध-काव्य की अत्यन्त भोंडी और सस्ती व्याख्या है। प्रबन्ध-काव्य कई प्रगीतों के मेल को नहीं कहते हैं। जैसे प्रत्येक प्रगीत एक स्वतंत्र इकाई होता है, उसी प्रकार प्रत्येक प्रबन्ध-काव्य की इकाई सुस्पष्ट होती है। किन्तु यह कार्य केवल शक्तिशाली कवि ही कर सकते हैं। मुक्तकों के उस्ताद जब प्रबन्ध-काव्य लिखने का साहस करते हैं और यह मानकर चलते हैं कि प्रगीतों को गुच्छे में सजा देना ही प्रबन्ध-काव्य है, तब उस प्रबन्ध-काव्य की असफलता निश्चित हो जाती है। कीट्स ने अपना 'एनडेमियन' नामक प्रबन्ध-काव्य शायद इसी भाव से लिखा था। उस पर राय देते हुए मैथ्यू आर्नाल्ड ने लिखा है कि 'यह इतना असम्बद्ध काव्य है कि उसे काव्य कहना भी असंगत लगता है।' प्रगीतों के आचार्य प्रबन्ध-काव्य में सफलता शायद ही कभी पाते हों। रवीन्द्रनाथ ने प्रगीत अद्‌भुत लिखे, कुछ लम्बे कथा-काव्य भी उन्होंने सफलता के साथ रचे, किन्तु खंडकाव्य की या महाकाव्य की रचना उन्होंने नहीं की। यह अच्छा ही हुआ क्योंकि माइकेल मधुसूदन दत्त के 'मेघनाद-वध' की तुलना में अगर उससे भी श्रेष्ठ काव्य रवीन्द्रनाथ नहीं लिख पाते, तो उनकी कीर्ति कुछ कम हो जाती।

रोमांटिक युग के सभी यूरोपीय कवि रवीन्द्रनाथ के समान निरे मुक्तक-प्रेमी नहीं थे। गेटे, बायरन, कोलरिज और शेली ने बहुत अच्छी प्रबन्ध-कविताएँ लिखी हैं। रोमांटिक युग के बाद भी अंग्रेजी में दो महाकाव्य ऐसे जरूर लिखे गए, जिनका साहित्य में उल्लेख चलता है। टामस हार्डी ने 'डायनास्ट' नामक महाकाव्य की रचना की और डफटी ने 'डान ऑव ब्रिटेन' लिखा, यद्यपि ये

काव्य कहाँ तक लोकप्रिय हुए हैं, यह अंग्रेज पाठक ही बता सकते हैं। महाकाव्यकार बनने का लोभ जब-तब नये कवियों में भी दिखाई देता है। अभी-अभी सेंट जां पर्स की दो सौ पृष्ठों की एक कविता (अंग्रेजी नाम विंड्स) महाकाव्य के नाम से उछाली गई है, यद्यपि उनकी शैली प्रगीतों को गूँथकर महाकाव्य रचने की ही शैली है। किन्तु यह काव्य भी जनता तक नहीं पहुँच पाएगा, क्योंकि वह शहरू मनीषियों को दृष्टि में रखकर रचा गया है। किन्तु भारत में प्रबन्ध-काव्य की महिमा अब भी बहुत बड़ी है। इस देश की काव्यरसिक जनता यह नहीं चाहती कि जो काम प्रबन्ध-काव्य के रचयिता करते हैं, वह काम उपन्यास-लेखकों के हवाले किया जाए और कविगण केवल मुक्तक लिखा करें। किन्तु इस देश में भी परीक्षण से यही पता चलता है कि प्रबन्ध-काव्य की रचना अत्यन्त कठिन कार्य है और अठारह सर्गों के बीस-बीस महाकाव्यों के बीच, शायद ही, कोई एक काव्य सफल होता हो।

शुद्ध कवित्व की दृष्टि से महाकाव्यों, खंडकाव्यों तथा कथाकाव्यों के कुछ दोष स्पष्ट हैं। महाकाव्यों में अभिव्यंजना का गौण स्थान संसार ने हमेशा स्वीकार किया है। यह महाकाव्य का पहला अपराध है। दूसरा दोष यह है कि शुद्ध कवित्ववादियों की दृष्टि से कविता कवि की किसी भावदशा का संगीतमय एवं चित्रमय शब्दों में केवल अनुवाद है। उसका और कोई ध्येय नहीं होना चाहिए। तीसरा दोष यह है कि चूँकि कवि की भावदशा काफी देर तक नहीं ठहरती, इसलिए सच्ची कविता वह है, जो इस भावदशा के समाप्त होते ही, आप-से-आप, समाप्त हो जाती है तथा तदनुरूप वह, निश्चित रूप से, छोटी होती है। लम्बी कविता लिखने का तात्पर्य यह है कि कवि भावदशा की समाप्ति के बाद भी जबर्दस्ती रचना करता रहता है।

लेकिन, शुद्ध कविता और प्रबन्ध-कविता के बीच सबसे बड़ा भेद कदाचित् यह है कि शुद्ध कवितावादी कवि शैली को प्रमुख, विषय को बहुत ही गौण समझता है। उसमें कोई दृष्टिबोध नहीं होता, कोई विचार नहीं होता, न किसी पात्र के चरित्र का विकास उसका ध्येय होता है। वह अपनी सारी दृष्टि शब्दों पर रखता है, शैली के तंत्र पर रखता है। विषय उसके लिए काव्य की रीढ़ नहीं होता, उसका उपयोग कवि बहुत-कुछ उस खूँटी के समान करता है, जिस पर कविता-रूपी कमीज टाँगी जाती है। किन्तु प्रबन्ध-कवि पहले विषय की अवधारणा करता है और तब वह उस विषय के उन तत्त्वों की अनुभूति करता है, जिनके भीतर कवित्व छिपा हुआ है। फिर रचना के क्रम में वह विषय की भी सँभाल रखता है और साथ-साथ तदनुरूप पंक्तियों की भी सृष्टि करता जाता है।

शुद्ध कवि का दायित्व अत्यन्त सीमित होता है। वह सिर्फ शैली का प्रेमी होता है; किन्तु प्रबन्ध-कवि पर जिम्मेवारी यह होती है कि वह विषय और शैली, दोनों की सँभाल रखे और इस तन्मयता से रचना करे कि उसका वर्णन कहीं भी शिथिल नहीं हो तथा शैली और भाव, दोनों एक-दूसरे के परम अनुकूल हों। प्रबन्ध-कविता में केवल शैली और भाव की ही महिमा नहीं है, उसके भीतर घटनाएँ भी घटती हैं, कर्म की भी प्रगति होती है तथा चरित्रों का क्रमिक विकास भी होता है। असल में, प्रबन्ध-कविता वह कविता है, जिसमें प्रगीत, उपन्यास और नाटक–तीनों के तत्त्व मिले होते हैं। इसीलिए प्रबन्ध-काव्य की रचना साहित्य की विलक्षण रचना है और प्रबन्ध-कवि विलक्षण शक्ति का कवि होता है। जिन कवियों के भीतर यह शक्ति नहीं होती, वे साहित्य पर कृपा ही करते हैं, यदि वे प्रबन्ध न लिखकर मुक्तक लिखा करते हैं अथवा काव्य को छोड़कर उपन्यास की ओर चले जाते हैं।

संगीत और चित्र पर शुद्धतावादी कवि यद्यपि अपना विशेष अधिकार मानते रहे हैं, किन्तु यह उन्हीं की मिल्कियत नहीं है। प्रबन्ध-कवि भी संगीत और चित्र का उपयोग निर्मुक्त भाव से करते हैं। संगीतमयता या चित्रमयता कोश के शब्दों में नहीं होती। वह उस अदा से उत्पन्न होती है, जिस अदा से कवि शब्दों को अपनी कविता के भीतर सजाता है। संगीत और चित्र–ये शैली के उपादान हैं। और जो भी प्रबन्ध-कवि शक्तिशाली होता है, वह अपनी शैली में उनका काफी चमत्कार समाविष्ट करता है। लेकिन केवल चित्र और संगीत काव्य नहीं बन सकते। वे काव्य-पुरुष के शरीर में बहनेवाले रक्त की ऊर्मियाँ हैं। काव्य के शरीर में जब तक यह रक्त तरंगित होता है, उसके स्वास्थ्य की लालिमा तेज रहती है।

लेकिन केवल इसी को लेकर कविता कविता नहीं बनती। कविता में ढाँचा भी होता है, जिसके भीतर प्रत्येक भाव, प्रत्येक विचार, प्रत्येक चित्र, प्रत्येक शब्द अपने उचित स्थान पर खचित, जड़ित अथवा ठुका हुआ दिखाई देता है। कविता में कल्पना या वस्तुओं को देखनेवाली एक दृष्टि भी होती है। कविता की रचना कवि के किसी विचार या भाव के प्रक्षेपण से आरम्भ होती है। कवि जिस ढंग से सोचता है, उसी ढंग के शब्द उसके सामने आते हैं, उसी ढंग के संगीत और चित्र भी कविता में उत्पन्न होते हैं। कविता का जन्म चित्र और संगीत से नहीं, कवि की उस दृष्टि से होता है, जिससे वह वस्तुओं को देखता है।

शुद्ध कविता सर्वश्रेष्ठ कविता नहीं है। वह कविता की एक खास विधा है, जिसके उदाहरण प्रगीतों में मिलते हैं अथवा बड़े-बड़े काव्यों में से छिट-पुट ढंग

से छाँटकर एकत्र किये जाते हैं। शुद्ध कविता के उदाहरण उन कवियों में भी मिलते हैं, जो शुद्धता का व्रत लिये हुए हैं और उन कवियों में भी, जो कलाकार कम, कवि अधिक हैं, जिनका उद्देश्य आतिशबाजी का चमत्कार दिखाकर आदमी को केवल चौंकाना नहीं, बल्कि सम्पूर्ण जीवन में आलोड़न मचाना है। चूँकि शुद्ध कविता छोटी होती है, इसलिए यह नहीं कहा जा सकता कि जो कविताएँ लम्बी हैं, वे कविता न होकर कोई और चीज हैं। यदि लम्बी कविता कविता नहीं है, तो रामायण, महाभारत, रघुवंश, रामचरितमानस, इलियट, डिवाइन कामेडी, पैराडाइज लास्ट और फौस्ट को हम कहाँ रखनेवाले हैं?

छोटी कविता छोटी इसलिए होती है कि उसके पीछे काम करनेवाली मनोदशा क्षणस्थायी है–इतनी क्षणस्थायी है कि वह दो-चार पदों में समेटी जा सकती है। किन्तु भावदशा ऐसी गम्भीर और जटिल भी हो सकती है, जो प्रगीत की इकाई में सिमटने से इनकार करे। कवि इस भावदशा का सूत्र पकड़कर ऐसी गहराइयों में भी जाता है, जिनका पहले से उसे कोई ज्ञान नहीं था; ऐसी भूमियों पर भी विचरण करता है, जिनका अनुभव पहले से उसे अनुपलब्ध था। महाकाव्य केवल भावनाओं पर नहीं लिखे जाते। उनके भीतर विचार भी आते हैं और वे भावनाओं के साथ-साथ चलते हैं। महाकाव्य प्रगीतों के समुच्चय का नाम नहीं है। महाकाव्य में वर्णन भी होता है, नाटकीयता भी होती है और प्रगीत भी होते हैं। किन्तु वे अलग से आकर एकत्र नहीं हो जाते। वे एक ही महाकल्पना के अधीन, अपने-अपने उचित स्थान पर, जन्म लेते हैं और उन सबका उद्देश्य उस एक ध्येय की सेवा करना होता है, जो कवि का मुख्य ध्येय है।

यह ठीक है कि महाकाव्य-रचना की सारी प्रक्रिया शुद्ध कवित्व की प्रक्रिया नहीं होती। प्रबन्ध-कवि प्रेरणा में तो होता है, किन्तु कभी-कभी उसके सामने ऐसे प्रसंग भी आ जाते हैं, जहाँ प्रेरणा नहीं होती, जहाँ शुद्ध-कवित्व के मार्ग से एक घटना दूसरी घटना से जोड़ी नहीं जा सकती। ये स्थल महाकाव्य में संकट के स्थल होते हैं और इन्हीं स्थलों पर इस बात की जाँच होती है कि कवि में केवल कवित्व ही है या प्रबन्ध की पटुता भी, वह केवल प्रेरित होने पर ही लिख सकता है अथवा अपनी कारीगरी का चमत्कार वह वहाँ भी दिखा सकता है, जहाँ प्रेरणा के लिए कोई खास गुंजाइश नहीं है?

महाकाव्यों में कला और कौशल, दोनों का प्रयोग करना पड़ता है। कला का दायित्व सीधे महाकल्पना पर होता है, जो प्रत्येक पंक्ति की रचना के समय यह देखती चलती है कि वह पूरे महाकाव्य की इकाई के अनुरूप ढल रही है या नहीं। किन्तु कौशल कवि के अभ्यास-जनित अनुभव से आता है। अनुभवी कवि

जानता है कि दो घटनाएँ अथवा दो प्रसंग यदि सीकर जोड़ दिए जाएँ, तो उनकी बखिया कैसे छिपाई जा सकती है?

महाकाव्य लिखे तो बहुत जाते हैं (खास कर भारतवर्ष में) किन्तु, वे सफल कम ही बार हो पाते हैं। जो प्रगीतकार चतुर हैं, वे तो इस शम्भु-चाप को छूते भी नहीं, किन्तु ऐसा भी हुआ है जब प्रगीतों के महारथियों को यह धनुष तोड़ने का लोभ हुआ और अपनी रचनाओं के भीतर वे चारों खाने चित हो गए। इसका मुख्य कारण यह है कि प्रगीतकारों की महाकल्पना इतनी शक्तिशालिनी नहीं होती कि वह कथा के विभिन्न सूत्रों की सँभाल रख सके। महाकाव्य में नाटकीयता होती है, कर्मों का उत्थान-पतन और घटनाओं का विकास होता है। ये सारे कार्य प्रगीतकारों के वेश के बाहर के काम हैं। वे कर्म से घबराते हैं, घटनाओं के नैसर्गिक विकास को वे ठीक से नहीं समझ सकते, न उन्हें इसी बात का ज्ञान होता है कि भावना, विचार, कर्म और घटनाओं का पारस्परिक अनुपात कितना रहने पर काव्य रोचक होता है और कैसे, इस अनुपात के बिगड़ जाने से, कविता नीरस, बोझिल और निःस्वाद हो जाती है।

वैसे तो कोई भी अच्छी कविता संयोग से ही लिखी जाती है, किन्तु महाकाव्य की रचना सबसे कठिन कार्य है। प्रगीत की समस्या केवल एक क्षणिक अनुभूति के सही चित्रण की समस्या है। किन्तु प्रबन्ध-कवि के सामने समस्याओं का पहाड़ खड़ा होता है और जो कवि इनमें से प्रत्येक समस्या का सम्यक् समाधान पा लेता है, उसी की रचना सुपाठ्य उतरती है। किन्तु सभी समस्याओं का समाधान लगभग ईश्वरीय चमत्कार के समान दुर्लभ घटना है। इसीलिए महाकाव्य, संयोग से ही, सफल हो पाते हैं–होय घुनाक्षर न्याय जो, पुनि प्रत्यूह अनेक।

महाकाव्यों और खंडकाव्यों की आधुनिक निन्दा का कारण यह नहीं है कि ऐसे काव्य अकाव्यात्मक होते हैं बल्कि यह कि खंडकाव्य और महाकाव्य लिखकर सफलता प्राप्त करना बड़ा ही दुष्कर कार्य है। अगर खंडकाव्य की विधा अकाव्यात्मक होती, तो नये कवि खंडकाव्य लिखने की कोशिश ही नहीं करते और फिर 'खट्टे अंगूर' कहकर इस विधा की निन्दा भी नहीं करते। कथाकाव्य अथवा खंडकाव्य लिखने में सफलता उसी कवि को मिलती है, जो पुरानी वस्तु को नई आग में जलाकर उसे नवीन बना सकता है, जो रचना की प्रक्रिया से यह दिखला सकता है कि महाकाव्य लिखते समय, क्षण-क्षण, वह उसी प्रकार जल रहा था, जैसे प्रगीतकार एक क्षण के लिए जला करते हैं; संक्षेप में जो यह प्रमाणित कर सकता है कि आदि से अन्त तक उसकी भावदशा एक समान तनी हुई तथा ताजगी और उत्तेजना से पूर्ण थी।

कथाकाव्यों के विरोध का कुछ कारण यह भी है कि कथाकाव्य वस्तुनिष्ठ होते हैं, विषय-प्रधान होते हैं, और शुद्ध कवि अपना सर्वस्व शैली को समझता है। केवल शैली के बल पर इतिहास को नया मोड़ देना सम्भव नहीं हो सकता। केवल शैली की लगाम से घटनाएँ वश में नहीं रखी जा सकतीं।

शुद्ध कवियों को यह बान पड़ गई है कि फकत एक-दो बिम्ब बनाकर वे यह मान लेते हैं कि कविता समाप्त हो गई। उनका सारा काम उपकल्पना अथवा 'फैंटेसी' से चलता है। जब से शुद्ध कवित्व का आन्दोलन उठा है, महाकल्पना का उपयोग, दिनोंदिन, कम होता जा रहा है। किन्तु खंडकाव्य और महाकाव्य उपकल्पना के भरोसे नहीं लिखे जा सकते। उपकल्पना मजदूरिन है। वह ईंट और गारा ढोने का काम करती है। महल का असली इंजीनियर तो महाकल्पना है, जिसकी आज्ञा से उपकल्पना को काम करना पड़ता है।

प्रगीत का कर्ता पाठकों पर, बस, एक क्षण को हावी होता है। किन्तु महाकाव्य का रचयिता पाठकों को साथ लेकर कई बार तलहटी से शिखर तक और शिखर से तलहटी तक आता-जाता है। प्रगीतकार के पास, बस, एक फूल होता है। वह पाठक को पसन्द आए या नहीं, किन्तु वही फूल उसे ग्रहण करना पड़ता है। महाकाव्य का रचयिता यह चुनाव पाठकों पर ही छोड़ देता है कि रास्ते के कौन-से फूल उसे ज्यादा पसन्द हैं। प्रगीत फूलों का एक गुच्छा है अथवा ज्यादा-से-ज्यादा गुलाब का एक पौधा। किन्तु महाकाव्यों के कर्ताओं को अपनी भूमि में अनेक उद्यान लगाने पड़ते हैं, फूलों का एक जंगल बसाना पड़ता है। कीट्स ने कहा था कि 'लम्बी कविता कवि की आविष्कारमयी प्रतिभा की आखिरी कसौटी है। यही वह ध्रुवतारा है, जो समुद्र में कविता को दिशा-ज्ञान कराता है। उपकल्पना कुछ नहीं, केवल पाल है। और नाव की पतवार महाकल्पना के हाथ में होती है।'

प्रबन्ध-काव्य कविता की सबसे श्रेष्ठ और सबसे कठिन विधा इसलिए भी है कि वह केवल वैयक्तिक उच्छ्वास से जन्म नहीं लेती। प्रबन्ध-कविता अक्सर किसी ऐतिहासिक घटना पर लिखी जाती है अथवा किसी मिथ अथवा पुराण पर। अतएव ऐसी कविता रचते समय कवि को वैयक्तिक आविष्कार से आगे जाना पड़ता है। जहाँ भी पुराने मिथ का नया संस्करण तैयार करना होता है, वहाँ यह चिन्ता प्रमुख हो जाती है कि मिथ के नये संस्करण को पाठकों की सम्भावना-वृत्ति स्वीकार करेगी या नहीं। सारी परम्परा के आलोक में मिथ को नवीन बनाने का काम महाकल्पना का काम है और पाठकों की सम्भावना-वृत्ति का भी अनुमान महाकल्पना ही लगा सकती है। यह काम

उपकल्पना नहीं कर सकती क्योंकि मीनाकारी और पच्चीकारी से आगे का रास्ता उसे मालूम नहीं है।

जनता प्रोफेसरों द्वारा बताए हुए मार्ग से नहीं चलती। उलटे, जब जनता किसी काव्य को हृदयहार बना लेती है, तब प्रोफेसर ही उसकी सार्थकता सिद्ध करने लगते हैं। शुद्ध कविता के पक्ष में दी जानेवाली सभी दलीलों के बावजूद जनता प्रबन्ध-काव्यों को छोड़ने को तैयार नहीं है। आत्मा के सरोवर में किसी हलकी हिलकोर की अनुभूति भी सुसंस्कृत मनुष्य का अत्यन्त सूक्ष्म आनन्द है। किन्तु जनता इस सूक्ष्म आनन्द को यथेष्ट नहीं मानती। वह ऐसी कविताओं को अधिक पसन्द करती है, जो उसे झकझोर सकें, गुदगुदा सकें, धीरज बँधा सकें, उसके भीतर आशा और बल का संचार कर सकें। ये काम धर्म, राजनीति और समाजशास्त्र के व्याख्याता नहीं कर सकते। ये काम कवि करते हैं और कवियों में भी वे, जो प्रबन्धकाव्य रचने में पूर्ण रूप से पटु हैं।

कविता के बारे में हमारी जो सामान्य धारणा है, वह शुद्ध कवित्व के सिद्धान्त का समर्थन नहीं करती। शुद्ध कवित्ववादियों का विचार है कि चित्र ढाँचों से खिलते हैं और कविताएँ नाद से। नोवालिस ने कहा था कि ऐसी कविताएँ ज्यादा लिखी जानी चाहिए, जिनमें शब्दों की ध्वनि-सौन्दर्य तो हो, अर्थ कुछ भी नहीं हो। लेकिन, कविता शब्दों की ध्वनि को लेकर नहीं जी सकती, वह अर्थ की ध्वनि पर कायम रहती है। चित्रकारी और बिम्ब-योजना कविता को खूबसूरत तो बनाती है, लेकिन कविता की शक्ति किसी और दिशा से आती है। कोरे बिम्बों का खेल कोरी आतिशबाजी का काम है। दरअसल, हम बिम्बों के भीतर से कुछ और देखना चाहते हैं। चित्र पारदर्शी भी होते हैं और अन्ध भी। अन्ध चित्र केवल बाहरी शोभा के कारण होते हैं। चित्र जब पारदर्शी होते हैं, तभी पाठक यह समझने की स्थिति में होता है कि इस कविता के भीतर से कितनी दूर की चीजें दिखाई दे रही हैं। नाद-सौन्दर्य कविता का बहुत उत्तम गुण है, किन्तु अर्थहीन काव्य केवल नाद-सौन्दर्य के कारण अच्छा काव्य नहीं समझा जा सकता। अच्छी कविता वह है, जो ध्वनि के प्रयोग के द्वारा उस स्थिति की भी व्यंजना करती है, जो अगोचर और बुद्धि के पार है :

*इस पथ का उद्देश्य नहीं है*
*श्रान्त भवन में टिक रहना;*
*किन्तु पहुँचना उस सीमा पर*
*जिसके आगे राह नहीं।*

—प्रसाद

अच्छी कविता उस गहरी अनुभूति का संधान है, जिसके ध्वनित होते ही वीणा के सभी तार झंकृत हो उठते हों। कवि के शब्द हमारी चेतना में केवल नाद जगाकर समाप्त हो जाएँ, तो वे असली काव्य के शब्द नहीं हैं। उन्हें हमारी चेतना के रंग, प्रकाश और शक्ति को भी आन्दोलित करना चाहिए।

नई कविता सब कुछ को छोड़कर शैली के पीछे इसलिए नहीं पड़ी है कि भाषा ही कविता का सर्वस्व है और भाव का उसके लिए कोई महत्त्व नहीं है। असल में यह उस क्षति की पूर्ति का प्रयास है, जो सामाजिक वास्तविकता से भागने के कारण कविता को सहनी पड़ी है। कवि पहले उपदेशवाद से बचने के लिए सौन्दर्य की ओर भागा था, फिर वह परम्परा से अपनी दूरी दिखाने को अर्थ से भागने लगा और तब अपनी अभिव्यंजना की शक्ति आजमाने को वह हर विषय के अनिर्वचनीय रूप पर आसक्त होने लगा। इतनी ठोस सामग्रियों के त्याग से जो जगहें खाली हो गईं, उन्हें वह शब्द-सौन्दर्य से भरना चाहता है, उस धुँधले रहस्यवाद से भरना चाहता है, जो अर्थ के ठीक-ठीक पकड़ में नहीं आने से उत्पन्न होता है।

शुद्ध कवित्ववादियों ने इस बात को छिपाने की कोशिश नहीं की कि वास्तविकता के वे विरोधी हैं क्योंकि इस वास्तविकता को बदलना कविता के बूते की बात नहीं है। जर्मनी के प्रसिद्ध अभिव्यंजनावादी कवि गाटफ्रीड बेन ने लिखा है कि मनुष्यों को यह बताना ज्यादा क्रान्तिकारी काम है कि 'तुम जो हो, हमेशा वही रहोगे; अतः, परिवर्तन की चेष्टा बेकार है। तुम जैसे थे, वैसे ही आज भी हो और आगे भी ऐसे ही रहोगे। जिसके पास रुपये हैं, वह ज्यादा दिनों तक कायम रहता है। जिसके पास अधिकार हैं, वह गलती नहीं करता। जिसके पास ताकत है, वह अपना हक भी कायम कर लेता है। इतिहास इसी को कहते हैं।'

यदि आलोचना की दृष्टि से देखा जाए तो यह आलोचना मनुष्य समाज की अच्छी आलोचना है; किन्तु क्या हम इसे जीवन-दर्शन भी मान सकते हैं? अगर मनुष्य नहीं बदलता, समाज नहीं बदले जा सकते, तो फिर प्रसन्नता या अप्रसन्नता के साथ हम यही कर सकते हैं कि जो भी सत्ता हथिया ले, उसके साथ सहयोग का रास्ता खोजकर निकाल लें।

बेन ने एक जगह और लिखा है : 'बाहरी वास्तविकता का अस्तित्व नहीं है। जिस चीज का अस्तित्व है, वह हमारी आन्तरिक मानवीय चेतना है। यही चेतना अपनी रचनात्मक शक्ति के बल पर रचना करती है, परिवर्तन करती है, शब्दों के द्वारा नव-निर्माण करती है।'

एक अन्य शुद्धतावादी लेखक मूसिल के एक पात्र से जब यह प्रश्न किया जाता है कि तुम यदि ईश्वर बन जाओ तो क्या करोगे? तब वह बड़ी ही बेफिक्री के साथ जवाब देता है : 'मैं वास्तविकता का उन्मूलन कर दूँगा।'

ये अतिवादी बातें हैं। यह एक दिशा में, बिना सोचे-समझे, बहुत दूर निकल जाने का काम है। कवि वास्तविकता तो क्या, दृष्टिबोध तक की अवहेलना नहीं कर सकता और यदि करे, तो उसका वही हाल होगा, जो शुद्धतावादियों का हो रहा है। कवि उपदेशवाद से अलग रहे, नेतागीरी से अलग रहे, आन्दोलनों से अलग रहे, यह सम्भव है। किन्तु वह वैयक्तिक और सामाजिक, दोनों ही प्रकार की संवेदनाओं का यंत्र है, इस स्थिति को वह कैसे भूल सकता है? उपदेश मत दो, नेता मत बनो, मगर संवेदना के यंत्र के रूप में झनझनाओ तो सही कि सुननेवाले सावधान हो जाएँ और अपनी चिन्ता करना आरम्भ कर दें!

*लड़नेवाली मुट्ठी जेबों में बन्द,*
*नया दौर लाने में असफल हर छन्द,*
*कब तक,*
*आखिर कब तक?*

**—धर्मवीर भारती**

डब्ल्यू.एच. ऑडेन ने इस प्रसंग में एक बहुत ही अच्छी उक्ति कही है : 'कविता का काम यह नहीं है कि वह लोगों से यह कहती चले कि तुम्हें यह काम करना चाहिए और यह काम नहीं करना चाहिए। कविता का काम केवल पाप और पुण्य के ज्ञान को विस्तृति प्रदान करना है; लोगों में वह उत्तेजना जगानी है, जिससे कर्म उनके लिए अनिवार्य हो उठे; उनके भीतर वह अनुभूति उठानी है जिससे वे अपने कर्तव्य को समझ सकें। कविता मनुष्य को उस अवस्था में पहुँचाकर छोड़ देती है, जहाँ उसे अपना निर्णय आप करना होता है।'

पुरानी मान्यता के लोग ऑडेन की इस उक्ति को समीचीन समझेंगे; किन्तु जो लोग शुद्ध कवित्व के प्रभाव में आ चुके हैं, वे इसे सन्देह से देखेंगे और सोचेंगे कि ऑडेन, परोक्ष रूप से, प्रचार-काव्य का समर्थन कर रहे हैं। किन्तु प्रचार की भूमि यदि इतनी विस्तृत है, तो उसकी सारी सीमाओं का अतिक्रमण कैसे किया जा सकता है? यदि मानसिक स्थिति में किसी भी प्रकार का विकार उत्पन्न करने का काम प्रचार का काम माना जाए, तो सभी कलाएँ प्रचार की कला ठहरेंगी। कविता की चर्चा केवल कविता की चर्चा नहीं होती, वह काव्य से किसी अधिक व्यापक तत्त्व की चर्चा बन जाती है। विशृंखलता के चित्रण में भी कविता किसी शृंखला का संकेत देती है, निराशा की आवाज होने पर भी वह

आशा के संधान की राह बताती है। इलियट और एजरा पौंड के लिए प्रश्न मानसिक नहीं, सामाजिक है। संस्कृति के विघटन के दृश्य को वे तटस्थ होकर नहीं देखते। संस्कृति के उस अंश को वे बचाना चाहते हैं, जो रक्षणीय है। इसीलिए, उनकी गिनती महाकवियों में की जाती है। प्रतीकवाद, अभिव्यंजनावाद और चित्रवाद से शैली की समृद्धि में वृद्धि हुई है। आज भी जो शक्तिशाली कवि हैं, वे उनका उपयोग, साधन के रूप में करते हैं। किन्तु उनके बहुत सारे अनुयायी, जो हमेशा तटस्थ रहने की प्रतिज्ञा से लाचार हैं, केवल बालू पर लकीरें खींच रहे हैं, केवल आतिशबाजी के खेल खेल रहे हैं। कविता को अगर जीवन के मार्गदर्शन से परहेज हो, तो यह परहेज वह निभा सकती है। किन्तु जीवन के साथ चलने में आपत्ति की ऐसी क्या बात हो सकती है?

कवि उपदेशक न बने, यह बात समझ में आती है। वह राजनीतिक, सामाजिक और धार्मिक आन्दोलनों से अलग रहे, आपत्ति की कोई बात यहाँ भी नहीं दीखती। और लिखते समय वह वर्ण्य से अधिक ध्यान वर्णन का रखे, विषय की पकड़ से छूटकर (जो काम लगभग असम्भव है) शैली पर जोर दे, ये बातें भी बुरी नहीं हैं क्योंकि जिसके पेट में कहने योग्य कोई बात नहीं है, उसकी कोई भी बात खूबसूरत नहीं होगी। शैली विचार की त्वचा होती है। जहाँ विचार नहीं हैं, वहाँ कोई भी शैली काम नहीं करेगी। एक ही भाव को दो शैलियों में नहीं कहा जा सकता। शैली में परिवर्तन का अर्थ विचार में परिवर्तन होता है। जो कवि यह कहता है कि अब मैं शैली के परिमार्जन में लगा हुआ हूँ, वह, असल में, विचारों के परिमार्जन की ही बात सोच रहा है। जिस अनुपात में विचार अभिव्यक्ति पाते हैं, उसी अनुपात में वे विचार होते हैं। जो विचार अभी व्यक्त नहीं हुआ, समझना चाहिए कि वह अभी अस्तित्व में ही नहीं है। जब विचार स्वच्छ होते हैं, शैली आप-से-आप स्वच्छ हो जाती है। जब विचार धुँधले और अस्पष्ट हो जाते हैं, कवि की शैली भी धुँधली और अस्पष्ट हो जाती है। जब हमें कहने योग्य कोई बात सूझती है, उसकी भाषा हमें, आप-से-आप, मिल जाती है। किन्तु जब कहने की बात हमें नहीं सूझती, कलम, कूँची और जीभ–सब-के-सब निश्चल रह जाते हैं, मौन रह जाते हैं। कोई भी कवि दूषित शैली में अच्छी बात नहीं कह सकता। अतएव शैली पर जोर देना अच्छा काम है, वह साहित्य का काम है, कला का काम है। जिसका अभ्यास कठोर है उसकी शैली मितव्ययी और चुस्त होती है और चुस्त विचार चुस्त शैली में ही प्रकट हो सकते हैं।

किन्तु जो बात समझ में नहीं आती है, वह यह है कि कवि ज्ञान से इतनी घृणा क्यों करता है, अर्थ को क्यों छिपाता है और रोज-रोज अपनी श्रद्धाहीनता

और आस्थाहीनता का बखान इस प्रकार क्यों करता है, मानो आस्थाहीनता ही ईमानदारी का असली रूप हो? और इस बात पर वह नाज क्यों करता है कि उसके पास कोई दृष्टिबोध नहीं है? शैली की आराधना का ध्येय इतना ही माना जा सकता है कि साहित्य में शक्ति की धारा को केवल सामाजिक परिवेश से ही नहीं आना चाहिए, उसे काव्य में प्रयुक्त शैली और शब्दों से भी विच्छुरित होना चाहिए। लेकिन कवि यदि यह सिद्धान्त बना ले कि सामाजिक स्पन्दनों और परिवेश की सनसनाहटों का असर वह बिलकुल नहीं लेगा, तो इसे हम साहित्य का दुर्भाग्य समझेंगे। सभी आस्थाओं से टूटकर या तटस्थ होकर न तो कोई लिख सकता है, न जी सकता है। प्रभाव उन्हीं आस्थाओं का नहीं पड़ता, जिनमें हम विश्वास करते हैं। प्रभाव उनका भी पड़ता है, जो आस्थाएँ हमें नापसन्द हैं अथवा हम जिनका विरोध करना चाहते हैं। खूबसूरत दुनिया का खयाल लेकर मस्त रहना काफी है। हमें सौन्दर्य और कुरूपता, दोनों के पीछे छिपे तत्त्व का उद्‌घाटन करना चाहिए।

इधर सौ वर्षों के भीतर यूरोप के कुछ लेखकों ने इस बात की भी घोषणा की है कि शैली की अवधारणा वे पहले करते हैं, भाव उनके बाद को आते हैं। तो क्या बातों की खोज वे इस भाव से करते हैं कि उन्होंने एक बुश्शर्ट खरीदा है और उसे पहनने के लिए उन्हें एक लड़का चाहिए? यह अस्वाभाविक बात है। शैली कविता की पोशाक नहीं, त्वचा होती है। वह भावों के साथ ही अवतीर्ण होती है–आगे या पीछे नहीं। और भाव कवि के दृष्टिबोध से आते हैं। दृष्टिबोध वह चीज है जिसे साम्यवादी अपनी 'आइडियोलॉजी' और जर्मन विद्वान वेल्टअनशाऊंग (Weltanschauung) कहते हैं। वह उस समग्र दृष्टि का नाम है, जिससे हम संसार और उसकी समस्याओं को देखते हैं। यह दृष्टिबोध कवि की प्रेरणा का स्रोत होता है और कृतियों में वह, ठीक उसी प्रकार, अदृश्य रूप से विद्यमान रहता है, जैसे सृष्टि के भीतर ब्रह्म की सत्ता विद्यमान है। शैली के अनुरूप भावों की खोज नहीं की जाती, भाव ही अपने अनुरूप शैली का संधान कर लेते हैं। यह सम्भव है कि दृष्टिबोध की अभिव्यक्ति अपरोक्ष ढंग से न की जाए, किन्तु परोक्ष रहने पर भी वह विषय के प्रवाह का निर्धारण करता है, वर्णन के सूत्रों की सँभाल करता है, प्रमुख को अप्रमुख से अलग करता है और जो आवश्यक है, उसे अनावश्यक से अलग कर लेता है। दृष्टिबोध उनमें भी है, जो उसकी सत्ता को स्वीकार करते हैं और उनमें भी, जो उससे इनकार करते हैं।

कविता केवल पक्षियों के गीत का मानवीय संस्करण नहीं है। वह वाल्मीकि और व्यास भी है, तुलसी और मोहम्मद इकबाल भी है। कवि यदि ज्ञानी न हो,

उसके पास यदि कोई आस्था या विश्वास न हो, उसे न तो कोई दृष्टिबोध हो, न जाति हो, न संस्कृति अथवा देश, न उसके सामने संसार हो और इस अभाव के बीच उसे केवल नग्न चेतना हो, जो खुद-ब-खुद उभरती रहे, उसका उद्‌देश्य केवल अपने अचेतन का संधान हो, अपने संबुद्ध्यात्मक मन की हलचलों को व्यक्त करना हो, तो फिर कविता क्या रह जाएगी और लोग उसे क्यों पढ़ेंगे?

दुरूहता और अर्थहीनता में भेद है। अनेक महाकवियों के भीतर, समय-समय पर, ऐसी चिंगारियाँ छिटकती हैं, जो दुर्बोध होती हैं और जिनकी व्याख्या तर्क की भाषा में नहीं की जा सकती। किन्तु अर्थहीनता उन कवियों का लक्षण है, जो सब कुछ से टूटकर किसी ऐसे ध्येय की ओर चलते हैं, जिसका अस्तित्व ही सन्दिग्ध हो सकता है। वास्तविकता को अर्थ से तथा वस्तु को प्रतीक से अलग करने के जो भी महान प्रयोग हुए हैं, हमारे खयाल से, वे कामयाब नहीं हुए। वास्तविकता के प्रति हममें एक उत्सुकता है, जो हमें बरबस अर्थ ढूँढ़ने की ओर प्रेरित करती है। लेकिन कविता जब सत्य के बदले तथ्य के फेरे में पड़ जाती है, तब तथ्य का यथावत् वर्णन तो वह कर देती है किन्तु सत्य की झाँकी नहीं दे पाती। हमने चित्रकारी देखी, बिम्ब देखे किन्तु चित्रों और बिम्बों के परे हम सत्य की झाँकी नहीं प्राप्त कर सके।

इस दृष्टि से कविता पर विज्ञान का प्रभाव सर्वथा वांछनीय नहीं हुआ है। विज्ञान की साधना सुनिश्चितता की साधना है, शैली को ठोस बनाने की साधना है, भावनाओं के तूफान में न उड़कर कथ्य के यथातथ्य निरूपण की साधना है। ये गुण रोमांटिक कवियों में नहीं थे। रोमांटिक कवि विज्ञान की भाषा से भिन्न भाषा का प्रयोग करते थे। नये कवि आवेश में न आकर शान्त भाव से विज्ञान की भाषा का प्रयोग करना चाहते हैं। इसे हम विज्ञान का मंगलकारी प्रभाव कहते हैं। किन्तु एक बात में रोमांटिक कवि नये कवियों से श्रेष्ठ थे। वे यह मानकर चलते थे कि वास्तविकता के ऐसे भी रूप हैं, जहाँ तक विज्ञान के औजार नहीं पहुँच सकते। नये कवियों की मान्यता यह दीखती है कि वास्तविकता उतनी ही है, जितनी का ज्ञान विज्ञान ने प्राप्त कर लिया है। इसीलिए उनका ध्यान सत्य पर नहीं, तथ्य पर अड़ गया है क्योंकि न्यूटनीय विज्ञान तथ्य से भिन्न किसी सत्य की कल्पना नहीं करता। लेकिन परमाणु-भेदन के बाद न्यूटन के कारण-कार्य के सिद्धान्त सन्दिग्ध हो गए हैं और नई भौतिकी जिस ऊँचाई पर अब पहुँच गई है, वहाँ से उसे दर्शन का समुद्र दिखाई देने लगे तो कोई आश्चर्य नहीं मानना चाहिए। किन्तु विज्ञान की इस नवीनतम अनुभूति का प्रभाव अभी कवियों पर नहीं पड़ा है। वह अभी विशेषज्ञों के स्तर पर है और

जो ज्ञान अभी विशेषज्ञों के धरातल पर टिका है, वह साहित्य में प्रवेश नहीं पा सकता। साहित्य का निर्माण उस ज्ञान के आधार पर होता है, जिसका प्रचलन सर्वसाधारण के बीच हो चुका है।

सत्य और तथ्य में भेद है। तथ्य दुनिया के आँकड़ों का नाम है, किन्तु सत्य आँकड़ों से समझा नहीं जा सकता।

*आँख मूँदकर छूता हूँ जब शिलाखंड को,*
*मन कहता, आप ही आप, यह तथ्य है।*
*आँख मूँदकर छूता हूँ जब नभ अखंड को,*
*मन कहता, आप ही आप, यह सत्य है।*

**—नये सुभाषित**

'एब्सोल्यूट' को अपना ध्येय मानकर चलनेवाली कवियों ने तथ्य को ही सत्य मान लिया, यह उनके अभियान पर कुरूप व्यंग्य है; अथवा यह कहना अधिक संगत है कि जो लोग तथ्य को ही सत्य मानने को तैयार हैं, उन्हें एब्सोल्यूट का ध्यान ही नहीं करना चाहिए। नई कविता की यह वेदना विचित्र है कि एक मन से तो वह अनिर्वचनीय का संधान करना चाहती है और दूसरे मन से वह विज्ञान की सीमा से बाहर झाँकने को तैयार नहीं है। वैज्ञानिक फिर भी निरापद और श्रेष्ठ हैं क्योंकि वे ठोस जगत् में काम करते हैं। उनमें से कुछ ऐसे भी हैं, जो अपनी क्षमता की सीमा को जानते हैं और विश्वास करते हैं कि हम जिस वास्तविकता पर काम कर रहे हैं, वह सारा सत्य नहीं है। वास्तविकता के और भी रूप हैं, किन्तु उनका संधान विज्ञान नहीं कर सकता। लेकिन नये कवियों की स्थिति इतनी श्रेष्ठ नहीं है। उनका ध्येय कोई ऐसी वस्तु है, जो विज्ञान के परे पहुँचती है, किन्तु ये कलाकार उसका संधान विज्ञान की पद्धति से करना चाहते हैं। यह ऊँट पर चढ़कर थिएटर देखने का मनसूबा है। यह होटलों में ठाकुरवाड़ी बनाने जैसा हास्यास्पद काम है।

विज्ञान के प्रभाव से मानवता परलोक को छोड़कर लोक की ओर मुड़ी थी। जब ईश्वर था, वास्तविकता पर झिलमिली का परदा पड़ा हुआ था। लेकिन ईश्वर के हटते ही वास्तविकता अत्यन्त वास्तविक हो उठी। आशा थी कि आधिभौतिक विश्वासों से प्रेरित कलाकार इस वास्तविकता का आदर पहले से ज्यादा करेंगे। किन्तु जब वास्तविकता का ठोस रूप प्रकट हुआ, कलाकार उससे आँखें चुराने लगे, उससे और भी अधिक दूर भागने लगे। इसीलिए प्रतीक और भी प्रतीकात्मक हो उठे तथा कला और भी कलात्मक हो गई। आश्चर्य की बात यह है कि विज्ञान ने जिस स्वर्ग की नींव उखाड़ दी, उस स्वर्ग को कलाकार

उठाकर अपने घर ले गए। और विज्ञान ने जिस धरती को वरेण्य बताया, कला में वही धरती आज सबसे उपेक्षणीय है।

कविताओं में जो कुंठा, आत्मपीड़ा, वेदना, बेचैनी और अप्रसन्नता के भाव उभर रहे हैं, उनका एक कारण यह भी है कि नये कवियों ने यह ठान लिया है कि भावना और बुद्धि का जो संघर्ष सभ्यता को बेचैन किए हुए है, उनमें से किसी एक को दबना ही पड़ेगा। यह संघर्ष नया नहीं है। वह रोमांटिक युग में ही शुरू हो गया था। किन्तु इस संघर्ष में शेली, कीट्स और बायरन की सहानुभूति भावना की ओर थी। गेटे ने बुद्धि का पक्ष तो लिया था, किन्तु अन्त में फौस्ट का जो हाल हुआ, उससे यही शिक्षा निकाली जा सकती है कि बुद्धि और भावना में से किसी को भी दबाकर नीचे ले जाना कल्याण का मार्ग नहीं है। बुद्धि प्रेम को मनोवैज्ञानिक विकार बताकर उसे कमजोर करना चाहती है, भावना प्रेम को हमेशा की तरह आज भी उकसा रही है। बुद्धि अन्तरराष्ट्रीयता चाहती है, भावना राष्ट्रीयता की ओर है। बुद्धि अन्धविश्वासों का खंडन करती है, भावना उनका साथ देना अब भी नहीं छोड़ती। बुद्धि नैतिकता के नियम बनाती है, भावना उन्हें तोड़ डालती है। बौद्धिक मनुष्य विवेक से चलना चाहता है, भावना उसे विवेक की राह पर स्थिर नहीं रहने देती। संसार पर शासन आज बुद्धि का चल रहा है और भावनाओं के रोजगार छीन लिये गए हैं अथवा छीने जा रहे हैं। जो आदमी बेकार होता है, वह उपद्रव करता है, दंगे और कोलाहल मचाता है। भावनाएँ भी जब बेरोजगार हो जाती हैं, साहित्य में उनकी भनभनाहट तेज हो उठती है। एरिक हेलर ने लिखा है कि नये कवि अपने सत्य का निर्माण बुद्धि के कारखाने में कर रहे हैं, किन्तु भावनाओं की मधुमक्खियाँ उन्हें वहाँ भी परेशान कर रही हैं। इस परेशानी की झलक हमें बहुत-सी नई कविताओं में मिल रही है।

रोमांटिक कवियों का दोष यह था कि बुद्धि और भावना के संघर्ष में पक्ष उन्होंने भावना का लिया था। नई कविता का दोष यह है कि इस संघर्ष में पक्षपात वह बुद्धि की ओर से कर रही है। जीवन न तो केवल भावना है, न बुद्धि। आदर्श मनुष्य वह है, जो दोनों के बीच सन्तुलन प्राप्त करता है। मनोविज्ञान उसी मनुष्य की खोज में है। जब तक वह नहीं आता, बातें शायद इसी तरह असन्तुलित ढंग से चलती रहेंगी। लेकिन मनोविज्ञान की यह घोषणा यहाँ स्मरण रखने योग्य है कि मन के सात भाग भावनाओं और प्रवृत्तियों के समुद्र में डूबे हुए हैं, केवल आठवाँ भाग ही बौद्धिक अथवा सचेत है। और जो सचेत है, वह सहज नहीं है। उस पर वर्जनों की बेड़ियाँ चढ़ी हुई हैं, निषेधों की

जंजीरें कसी हुई हैं। और उनमें से बड़ी-से-बड़ी जंजीरें अतल से आनेवाली भावना के एक ही धक्के से टूट जाती हैं। फिर कौन कह सकता है कि भावना और बुद्धि के इस संघर्ष में जीत बुद्धि की होनेवाली है? तब भी, नये मनुष्य की जो छटपटाहट नई कविता में दिखाई पड़ रही है, वह मनुष्य की इसी संघर्षशीलता का संकेत है। किन्तु इस संघर्ष में हम बुद्धि अथवा भावना का जितना ही पक्षपात करेंगे, संघर्ष उतना ही तीव्र होता जाएगा। उचित यही है कि इस संघर्ष में हम तटस्थ रहें और बुद्धि तथा भावना के बीच रजामन्दी की कोई राह, खुद-ब-खुद, निकल जाने दें।

समूह का युग सांस्कृतिक ह्रास का काल होता है, जब 'सूचनाएँ तो बढ़ती हैं, मगर जानकारी कम हो जाती है; जब जानकारी तो बढ़ती है, मगर ज्ञान घट जाता है; जब मनुष्य में चलने की ताकत तो बहुत होती है, मगर ठहरने की शक्ति क्षीण हो जाती है; जब मनुष्य की वाचालता में वृद्धि होती है और चुप रहने की कला वह भूल जाता है।' यह युग भीड़ का है, समूह का है, जनता का है। स्वभावतः ही, मनुष्य की वैयक्तिकता आज केवल कुछ लेखकों में जीवित है। वे ही हमारे जमाने के हैमलेट और फौस्ट हैं। विज्ञान का पक्ष लेनेवाले चिन्तकों में वैयक्तिकता का यह लोभ क्यों प्रकट हुआ, यह भी विलक्षण प्रश्न है। शायद यह परम्परा की शिक्षा है। शायद यह सभ्यता की ओर से सन्तुलन का प्रयास है। शायद यह वह उत्तराधिकार है, जो नये कवियों को रोमांटिक चिन्तकों से मिला है। अदृश्य की ओर से यह विश्व को बचाने की योजना है। संसार को एकरूपता का जामा पहनानेवाले क्रान्तिकारी गलत हैं। शान्ति एकरूपता से रक्षित नहीं होती, वह वैविध्य से बचती है।

*विविधता जब प्रबल होती है,*
*युद्ध के देवता रोते हैं।*
*दुनिया को एक करने की सनक से,*
*युद्ध उत्पन्न होते हैं।*

**[आत्मा की आँखें]**

किन्तु जो दोष भावना और बुद्धि के संघर्ष में दिखाई पड़ता है, लगभग वैसा ही दोष हम व्यष्टि और समष्टि के विवाद में भी देख रहे हैं। वैयक्तिकता एक मूल्य है, जिसकी रक्षा की जानी चाहिए। किन्तु यह मानकर चलना वैयक्तिकता का अतिवाद है कि धरती पर हर आदमी अकेला है, हर आदमी निःसंग है, हर आदमी घायल और निराश है। वास्तविकता को स्थूल से सूक्ष्म बनाते-बनाते यूरोप के कवि उस अवस्था में पहुँच गए हैं, जहाँ उन्हें मनुष्य का

व्यक्तित्व ही विघटित होता दिखाई दे रहा है। उनकी दृष्टि में मनुष्य ऐसे खंडों का पुंज है, जिनका एक-दूसरे के साथ कोई सम्बन्ध नहीं है। यह एक ऐसा मनुष्य है, जो दूसरे मनुष्यों से परिचित नहीं कराया जा सकता और जो अपने-आपको समझने में भी असमर्थ है। कर्म और चिन्तन की एकता इस मनुष्य के भाग्य में नहीं है। आदमी या तो केवल सोच सकता है अथवा वह केवल कर्म कर सकता है। ये दोनों काम वह एक साथ नहीं कर सकता।

यह कल्पना विचित्र मनुष्य की कल्पना उपस्थित करती है। मनुष्य स्वभाव से एकाकी नहीं है, निःसंग नहीं है, समाज से अलग नहीं है, न वह यही चाहता है कि औरों से उसका कोई सम्बन्ध न हो। वह संसार से प्रभावित होता है और संसार को भी अपने प्रभाव में लाता है। जनसाधारण की तो बात ही क्या, खुद कवि और कलाकार भी अपने समाज के प्राणी और अपने समय के जीव होते हैं। कविता कवि के आन्तरिक व्यक्तित्व का प्रस्वेद है, यह ठीक है; किन्तु यह प्रस्वेद तभी निकलता है जब कवि अपने समय और समाज का ताप अनुभव करता है। कवि जो कुछ भी, कवि की हैसियत से, लिखता है, उसकी अनुभूति उसे मनुष्य की हैसियत से करनी पड़ती है। वैयक्तिकता की अतिवादी आराधना में यदि उसने उन अनुभूतियों को छोड़ दिया, जो उसे मनुष्य की हैसियत से प्राप्त हुई हैं, तो फिर लिखने की उसके पास बात ही क्या रह जाती है? लेकिन जीवन में ऐसे बिन्दु हैं, जहाँ व्यष्टि और समष्टि का मिलन होता है; जहाँ व्यक्ति की वैयक्तिक साधना समूह को दृष्टि में रखकर की जाती है; जहाँ मनुष्य के वैयक्तिक मोक्ष का अर्थ समाज का मोक्ष होता है।

*एकाकियों की राह?*
*वह भी है,*
*मगर तब जब कि वह*
*सबके लिए तोड़ी गई हो।*
*अकेला निर्माण?*
*वह भी है,*
*अगर उसकी चाह*
*सभी के कल्याण के हित*
*छोड़ी गई हो।*

**—अज्ञेय**

कलाकार को मनुष्य से तोड़कर अलग करने का सिद्धान्त साहित्य को जिन्दगी से दूर ले जानेवाला सिद्धान्त है। कविता की शक्ति मनुष्यता के गुणों

का बलिदान चढ़ाकर नहीं प्राप्त की जाती। कवि की शक्ति और साधना के विकास का अर्थ यह नहीं है कि उसके बाद कवि इनसान नहीं रह जाता है। सभी इनसान कवि नहीं होते। कवि वही आदमी होता है, जिसमें दर्द भोगने की कुछ योग्यता और शक्ति है। इसीलिए, जो बड़ा कवि है, वह ज्यादा दर्दीला इनसान भी है। इलियट ने लिखा है कि कलाकार जितना ही पूर्ण होता है, उसका दुःख भोगनेवाला व्यक्तित्व उसके कारयिता-व्यक्तित्व से उतना ही दूर होता जाता है। किन्तु इससे यह अर्थ नहीं लेना चाहिए कि कवि और मनुष्य दो अलग सत्ताएँ हैं और उनके बीच एकता का कोई सूत्र नहीं है। खुद इलियट की कविताओं से तो यही प्रकट होता है कि उनके दोनों रूपों के बीच एकता का तार अनुस्यूत है। उनकी कविताएँ पढ़ते समय कौन यह अनुभव नहीं करता कि हम उसी मनुष्य की बेचैन आवाज सुन रहे हैं, जो सभ्यता के ह्रास को देखकर पस्ती में डूब गया है? कोई आश्चर्य नहीं कि कवियों ने मानवीय और सामाजिक दृष्टिबोध का बहिष्कार करके अपने को उस अवस्था में पहुँचा दिया है, जहाँ उन्हें सारी दुनिया विशृंखल और विषण्ण प्रतीत होती है।

शैली और भाव हमेशा अविभाज्य रहे हैं। फिर भी पहले की यह मान्यता लगभग ठीक थी कि शैली साध्य नहीं, साधन मात्र हैं, साध्य कुछ और चीज है चाहे उसे हम अभिव्यक्ति, अर्थ, कथन, जो भी कह लें। किन्तु जब से शैली साध्य हो गई, साहित्य जीवन से अपरिचित होने लगा। और अब तो शैली की आराधना इतनी दूर निकल गई है कि वास्तविकता और आधुनिकता का सम्बन्ध प्रायः टूट-सा गया है। जो शैली अधिक-से-अधिक अरूप होना चाहती है, वही ठोस वस्तुओं से भागती है, विषय का त्याग करती है, अर्थ से बचना चाहती है। वही अभाव और शून्यता की ओर भी लोभ से देखती है। तब भी, इतिहास की अस्वीकृति और दृष्टिबोध के तिरस्कार से यह प्रमाणित नहीं होता कि कवि की दृष्टि वास्तविकता के निगूढ़ अन्तराल में पहुँच गई है। यह शब्दों का एक ऐसा खेल है, बुद्धि का एक ऐसा आयाम है, जिससे शैली को चाहे जितनी भी ताजगी मिल जाए, साहित्य को कुछ भी नहीं मिलता, जीवन को कुछ भी प्राप्त नहीं होता।

हंगरी के चिन्तक जार्ज लुकस ने अपनी पुस्तक (कांटेंपररी रियलिज्म) में बेकेट के साहित्य पर फ्रांस के एक लेखक मारिस नैडो का यह मत उद्धृत किया है :

> 'बेकेट का साहित्य परम्परागत शैली से बाहर निकलकर अन्धकार के लोक में बहुत दूर तक प्रवेश करता है। वह अन्धलोक की उस आखिरी सीमा पर पहुँच जाता है, जहाँ जीवन और मृत्यु आमने-सामने खड़े हैं, जहाँ चेतना और अस्तित्व का विलय हो जाता है और राही की राह

शान्ति के उस पिछले कक्ष में पहुँच जाती है, जहाँ शुद्ध वास्तविकता का साम्राज्य है। वहाँ की सनातन शून्यता में खो जाने पर हमें यह एहसास होता है कि हम छिछले तालाब की सतह पर उठनेवाले बुलबुले की आवाज हैं।' यह भी कि 'बेकेट का विजयी शून्यवादी दर्शन यहाँ कला का रूप लेता है और जिस वस्तु का वह निर्माण करता है, वह आखिर में अर्थहीनता के कुहासे में विलुप्त हो जाती है।'

बेकेट महोदय का साहित्य पढ़ने का सुयोग हमें नहीं मिला है; किन्तु उनकी पुस्तक की प्रशस्ति यह तो बता ही देती है कि शुद्ध कवित्व की चरम परिणति किस लोक में हो रही है, किस धरातल पर हो रही है। अवश्य ही, जिस पुस्तक की यह प्रशस्ति है, उसके लेखक में यह शक्ति होगी कि वह अरूप कल्पना के भीतर, अधिक-से-अधिक दूर तक धँस सके और जो अनुभूतियाँ भाषा में आने से इनकार करती हैं, उन्हें संकेतों से व्यंजित कर सके। किन्तु प्रतिभा के इस इन्द्रजाल से, शक्ति की इस विपुलता से साहित्य को क्या मिलता है, जीवन को क्या प्राप्त होता है? और मनोविज्ञान को तो यह पता बहुत बाद में चलेगा कि उसे इस अनुसंधान से कुछ प्राप्त हुआ है या नहीं।

जब तक अर्थहीनता से साहित्य का उद्धार नहीं किया जाता, वह परम्परा से छिन्न, अभावों की एक गठरी के समान तिरस्कृत और विषण्ण रहेगा अथवा उस रंगीन मंजूषा के समान, जिसमें शून्य भरा है। साहित्य गलत दिशा में उड़ता-उड़ता एक ऐसी जगह पहुँच गया है, जहाँ भाषा लाचार है तथा कहने योग्य कोई भाव या विचार नहीं है। कल्याण शायद पीछे लौटने अथवा उस 'जन-पथ' पर वापस आने में है, जिसे श्री धर्मवीर भारती ने 'प्रभु-पथ' कहा है :

*उस दिन मैं दूँगा तुम्हें शरण,*
*मैं जन-पथ हूँ,*
*मैं प्रभु-पथ हूँ, मैं हूँ जीवन।*
*जिस क्षितिज-रेख पर पहुँच*
*व्यक्ति की राहें झूठी पड़ जाती हैं,*
*मैं उस सीमा के बाद पुनः उठनेवाला*
*नूतन पथ हूँ।*
*मैं प्रभु-पथ हूँ*
*जिसमें हर अन्तर्द्वन्द्व, विरोध, विषमता का*
*हो जाता है, अन्त में, शमन।*

**—धर्मवीर भारती**

तो क्या हिलती हुई वसुन्धरा को स्थिर करने का कोई उपाय नहीं है? हर तूफान की आँख में कोई सुशान्त बिन्दु होता है। वह बिन्दु उस तूफान की आँख में भी होना चाहिए, जो हमें सौ वर्षों से हिला रहा है। मुश्किल यह है कि यह बिन्दु दार्शनिकों को दिखाई नहीं देता, इतिहासकारों को दिखाई नहीं देता, न वह धर्मवालों को दिखाई देता है। उसका द्रष्टा केवल कवि हो सकता है। किन्तु कवि ने अपने दायित्व की गठरी पटक दी है। घर में आग लगी हुई है और कवि आग बुझाने के बदले लपटों के वर्णन में लीन है। पानी नहीं, शब्द चाहिए; पिचकारी नहीं, शैली चाहिए, जिससे आग का गूढ़ से गूढ़ वर्णन छूट न जाए। वर्णन संक्षिप्त होना चाहिए, सुनिश्चित होना चाहिए, खाँटी और शुद्ध होना चाहिए। आग बुझाने का काम आग बुझानेवाले लोग करेंगे।

सबसे बड़ी कठिनाई यह है कि जो दर्शन सौन्दर्यबोध की दृष्टि से आकर्षक है, वह प्रगतिकामी नहीं, पतनशील है, भले ही वह सुरम्य, सुनिश्चित और आधुनिक क्यों न हो। और जो दर्शन स्वस्थ है, वह सौन्दर्यबोध की दृष्टि से अनाकर्षक लगता है। एक गहरा है, दूसरा छिछला है। एक सुन्दर और क्लीव तथा दूसरा बलवान और कुरूप है। एक का मूल ओसवाल्ड स्पैंगलर की इस कल्पना में है कि पश्चिमी सभ्यता मरेगी, खूबसूरती के रोग से मरेगी, रेशम के बिस्तर पर मरेगी, कविता, कल्पना और विलास के आतिशय्य से मरेगी। दूसरे की जड़ मार्क्स के इस उपदेश में है कि दुनिया को जोतकर सपाट कर दो, फिर नये वृक्ष लगाओ और उन्हें बाड़ों से जकड़े रहो। बाड़े कब टूटेंगे, इसका रहस्य भविष्य बताएगा।

दोनों के बीच चुनाव करना आसान काम नहीं है। मगर कोई लाचार करे तो कहना यही पड़ेगा कि बीमारी की अपेक्षा तन्दुरुस्ती हमें ज्यादा पसन्द है।

# परिभाषाहीन विद्रोह

शुद्ध काव्य की साधना ज्यों-ज्यों बढ़ी, कविता की कला अधिक-से-अधिक वैयक्तिक होती गई। प्रतीकवाद का वृक्ष अपने मौसम के बाद भी फूलता रहा। उसके बाद चित्रवाद, अभिव्यंजनावाद और सुर्रियलिज्म के आन्दोलन उठे। मनोविज्ञान का प्रभाव कविता पर वैसे भी पड़ता आ रहा था, किन्तु सुर्रियलिज्म ने उस प्रभाव को और भी सघन बना दिया। इन सभी आन्दोलनों का सम्मिलित परिणाम यह हुआ कि कवि की चेतना अतुलनीय और अद्वितीय मानी जाने लगी, समाज की चेतना से उसका सम्बन्ध शेष होने लगा, विचार कविता से बहिष्कृत समझे जाने लगे और ऐसी बिम्ब-योजना तर्क-बुद्धि का स्थान लेने लगी, जो ऊपर से खंडित और असम्बद्ध थी, यद्यपि उसका पूर्वापर सम्बन्ध नीचे अथवा बहुत नीचे, कहीं मनोविज्ञान की भूमि पर जोड़ा जा सकता था।

इस शैली का प्रयोग केवल शुद्धतावादियों तक ही सीमित नहीं रहा, प्रत्युत उसका प्रयोग उन कवियों ने भी किया, जो विचार से नहीं डरते थे, सामाजिकता से नहीं घबराते थे। अंग्रेजी में इलियट और एजरा पौंड के बाद औडेन और लेवी की पीढ़ी आई, जिसका उद्‌देश्य समाजवाद था, जो आर्थिक व्यवस्था को कला की आँखों से देखना चाहती थी। लेकिन इस पीढ़ी के कवि भी बहुत कुछ उसी शैली में लिखते रहे हैं, जो शुद्धतावादी आन्दोलन से उत्पन्न हुई थी। जर्मन भाषा के कवि बर्टाल्ट ब्रेख्त समाजवादी थे, किन्तु शैली उनकी भी वही है, जो शुद्धतावादी प्रयोग से उत्पन्न हुई है।

जिन कवियों ने खुलकर राजनीति को अपना ध्येय माना, उन्होंने इस शैली का प्रयोग लगभग आक्रामक कविताएँ रचने में किया। किन्तु जो कवि अराजनीतिक थे, लेकिन समाज की आलोचना करना चाहते थे, उनकी कलम से एक विचित्र खीज से भरी, खट्‌टी कविताएँ निकलने लगीं, जिनमें वैयक्तिक आक्रोश था, सभ्यता के नेताओं के प्रति नपुंसक ईर्ष्या थी, कुरूपता के प्रति असन्तोष था और एक प्रकार की अराजक निराशा थी, जिसकी दिशा का पता

नहीं चलता था। मनोवैज्ञानिकों का मत है कि इस प्रकार का गोल-मटोल विरोध मूलतः वैयक्तिक होता है। ऐसा विरोध वही कलाकार करता है, जो अपने को समाज का सिरमौर, सुरुचि और संवेदना की अद्वितीय मंजूषा तथा जीवन के प्रति सबसे ईमानदार समझता है। अमरीका में राजनीतिक कविताएँ छिटपुट ही लिखी गई हैं। किन्तु समाज की आलोचना वहाँ जिन कवियों ने की है, वे इसी पिछले वर्ग के कवि हैं।

वैयक्तिक संवेदना की लपेट में एक प्रकार के कारणहीन क्रोध, दिशाहीन आक्रोश, बेमतलब की कुढ़न, घुटन और खीज से भरी हुई कविताएँ लिखनेवालों की संख्या द्वितीय महायुद्ध के बाद से, विशेषतः 1950 ई. से संसार के सभी देशों में बढ़ी है और चूँकि यूरोप का हर अतीत भारत में वर्तमान बनता है, अतएव ऐसी कविताएँ अब भारतवर्ष में भी लिखी जाने लगी हैं। फ्रांस में ऐसे कवियों का नाम आउट-साइडर (जो नये और आचार के प्रचलित रूप से बाह्य है), डेजर्टर (जिसने प्रचलित मूल्यों को छोड़ दिया है) तथा ऑब्जेक्टर (जो स्थिर मूल्यों में आपत्ति उठाता है) चलता है। अमरीका में उन्हें सौन्दर्यासक्त अथवा बीट कहते हैं एवं इंग्लैंड में उनका सामान्य नाम एंग्री यंग मैन अथवा क्रुद्ध नौजवान है।

यह सम्भवतः ध्यान देने की बात है कि जहाँ का समाज अतिसमृद्धि का समाज है, उसके विद्रोही सौन्दर्यवादी हैं तथा जिस देश में सुख का उतना आतिशय्य नहीं है, वहाँ के नौजवान केवल नाराज समझे जाते हैं।

मगर इन नामों का ज्यादा महत्त्व नहीं है, न यही कहा जा सकता है कि सभी देशों के क्रुद्ध कवि एक ही भाषा बोलते हैं अथवा उनका ध्येय एक है। फिर भी, विभिन्न देशों के ये कलाकार लगभग एक ही भावदशा से पीड़ित दीखते हैं। वे एक साथ बहुत-सी चीजों से नाराज हैं। साहित्य, काव्य, कला, थिएटर, राजनीति, आर्थिक व्यवस्था और सामाजिक आचार, लगता है, उन्हें कुछ भी पसन्द नहीं है और सब कुछ को वे बिलकुल बदल डालना चाहते हैं। किन्तु समाज को बदलने के कार्यक्रम उनके पास नहीं हैं, न वे कर्म में भाग लेने को तैयार हैं, न वे यही कहते हैं कि अमुक व्यवस्था क्यों खराब है और उसमें क्या संशोधन होना चाहिए। शुद्ध कवित्व के आन्दोलन ने जो परम्परा बनाई है, वह कर्म के तिरस्कार की परम्परा है, ज्ञान और विचार को अछूत समझने की परम्परा है, उपदेशवाद की गंध से दूर भागने की परम्परा है। वह तर्क नहीं करती, केवल अनुभूति जगाती है और आशातीत बातों का संधान करके पाठकों को चमत्कृत करती है। स्पष्ट है कि क्रुद्ध नौजवानों को समाज की वर्तमान

व्यवस्था पसन्द नहीं है और वे रेम्बू और मलार्मे के समान अदृश्य में भी छिपकर सन्तुष्ट नहीं हो सकते। लेकिन समाज बदलने का कर्म कविता नहीं, कर्म होगा और कला की नई परम्परा कर्म का वर्जन करती है। अतएव ये क्रुद्ध नवयुवक उमस-भरे बादलों के समान घुमड़ते हैं, मगर छूटकर बरसने का काम नहीं कर सकते।

इंग्लैंड के क्रुद्ध युवकों ने, अलबत्ता, एक सुझाव दिया है कि इंग्लैंड से बादशाहत को खत्म कर देना चाहिए। इसी प्रकार अमरीका के एक बीट कवि ने 'वन थाउजेंड वर्ड्स फॉर फ्रिडेल कास्ट्रो' नाम से एक कविता क्यूबा के तानाशाह पर लिखी है। किन्तु ये बातें सुझाव से अधिक विस्फोट के रूप में आई हैं। दरअसल, ये कवि सामाजिक दीखने पर भी राजनीति के कवि नहीं हैं। वे जिन बातों के लिए चीख-चिल्लाहट मचा रहे हैं, वे बातें राजनीति तक सीमित नहीं की जा सकतीं, वे राजनीतिक प्रवृत्ति और भावना से बहुत आगे तक जाने का संकेत देती हैं।

कभी-कभी यह सोचने को जी चाहता है कि साहित्य में इतने दिनों से जो वायवीयता भरी गई है, वैयक्तिकता का जो सायास अति संस्कार किया गया है, उसके ये क्रुद्ध नौजवान विरोधी हैं और साहित्य को वे फिर से सुबोध बनाकर जनसाधारण के पास लाना चाहते हैं। किन्तु वैयक्तिकता उनकी इतनी कराल है कि नीति, राजनीति, धर्म और सभ्यता, सबके खिलाफ वे जो चाहें, वही बोलना अपना कर्तव्य और अधिकार समझते हैं। सुर्रियलिज्म ने कवियों का संकोच छुड़ा दिया। जो बातें पहले अवचेतन से ऊपर उठकर चेतन में आने से भी घबराती थीं, ये कवि उन बातों को भी कला के भीतर सजाकर आदमी के आगे पेश कर रहे हैं और इस अदा से पेश कर रहे हैं, मानो वे यह पूछना चाहते हों कि अगर ये बातें सच हैं, तो इन्हें बोलने में तुम शरमाते क्यों हो? समाज के जिस किसी भी क्षेत्र में आदरणीय और अधिकारी व्यक्ति हैं, उन्हें ये कवि मखौल की मार से धराशायी करना चाहते हैं, सभ्यता के सभी मूल्यों की हँसी उड़ाकर वे उन्हें उखाड़ फेंकने को कटिबद्ध हैं। लेकिन, या तो निराशा से जर्जर होने के कारण अथवा अकर्मण्यता और आलस्य के अधीन ये कवि कर्म-योजना को पसन्द नहीं करते, केवल जड़क्रिय तटस्थता की आड़ लेकर जीना चाहते हैं। हाँ, सभ्यता के भीतर जो लूट मची हुई है, मौका खोजकर, ये विद्रोही भी उस लूट के मजे लेते हैं। केनेथ अलसाप ने लिखा है : 'The angry young man lashes out and the angry young man cashes in.' अर्थात् क्रुद्ध नौजवान कोरे भी फटकारते हैं और पैसे भी वे ही कमा रहे हैं।

क्रुद्ध युवकों की पीढ़ी का स्वागत इंग्लैंड में जैसा अच्छा हुआ है, वैसा अच्छा स्वागत विरले लोगों को प्राप्त होता है। उन्हें पाठक मिले हैं, पत्रकार मिले हैं; थिएटर, रेडियो और टेलीविजन उनके अनुकूल हैं। लेखकों की सही शिकायत एक ही हो सकती है कि हमारे पाठक नहीं हैं। इंग्लैंड की नाराज पीढ़ी को समाज ने इस शिकायत का मौका नहीं दिया। किन्तु इंग्लैंड की नई पीढ़ी तब भी नाराज है। सुविधाएँ प्राप्त कर लेने के बाद उसे अपने कन्धों पर जिम्मेदारी का बोझ अनुभव करना चाहिए था। लेकिन यह एहसास उसमें नहीं है। इस स्थिति से खीझकर ए.पी. हर्बर्ट ने पंच में एक कविता छपवाई थी, जिसकी कुछ पंक्तियों का कच्चा-पक्का अनुवाद नीचे दिया जाता है।

*जब से यौवन शुरू हुआ,*
*कोई भी ब्रिटिश जवान*
*कहाँ तुम्हारी तरह*
*नेमतों से भरपूर, सुखी था?*
*युद्ध नाम से घबराते हो?*
*पर मैंने जीवन में*
*दो लड़ाइयाँ लड़ीं,*
*तीसरी का भी दंश सहा है।*
*हमने तो अपनी किस्मत पर*
*उफ भी नहीं किया था,*
*न तो गर्भ से हम निराश,*
*रूठे, विषण्ण आए थे।*
*अन्धकार में भी कुछ थोड़ी*
*चमक हमें दीखी थी।*
*समझोगे तुम भी सब कुछ*
*लाडलो! समय आने पर।*

गुणों और दुर्गुणों का उनके भीतर ऐसा विचित्र समवाय है कि न तो हम यही कह सकते हैं कि ये नौजवान समाजद्रोही हैं, न यही कहते बनता है कि सभ्यता की आगामी किरणें उनके भीतर से जगमगा रही हैं। उनके भीतर प्रतिभा है, शक्ति है, ताजगी है, व्यंग्य का माद्दा है और सबसे बढ़कर चिन्तन में एक प्रकार की कठोर सच्चाई की झलक है। किन्तु वे शून्यवादी, नास्तिक और निहिलिस्ट हैं। जिन मूल्यों के सहारे वर्तमान सभ्यता टिकी हुई है, उनमें से किसी भी मूल्य को वे मानने को तैयार नहीं हैं। वे राजनीति से अपने को तटस्थ बताते

हैं, किन्तु जब-तब उनके भीतर फासिस्ट प्रवृत्तियाँ भी दिखाई दे जाती हैं। सबसे बुरी बात यह है कि वे कभी भी खिसियाहट और कुढ़न के बिना कोई बात नहीं बोलते और बराबर यह प्रदर्शित करते रहते हैं कि यह दुनिया हमारे लिए अजनबी जगह है और इसकी कोई भी जिम्मेदारी लेने को हम तैयार नहीं हैं।

इंग्लैंड में कोलिन विलसन इस आन्दोलन के 'गुरिल्ला दार्शनिक' समझे जाते हैं। जब उनकी 'आउट साइडर' नामक पुस्तक निकली, जे.बी. प्रिस्टले ने उस पर अपनी सम्मति देते हुए कहा था : 'यदि आउट साइडर अहंभाव के जहर से इतना जहरीला हो उठा है, यदि वह केवल घाव करना जानता है, मरहम लगाना नहीं जानता, यदि उसके भीतर घृणा अधिक और प्रेम कम है, तो हम यह आशा कैसे कर सकते हैं कि वह हमें समाधान के पास पहुँचाएगा?' (अवश्य ही प्रिस्टले की यह उक्ति 'आउट साइडर' के उन पात्रों पर लागू नहीं होती, जो अमृत के कोष हैं।)

और सामरसेट माम ने नव-लेखकों पर यह राय दी थी कि 'ये लोग पानी के ऊपर के बुलबुले और फेन हैं।'

बुलबुले और फेन वे हो सकते हैं लेकिन जल के भीतर की वह अशान्ति क्या है, जिसके कारण ये बुलबुले और फेन उठ रहे हैं? समझा अक्सर यह जाता है कि ये वे लेखक और कवि हैं, जिनके बचपन अथवा चढ़ती जवानी के दिन युद्ध की छाया में बीते हैं। बमों की गड़गड़ाहट, आसमान से होनेवाली अग्नि-वृष्टि, रह-रहकर सायरन का बजना, लोगों का हवाई हमलों से पनाह पाने को मोर्चों में पड़ा रहना; भोजन अनियमित, शयन अनियमित, वस्तुओं का अभाव, सम्बन्धियों का बिछोह और बीसों प्रकार की मानसिक यंत्रणाएँ–इतने तनाव के वातावरण में जो आदमी बढ़कर जवान होगा, वह क्या उसी प्रकार सोचेगा जिस प्रकार पहलेवाली पीढ़ी के लोग सोचते थे? वह क्या उसी तरह बोलेगा, जैसे पिछली पीढ़ी के लोग बोलते थे? और तब ये युवक विश्वविद्यालयों में पहुँचे होंगे और उन्होंने ऊँची-ऊँची कविताएँ पढ़ी होंगी, ऊँचे-ऊँचे दार्शनिक व्याख्यान सुने होंगे और इस बात पर विस्मय से विचार किया होगा कि संसार के राजनेताओं की अगर तैयारी हमेशा युद्ध के लिए ही चलती है, तो फिर वे दुनिया को शान्ति क्यों सिखाते हैं? कोई आश्चर्य नहीं है कि ये लेखक और कवि राजनीति से जितने नाराज हैं, उतने नाराज वे और किसी भी बात से नहीं हैं। 'जवानों की पीढ़ी अराजनीतिक है और अराजनीतिकता को लेकर ही समूचे यूरोप के जवान एक हैं। यह पक्षपातहीन युवकों का पक्ष है। आज ब्रिटेन में सामान्य धारणा यह है कि राजनीति गुंडों का रैकेट है। राजनीति का सबसे

अच्छा और सबसे विश्वसनीय ध्येय स्वार्थ है। राजनीति के लोग स्वार्थी होते हैं, शोहदे होते हैं, मूलतः बेईमान होते हैं।'

पहले महायुद्ध की कुर्बानी बेकार गई थी। दूसरे महायुद्ध में युवक संदिग्ध मन से ही अपना बलिदान करने को गए थे, किन्तु अन्त में दिखाई यह पड़ा कि दूसरे महायुद्ध की भी कुर्बानी व्यर्थ हो गई। प्रत्येक युद्ध तभी लड़ा जाता है, जब उसे रोकने की राह नहीं रह जाती है और लड़ लेने के बाद प्रत्येक युद्ध बेकार प्रतीत होता है। और शान्ति के कागज पर दस्तखत होते ही लड़ाई की तैयारी फिर शुरू हो जाती है। क्रुद्ध नौजवानों के भीतर जो तीखी अनुभूति आगे चलकर उत्पन्न होनेवाली थी, उसका आभास जर्मन कवि ब्रेख्त ने कुछ पूर्व ही दिया था :

*सत्य है कि मैं अन्धे युग का वासी हूँ।*
*शान्ति से बोलना बेवकूफी की बात है।*
*ललाट पर शिकन का न होना*
*असंवेद्यता की निशानी है।*
*जो आदमी हँस रहा है,*
*स्पष्ट ही,*
*उसके कानों में खौफनाक खबरें नहीं पहुँची हैं।*

× × ×

*मनुष्य जीता कैसे है?*
*अपने भाइयों का गला दबाकर,*
*उन्हें पीसकर,*
*उनका पसीना निकालकर।*
*नहीं, महाशयो! नहीं,*
*हम इस सत्य से भाग नहीं सकते,*
*आदमी सिर्फ गन्दे कामों से जीता है।*

जिन दिनों लड़ाई चल रही थी, आज के क्रुद्ध युवक या तो बच्चे थे अथवा किशोर। किन्तु उस समय कुछ ऐसे कवि भी थे, जिन्हें जबर्दस्ती लाम पर जाना पड़ा था। गोलियों की वृष्टि के नीचे और खन्दकों में दिन गुजारनेवाले इन कवियों ने मोर्चों पर काम करते समय ऐसी अनेक कविताएँ लिखीं, जो साहित्य की शोभा बढ़ानेवाली कृतियाँ हैं। किन्तु इन कविताओं में लड़ाई के लिए जोश नहीं है, शत्रु को पराजित करने की आतुरता नहीं है, न देशभक्ति के उन्मादक भाव हैं। ये कविताएँ उस दर्दनाक बेबसी के इर्द-गिर्द चक्कर काटती हैं, जिसके कारण मनुष्य को अनिच्छित काम करना पड़ता है। एक ऐसी जिन्दगी जीनी

पड़ती है, जो तर्कहीन, बेबस और लाचार है; उन परिस्थितियों से समझौता करना पड़ता है, जिन्हें एक क्षण भी बर्दाश्त नहीं किया जाना चाहिए। चर्चिल के वाक्यों में जो जोश था, वह जोश मोर्चों के जवानों में नहीं था। वे राजनीति से नाराज थे, अपनी किस्मत से बेजार थे। हाथों से तोपें और बन्दूकें चलाते रहने पर भी, मन से वे युद्ध से घृणा करते थे। जो अनुभूति आगे चलकर क्रुद्ध युवकों को होनेवाली थी, उस अनुभूति का जन्म इन सैनिक कवियों की कविताओं में हुआ था :

*तुमने मुझे खरीदना चाहा था*
*और आखिर में खरीद ही लिया।*

× × ×

*आइटम—एक नौसैनिक, जिसकी टाँगें कट गई हैं।*
*फायदा—गैर-जिम्मेवार राजनीतिज्ञों के लिए वोट।*
*आइटम—सिपाही की दाहिनी बाँह नहीं है।*
*फायदा—विवेकहीन अखबारों के लिए मसाला।*

× × ×

*सागीनाव की वह औरत,*
*जो सरकार के शोक-तार को पढ़कर*
*इकलौते बेटे के लिए रो रही है।*

× × ×

*हम कैलेंडर के गलत पेज पर मरे।*
*हमने उन नगरों को जलाया,*
*जिनके बारे में हमने स्कूल में पढ़ा था।*
*उन्होंने कहा, 'नक्शे यहाँ हैं';*
*और हमने नगरों को जला दिया।*
*ज्यादा दिन बचनेवालों को*
*तमगे और इनाम मिलते हैं।*
*लेकिन, जब हम मरते हैं,*
*कहा जाता है, हताहतों की संख्या अल्प है।*

× × ×

*मेरे मरे हुए दोस्त!*
*अब देखो*
*जिन्होंने तुम्हें देश-भक्ति के बहाने*

*फुसलाया था,*
*वे तुम्हें कहाँ पहुँचा गए?*

× × ×

*'वीर', यह शब्द केवल शान्ति-काल के लिए है।*
*युद्ध तो तीन ही वास्तविकताएँ जानता है,*
*दुश्मन, बन्दूक और जिन्दगी।*
*जो पनाह खोजते हुए*
*एक पेड़ से दूसरे पेड़ की ओर नहीं भागा है,*
*जिसने धरती खोदकर अपनी गरदन नहीं छिपाई है,*
*बमों के धड़ाकों से हिलती धरती की माँद में*
*जिसने अपने घुटने नहीं समेटे हैं,*
*वह आदमी युद्ध को नहीं जानता है।*

× × ×

*लेकिन याद रखो,*
*जिसे तुम मार गिराते हो,*
*वह एक दिन अचानक खड़ा हो जाता है*
*और तुम्हारी आँखों में आँखें डालकर*
*बड़ी ही संजीदगी से पूछता है,*
*'भाई, मुझे तुम क्यों मारते हो?*
*मैं तो आदमी हूँ।'*

प्रिस्टले के उपदेश, माम की मखौल और हर्बर्ट की कविता से क्रुद्ध नौजवानों की गर्म नाड़ियाँ ठंडी नहीं बनाई जा सकतीं। सभ्यता के भीतर जहाँ आग लगी है, वहाँ आग बुझानेवाली नलें पहुँच ही नहीं सकतीं। यह आग न तो प्रिस्टले बुझा सकते हैं, न वह चर्चिल के ओजस्वी वाक्यों से बुझेगी। शायद सारी सभ्यता विनाश की लपेट में है। शायद मनुष्य उस राह पर आएगा ही नहीं, जो विनाश से बचने की राह है। सवाल यह है कि क्या मनुष्य विनाश से बच सकता है? और यही सवाल हमारे युग की बेचैनी और उसका दर्द है। कर्तव्य की योजनाएँ बनाने से फायदा क्या है? कौन उन योजनाओं को मानेगा? क्रुद्ध युवक मानते हैं कि वे वह शुतुर्मुर्ग हो गए हैं, जो तूफान से बचने के लिए अपनी गरदन बालू के भीतर घुसेड़ देता है। 'मगर आँख खोलकर तो कोई बेवकूफ भी चीजों को देख सकता है, लेकिन शुतुर्मुर्ग को जो चीजें बालू के भीतर दिखाई देती हैं, उनका गवाह कौन है, वे चीजें और किसको दिखाई देती हैं?'

जार्ज आरवेल ने आज से तीस वर्ष पहले लिखा था : 'आदमी का व्यक्तित्व राजनीति और टैंकों से रौंदा जाएगा।' क्रुद्ध कवि अपनी आत्मा पर राजनीति और टैंकों का बोझ अनुभव करते हैं। इसीलिए वे दुखी हैं, नाराज हैं। उनका काम ज्ञान-दान और योजना-निर्माण नहीं है। वे बुद्धि के विरोधी और भावना के तरफदार हैं। 'हम तो सिर्फ वे ही बातें बोलते हैं, जिन्हें जनता सोच रही है। मगर हम चाहते हैं कि जनता तड़पे और क्रोध करे, रोए और विलाप करे, बातों को एहसासे और व्याकुल हो जाए। हम जनता के भीतर दर्द की अनुभूति जगाना चाहते हैं। सोचने का काम वह बाद में कर लेगी।'

क्रुद्ध युवकों की चिन्ताधारा एक प्रकार की भयानक मोह-भंग की मुद्रा से उत्पन्न हुई है। 'सत्य के ज्ञान से जीवन का आनन्द सघन नहीं होता। जीवन जिस मिथ्या माया के कारण सह्य है, सत्य उस माया को ही उजाड़ डालता है।'

विलसन ने किसी आचार्य से पूछा था : 'निहिलिज्म का अर्थ क्या है?' आचार्य ने बताया : 'प्रत्येक वस्तु के मिथ्यापन में विश्वास।' विलसन आनन्द से उछल पड़ा, क्योंकि उसे अपनी मनोदशा के लिए उपयुक्त नाम मिल गया था। 'हाँ, निहिलिज्म किसी वस्तु में विश्वास के अभाव को नहीं कहते हैं। वह प्रत्येक वस्तु के मिथ्यापन में विश्वास का नाम है।' क्रुद्ध नौजवानों को सभ्यता का कोई भी मूल्य, कोई भी आचार पसन्द नहीं है। वे सभी मूल्यों और सभी मान्यताओं को गलत समझते हैं।

जीने की विवशता से प्रेरित होकर ये कलाकार सुख और सुविधा की तो खोज करते हैं, किन्तु समाज की परम्पराओं को अपने पास फटकने देना नहीं चाहते। बुद्धि बताती है, अगर उन्हें समाज से घृणा है तो उन पर यह दायित्व भी आता है कि अपनी घृणा के औचित्य का ब्यौरा वे समाज को समझने दें। किन्तु द्वितीय महायुद्ध के बाद यूरोप और अमरीका में जो विरोधमूलक साहित्य तैयार हुआ है, उनमें विरोध के कारणों का उल्लेख नहीं है। सम्भव यह है कि लेखक समाज का विरोध केवल विरोध के लिए कर रहे हों। वास्तव में, इस विरोध में उनकी अपनी आस्था भी काफी मजबूत नहीं है। शायद, समाज के भीतर वे अपनी स्थिति को डाँवाँडोल महसूस करते हैं, शायद अपने विरोध के उद्देश्य का उन्हें खुद भी कोई ज्ञान नहीं है। अतएव आत्म-सन्देह को छिपाने के लिए वे और अधिक कटुता, और अधिक कड़वेपन का आश्रय ले रहे हैं। ज्यों-ज्यों समाज उनकी कटूक्तियों की अपेक्षा करता है, इन लेखकों का निहिलिज्म और भी तेज होता जाता है।

लेकिन निहिलिज्म क्या कोई जीवन-दर्शन हो सकता है? निहिलिज्म विफलता-बोध से उत्पन्न एक ऐसा ध्वंसात्मक भाव है, जो हर चीज को गलत मानता है मगर जो बात सही हो सकती है, उसका पता उसे कहीं नहीं चलता। समाज के स्तर पर वह अराजकता और अव्यवस्था का पर्याय है तथा साहित्य के भीतर वह उस अगुरु का धुआँ है, जो सूने मन्दिर में जल रहा है। वह क्रान्ति को केवल क्रान्ति के लिए पूजने की भावना है। यह वीरता और बलिदान को केवल वीरता और बलिदान के लिए जगाने का भाव है। यह वह स्वतंत्रता है, जो जीवन की सेवा का मार्ग नहीं जानती। यह वह अधिकार है, जो अपने अस्तित्व को प्रमाणित करने के लिए अपराध अथवा आत्महत्या को जायज बताना चाहता है। निहिलिज्म का सहारा वह व्यक्ति लेता है, जो यह समझता है कि उसके हाथ और पाँव बँधे हुए हैं तथा बकने के सिवा वह और कुछ करने से लाचार है। किन्तु जो लोग यह समझते हैं कि मनुष्यता अभी जीवित है, वह जगाई जा सकती है और वह अपना सुधार भी करने में समर्थ है, वे ऐसे नैराश्यवादी दर्शन के चक्कर में नहीं पड़कर किसी ऐसी विचारधारा से काम लेते हैं, जो निहिलिज्म की अपेक्षा अधिक सुस्पष्ट और ध्येययुक्त हो।

कभी-कभी हमें ऐसा लगता है कि अमरीका के बीट और इंग्लैंड के क्रुद्ध युवकों ने अपने लिए जो शैली तैयार की है, वह कविता में शुद्धता लानेवाले आन्दोलनों का ही एक अप्रत्यक्ष परिणाम है। लेखक बराबर यह चाहता है कि उसके पाठक थोड़े नहीं, अधिक-से-अधिक लोग हों। मगर जब रेम्बू और मलार्मे के प्रयोगों के कारण कविता के पाठकों की संख्या घटने लगी, तब उन्हीं लोगों ने सोचा था कि जो क्षति सामाजिकता के त्याग से हो रही है, उसे हम शैली के जादू से पूरा करेंगे। तब से कविगण बराबर शैली के जादू का भरोसा ज्यादा करते रहे हैं और आलोचकों के एक दल को बराबर यह सन्देह रहा है कि यह एक तरह की क्षति-पूर्ति का ही प्रयास है।

जब भी कोई सर्वथा मौलिक कृति समाज के सामने पहले-पहल आती है, समाज की चेतना को उससे धक्का-सा लगता है और वह कृति सर्वत्र चर्चा की वस्तु बन जाती है। जब इलियट का 'वेस्ट लैंड' पहले-पहल प्रकाशित हुआ था, समाज के मन पर उस कविता से धक्का लगा था। मगर अब उस कृति से किसी को भी धक्के की अनुभूति नहीं होती। बड़ी-से-बड़ी मौलिकता भी युग-युगान्तर तक धक्कामार नहीं रह सकती। काल पाकर लोग उसके अभ्यस्त हो जाते हैं और उसका 'शॉक' एक तरह से मर जाता है। पिकासो एक समय बेजोड़ धक्कामार थे, मगर अब उनके चित्र धक्के की अनुभूति नहीं देते हैं। कुछ

यह बात भी है कि पिछले सौ वर्षों से साहित्य और कला ने जन-रुचि को इतने अधिक धक्के दिये हैं (जैसे नीत्शे और बर्नार्ड शॉ ने) कि जनता अब ऐसी शैली की अभ्यस्त हो गई है और कड़वी-से-कड़वी बातों से भी वह अधिक विचलित नहीं होती। इससे कवियों को निराशा हो रही है। वे चाहते हैं कि लोग घबराएँ, विचलित हों, जनता के बीच खलबली मचे और लोग हमारा विरोध करें। लेकिन जब उनके सामने रुकावट नहीं डाली जाती, वे और निराश हो जाते हैं तथा तब उनकी भाषा और भी धक्कामार हो उठती है।

यह प्रवृत्ति केवल यूरोप और अमरीका में ही नहीं बढ़ी है, उसके कुछ थोड़े आसार रूस और चीन में भी हैं। मगर, रूस और चीन की सरकारें ऐसी बातों को चलने देना नहीं चाहतीं। तब भी, जब-तब इस प्रवृत्ति के दृष्टान्त उन देशों में भी दिखाई पड़ जाते हैं। असल में, पूँजीवादी और समाजवादी, दोनों ही प्रकार के देशों में एक विचारधारा प्रकट हुई है, जो मर्यादा-भंग और स्थिर मूल्यों के विरोध की भावना को सिद्धान्त का रूप देना चाहती है।

सरकारें समाजवादी हों या पूँजीवादी, वे यह जरूर चाहती हैं कि कविता और साहित्य समाज की उन्नति और विकास में सहायता प्रदान करें। और ऐसा वे चाहें क्यों नहीं? समाजवादी योजना के आदि आचार्य प्लेटो ने ही तो कहा था कि उनकी कल्पना के समाज में कवियों के लिए कोई स्थान नहीं है। निदान, सरकारें कवियों को स्थान तब देंगी, जब वे अपने को समाज के लिए उपयोगी सिद्ध करें। यही कारण है कि बीट और क्रुद्ध युवकों की भावना राजनीति के प्रति प्रायः एक ही समान है। यही कारण है कि साम्यवादी देश का कोई कवि यदि राजनीति द्वारा निर्धारित लक्ष्मण-रेखा का अतिक्रमण करता है तो उस देश की सरकार तो अप्रसन्न हो जाती है, लेकिन अमरीका और यूरोप के कलाकार उसे हाथोंहाथ उठा लेते हैं। अमरीका के गिन्सबर्ग, रूस के येव्तेशेंकू और इंग्लैंड के टेडी कवि–इन सबकी विचारधारा आपस में मिलती-जुलती है।

और रूस में केवल येव्तेशेंकू ही नहीं हैं, वहाँ और भी नये कवि हैं, जो रूस के क्रुद्ध युवक समझे जाते हैं। साम्यवाद से उनका कोई विरोध नहीं है, लेकिन साहित्य और कला की एकरसता से वे ऊब गए हैं और पंख खोलकर कल्पना की अज्ञात दिशा की ओर उड़ना चाहते हैं। सारे संसार में साहित्य के भीतर यह भाव सिर उठा रहा है कि साहित्य को राजनीति से सावधान रहना चाहिए और जहाँ भी साहित्य राजनीति की अधीनता में है, वहाँ उसे इस अधीनता से मुक्त होना चाहिए। कुछ यह प्रेरणा भी है, जो नई पीढ़ी को राजनीति से विमुख किये जा रही है।

जब से हिरोशिमा पर बम फेंका गया (1945 ई.), प्रायः तभी से विश्व साहित्य में भाव की एक धारा प्रकट हुई है, जो सनसनीखेज है, आक्रामक और प्रचारेच्छुक है। इन सभी लेखकों में एक प्रकार की आध्यात्मिक बेचैनी मिलती है, आत्मा की तड़प मिलती है, संसार को हिलाने का जोश मिलता है। जो लोग आस्तिक हैं, उनकी तड़प की भंगिमा एक तरह की है; जो नास्तिक हैं, उनकी तड़प कुछ और है। लेकिन समाज के ध्येयों की निन्दा, मर्यादा-भंग की प्रवृत्ति और नैतिकता की खिल्ली उड़ाने का भाव इन सभी लेखकों में समान रूप से मिलता है। बीटों के बीच आपसी मतभेद चाहे जो हों, किन्तु एक बात में वे सब-के-सब समान हैं यानी समाज को बर्दाश्त करने की बात उनमें से कोई नहीं करता, शहरों और नगरों में जो मनुष्यों का सुसंगठित समाज चल रहा है, उससे वे ऊबे हुए हैं और इतने ऊबे हुए हैं कि मर जाना उन्हें ज्यादा पसन्द है।

सामान्य सामाजिक जीवन के वे खिलाफ हैं। अच्छा जीवन वह है, जो निरा वैयक्तिक है, जो आवारों का है, घुमक्कड़ों का है, अव्यवस्थित और सनकी लोगों का है। अच्छा जीवन सामाजिक नहीं होता, वह हमेशा आन्तरिक होता है, जहाँ आदमी जो भी चाहे, सोच सके; जो भी चाहे, बोल सके; जो भी चाहे, कर सके। वैयक्तिकता को पहले के कवियों ने किसी ऊँचे ध्येय की सिद्धि के लिए स्वीकार किया था; किन्तु अब उसका उपयोग गन्दी और हेय बातों के लिए किया जाने लगा है।

किन्तु बीटों में कभी-कभी ऐसी बातें भी मिलती हैं, जिनसे अनुमान होता है कि हो न हो, उनका रोग धार्मिक स्नायुघात का रोग है और, अप्रत्यक्ष रूप से, वे किसी-न-किसी तरह की आध्यात्मिक शान्ति की तलाश में हैं। इस प्रकार, इंग्लैंड के क्रुद्ध युवकों की यह अनुभूति बहुत भली लगती है कि हम अभागे लोग हैं। पूर्वजों ने हमारी सारी समस्याएँ हल कर दीं। उन्होंने ऐसा कोई ध्येय क्यों नहीं छोड़ा, जिसके लिए हम संघर्ष करते?

खैरियत की बात यह है कि भारत के क्रुद्ध नौजवान उतने अभागे नहीं हैं। उनके पूर्वजों ने दरिद्रता, अनेकता और अभावों का इतना भयानक उत्तराधिकार छोड़ा है कि वह अभी पीढ़ियों तक भी हल नहीं होगा।

# मनीषी और समाज

बुद्धिजीवी, इंटेलेक्चुअल अथवा मनीषी के बारे में हमारी जो धारणा आज है, उनकी कुछ थोड़ी झलक मनुस्मृति में भी मिलती है। मनीषी उस समय केवल ब्राह्मण जाति में होते थे, अतएव पूरी ब्राह्मण जाति की कल्पना मनु ने धर्म, समाज और संस्कृति के प्रहरी के रूप में की थी। ब्राह्मण समाज के विवेक (कांसेस) के प्रतिनिधि होते थे। औरों की तो बात ही क्या, यदि स्वयं राजा भी कुमार्ग पर चले, तो उसे टोकना ब्राह्मणों का धर्म था। स्पष्ट ही, इस कठोर धर्म का पालन वही कर सकता है, जो सभी प्रकार की लोभ की भावनाओं से मुक्त हो। निर्धनता को ब्राह्मण का सर्वस्व बताकर शास्त्रों ने उसके धन-लोभ को समाप्त कर दिया; यानी उसे इस योग्य बना दिया कि राजा उसे धन से नहीं खरीद सके। किन्तु राजा जिसे धन से नहीं खरीद सकता, उसे सम्मान देकर खरीद सकता है। अतएव सम्मान को भी मनुस्मृति ब्राह्मण के लिए अग्राह्य बताती है।

*सम्मानाद् ब्राह्मणो नित्यं उद्विजेत विषादिव,*
*अमृतस्यैव चाकांक्षेत् अवमानस्य सर्वदा।*

अर्थात् सम्मान से ब्राह्मण उसी प्रकार भागे, जैसे मनुष्य जहर से भागता है और अपमान की कामना वह उसी प्रकार करे, जैसे लोग अमृत की कामना करते हैं।

*अर्चितः पूजितो विप्रः दुग्धगौरिव सीदति।*

अर्थात् अर्चित-पूजित विप्र दुही हुई गौ के समान सूख जाता है।

*असम्मानात्तपोवृद्धिः सम्मानात्तु तपःक्षयः।*

अर्थात् असम्मान पाने से तपस्या में वृद्धि होती है, सम्मान पाने से तप का विनाश होता है।

सात्त्विक क्रोध को संस्कृत में मन्यु कहते हैं। क्रोध की निन्दा तो शास्त्रों में सर्वत्र है, किन्तु मन्यु निंद्य भाव नहीं है। मन्यु वह क्रोध है, जो क्रौंच-वध को

देखकर आदि कवि के हृदय में उत्पन्न हुआ था। यह वह उग्र भाव है, जो शोषण, अन्याय, पाखंड और कायरता को देखकर प्रत्येक मनीषी के मन में उत्पन्न होता है। ब्राह्मण मन्युशील होते थे और मन्युशील ब्राह्मण का कोप भयानक समझा जाता था। धर्मशास्त्रों ने बार-बार समाज को सावधान किया है कि वह ब्राह्मण को रुष्ट होने का अवसर न दे :

*क्रुद्धो ब्राह्मणो हन्ति राष्ट्रम्।*

अर्थात् कुपित ब्राह्मण राष्ट्र का विनाश कर डालता है।

*मन्युप्रहरणाः विप्राः न विप्राः शस्त्रयोधिनः।*
*निहन्युर्मन्युना विप्राः वज्रपाणिरिवासुरान्॥*

अर्थात् ब्राह्मण शस्त्र उठाकर युद्ध नहीं करता, उसका हथियार उसका क्रोध है। सात्त्विक क्रोध के द्वारा ब्राह्मण वैसा ही विनाश करता है, जैसा विनाश असुरों का इन्द्र करते हैं।

आज की भाषा में इसका अर्थ यह है कि मनीषी तलवार से नहीं, कलम से लड़ते हैं और समाज में ऐसा भूकम्प ला सकते हैं, जैसा भूकम्प सेनाएँ भी नहीं ला सकतीं।

सात्त्विक क्रोध मनीषी की जान है। जिसमें यह क्रोध नहीं होता, उस मनीषी की वाणी विफल हो जाती है। नवीन युग की सभी क्रान्तियाँ पहले मनीषियों के दिमाग में सुलगी थीं, पीछे उनकी लपेट में जनता भी आ गई। स्थापित समाज के विरुद्ध अगर मनीषियों के मन में असन्तोष नहीं है, तो वह समाज नहीं टूटेगा। लेकिन मनीषी अगर उसके विरुद्ध हैं, तो उस समाज को आज नहीं तो कल बदलना पड़ेगा। मनीषी वह सरल, निश्छल यंत्र है, जिसके भीतर जनता की छाती धड़कती है, सभ्यता और संस्कृति के हृदय के स्पन्दन सुनाई देते हैं और जन-जन के मन की पीड़ाएँ बोलती हैं। मनीषी स्वयं में एक देश है, एक जनता है, एक पूरी सभ्यता का प्रतीक है। जब वह बिगड़ता है, तब समझना चाहिए कि सारी जनता बिगड़ने को तैयार है। जब वह बदलता है, तब संकेत लेना चाहिए कि सारी जनता बदलना चाहती है। क्रान्ति के समय जो तलवार चलती है, वह पहले चिन्तकों के दिमाग में गढ़ी जाती है। जनता जब भूडोल मचाती है, तब उसका मूल कवियों और लेखकों के असन्तोष में होता है। फ्रांसीसी क्रान्ति के समय किसी कवि ने अपनी व्यथा का वर्णन करते हुए कहा था :

*धक्के खाकर मैं गिरा, नाक मेरी मिट्टी में समा गई।*
*यह और किसी का नहीं, जुर्म रूसो का, वाल्तेयर का है।*

ब्राह्मणों के लिए जो भिक्षा की वृत्ति विहित बताई गई थी, उसका भी उद्देश्य यही था कि ब्राह्मण किन्हीं दो-एक व्यक्तियों के सामने कृतज्ञता से न दब जाए। वह सारी जनता का प्रवक्ता बनकर रहे और जो भी व्यक्ति धर्म का उल्लंघन करे, उसके खिलाफ निन्दा की बात वह निर्भीक होकर बोल सके। भिक्षा के पेशे की जो प्रतिष्ठा भारतवर्ष में थी, वह किसी और देश में नहीं थी और इस पेशे की थोड़ी-बहुत इज्जत आज भी इसी देश में है। भारतीय संस्कृति के भीतर कहीं एक मान्यता छिपी रही है कि भिक्षा पर जीनेवाले ब्राह्मण की प्रतिष्ठा नहीं घटती, उलटे इससे उसकी नैतिक स्वतंत्रता अक्षुण्ण बनी रहती है। चूँकि ब्राह्मण नैतिकता का प्रहरी है, अतएव सारे समाज का कर्तव्य है कि वह उसका आदरपूर्वक रक्षण और पालन करे तथा उसे अपने प्रति कृतज्ञ बनाने की आशा नहीं रखे।

आरम्भ में ब्राह्मणों ने समाज की आलोचना का कार्य निर्भीकता से अवश्य किया होगा और इसके लिए उन्होंने कष्ट भी सहे होंगे। अन्यथा शास्त्रों में उतना ऊँचा स्थान उन्हें नहीं दिया गया होता। लेकिन धीरे-धीरे वे स्थापित धर्म और समाज के प्रहरी नहीं रहे, उसके रक्षक बन गए और जो अधिकार उन्हें समाज की आलोचना करने को दिया गया था, उसका उपयोग वे उन क्रान्तियों को दबाने के लिए करने लगे, जो स्थापित धर्म और समाज के खिलाफ पड़ती थीं; अर्थात् वे आलोचक न रहकर 'ऑफिसियल' बन गए और समाज की आलोचना का क्षेत्र उन मनीषियों से भर गया, जो महावीर अथवा गौतम बुद्ध के अनुयायी थे।

इस दृष्टि से देखने पर संस्कृत के कवि मन्युहीन दिखाई देते हैं। उनके भीतर समाज की आलोचना करने की प्रवृत्ति नहीं है, वंश और जाति की महिमा का विरोध करने का भाव नहीं है। वे केवल कलाकार हैं। वे शब्दों के भक्त और अभिव्यक्ति के आचार्य हैं, किन्तु समाज की अवस्था पर स्वतंत्र चिन्तन करने का उनमें साहस नहीं है।

बुद्ध के समय से भारत में मनीषियों की दो परम्पराएँ हम देखते हैं : एक परम्परा उनकी है, जो स्थापित धर्म और समाज को पूर्ण और असंशोधनीय समझते हैं। उनके भीतर शान्ति और सन्तोष के भाव प्रधान मिलते हैं। उन्हें दुःख है भी तो केवल इस बात का कि ऐसे अच्छे धर्म और समाज के भी आलोचक उत्पन्न हो रहे हैं; और दूसरी परम्परा उन कवियों और दार्शनिकों की है, जो वर्णाश्रम-धर्म को दूषित समझते हैं, वैदिक और पौराणिक मत को अपूर्ण मानते हैं तथा जाति और वंश की महिमा के विरुद्ध जिनके भीतर

विद्रोह के ज्वलन्त भाव है। पहली धारा के शास्त्रकार मनु और पराशर, दार्शनिक शंकराचार्य तथा कवि वाल्मीकि, कालिदास, कम्बन, पोतना, तुलसी और सूर हैं तथा दूसरी धारा के दार्शनिक बुद्ध, नागार्जुन और वसुबन्धु तथा कवि तिरुवल्लुवर, सरहपा, नहपा, कबीर, नानक, दादू दयाल, वेमना और रवीन्द्रनाथ हैं।

जहाँ तक राजनीति और साहित्य के द्वन्द्व का प्रश्न है, यह बात प्राचीन कवियों को भी मालूम थी कि राजा का मुँह जोहने से साहित्यकार की स्वतंत्रता मारी जाती है :

*नरपतिहितकर्त्ता द्वेष्यतां याति लोके*
*जनपदहितकारी द्विष्यते पार्थिवेन*
*इति महति विरोधे त्यज्यमाने समाने*
*नृपतिजनपदानां दुर्लभः कार्यकर्त्ता॥*

अर्थात् राजा का हित करनेवाले व्यक्ति से जनता को द्वेष होता है और जनता का हित चाहनेवालों से राजा द्वेष करने लगता है। ये दोनों विरोधी बातें हैं और दोनों ही त्यागने के योग्य हैं। ऐसी अवस्था में वे कार्यकर्ता दुर्लभ हैं, जो राजा और प्रजा, दोनों को प्रसन्न रख सकें।

किन्तु संस्कृत कवियों में ऐसे कवि नहीं मिलते, जो राजा को ललकारें अथवा प्रजा से ही कहें कि ये बातें गलत हैं और हम इन्हें चलने नहीं देंगे।

किन्तु मुस्लिम-काल के हिन्दी कवियों में यह भाव जब-तब मिलता है कि कवि को राजा की परवाह नहीं करनी चाहिए। तुलसीदास के मन में एक बार शायद यह विचार आया था कि कवि होने के साथ अगर मैं मनसबदार भी हुआ होता, तो कैसा होता? लेकिन, इस विचार के उठते ही उन्हें अपने-आप पर हँसी आ गई और उन्होंने कहा :

*हम चाकर रघुबीर के, पटौ लिख्यौ दरबार।*
*तुलसी अब का होहिंगे नर के मनसबदार॥*

राजा की प्रशस्ति लिखने का उस समय जो रिवाज था, शायद उसी की ओर लक्ष्य करके तुलसीदास ने कहा है :

*प्राकृत मनुज करत गुनगाना,*
*सिर धुनि गिरा लागु पछिताना।*

लेकिन राजा होने पर भी नायक यदि जनता की इच्छाओं का प्रतीक हो, तो उसकी स्तुति करने में कविगण दोष नहीं मानते थे। सभी प्रकार की स्तुतियाँ

लिखनेवाले कवियों से अपने को श्रेष्ठ बताते हुए भूषण ने बड़े ही गौरव के साथ कहा है :

*ब्रह्म के आनन ते निकसे ते*
*अत्यन्त पुनीत तिहूँ पुर बानी।*
*राम युधिष्ठिर के बरने*
*बलमीकहु ब्यास के अंग समानी।*
*भूषन यों कलि के कविराजन*
*राजन के गुन गाय नसानी।*
*पुण्य-चरित्र सिवा सरजै*
*सर न्हाय पवित्र भई पुनि बानी।*

कुम्भनदास को सीकरी से शायद बुलावा आया था, किन्तु उस बुलावे का उन्होंने यह कहते हुए तिरस्कार कर दिया :

*सन्त को सिकरी सौं का काम?*
*आवत जात पनहियाँ टूटीं, बिसरि गये हरि नाम।*
*जाको मुख देखे दुख उपजत, वाको करिवे परी सलाम॥*

लेकिन इस दृष्टि से सबसे विलक्षण कविता श्रीधर कवि की है। श्रीधर अकबर के समकालीन थे। अकबर के दरबार में केवल फारसी के ही शायर नहीं जाते थे, वहाँ संस्कृत और हिन्दी के कवियों का भी खूब जमाव था। इसमें श्रीधर को कवियों के स्वाभिमान का ह्रास दिखाई पड़ा और उन्होंने बड़े ही क्रोध के साथ लिख दिया :

*अब के सुलतान भये फुहियान-से, बाँधत पाग अटब्बर की।*
*नर की नरकी कविता जु करै, तेहि काटिए जीभ सुलब्बर की।*
*इक श्रीधर आस हैं श्रीधर की, नहिं त्रास अहै कोउ बब्बर की।*
*जिन्हें कोउ न आस अहै जग में, सो करौ मिलि आस अकब्बर की।*

नर की स्तुति में जो नारकीय कविता लिखता है, उस लफंगे कवि की जीभ काट लो। श्रीधर को न तो शेर-बब्बर का भय है, न वह अकबर के दादा बाबर की परवाह करता है।

मध्यकाल के कवियों को मनीषी-धर्म के असली मर्म का पता नहीं था। उसका स्पष्टीकरण अभी हाल की घटना है, जब कवि को अपने व्यक्तित्व की महिमा का ज्ञान हुआ है। किन्तु मनीषी तो स्वभाव से ही मनीषी होते हैं। मध्यकाल में भी ऐसे कवि हुए थे, जो मौन मानवता की ओर से बोलते थे, जो समाज को सावधान करना चाहते थे। कबीर की सामाजिक चेतना के बारे में

हम सबको बहुत अच्छी जानकारी है। किन्तु स्वयं गुरु नानक इसके अपवाद नहीं थे। बाबर के खिलाफ उनकी एक सूक्ति मिलती है, जिसमें उन्होंने कहा है : 'खुरासान को तो भगवान ने बचा दिया, लेकिन आफत हिन्दुस्तान को भेज दी। कर्ता अपने ऊपर दोष नहीं लेता, इसीलिए उसने मुगलों को यम बनाकर भारत पर चढ़ा दिया।'

*खुरासान खसमाना किया,*
*हिन्दुस्तान डराया।*
*आपे दोस न दई करता,*
*जमकर मोगल चढ़ाया।*

भारत के मनीषी ब्राह्मण थे और ब्राह्मणों की जीविका भिक्षा-वृत्ति थी। सब जानते थे कि ब्राह्मण भिक्षु होते हैं, किन्तु किसी भी ब्राह्मण को यह कहने में संकोच नहीं होता था कि मैं ब्राह्मण हूँ। किन्तु यूरोप में लेखक अपने को लेखक कहने में शरमाते थे। कलम से जीविका कमाने की बात वहाँ लज्जा की बात समझी जाती थी। अतएव लेखक अपने को लेखक न बताकर भद्र मनुष्य बताना ही ठीक समझते थे। अंग्रेजी के नाटककार कांग्रीव जब बहुत प्रसिद्ध हो गए, एक बार उन्होंने पेरिस की यात्रा की। पेरिस में कांग्रीव को आया जान वालतेयर उनसे मिलने आए और उन्होंने कांग्रीव से कहा कि 'लेखक के रूप में आपने जो कीर्ति अर्जित की है, वही मुझे आपके पास खींच लाई है।' कांग्रीव ने उत्तर दिया : 'मगर मैं तो लेखक नहीं, भद्र मनुष्य हूँ।' वालतेयर तुरन्त यह कहकर वहाँ से उठ गए कि 'मैं उस कांग्रीव से मिलने नहीं आया था, जो निरा भद्र मनुष्य है।'

भारत में लेखक-वृत्ति की कभी निन्दा रही हो, ऐसा दिखाई नहीं देता। कवियों और विद्वानों को प्रश्रय प्रायः राजदरबारों में मिलता था। चीन में तो और भी विलक्षणता की बात थी। वहाँ के राजे नौकरी केवल विद्वानों को ही देते थे और उनमें भी प्राथमिकता अक्सर उन्हें मिलती थी, जो कन्फ्यूसियस के अनुयायी होते थे। एक यह कारण भी हुआ कि चीन में कन्फ्यूसियस ने लाओत्से को दबा दिया। राज्य के पास ऐसी शक्ति होती है कि चाहे तो वह विरोधी विचारधारा को उभरने से रोक दे।

किन्तु भारत में कवियों और विद्वानों को राज्याश्रय उनसे नौकरी करवाने को नहीं दिया जाता था। कभी-कभी कवि और विद्वान सेनापति और मंत्री भी बना दिये जाते थे, लेकिन यह अपवाद की बात थी। साधारणतया काव्य-रचना को छोड़कर कवियों पर और कोई दायित्व नहीं डाला जाता था। राजे हिरन

पालते थे, सुग्गे और पहलवान पालते थे। इसी तरह, कवि और विद्वान का पालन करना भी वे अपना कर्तव्य समझते थे। यह एक प्रकार के भावनात्मक सन्तोष का काम था, क्योंकि जो राजा बहुत अच्छे कवि का आश्रयदाता होता था, वह कम-से-कम, इस एक बात को लेकर अन्य राजाओं से अपने को श्रेष्ठ समझ सकता था।

यह कला के प्रति ठीक कला-जैसे बर्ताव का दृष्टान्त है। शुद्धतावादी कवियों ने इधर कहना शुरू किया है कि जो लोग कविता के उपयोग की बात पूछते हैं, वे यह क्यों नहीं पूछते कि फूलों का क्या उपयोग है, मैदान की शोभा किस काम में आती है और शहरों में पार्क बनाने के फायदे क्या हैं? यदि कवियों को आश्रय देनेवाले राजाओं से यह सवाल पूछा गया होता, तो आज के नये कवियों के उत्तर उन राजाओं को भी समीचीन मालूम हुए होते। और यह तो है ही कि दरबारों में पलनेवाले कवियों का ध्यान समाज पर नहीं था। वे न तो काल पर सोचते थे, न अपने देश और समाज पर। विषय उनके गिने-चुने होते थे, मगर कारीगरी और पच्चीकारी के काम वे खूब करते थे। साहित्य में जब भी शैली का सौन्दर्य प्रधान होता है, जीवन गौण बन जाता है। और जो भी कवि जीवन को प्रभावित करना चाहता है, वह शैली के पीछे अपना दिमाग कम खपाता है। बिहारीलाल और कबीर इस बात के पक्के प्रमाण हैं।

मध्यकालीन युग के अन्त तक कवियों का व्यक्तित्व प्रायः सर्वत्र ही सोया हुआ था, यद्यपि उनकी कला और पांडित्य नींद में नहीं थे। राज्याश्रय स्वीकार करने से कवि-प्रतिभा का ह्रास हो सकता है, इस भय की अनुभूति उसी सुप्त व्यक्तित्व की अनुभूति थी। जरा और गहराई में झाँकने पर हमें यह भी दिखाई देता है कि इस खतरे की जड़ इस विश्वास में गड़ी है कि कवि का सबसे बड़ा धर्म अपने विचारों के प्रति निश्छल रहना है, अपनी आत्मा के प्रति ईमानदार रहना है। यदि इस ईमानदारी के पालन में ही संकट हो तो फिर कविता करने से लाभ क्या है? कबीर जैसे कवियों ने यह भी देख लिया था कि खतरे केवल राजभवन से ही नहीं आते, वे प्रजा की ओर से भी आते हैं। निरापद मार्ग यह है कि कवि सौन्दर्य की बात करे, अभिव्यक्ति का चमत्कार दिखाए और समाज की किसी भी समस्या की ओर अंगुलिनिर्देश न करे। क्योंकि कवि अगर स्थापित मान्यताओं के खिलाफ जाएगा तो राजा और प्रजा, दोनों उसके दुश्मन बन जाएँगे। राजा रूठ जाए तो कवि प्रजा को लेकर रह सकता है, प्रजा रूठ जाए तो वह राजा के साथ सुख से अधम जीवन बिता सकता है, किन्तु जिस कवि से राजा और प्रजा, दोनों रूठ जाते हैं, असली परीक्षा उसी की होती है।

किन्तु कवियों का जो व्यक्तित्व मध्य काल तक सोया हुआ था, वह क्रान्ति के समय फ्रांस में जगा। विचारों और भावनाओं में समाज को बदलने की, राजसत्ता को उखाड़ फेंकने की और मनुष्यों के भीतर नया विश्वास पैदा करने की जो शक्ति है, उससे मध्यकालीन कवि, प्रायः अपरिचित रहे थे। फ्रांसीसी क्रान्ति के समय उन्हें यह ज्ञात हुआ कि वे केवल रूप-रचनाकार नहीं हैं, उनका व्यक्तित्व अनूठा है, वे समाज को बदल सकते हैं, इतिहास की धारा को मोड़ सकते हैं। और समाज को बदलने का काम उन्होंने उस प्रकार के व्यावहारिक चिन्तन से नहीं किया, जिसका सहारा हम तात्कालिक ध्येयों की प्राप्ति के लिए लेते हैं। व्यावहारिक मनुष्य वे थे ही नहीं, न राजनीति से उनका सीधा सम्बन्ध था। उन दिनों फ्रांसीसी सरकार के हजारों बड़े अधिकारियों में से एक भी अधिकारी मनीषी नहीं था। इसका अर्थ यह है कि फ्रांस के मनीषी न तो राज्य के प्रति कृतज्ञ थे, न उन्हें राज्य की अपार शक्ति का ज्ञान था। इसी से वे निरंकुश होकर सोच सके और जब क्रान्ति का समय आया, उन्हें यह आशंका नहीं हुई कि राजा क्रान्ति का दमन भी कर सकता है।

अंग्रेजी के 'इंटेलेक्चुअल' शब्द में आज जो अर्थ दिखाई देते हैं, वे मुख्यतः फ्रांसीसी मनीषियों की देन हैं। रूसी भाषा के शब्द 'इंटेलिजेंसिया' का अर्थ 'मुक्त व्यवसाय' होता है। फ्रांस के मनीषी ठीक मुक्त धन्धों के लोग थे। वे नौकरी में नहीं थे, व्यापार नहीं करते थे, न वे कृषक अथवा मजदूर थे। उनका काम सिर्फ चिन्तन करना, अपने सहधर्मियों के साथ चर्चा करना और फिर लेखन का कार्य था। और चिन्तन उनका सोद्देश्य नहीं था। तात्कालिक समस्याओं के समाधान के लिए अपने चिन्तन की दिशा को इधर या उधर ले जाने की बात वे नहीं सोचते थे। बुद्धि उनके चिन्तन का निष्कलुष यंत्र थी और चिन्तन की लड़ी जहाँ तक चलना चाहती, वहाँ तक उसे वे स्वतंत्र होकर चलने देते थे, परिणाम उसका चाहे जो भी निकल जाए। इस प्रकार के शुद्ध चिन्तन से समाज की उत्पत्ति, मनुष्य के अधिकार, राज्यसत्ता की प्रकृति आदि सैकड़ों मौलिक विषयों के बारे में फ्रांस में जो ज्ञान उत्पन्न हुआ, वही क्रान्ति की प्रेरणा बन गया। कहते हैं, फ्रांस में क्रान्ति इस कारण हुई कि उससे पूर्व अमरीका में क्रान्ति हो चुकी थी। किन्तु कहने की असली बात यह होनी चाहिए कि खुद अमरीकी क्रान्ति फ्रांस के मनीषियों के चिन्तन से उत्पन्न हुई थी।

क्रान्ति के पूर्व राजनीति के मौलिक प्रश्नों को लेकर फ्रांस में इतना गम्भीर विचार-मन्थन हुआ कि इस सम्बन्ध में तरह-तरह के सिद्धान्त जनता के समक्ष आ गए। इस विचार-मन्थन का परिणाम संक्रामक सिद्ध हुआ और उससे जनता

का दिमाग खौलने लगा। कहते हैं, उन दिनों फ्रांस की औरतें और किसान भी इस 'साहित्यिक राजनीति' के प्रवाह में आ गए थे और विचारों की चर्चा में उन्हें भी रस आने लगा था। लेखकों ने प्रजा को विचारमूलक राजनीति में दीक्षित कर दिया और, गरचे, शासन का सूत्र राजनीतिज्ञों के हाथ में था, किन्तु समाज के असली नेता लेखक और विचारक बन गए।

तब से फ्रांस में लेखकों की यह मर्यादा प्रायः अक्षुण्ण रही है। फ्रांस का शासन चाहे जिसके भी हाथ में हो, वहाँ की जनता अपना असली नेता लेखकों और विचारकों को मानती है। जर्मनी में सबसे अधिक सम्मान प्रोफेसरों का है और अमरीका में विशेषज्ञों का। किन्तु फ्रांसीसी जनता लेखकों और विचारकों को पूजती है क्योंकि दो शताब्दियों से उसने देख लिया है कि लेखक और विचारक अपनी रुचि और विश्वास के अनुसार काम करते हैं, वे निरन्तर शुद्ध चिन्तन करते हैं, हमेशा न्याय का पक्ष लेते हैं और किसी भी लोभ के बदले अन्याय और असत्य का वे समर्थन नहीं करते। फ्रांस में जीवन की चरम उपलब्धि राजनीतिक सफलता नहीं, साहित्य की कृति मानी जाती है। वहाँ के राजपुरुषों, राजदूतों और जनरलों की भी आन्तरिक कामना यह रहती है कि वे कोई साहित्य की कृति लिख सकें, जिससे उन्हें मनीषियों के बीच स्थान मिल सके।

यहाँ तक साहित्य की आत्मा स्वस्थ थी और कविताओं, उपन्यासों एवं विचारों के समाजोपयोगी समझे जाने से लेखक और कवि का अपमान नहीं होता था। लेखक तब भी प्रचारक नहीं था। उसका व्यक्तित्व कर्म से कुछ दूर था। जीवन को छूनेवाले विषयों पर भी चिन्तन वह दूर से ही करता था, क्योंकि विषयों की गहराई में जाने का मार्ग सीधे सम्पर्क का मार्ग नहीं है, निकट का मार्ग नहीं है, वह हमेशा दूर का ही मार्ग होता है। मनीषी के व्यक्तित्व का यह रूप हमें रोमांटिक युग के कवियों और लेखकों में उजागर दिखाई देता है।

लेकिन रोमांटिक युग में ही एक ऐसी विचारधारा फूट निकली, जो शैली को विषय से अधिक श्रेष्ठ बतलाना चाहती थी। यही यूरोप में सौन्दर्यबोध के आन्दोलन का आरम्भ था। पहले-पहल शेली ने यह बात कही थी कि कविता की असली परख उसमें प्रतिपादित विषय को दृष्टिगत रखकर नहीं, बल्कि उसकी लय, ध्वनि और शैली को लेकर की जानी चाहिए। यह ध्यान देने की बात है कि लय, ध्वनि और शैली की महिमा का ज्ञान शेली से पूर्व के भी पाठकों को था, लेकिन इन चीजों को पहले के रसज्ञ कविता का सम्पूर्ण सार नहीं मानते थे। रोमांटिक युग में कविता के प्रति समाज में जो चाव और आदर

का भाव पैदा हुआ था, उसका कारण कुछ और था। किन्तु अब जनरुचि को यथेष्ट नहीं मानकर कवि एक विशेष प्रकार के पाठकों की माँग करने लगा। इसके भीतर यह भाव प्रच्छन्न था कि विशिष्ट रुचि के पाठक कविता में सामाजिक उत्तेजना की झलक नहीं खोजते, न नैतिक प्रेरणा की तलाश करते हैं। जैसे शिष्ट रुचि के पाठक चित्रों में रंग नहीं देखते, विषय नहीं खोजते, केवल रेखाओं के आकार देखते हैं, उसी प्रकार कविता के शिष्ट पाठक वे हैं, जो काव्य की शैली का आनन्द लेते हैं। यहीं से कवि और मनीषी का व्यक्तित्व अपने चिन्तक-रूप से हटकर कलाकार-रूप की ओर खिसकने लगा। यहीं से साहित्य में वैयक्तिकता का उभार आरम्भ हुआ, जो आगे चलकर अत्यन्त जटिल रूप धारण करनेवाला था।

तब भी, यह ठीक है कि कवि के भीतर वैयक्तिकता का पुट हमेशा से रहा है। 'मैं अद्वितीय हूँ, मेरी रचना अद्वितीय है, वह दूसरों के मनोरंजन के लिए नहीं, मेरे अपने आनन्द के लिए है'–इस अनुभूति का थोड़ा-बहुत आभास पहले के कवियों में भी दिखाई पड़ा था। भवभूति का आदर उनके जीवन-काल में भी था, किन्तु वह उन्हें यथेष्ट नहीं लगा था। अपनी कीर्ति के लिए वे अजन्मा समानधर्माओं का अधिक भरोसा करते थे :

*उत्पत्स्यते च मम कोऽपि समानधर्मा,*
*कालोह्ययंनिरवधिः विपुला च पृथ्वी।*

यह और कुछ नहीं, कवि की वैयक्तिक चेतना का ही संक्षिप्त विस्फोट था। और तुलसीदास जी जो लोक-मर्यादा के कवि थे, समाज को प्रभा'वत करनेवाले कवि थे, उनका भी आन्तरिक विश्वास यही था कि कवि दूसरों के लिए नहीं, केवल अपने अन्तःसुख के लिए लिखता है।

शेली ने जो कुछ कहा था, उसका आशय शायद इतना ही था कि कवियों की प्रशंसा केवल इसीलिए नहीं की जानी चाहिए कि वे समाज के 'विधायक' हैं, बल्कि इसलिए भी कि लय, ध्वनि और भाषा का उनका प्रयोग विलक्षण होता है। किन्तु शेली के कोई पच्चीस साल बाद अमरीकी कवि एडगर एलेन पो ने 'कला के लिए कला' वाले सिद्धान्त की घोषणा कर दी और पेरिस के मनीषियों (बोदलेयर, रेम्बू, मलार्मे आदि) ने उस सिद्धान्त के अनुसार कविताएँ रचकर साहित्य को एक भिन्न दिशा की ओर मोड़ दिया। जिस रास्ते से साहित्य ने समाज पर अपना प्रभाव डाला था, वह रास्ता उसे अनगढ़, स्थूल और कुरूप दिखाई देने लगा। सम्भव है, उस समय तक आकर पहले की शैली की सारी सम्भावनाएँ समाप्त हो गई थीं और अब दुहराहट और नीरसता को अंगीकार किये बिना उस

शैली का प्रयोग नहीं किया जा सकता था; अथवा यह भी सम्भव है कि वास्तविकता की आराधना में कवियों को अपनी ताजगी अब खत्म होती दिखाई पड़ रही थी। निदान, उन्होंने अपने मन को भुलाने के लिए एक खूबसूरत मोहिनी का आविष्कार कर लिया, व्यावहारिक मनुष्य से वे अपने को श्रेष्ठ और जनजीवन को अपने से हेय समझने लगे, कविता की ओर से उन्होंने पूर्ण स्वतंत्रता की घोषणा कर दी और उनकी कला का ध्येय बिम्ब की योजना, प्रतीकों का विधान और प्रत्येक वस्तु के भीतर छिपे अकथ और अरूप का संधान हो गया।

यह अच्छा हुआ या बुरा, इस पर निश्चित राय देना आसान काम नहीं है। इस प्रश्न के मूल में और भी कई प्रश्न हैं, जिनके बारे में कोई भी बात निश्चितता के साथ नहीं कही जा सकती। पहला प्रश्न यह है कि कविता अगर अपने को और भी कवित्वपूर्ण बनाना चाहती है, तो क्या यह उद्देश्य उसे इस चिन्ता के कारण छोड़ देना चाहिए कि अधिक कवित्वपूर्ण हो जाने पर वह समाज के लिए उपयोगी नहीं रहेगी? दूसरा प्रश्न यह है कि क्या यह उचित है कि कविता और जनता का मिलन केवल कवि-सम्मेलनों में ही चलता रहे, उस सामान्य धरातल पर ही चलता रहे जहाँ तक जनता पहुँच सकती है और जहाँ तक कवि नीचे आ सकता? यदि यह बात सच है कि कवियों में यह शक्ति आ गई है कि वे और भी ऊँची उड़ानें भर सकें, तो क्या उनसे हम यह कहना चाहते हैं कि अपनी उड़ानों को तुम तब तक रोके रहो, जब तक जनता भी तुम्हारे साथ उड़ने के योग्य न हो जाए?

असल में, यह प्रश्न उन सभी प्रश्नों के साथ सम्पृक्त है, जो सभ्यता की मूलभूत समस्याएँ हैं। जब तक सभी राष्ट्र अन्तरराष्ट्रीयता का वरण नहीं करते, तब तक एक, दो या दस राष्ट्रों को राष्ट्रीयता का त्याग करना चाहिए या नहीं? जब तक सभी राष्ट्र निःशस्त्रीकरण के लिए तैयार नहीं होते, तब तक एक, दो या दस राष्ट्रों को निःशस्त्रीकरण करना चाहिए या नहीं? विज्ञान का विकास क्या तब तक के लिए रोक दिया जाए, जब तक मनुष्य का नैतिक विकास इतना उच्च न हो जाए कि वैज्ञानिक शक्ति का उपयोग वह अपने विनाश के लिए न करे? जब तक सारी दुनिया सभ्य नहीं हो जाती, दो-एक देशों के अत्यन्त सभ्य होने से उन पर खतरे बढ़ते हैं। तो क्या सभ्यता की प्रगति तब तक के लिए रोक दी जाए, जब तक सभी देश एक समान सभ्य नहीं हो जाते हैं?

यों भी सभ्यता जब अत्यन्त सभ्य हो उठती है, वह नपुंसक हो जाती है और जब-जब सभ्यता नपुंसक या बीमार हुई है, साहित्य शैली में जीने को लाचार हुआ है। साहित्य सीधे प्रचार का साधन नहीं है, यह बात प्राचीन युग के

लोगों को भी मालूम थी। किन्तु 19वीं सदी के कवियों ने चाहा कि साहित्य, प्रत्यक्ष या अप्रत्यक्ष, किसी भी भाँति का ज्ञानदान का काम न करे, वह विषय को कच्चा माल समझे, जिससे कला अपनी प्रतिमा तैयार करती है। इतने के सिवा, साहित्य में विषय का और कोई महत्त्व नहीं है।

इस मान्यता के आते ही प्रश्न यह खड़ा हुआ कि तब कवि का जनमत से क्या सम्बन्ध हो सकता है? अंग्रेज कवि रोसेटी जनमत की परवाह नहीं करता था। उसने एक मान्यता चलाई थी कि जनता के साथ कलाकार का सम्बन्ध जितना ही अधिक होता है, उतना ही उसकी सौन्दर्य-भावना दुर्बल होती जाती है। इससे भी आगे बढ़कर ऑस्कर वाइल्ड ने यह सिद्धान्त निकाला कि सौन्दर्य के भीतर खुद ही एक ऊँची नैतिकता का निवास है। कला और सौन्दर्य के नाम पर जो कुछ भी किया जाता है, वह अपने-आपमें पवित्र है। कलाकार कभी भी पाप नहीं करता।

ज्यों-ज्यों कला विषय से भागने लगी, त्यों-त्यों वह कर्म से भी दूर होने लगी। ऑस्कर वाइल्ड की ही एक सूक्ति चलती है : 'मनुष्य जब कर्म करता है, वह कठपुतली होता है; जब वह निर्णय करता है, वह कवि बन जाता है।' यानी हिमालय पर चढ़ने का काम चाहे जो भी कर ले मगर हिमालय का वर्णन कोई महान कलाकार ही कर सकता है। पहले के चिन्तकों और कलाकारों को कर्म और ज्ञान के बीच कोई खास विरोध दिखाई नहीं पड़ा था। लेकिन अब जब वे अपनी रचना और अपने व्यक्तित्व की अद्वितीयता पर विचार करने लगे, उन्हें लगा, वे एक खास ढंग के आदमी हैं और जो लोग नाना कर्मों में लगे हुए हैं, उनसे वे भिन्न हैं। फ्लाउबेयर ने मजाक में कहा था कि साहित्यिक वह है, जिसे इस बात पर भी आश्चर्य होता है कि वह वैसे ही कपड़े क्यों पहनता है, जैसे कपड़े और लोग पहनते हैं!

डोस्टावास्की की कल्पना यह है कि व्यावहारिक मनुष्य व्यावहारिक इसलिए होता है कि उसमें चिन्तन की शक्ति नहीं होती, उसकी चेतना अविकसित और जिज्ञासा कुंठित होती है। वह आहत होने पर प्रतिशोध लेता है। किन्तु सच्चे मनीषी प्रतिशोध नहीं ले पाते, क्योंकि आहत या अपमानित होने पर भी वे सोचने लगते हैं कि प्रतिशोध की सार्थकता कैसे सिद्ध हो सकती है। वे पहले एक कारण तक पहुँचते हैं, फिर उसके पीछे उन्हें कोई और कारण दिखाई देता है और उसके भी पीछे कोई और। इस प्रकार, विचारों के ताने-बाने में वे इस तरह फँस जाते हैं कि उनसे कोई भी काम पार नहीं लगता। डोस्टावास्की का पात्र कहता है : 'मैं अपने को बुद्धिमान केवल इसलिए समझता हूँ कि सारे

जीवन में मैं न तो कोई काम शुरू कर पाया हूँ, न मैंने कोई काम खत्म किया है।' डोस्टावास्की का मत यह भी है कि 'पूर्ण रूप से जाग्रत चेतना का शुभ परिणाम अकर्मण्यता है, हाथ पर हाथ धरकर यह सोचते बैठे रहने का भाव है कि क्या करना ठीक और क्या करना गलत होगा। और व्यावहारिक मनुष्य व्यावहारिक इसलिए होता है कि उसकी चेतना लद्धड़ होती है, वह बेवकूफ होता है क्योंकि आदमी यदि बेवकूफ नहीं हो, तो ऐसी स्थिति में वह पहुँच कैसे सकता है, जब उसे कोई शंका अथवा सन्देह नहीं रहे, और वह पूरे निश्चिन्त मन से किसी कार्य में लग जाए?'

चिन्तन की पवित्रता में पड़ा हुआ आदमी ऐसा हो सकता है यही सोचकर शेक्सपियर ने 'हैमलेट' की रचना की होगी। आधुनिक युग में गेटे ने 'फौस्ट' लिखा, जो 'हैमलेट' से मिलता-जुलता चरित्र है। हैमलेट और फौस्ट साहित्य के पात्र थे, मनुष्य के एक खास रूप के प्रतीक थे। किन्तु वे नवयुग के मनीषियों को इतने अच्छे लगे कि उन्होंने हैमलेट और फौस्ट की अपने भीतर अवतारणा कर ली, उन्हें वे खुद जीने लगे। इस प्रकार सोलहवीं सदी में शेक्सपियर ने जिस मनुष्य का सपना देखा था, वह बीसवीं सदी के मनीषियों में साकार हो गया। यह कहना सत्य है कि केवल कला ही जीवन का अनुकरण नहीं करती, कभी-कभी जीवन भी कला का अनुकरण करता है। प्रेम वैसे मनुष्य में पहले भी था, किन्तु साहित्य ने उसका इतना बखान किया कि प्रेम की प्रवृत्ति काफी शक्तिशालिनी और विशाल हो गई। हैमलेट भी मनुष्यों के भीतर कहीं रहा होगा। किन्तु साहित्य के भीतर हैमलेटीय चिन्तन के विकास से अनेक मनीषी हैमलेट और फौस्ट बन गए।

जैसे-जैसे कला की स्वाधीनता बढ़ी है, वैसे ही वैसे कलाकारों का व्यक्तित्व समाज के प्रति अधिक दायित्वहीन होता गया है। सम्भव है, स्वाभाविक परिस्थिति में कलाकार खुद यह सोचने को बाध्य होते कि जनता को कलाकार चाहे जितने भी धक्के दे लें, मगर उसके बिना कलाकारों का काम नहीं चल सकता। रोटी, अन्ततः जनता देती है, मान्यता प्रोफेसर नहीं देते, जनता देती है; यश जनता देती है, जो कला और कलाकार, दोनों का आहार है। किन्तु रूसी क्रान्ति ने शुद्धतावादी कलाकारों को चौंका दिया और वे जनता के करीब आने की बजाय, अपनी जगह पर और भी दृढ़ता के साथ अड़ गए।

साहित्य की जिन परम्परागत मान्यताओं को धराशायी बनाकर शुद्धतावादियों ने अपनी गजदन्ती मीनार खड़ी की थी, रूसी क्रान्ति ने उसी मीनार पर आघात किया। शुद्धतावादियों ने घोषणा की थी कि हमारी आस्था केवल हमारे शब्दों

को अर्पित है। गोर्की ने ऐलान किया : 'नहीं, कलाकार का दायित्व युग के प्रति होता है, समाज के प्रति होता है, कलाकारों का आलोचकों के प्रति दायी होने का कोई अर्थ नहीं है।'

शुद्धतावादियों ने समाज की उपेक्षा की परम्परा चलाई थी। गोर्की यह कहकर उन पर टूट पड़े कि यह अचरज की बात है कि समाज के प्रति दायित्व का भाव अन्य सभी मनीषियों की अपेक्षा साहित्यिक में बहुत कम है। साहित्यिक व्यक्तिवादी हैं और औरों की अपेक्षा बहुत अधिक व्यक्तिवादी हैं। इंजीनियर व्यक्तिवादी हो तो क्षम्य है, क्योंकि इंजीनियरी के सिवा किसी और चीज की उम्मीद उससे नहीं की जा सकती; किन्तु साहित्यकार व्यक्तिवादी कैसे हो सकता है? उसे तो कविता, इतिहास, दर्शन, इंजीनियरी और डॉक्टरी से लेकर किसान और मजदूर–सबके बारे में जानकारी हासिल करनी है, सबके हृदय का स्पर्श करना है।

सन् 1934 के आसपास जब रूस से प्रगतिशील विचारों की यह धारा जोर से उठी थी, लगता था, वह शुद्धतावादी आन्दोलन को समाप्त कर देगी। जनता शुद्धतावादी घटाटोप से बड़े ही चक्कर में थी। अतएव प्रगतिशील आन्दोलन की घोषणाओं से उसे बड़ा सन्तोष मिला था। किन्तु शीघ्र ही रूस से खबरें आने लगीं कि वहाँ साहित्य की स्वतंत्रता का हरण किया जा रहा है, लेखकों से कहा जा रहा है कि तुम्हें लिखना हो तो राज्य की विचारधारा के अधीन लिखो, अन्यथा तुम्हारे लिखने की कोई कद्र न होने दी जाएगी। 'पार्टी का कोई सदस्य यदि पार्टी की नीति से असहमत है, पार्टी के दृष्टिबोध को अस्वीकार करता है और विचारों के मामले में पार्टी के सामने झुकने में असमर्थ है, तो उसे खुद ही पार्टी का टिकट लौटा देना चाहिए अथवा पार्टी को चाहिए कि उसे अपने संगठन से निकाल दे।'

यह शुद्धतावादी विचारधारा को बहुत बड़ी चुनौती थी। शुद्धतावादियों ने उपयोगिता को धकेलकर साहित्य से बाहर कर दिया था। साम्यवादियों ने उसे फिर साहित्य का मूल आधार मान लिया। 'हम अध्यात्म नहीं, भौतिकता के सेवक हैं। हम राष्ट्र के सेवक हैं, राजनीतिक दल के सेवक हैं। हम तलवार नहीं, कलम से संसार की सेवा करते हैं। हम भौतिकता की आध्यात्मिक फौज हैं।' ये कहनेवाले ने यह बात इस उम्मीद में कही थी कि विरोधी हमारी जन-भावना के सामने निरुत्तर रह जाएँगे। लेकिन शुद्धतावादी कलाकार कठोर चिन्तन के बाद अपने सिद्धान्त पर पहुँचे थे। वे हिलनेवाले नहीं थे। उन्होंने ऐसी घोषणाओं पर बड़ी ही कटु प्रतिक्रिया व्यक्त की : 'हाँ, किताबें वे ही

अच्छी हैं, जो दलगत ध्येय का प्रचार करती हैं, राष्ट्र के गौरव को बढ़ाती हैं; यानी सत्य वह है, जो उपयोगी है और जो चीज जितनी उपयोगी है, वह उतनी ही खूबसूरत भी है।'

अगर गोतिये जीवित रहे होते, तो वे अवश्य ही इतनी बात और जोड़ देते कि चूँकि शौचालय घर का सबसे उपयोगी भाग है, इसीलिए सबसे सुन्दर भी उसी को कहना चाहिए।

जहाँ तक राजनीति का प्रश्न है, फ्रांस में मनीषियों की राजनीति साहित्य के धरातल की राजनीति रही थी, विचार और विश्लेषण की राजनीति रही थी। एक राजनीति वह है, जो सिपाहियों और राज-नेताओं को लेकर चलती है। दूसरी राजनीति वह है, जो दिन-दिन की राजनीति नहीं है, मगर जिससे व्यावहारिक राजनीति को रोशनी मिलती है, उसे अपनी गलतियों का ज्ञान होता है, जिससे जनता सही और गलत का निर्णय करने की योग्यता प्राप्त करती है। साहित्यिकों की राजनीति यही वैचारिक राजनीति थी। किन्तु साम्यवाद ने जब साहित्य के प्रति कड़ा रुख अपनाया और फासिस्ट नेता भी उसी विचारधारा का अनुसरण करने लगे, तब संसार-भर के मनीषियों में इस विषय को लेकर चिन्ता आरम्भ हो गई कि साहित्यिकों को राजनीति में जाना चाहिए या नहीं।

साहित्य जितना ही शुद्ध, जितना ही तटस्थ, जितना ही अप्रत्यक्ष होता है, उतनी ही उसकी शक्ति और उज्ज्वलता में वृद्धि होती है। किन्तु राजनीति के लिए तटस्थ और अप्रत्यक्ष रहना दुष्कर कार्य है। वह शक्ति के आधार पर खड़ी होती है और शक्ति केवल पुण्य से ही अर्जित नहीं की जाती, वह गन्दगी से भी प्राप्त होती है। सामान्यतः, गन्दे काम किये बिना कोई भी व्यक्ति राजनीति की गद्दी पर न तो पहुँच सकता है, न वहाँ कायम रह सकता है। गांधी जी ने राजनीति को पवित्र रूप अवश्य देना चाहा था, किन्तु अगर वे प्रधानमंत्री हुए होते, तभी यह बात परखी जा सकती थी कि पुण्य के बल से आदमी गद्दी पर टिक सकता है या नहीं। प्रत्येक राजनीतिज्ञ सभा-मंच से मेकियावेली की निन्दा करता है, किन्तु जभी वह अपने दफ्तर की कुर्सी पर जाता है, वह मेकियावेली का छोटा या बड़ा शिष्य बन जाता है।

राजनीति का शरीर कर्म का और मन विशुद्ध चिन्तक का हो, यह कल्पना बहुत दिनों से चली आ रही है, लेकिन वह अब तक कहीं भी साकार नहीं हो सकी है। प्लेटो का यह स्वप्न कि राजा दार्शनिक और संत हो अथवा संतों और दार्शनिकों को ही मानव-समाज पर राज्य करना चाहिए, अब तक स्वप्न ही रहा है। जब तक राजनीति का सिंहासन दूर था, गांधी जी के अनुयायी उनके पीछे

आँख मूँदकर चलते थे। किन्तु जब सत्ता का आसन पहुँच के भीतर आ गया, गांधी जी के बड़े-बड़े अनुयायी उनसे कतराने लगे थे।

न्याय और पुण्य की राजनीति उन्हें अनुकूल नहीं पड़ती, जो किसी देश पर राज करना चाहते हैं। जब से प्रजातंत्र का विस्तार हुआ, संसार के कुछ साहित्यकार राजनीति में जाने से अपने को रोक नहीं सके। लेकिन बाजार से वे प्रायः खाली हाथ लौटे हैं। राजनीति के स्वामियों ने उनका इतना विश्वास नहीं किया कि वे मंत्री बनाये जा सकें अथवा उनके हाथ में कोई बड़ा राजनीतिक अधिकार सौंपा जा सके।

इस मामले में मध्यकाल में भारत में कवियों का जो सम्मान था, वह यूरोप में नहीं था। क्रोमवेल ने मिल्टन से अपना पत्राचार तो तैयार करवाया था, लेकिन उन्हें उसने कोई राजनीतिक अधिकार नहीं दिया था। आज भी इस प्रसंग में सबसे बड़े अपवाद फ्रांस के सांस्कृतिक मंत्री आन्द्रे मालरो और भारत के राष्ट्रपति डॉ. राधाकृष्णन् ही हैं। किन्तु इसका कारण यह है कि मालरो फ्रांस के हैं, जहाँ का नैतिक नेतृत्व राजनीतिज्ञों नहीं, साहित्यिकों के पास है, और राधाकृष्णन् भारत के हैं, जो देश अभी-अभी स्वाधीन हुआ है और उसके पास जो कुछ भी सुन्दर और श्रेष्ठ है, उसे ऊपर उछालकर वह संसार में सुयश पाना चाहता है।

साम्यवादी आन्दोलन के भीतर क्रान्ति का जो जोश था, शोषण और विषमता को समाप्त करने के लिए जो उत्साह था, संसार को साम्यावस्था और युद्धहीनता में प्रतिष्ठित करने की जो कल्पना थी, उसका प्रभाव इंग्लैंड और फ्रांस के लेखकों पर भी पड़ा। फ्रांस में मनीषियों के बीच इस विचारधारा के लिए जो पक्षपात बढ़ा, उसका परिणाम यह है कि आज भी उस देश में मनीषी शब्द से किसी प्रकार की वाममार्गिता की गंध, आप-से-आप, निकल आती है। इसी प्रकार, इंग्लैंड में इलियट और एजरा पौंड की पीठ पर औडेन, स्पेंडर और लेवी की जो पीढ़ी आई, वह अपने को समाजवादी कहती थी। उन दिनों यह स्पष्ट दिखाई देता था कि शुद्धतावादी हारेंगे और प्रगतिवादी जीत जाएँगे। साम्यवादी आन्दोलन के प्रचार से प्रजातंत्री देशों में जो घबराहट फैली, उसका कुछ अनुमान जार्ज आरबेल के लेखों से आज भी किया जा सकता है।

यह वह समय था, जब रूस में स्टालिन, जर्मनी में हिटलर और इटली में मुसोलिनी का राज्य था। यद्यपि रूस की विचारधारा इटली और जर्मनी की विचारधारा से भिन्न थी तथा एक ओर स्टालिन और दूसरी ओर हिटलर और मुसोलिनी परस्पर दो विरोधी उद्‌देश्यों को लेकर चल रहे थे, किन्तु साहित्य वालों

को खतरे दोनों शिविरों से दिखाई दिये। इस स्थिति से विचलित होकर जार्ज आरवेल ने लिखा कि साहित्य पर राजनीति की चढ़ाई शुरू हो गई है। हम जिस युग में जी रहे हैं, वह राजनीति का युग है और जो बातें आज हमारे कानों में सबसे ज्यादा पड़ती हैं, वे युद्ध की बातें हैं, फासिस्टवाद की बातें हैं, व्यक्ति के दलन और वैयक्तिकता के ह्रास की बातें हैं, अणुबम और जन-विनाश की बातें हैं। क्या अब भी साहित्य जीवन से विमुख रहेगा? जब पूरी नाव डूब रही हो, तब क्या उस पर चढ़े हुए मुसाफिरों को इस खतरे के सिवा किसी और बात की चर्चा शोभा देती है?

आरवेल का उद्‌देश्य यह था कि फासिस्टवादी प्रवृत्तियों के अवरोध के लिए जनता के मन में दुर्भेद्य प्राचीर खड़ा किया जाना चाहिए। और यह कार्य चूँकि केवल साहित्यकार कर सकते हैं, इसलिए साहित्यकारों से उन्होंने कहा कि अपनी गजदन्ती मीनार से उतरकर आप इस विपत्ति का सामना करें।

राजनीति में साहित्यिक जाए या नहीं, इस विषय में आरवेल का मत यह बना कि राजनीति का त्याग आज जीवन के त्याग का पर्याय बन गया है, अतएव राजनीति के त्याग की बात नहीं चल सकती। किन्तु राजनीति में जाकर भी साहित्यकार को साहित्यिक ही रहना चाहिए। मनीषी अगर शुद्ध चिन्तन का मार्ग छोड़ देंगे, तो इससे मनुष्यता की अपरिमित हानि हो सकती है। पार्टी में शामिल होने के बाद भी उन्हें शुद्ध चिन्तन का मार्ग नहीं छोड़ना चाहिए, पार्टी के हिताहित का विचार करके अपने चिन्तन की दिशा को नहीं बदलना चाहिए। साहित्यिकों का सम्मान उनके मुक्त चिन्तन के कारण है, उनकी ईमानदारी और निर्भीकता के कारण है। राजनीति उनका नागरिक धर्म है, उनका अपना धर्म साहित्य है और उनकी सम्पूर्ण भक्ति साहित्य को ही अर्पित होनी चाहिए। अगर पार्टी उन्हें इतनी आजादी देने को तैयार है, तो वे पार्टी में जा सकते हैं। किन्तु जहाँ इस स्वतंत्रता पर आँच आती दिखाई दे, वहीं साहित्यिकों को पार्टी से अपना सम्बन्ध शेष कर लेना चाहिए। नागरिक धर्म के पालन के लिए साहित्यकार को अपने मनीषी-धर्म से नहीं डिगना है। पार्टी के अनेक काम वह कर सकता है, किन्तु पार्टी के लिए साहित्य-सृजन का काम साहित्यकार के लिए सर्वथा निषिद्ध है। जबर्दस्ती प्रगतिशील बनने की अपेक्षा यह कहीं अधिक गौरव की बात है कि साहित्यकार अगतिशील रहे और ऐसा साहित्य तैयार करे, जो सचमुच साहित्यिक गुणों से युक्त हो। आज जो हालत चल रही है, उसमें तो यही दिखाई देता है कि जिस लेखक पर प्रतिक्रियागामी होने का थोड़ा भी सन्देह न हो, उसके सच्चे मनीषी होने पर कुछ सन्देह किया जाना चाहिए।

कविता और समाज के बीच क्या सम्बन्ध है, इस विषय की लम्बी चर्चा, बेवकूफी की बातें किये बिना, पूरी नहीं होती। प्रत्येक साहित्यकार जानता है कि उसके साहित्य का समाज के साथ, कहीं-न-कहीं, कोई अटूट सम्बन्ध है और जिस मात्रा में इस सम्बन्ध के निभाने की सही कला उसे मालूम है, उसी मात्रा में वह अच्छा साहित्यकार है। प्रचारवादियों को चुप करने के लिए सार्त्र ने यह कहा है कि प्रचार अगर उद्देश्य हो गया, तो कला कला नहीं रहेगी। सरकारें यदि संगीत को प्रचार का माध्यम बनाना चाहेंगी, तो संगीत शब्दों पर अवलम्बित हो जाएगा तथा तान और आलाप की शक्ति उसकी मारी जाएगी। अब प्रश्न यह है कि संगीत अपने निराकार गुणों का विकास करके अधिक कलापूर्ण होने की चेष्टा करे अथवा वह सरकारों की प्रचारेच्छा को सन्तुष्ट करने के लिए शब्दों में फँसे और अर्थ का वाहन बन जाए? जो लोग साहित्य को प्रचार का माध्यम बनाना चाहते हैं, वे भी साहित्य से साहित्यिक गुणों का अपहरण करके उसे कोरा ज्ञान, कोरी राजनीति बना देंगे।

सार्त्र की इस दलील से मन में घबराहट तो होती है, किन्तु उससे इस प्रश्न का समाधान नहीं होता कि तब उन विपत्तियों के साथ क्या सलूक किया जाए, जो इस पीढ़ी के सामने मँडरा रही हैं? क्या जो लोग चिन्तन और कला का काम करते हैं, उन पर समाज की कोई जिम्मेदारी नहीं है? क्या राजनीति को इस बात की पूरी छूट दे दी जाए कि वह जो चाहे, करे, साहित्य उसकी भूमि में दखल नहीं देगा? तो फिर साहित्यकार नाराज क्यों होते हैं? जनता से वे क्या कहना चाहते हैं? वे कैसी सरकार और कैसा समाज चाहते हैं? क्या साहित्यकारों के रूठने से घबराकर राजनीतिज्ञ उस समाज की रचना कर देंगे, जो मनीषियों को भी पसन्द होगा? और जो विपत्तियाँ संसार पर मँडरा रही हैं, वे क्या किसानों, बनियों, अफसरों और कमकरों के लिए ही हैं, चिन्तकों पर उनसे कोई खतरा नहीं आता है? कमकर कभी भी अपना काम पा जाएँगे। किसान हर हालत में खेती, बनिया हर हालत में व्यापार और अफसर हर हालत में नौकरी करेगा, लेकिन अवांछनीय सामाजिक व्यवस्था के अधीन मनीषी क्या करनेवाले हैं? अगर खतरा किसी पर है, तो उस आदमी पर, जो अपनी बौद्धिक शक्ति को अपना सारा असबाब समझता है।

सच्चे अर्थों में सभी बुद्धिजीवी मनीषी नहीं होते। विशेषज्ञों को मनीषी की कोटि में गिनने का रिवाज नहीं है। डॉक्टर, इंजीनियर और वकील–ये मनीषी नहीं, बुद्धिजीवी हैं, विशेषज्ञ हैं। जड़ पदार्थों को मोड़ने का काम, उनके बाहरी रूप के बदलने का काम विशेषज्ञ करते हैं। मनीषी वह है, जो मनुष्य की चेतना

को परिवर्तित करता है, उसके दिमाग में खलबली मचाता है। जो डॉक्टर, वकील या इंजीनियर, अपने पेशे के अतिरिक्त, यह काम भी करते हैं, वे मनीषी जरूर हैं, लेकिन इस कारण नहीं कि वे अपने पेशे में होशियार हैं, बल्कि इसलिए कि वे मनुष्य के ज्ञान और भावना में हिलकोर मचाते हैं।

मनीषी वह है, जो विचारों के संघर्ष में है, अपने ऊपर सामाजिक जीवन का आघात ले रहा है और, बदले में, समाज को आघात दे रहा है; जो भूत, भविष्य और वर्तमान को तोलता है, सूँघकर सारे इतिहास की खुशबू लेता है, लोक और परलोक जिसकी कल्पना में चक्कर काटते हैं तथा धर्म और नैतिकता जिसके चिन्तन के कड़ाह में खौलते हैं। मनीषी मानवता का पुरोहित है। वह मनुष्य के आध्यात्मिक, वैचारिक और नैतिक उत्तराधिकारों का मूल्यांकन करता है और उनकी रक्षा, सुधार और विकास की भी जिम्मेदारी उसी की है। वह अगर तटस्थ हो गया, तो मानवता की सारी आध्यात्मिक सेना ही लड़ना छोड़कर तटस्थ हो जाएगी।

पिछले युगों के मनीषी अधिक सौभाग्यशाली थे। उस समय के अत्याचार भी सीमित और स्थूल थे, जिनसे दर्शकों को रोना चाहे जितना भी आता रहा हो, उनके भीतर घबराहट नहीं जगती थी, आशंकाएँ उत्पन्न नहीं होती थीं, न अपने ऊपर उन्हें कोई खतरा आता दिखाई देता था। लेकिन अत्याचार अब सूक्ष्म हो गए हैं और विज्ञान के बल से अब उनके तरीकों में भी तरक्की हो गई है। यह समय तटस्थ रहने का नहीं है, गवाह बनकर जीने का नहीं है। अब गवाह की स्थिति भी सुविधा की स्थिति नहीं रही। अल्बेयर कामू के अनुसार 'यह वह समय है, जब जज, मुजरिम और गवाह आपस में अपनी जगहों की अदला-बदली करने लगे हैं।'

मानवता का भाग्य केवल राजनीति वालों के हाथ में नहीं छोड़ा जाना चाहिए। जो लोग कारखानों में नये मनुष्य ढालकर समाज पर अपनी अथवा अपने दल की पकड़ को अटल बनाने के उद्योग में हैं, उन्हें चुनौती भेजना मनीषियों का धर्म है। अगर ये सारे काम मनीषियों को अपने गौरव के प्रतिकूल दिखाई देते हों, तो समझना चाहिए कि उनके अस्तित्व की समाप्ति समीप है। सोलहवीं सदी के पूर्व तक मनीषियों का अस्तित्व नहीं था, क्योंकि तब तक प्रचलित स्थिति का विरोध करने की बात उन्हें नहीं सूझी थी। अब अगर कला के नाम पर वे तटस्थ रहना चाहते हैं, तो इसका अर्थ यह है कि प्रचलित स्थिति को वे बर्दाश्त करने को तैयार हैं। यही उनकी मृत्यु की पूर्व सूचना है, क्योंकि जिस मनीषी में मन्यु नहीं है, विरोध की प्रवृत्ति नहीं है, उसका अस्तित्व भी कायम नहीं रहेगा।

मनुष्य की संस्कृति जीवंत तभी रह सकती है, जब उसका साहित्य ठहरा हुआ नहीं, प्रगतिशील हो; तटस्थ या रूठा हुआ नहीं, बल्कि संघर्षशील हो। और मनीषी की संघर्षशीलता व्याख्यानों में अभिव्यक्त नहीं होती, उसके माध्यम कल्पना और विचार हैं। जब भी लोग यह कहते हैं कि मनीषियों ने हमें धोखा दिया है, तब उस आक्रोश का आशय इतना ही होता है कि कल्पना ने वास्तविकता की सही रिपोर्ट नहीं लिखी है, जनता के हृदय में आलोड़न मचाने का काम अधूरा रहा है और कला धरती से दूर तथा वायवीय लोक के बहुत समीप रही है।

पंचतत्त्वों में से एक तत्त्व वायु भी है, लेकिन, हवा से कोई बन्दूक बनाई जाए तो उससे गोलियाँ नहीं छूटेंगी। विषय समाज के जितने समीप से आता है, वह उतनी ही सुस्पष्ट और साकार शैली को अनिवार्य बना देता है। विषय जितना ही वायवीय होता है, उसकी शैली भी उतनी ही अरूप हो जाती है। जो लोग समाज की ओर बहुत ज्यादा झुके हुए हैं, उन्हें बार-बार अपने-आपसे यह सवाल करते रहना चाहिए कि मैं उत्तेजना के कारण कविता लिख रहा हूँ अथवा कविता लिखने के लिए नई उत्तेजना की खोज में हूँ? और जो लोग व्योमपंथी हैं, उन्हें अपने-आपसे यह पूछना चाहिए कि बच्चे का जामा उसके जन्म के बाद तैयार किया जाना चाहिए या जामा तैयार करके अजन्मे शिशु की प्रतीक्षा करना ठीक है?

जो लोग कवि की आस्था और उसके विश्वास का प्रश्न उठाते हैं, वे भी एक ऐसे विषय की विचिकित्सा कर रहे हैं, जिसका आधुनिक काव्य से अथवा किसी भी काव्य से सीधा सम्बन्ध नहीं है। आस्था और दृष्टिबोध कवि में उसी प्रकार व्याप्त रहते हैं, जैसे फूलों के भीतर उनकी सुगंध समाई रहती है। लेकिन रचना के समय आस्था को लेकर कोई भी कवि माथापच्ची नहीं करता। जभी वह यह सोचने लगेगा कि मैं अपनी आस्था के अनुसार लिख रहा हूँ या नहीं, तभी वह साहित्येतर चिन्ता में पड़ जाएगा, धर्म बचाने की फिक्र में कवित्व को कमजोर करने की दुविधा से ग्रस्त हो जाएगा। रचना के समय कवि का सारा ध्यान अभिव्यक्ति की सचाई और इस चिन्ता पर केन्द्रित रहना चाहिए कि जो कुछ मैंने अनुभव किया है, रचना में वही चीज आ रही है अथवा मैं सुयश के लोभ अथवा अपकीर्ति के भय से कुछ और लिख रहा हूँ तथा जो मैं लिख रहा हूँ, उसमें मेरी अभिव्यक्ति संक्षिप्त और तीखी है या नहीं। लेकिन रचना के क्रम में लेखक को आस्था का वह रूप अवश्य दिख जाता है, जिसमें वह विश्वास करता है।

इसी प्रकार, व्यष्टि और समष्टि का विवाद भी व्यर्थ है, क्योंकि साहित्य बराबर उसी ज्ञान और अनुभूति के आधार पर लिखा जाता है, जिसका प्रचलन समस्त समाज में हो चुका है। विशेषज्ञों का ज्ञान साहित्य का विषय नहीं हो सकता, वह अभी विशेषज्ञों का ही विषय रहेगा। साहित्य की भूमि में एक जहाँ तक पहुँचता है, सबके लिए वहाँ तक जाना शक्य है और जहाँ सब पहुँचते हैं, वहाँ तक प्रत्येक व्यक्ति जा सकता है। तब भी, जो साहित्य सबके लिए दुर्बोध हो जाए, उसके बारे में यही कहा जा सकता है कि :

*वक्तुरेव हि तज्जाड्यं श्रोता यत्र न बुध्यते।*

सार्त्र ने यह प्रश्न भी उठाया है कि कला कौन ठीक है : वह, जो स्वाधीन और अमूर्त है अथवा वह, जो साकार और गुलाम है? कला का प्रधान श्रोता कौन है—वह जनता, जो अशिक्षित और अबुद्ध है अथवा वह एक व्यक्ति, जो शिक्षित किन्तु, बुर्जुआ है? यह समस्या सनातन है अथवा वह इतिहास के क्षण-विशेष की उपज है, इस पर सार्त्र ने कोई राय नहीं दी है। किन्तु जो भी लोग साहित्य को सुन्दर और शक्तिशाली रूप में जीवित देखना चाहते हैं, वे यही मानना चाहेंगे कि यह अतिवादिनी द्विधा इतिहास के एक क्षण की उपज है और उसके गुजर जाने पर साहित्य मुक्त भी होगा और आज की अपेक्षा अधिक साकार भी। साहित्य की मुक्ति और उसकी साकारता के बीच शाश्वत विरोध नहीं है, यह बात मन-ही-मन प्रत्येक कवि जानता है।

# कला में व्यक्तित्व और चरित्र

कला की रोमांटिक धारणा यह थी कि वह व्यक्तित्व की अभिव्यक्ति है; किन्तु जब रोमांसवाद का विरोध शुरू हुआ, इलियट ने यह स्थापना रखी कि कला व्यक्तित्व की अभिव्यक्ति नहीं, उससे पलायन की क्रिया है। व्यक्तित्व क्या है, इसकी व्याख्या इलियट ने नहीं दी है। उन्होंने केवल यह कहा है कि कलाकार के पास व्यक्तित्व नहीं होता। उसके हाथ में केवल माध्यम होता है, जिस पर वह काम करता है। माध्यम का अर्थ कवि के प्रसंग में शब्द, भाषा, छन्द आदि होंगे और चित्रकार के प्रसंग में उसे रंग और चित्रपट समझना चाहिए। इसव अर्थ यह हुआ कि कविता और चित्र के पीछे कलाकार के व्यक्तित्व की महिमा नहीं होती, प्रेरणा, पसन्द-नापसन्द अथवा दृष्टिबोध नहीं होता। कविता केवल हुनर है और जो भी व्यक्ति तेजस्वी तथा अध्यवसायी है, वह मजे में कविता और चित्र बना सकता है।

अपनी सूक्ति की यह व्याख्या इलियट को ग्राह्य होती या नहीं, हम नहीं जानते; किन्तु उन्होंने जो कुछ कहा है, उसका यही अर्थ हमारे सामने आता है। कवि अवतारी होता है, कवि पैगम्बर होता है, उसकी प्रेरणा आसमान से आती है, यह एक अतिवाद था। दूसरा अतिवाद यह है कि कवि अवतारी या पैगम्बर कुछ भी नहीं होता, न उसकी प्रेरणा आसमान से आती है। कविता साधना या अभ्यास की चीज है। अतएव जो भी व्यक्ति चाहे, अभ्यास करके कवि बन सकता है; अर्थात् :

*अभ्यासी का श्रम-सीकर ही काव्य है,*
*कोई कवि बन जाए, सहज सम्भाव्य है।*

सम्भव है, शुद्धतावादियों के बीच ऐसे लोग भी हों, जो कविता के भीतर कवि के व्यक्तित्व की महिमा को स्वीकार करते हों, किन्तु व्यवहारतः वे भी अभ्यास उसी नियम का करते हैं, जिसका निर्धारण इलियट ने किया है। क्योंकि कविता अगर व्यक्तित्व की अभिव्यक्ति मानी जाए, तो फिर यह भी मानना

पड़ेगा कि काव्य केवल शैली से नहीं बनता, उसमें वे उपकरण भी अभिव्यक्ति पाते हैं, जिनसे कवि के व्यक्तित्व का निर्माण हुआ है। और वे उपकरण भावनाएँ हो सकती हैं, विचार हो सकते हैं, किसी चीज का अच्छा या बुरा लगना हो सकता है; सम्मति, धारणा और दृष्टिबोध हो सकता है। लेकिन सम्मति, धारणा और दृष्टिबोध कविता में आ गए, तो फिर कविता शुद्ध कैसे कही जाएगी? हमारा अनुमान है कि यही कुछ सोचकर इलियट ने कवि के व्यक्तित्व का वर्जन करके सारा जोर अभ्यास पर दिया है।

इलियट-जैसे मनीषियों की ऐसी उक्तियों का ही यह प्रभाव है कि अब जिसे भी थोड़ा अवकाश है अथवा जो भी व्यक्ति जीवन पर आदर्शवाद के दो-चार छींटे डाल लेने को अच्छा काम समझता है, वह कविता की ओर पाँव बढ़ा देता है। देखते-देखते कविता की भूमि इतने अधिक साधकों से भर गई है कि अब यह भी पता नहीं चलता कि इनमें से कौन सत्कवि हैं और कौन ऐसे लोग, जिनकी सारी पूँजी अभ्यास है। कवि मात्र जन्म से ही कवि नहीं होता, उसे अभ्यास भी करना पड़ता है; किन्तु अभ्यास उन्हीं को फलता है, जो जन्म से भी कवि हैं।

जैसे संगीत और चित्रकारी के स्कूल चलते हैं, उस प्रकार कविता के स्कूल की बात हमने अब तक नहीं सुनी है। और संगीत तथा चित्रकारी के स्कूलों में भी, जिसे चाहें उसे भर्ती करके, हम नये गायक और चित्रकार तैयार नहीं कर सकते। कलाकार खास ढंग के लोग होते हैं। कवि कारखानों में तैयार नहीं किये जा सकते। आस्तिक लोगों के बीच यह जनश्रुति चलती थी कि काव्य-प्रतिभा के बीज पूर्व जन्म के संस्कार में होते हैं। नई मान्यता अगर यह हो कि काव्य के बीज परिवेश में होते हैं, तो भी इस मान्यता के अपवाद अनेक लोग मिलेंगे।

सच्ची बात यह है कि जैसे हम यह नहीं जानते कि आदमी रहस्यवादी और संत क्यों हो जाता है, साम्राज्य को ठुकरानेवाला प्रेमी और दूसरों के लिए सर्वस्व लुटानेवाला दानी क्यों हो जाता है, उसी प्रकार, हमें यह भी मालूम नहीं है कि आदमी और कुछ न बनकर कवि, गायक और चित्रकार क्यों बन जाता है। स्पेंगलर ने बीसवीं सदी के युवकों को यह राय दी थी कि वे कवि न बनकर इंजीनियर बनने की कोशिश करें, दार्शनिक न बनकर राजनीतिज्ञ बनने का प्रयास करें। हमारा खयाल है, स्पेंगलर ने इस कठिनाई का ध्यान नहीं रखा कि जो व्यक्ति कवि की प्रतिभा लेकर पैदा हुआ है, वह शिक्षा के अभाव में अविकसित भले रह जाए, मगर उसके अच्छा इंजीनियर बनने की सम्भावना थोड़ी ही रहेगी।

यह रहस्य क्या है, हम नहीं जानते। हमारा खयाल है, इसे मनोविज्ञान भी अभी नहीं जान सका है। अतएव जब तक मनोविज्ञान इस गुत्थी को सुलझाने

में असमर्थ है, तब तक हमें यही मानकर चलना है कि कवि-प्रतिभा अविज्ञेय शक्ति है और उसका सम्बन्ध, कहीं-न-कहीं, अचेतन के नीचे दबे सूक्ष्म संस्कारों से पड़ता है। और ये संस्कार केवल इसी जन्म के नहीं हैं, उनका सम्बन्ध अनेक जन्मों से हो सकता है, सारी मानवता के संस्कार से हो सकता है। विज्ञान के नियमों से हम कवि तैयार नहीं कर सकेंगे, क्योंकि विज्ञान केवल बुद्धि का दूसरा नाम है। लेकिन अचेतन की लहरें इतनी शक्तिशालिनी होती हैं कि उनके आते ही बुद्धि के महल ढहकर धराशायी हो जाते हैं।

इस विषय पर इलियट की अपेक्षा अधिक सुस्पष्ट चिन्तन रवीन्द्रनाथ और मुहम्मद इकबाल ने किया है। इलियट कला को व्यक्तित्व की अभिव्यक्ति नहीं मानते हैं, किन्तु रवीन्द्रनाथ और इकबाल, दोनों का विचार है कि कला व्यक्तित्व की अभिव्यक्ति है। लेकिन व्यक्तित्व किसे कहते हैं, इस विषय में रवीन्द्रनाथ और इकबाल के मत परस्पर भिन्न हैं।

इकबाल उस व्यक्ति को व्यक्तित्वशाली नहीं मानते, जो ढीला-ढाला, संघर्ष-भीरु, आराम-पसन्द और अकर्मण्य है। जब तक मनुष्य निष्क्रिय, आलसी, परोपजीवी और तटस्थ है, तब तक वह व्यक्तित्व का दावा नहीं कर सकता। व्यक्तित्व उसका तब आरम्भ होता है, जब वह जीवन के संघर्षों में भाग लेने लगता है। जिसके जीवन में संघर्ष नहीं है, तनाव नहीं है, कर्मठता और उत्साह नहीं है, उसका व्यक्तित्व भी नहीं है। व्यक्तित्व का आरम्भ समर का आरम्भ है, जीवन को घेरनेवाली बाधाओं पर आक्रमण का आरम्भ है। 'जिसे हम व्यक्तित्व कहते हैं, वह संघर्ष की अवस्था है। जब तक यह अवस्था बनी रहती है, तभी तक मनुष्य का व्यक्तित्व भी कायम रहता है।'

इकबाल निवृत्ति के द्रोही और प्रवृत्ति के समर्थक हैं। जो भी जातियाँ आराम, सुरक्षा और शान्ति के लिए खतरों से भागती फिरती हैं, वे व्यक्तित्वहीन हैं। 'मनुष्य का नैतिक और धार्मिक आदर्श निवृत्ति नहीं, प्रवृत्ति है। मानव-जीवन का विकास शान्ति-सेवन और निवृत्ति की आराधना से नहीं हो सकता। उसके लिए निरन्तर संघर्ष करना आवश्यक है। जीवन की प्रगति का मार्ग निवृत्ति नहीं, प्रवृत्ति का मार्ग है।' अर्थात् मनुष्य संघर्ष की ज्वाला में जितना ही अधिक दग्ध होता है, उसके व्यक्तित्व का तेज उतना ही अधिक निखार पाता है।

शुद्ध कवित्व की धारा जिस उत्स से फूटी है, इकबाल उस उत्स के ही खिलाफ हैं। वे निश्चित रूप से मानते हैं कि कविता को नैतिकता का माध्यम और कर्म की प्रेरणा का स्रोत होना चाहिए। जिस कविता से नैतिकता में बाधा पड़ती है अथवा कर्म की प्रेरणा मन्द होती है, वह कविता त्याज्य है और जिस

काव्य से नैतिकता को शक्ति तथा कर्म को तेजस्विता प्राप्त होती है, वह कविता काम्य है। जीवन से अलग कला की कोई अपनी कसौटी नहीं हो सकती। जो कुछ जीवन के लिए श्रेष्ठ है, उसे कला के लिए भी श्रेष्ठ मानना चाहिए और जो कुछ जीवन के लिए अधम और त्याज्य है, उसे कला के भीतर भी स्थान नहीं मिलना चाहिए। 'जो भी वस्तुएँ हममें निद्रा और आलस्य का संचार करती हैं, जो भी वस्तुएँ हमारी आँखों से उस वास्तविकता को ओझल करती हैं, जिसे अधिकार में लाये बिना जीवन नहीं टिक सकता, वे सब-की-सब मृत्यु और विनाश लानेवाली हैं।'

'कला के लिए कला' वाले सिद्धान्त का तिरस्कार करने में इकबाल को उतनी भी झिझक नहीं है, जितनी झिझक कलावादियों को उसे स्वीकार करने में होती है। जो कला जीवन को प्रेरणा नहीं देती, जिस कला से आदमी के भीतर संघर्ष की उमंग नहीं उठती, उसे इकबाल कहीं भी स्थान देने को तैयार नहीं हैं। 'कला में अफीम-सेवन के लिए गुंजाइश नहीं होनी चाहिए। 'कला के लिए कला' का सिद्धान्त पतनशीलता का प्रपंचपूर्ण आविष्कार है और उसका ध्येय भुलावे में डालकर हमें अशक्त बनाना है, जिससे हमारे हाथों का अधिकार दूसरे के हाथों में चला जाए।'

इकबाल ने अपने बहुत-से विचार नीत्शे से लिए थे। ईसाई धर्म के विवेचन के प्रसंग में नीत्शे ने कहा था कि ऐसे कोमल धर्म का आविष्कार वह जाति करती है, जो गुलाम होती है। कोमल धर्म का प्रचार गुलाम जातियाँ इस आशा से करती हैं कि शासक जातियों के लोग कोमल और कमजोर हो जाएँ। यही बात इकबाल ने यहाँ कला पर लागू कर दी है। इकबाल में युद्धप्रियता के जो भाव हैं, वे भी नीत्शे से ही लिये गए हैं, गरचे वे इस्लाम के जिहाद-सिद्धान्त से भी जोड़े जा सकते हैं।

जो लोग काव्य का उपयोग समाज के उत्थान के लिए करना चाहते हैं, इकबाल उनके पक्षपाती हैं। समाज का ध्यान यदि संघर्ष से हट गया, वास्तविकता से दूर हो गया और समाज के अग्रणी लोग यदि यह मानकर चलने लगे कि जीवन निस्सार है, इसलिए हमें जीवन को छोड़कर मृत्यु की उपासना करनी चाहिए यानी वैराग्यभाव से जीना चाहिए, तो वह समाज धँसकर पाताल चला जाएगा। इसलिए इकबाल प्लेटो के निवृत्ति-मार्ग, हिन्दुओं के मायावाद, बौद्धों के शून्यवाद और मुसलमानों के सूफीवाद का विरोध करते थे। व्याजान्तर से यह आघात उस दर्शन पर भी पड़ता है, जिससे शुद्ध कवित्व के आन्दोलन का जन्म हुआ है। जो भी काव्य कर्म से दूर रहना चाहता है, उपयोगी होने से

घृणा करता है और समाज की धाराओं से असम्पृक्त रहना चाहता है, इकबाल उस काव्य के शत्रु हैं। केवल काल्पनिक सुन्दरता की रचना करना पाप है, उसे सत्य और शिव से भी युक्त होना चाहिए। जो कविता केवल सौन्दर्यपूर्ण और मादक है, किन्तु वह कर्म की प्रेरणा नहीं देती, वह प्रशंसा नहीं, निन्दा की पात्री है। हाफिज की गजलें शुद्ध कवित्व के बहुत ही श्रेष्ठ उदाहरण उपस्थित करती हैं, किन्तु इकबाल हाफिज के बहुत ही विरुद्ध थे। उनका विश्वास था कि इस्लाम के पौरुष का ह्रास हाफिज-जैसे मादक कवियों की कविताओं के कारण भी हुआ है। जीवन की नश्वरता का चित्र खींचकर मनुष्य को अकर्मण्य तथा विरक्त बनानेवाला दर्शन, इकबाल की दृष्टि में, मृत्यु का दर्शन है। हाफिज के खिलाफ जनता को आगाह करते हुए उन्होंने अपनी एक कविता में कहा है : 'फारस के इस गुलाब से बचो क्योंकि उसकी पत्तियों के भीतर जहरीला साँप छिपा हुआ है।' और प्लेटो की चर्चा करते हुए उन्होंने लिखा है : 'प्लेटो का मैंने जो विरोध किया है, वह असल में दर्शन के उन सभी सिद्धान्तों का विरोध है, जो जीवन की जगह मृत्यु को अपना आदर्श मानते हैं। जीवन की सबसे बड़ी बाधा मैटर (द्रव्य, प्रकृति) है मगर ये दर्शन इस मूल बाधा से ही आँख फेर लेते हैं और उसे जीतकर आत्मसात् करने के बदले, मनुष्य को उससे पीठ फेरकर भाग खड़े होने की सलाह देते हैं।' यहाँ यह स्मरणीय है कि प्लेटो का विरोध नीत्शे ने भी किया था।

संक्षेप में, इकबाल का कला-विषयक सिद्धान्त टॉल्स्टॉय का सिद्धान्त है। कला का सौन्दर्य अनुपयुक्त छोड़ने की चीज नहीं है। उसका उपयोग मनुष्य को जगाने के लिए किया जाना चाहिए, उसे किसी-न-किसी ऊँचे कर्म में प्रवृत्त करने को किया जाना चाहिए। उपयोगिता की कसौटी पर कला यदि खरी उतरती है, तो वह वरेण्य है; अन्यथा उसका त्याग किया जाना ही धर्म है। क्योंकि सौन्दर्य जब उपयोगी नहीं होता, वह मनुष्य को भरमाकर कमजोर कर देता है।

कला के एक पक्ष का समर्थन जैसे इकबाल ने बड़ी निर्भीकता से किया है, उसी प्रकार, कला के दूसरे पक्ष का निर्भीक समर्थन हम रवीन्द्रनाथ में पाते हैं। रवीन्द्रनाथ भी कला को व्यक्तित्व की अभिव्यक्ति मानते हैं, किन्तु व्यक्तित्व से उनका आशय इकबाल के आशय से भिन्न है। इकबाल कला की सार्थकता उसकी उपयोगिता में देखते हैं, किन्तु रवीन्द्रनाथ का विचार है कि उपयोगिता मानव का पशु-धर्म है। जहाँ तक उपयोग की भूमि है, वहाँ तक मनुष्य और पशु में कोई भेद नहीं है। पशु का स्वभाव है कि वह ऐसा कोई काम नहीं करता, जिसका उसकी जैव आवश्यकता के लिए महत्त्व नहीं हो। यदि मनुष्य भी

चुन-चुनकर केवल उपयोगी कार्य ही करता रहे, तो वह भी केवल पशु-धर्म का पालन करेगा, और जब तक वह उपयोगी कार्यों में लगा रहेगा, तब तक वह सच्चे अर्थों में मानवीय व्यक्तित्व से हीन रहेगा। मनुष्य का मानवीय व्यक्तित्व तब आरम्भ होता है, जब वह ऐसे कार्य करने लगता है, जिनका जैव आवश्यकता की दृष्टि से कोई खास उपयोग नहीं है। गीत नहीं गाने से मनुष्य के कपड़े नहीं घटते। चित्र नहीं बनाने से मनुष्य पर संकट नहीं आते, न कविता और उपन्यास पढ़े बिना आदमी को भूखों मरना पड़ता है। कला की कोई भी क्रिया मनुष्य और जीवन-धारण के लिए अनिवार्य नहीं है। इसलिए कला ही मनुष्य को वह क्षेत्र प्रदान करती है, जिसमें वह अपने व्यक्तित्व का सच्चा विकास कर सकता है।

कला के सम्बन्ध में रवीन्द्रनाथ का विचार लगभग वही था, जिसका समर्थन अठारहवीं सदी में जर्मनी के दार्शनिक इमैनुअल कांट ने किया था। कांट ने सौन्दर्यबोध को नैतिकता, विज्ञान और उपयोगिता के क्षेत्र से बाहर गिना है। उनका तर्क यह था कि सौन्दर्यबोध की मनोदशा उपयोगिता, दैहिक सुख, यहाँ तक कि सत्य और शिव की अनुभूति से भी भिन्न होती है। सौन्दर्य-बोधात्मक आनन्द ऐसे सन्तोष की स्थिति है, जिसका कोई लक्ष्य नहीं होता। जो तटस्थ, निष्प्रयोजन और निःस्वार्थ होता है। सौन्दर्य-बोध का आनन्द मधुमती भूमिका का आनन्द है। वह निर्विकल्प और निरुद्देश्य होता है। उस आनन्द के साथ किसी भी प्रकार की इच्छा, ध्येय अथवा उपयोगी दृष्टिकोण का हस्तक्षेप नहीं होता।

रवीन्द्रनाथ की दृष्टि में उपयोगिता वह सीमा-रेखा है, जिसके इस पार रहने से मनुष्य पशु रहता है और उस पार जाने पर वह मनुष्य बनने लगता है। मनुष्य के व्यक्तित्व प्राप्त करने का अर्थ ही मनुष्य का मनुष्य बनना है, पशुओं से भिन्न होना है। इस भिन्नता की अभिव्यक्ति मनुष्य अनुपयोगी कार्य करके करता है; धर्म, रहस्यवाद, गीत, कविता, चित्रकारी और मूर्तिकारी को अपनाकर करता है, बाग-बगीचे लगाकर और प्रसाधन की सामग्रियाँ उत्पन्न करके करता है।

मनुष्य पशु भी है और मनुष्य भी। अतएव उसे दोनों योनियों के धर्म निभाने पड़ते हैं यानी पशु के समान, वह जीवन-धारण के भी कार्य करता है और, मनुष्य के रूप में, वह कला की भी सृष्टि करता है। किन्तु उपयोगिता ही वह रेखा है, जो मनुष्य के इन दोनों रूपों को विभक्त करती है।

अपने मत को और भी अधिक स्पष्ट करते हुए रवीन्द्रनाथ ने लिखा है कि माता, बहिन और सखी के रूप में स्त्रियों का उपयोग बहुत बड़ा है, किन्तु यह उनका व्यक्तित्व नहीं है। 'नारी का जो असली रूप है, वह उसकी सजधज की

चित्रमयता तथा वाणी और गति की संगीतमयता में प्रकट होता है। नारी क्या है, इस जिज्ञासा का समाधान उसके उपयोगी होने में नहीं, उसकी आनन्दमयी मुद्राओं में मिलता है।'

इसी प्रकार, योद्धा का व्यक्तित्व उसके युद्ध-कौशल में नहीं होता। युद्ध तो आवश्यक कृत्य है। उसके भीतर से योद्धा के व्यक्तित्व की अभिव्यंजना सम्भव नहीं होती। व्यक्तित्व की अभिव्यंजना के लिए उसे वर्दी चाहिए, बाजे चाहिए और, कवायद की चाल में, मचक-मचककर चलना चाहिए। योद्धा में जो योद्धा होने की तीव्र चेतना है, उसकी अभिव्यक्ति के बिना उसका व्यक्तित्व व्यंजित नहीं हो पाता, यद्यपि इस चेतना की अभिव्यक्ति केवल अनावश्यक ही नहीं है, वह कभी-कभी आत्मघातक भी हो सकती है।'

कला में शुद्धता के अति-आराधन से जीवन पर जो संकट आते हैं, उनकी ओर रवीन्द्रनाथ का ध्यान गया था। इसीलिए उन्होंने इशारा किया है कि योद्धा अगर लड़ना छोड़कर अपने व्यक्तित्व के बनाव और सिंगार में खो गया, तो वह मारा जा सकता है। व्याक्तत्व की अति-आराधना से भी संकट उत्पन्न हो सकते हैं। और ये वे ही संकट हैं, जिन्हें ध्यान में रखकर इकबाल ने हाफिज का विरोध किया है। इस्लाम के पतन का दायित्व इकबाल ने, अंशतः, हाफिज जैसे कवियों पर डाला है, जिनकी कविताएँ इतनी मनमोहक और मादक होती हैं कि हर आदमी उन्हें पढ़ना चाहता है और हर आदमी उन्हें पढ़कर निष्क्रिय बन बैठता है, संघर्ष-विमुख हो जाता है और समाज की पीड़ा को भूलकर अपनी पीड़ाओं को दुलराने लगता है। इसी प्रकार, भारतवर्ष के पतन का जिम्मा हम इस देश की निवृत्तिप्रियता और शान्ति-आराधना पर डाल सकते हैं। और इस प्रसंग में यह भी कहा जा सकता है कि हिटलर का सामना करने की शक्ति फ्रांस में इस कारण नहीं रही कि उस देश ने कला की बारीकियों का अभ्यास कुछ अधिक कर लिया था। और कला की निरुद्देश्यता, समाज-विमुखता और अतीन्द्रिय सौन्दर्य पर आसक्ति समाज को इस योग्य रहने नहीं देती कि वह बर्बर शक्तियों का सामना कर सके। संस्कृति की सूक्ष्मता सबके लिए काम्य है। विपद केवल यह है कि लड़ाई में सुसंस्कृत लोग हार जाते हैं और जीत बर्बरों की होती है।

तब फिर करना क्या चाहिए? इकबाल और उनके समर्थक (जो कला के क्षेत्र में विशेषतः साम्यवादी होंगे) यह कहेंगे कि सौन्दर्य के अति-संस्कार की प्रथा को रोक दो। समाज की रक्षा और विकास के लिए जिस विचारधारा की आवश्यकता है, साहित्य को उसी का समर्थन करना चाहिए। साहित्य में सौन्दर्य केवल चाशनी है। उसकी लपेट में समाज को हमें कुनैन की गोलियाँ खिलानी

हैं। जिस साहित्य का कोई उपयोग नहीं है, वह हमें बिलकुल नहीं चाहिए। शुद्ध कविता देवताओं की कविता हो सकती है, किन्तु देवता होते हैं या नहीं, यह विषय संदिग्ध है। लेकिन यह प्रत्यक्ष है कि मनुष्य केवल मनुष्य है और बुरी बात यह है कि वह पशु है। कविता हमें वही चाहिए, जो मनुष्य को, बल्कि पशु को भी छज सके।

यदि सभी देशों के मनुष्य एक समान सूक्ष्म, परिमार्जित और विशिष्ट रुचि के मनुष्य होते, तो दुनिया में लड़ाइयाँ नहीं होतीं, न कहीं राष्ट्रीयता का जोश उमड़ता। सम्भव है, तब समाज में पाप, दुर्बलता और कदाचार की समस्या भी इतनी बड़ी नहीं होती कि हम शुद्ध कलाकारों से यह माँग करते कि वे शुद्धता को छोड़कर उपयोगिता और उद्‌देश्यवाद को स्वीकार करें। किन्तु वह स्थिति आज तक कभी बनी नहीं, न आगे उसके अस्तित्व में आने की सम्भावना है। ऐसी अवस्था में उपाय यही है कि मनुष्य शरीर से योद्धा और मन से साधु बनने का प्रयास करे। फिर शारीरिक संकटों का सामना लोग शरीर से करेंगे और मन निरुद्‌देश्य आनन्द में मस्त रहेगा। 'साधु बर्बर' की कल्पना मनुष्य के सामने बहुत दिनों से टँगी रही है। रवीन्द्रनाथ ने भी उसे यह कहकर दुहराया है कि आदर्श मनुष्य वह है, जो शरीर से बर्बर और मन से देवता है। जब तक ऐसे आदर्श मनुष्यों की संख्या संसार में यथेष्ट नहीं हो जाती, कला, विज्ञान और राजनीति की सबसे बड़ी समस्याओं का समाधान नहीं मिलेगा।

अंग्रेजी के आलोचक हर्बर्ट रीड ने व्यक्तित्व की समस्या पर विचार एक अन्य दृष्टि से किया है। मनोविज्ञान के अनुसार हमारा मानसिक जीवन दो भागों में विभक्त है। हमारे मन का जो भाग ऊपर है, उसे चेतन कहते हैं और जो भाग नीचे दबा है, उसे अचेतन कहते हैं। अचेतन मन के भी दो भाग हैं। एक वह, जो चेतन बनाया जा सकता है और दूसरा वह, जिसे चेतन बनाना दुष्कर कार्य है। किन्तु अचेतन के इन दोनों स्तरों की ऊर्मियाँ उठकर बुद्धि को धक्के देती रहती हैं और बुद्धि अक्सर उन्हीं अदृश्य आवेगों के अनुसार काम करती है।

प्रत्येक व्यक्ति के भीतर उसकी मानसिक प्रक्रिया का एक सुसम्बद्ध, संगठित रूप होता है, जिसे 'ईगो' या अहं कहते हैं। यही अहं व्यक्तित्व का बीज है। हमारे भीतर भावनाओं और विचारों का जो चेतन प्रवाह चलता है, बाहरी वस्तुओं की हमारे मन पर जो छाप पड़ती है, सनसनाहटों और अनुभवों के जो प्रभाव पहुँचते हैं, वे सब-के-सब हमारे अहं का निर्माण करते हैं। यह अहं ही व्यक्तित्व को रूप देता है। जहाँ तक हमारी अचेतन वासनाओं का सम्बन्ध है, हमारा अहं

इन वासनाओं का उपभोग नहीं करता, वे वासनाएँ ही अहं का उपभोग करती हैं अर्थात् वासनाएँ अहं के वश में नहीं होतीं, हमारा अहं ही वासनाओं की लहरों पर उठता-गिरता रहता है। अतृप्त कामनाओं का दलन थोड़ा-बहुत सभी लोग करते हैं। तब भी व्यक्तित्वशाली मनुष्य वह है, जिसमें दलन की यह क्रिया बहुत थोड़ी होती है। जो व्यक्तित्व कामनाओं का दलन कुछ अधिक दूर तक करता है, उसका व्यक्तित्व व्यक्तित्व न रहकर चरित्र बन जाता है।

व्यक्तित्व उस मनुष्य में उजागर होता है, जो सहज रूप से धारा में तैर रहा है। जो आदमी पानी के बीच चट्टान देखकर तैरना छोड़कर वहाँ बैठ गया, उसने मानो व्यक्तित्व गँवाकर चरित्र का वरण कर लिया है। बाढ़ का पानी जब तक स्वतंत्र है, आदमी तभी तक व्यक्तित्ववान् है। जब वह पानी घाटी में बँध गया, तब व्यक्तित्व व्यक्तित्व नहीं रहता, वह चरित्र बन जाता है। जब तक हम चेतना के प्रवाह पर प्रयासपूर्वक कोई रोक नहीं लगाते, हमारा व्यक्तित्व कायम रहता है। किन्तु जभी हम अपनी कामनाओं को दबाकर चेतना को एक निश्चित दिशा की ओर मोड़ देते हैं, हमारा व्यक्तित्व दबने लगता है और हम व्यक्तित्व से हटकर चरित्र की ओर चलने लगते हैं।

इस दृष्टि से भारत का सहजिया-सम्प्रदाय व्यक्तित्ववादियों का सम्प्रदाय था। और चरित्रवादियों का सर्वश्रेष्ठ उदाहरण हम हठयोगियों को मानेंगे, जिनकी साधना शारीरिक क्रियाओं द्वारा मन को उस दिशा से अलग ले जाने की साधना है, जिस दिशा की ओर मन सहज रूप से जाना चाहता है। बोदलेयर ने कहा था कि पाप मनुष्य के लिए स्वाभाविक और पुण्य अस्वाभाविक कर्म है। पुण्य मनुष्य को सोच-समझकर करना पड़ता है, किन्तु पाप उससे अनायास हो जाता है। इस दृष्टि से देखने पर पाप की सम्भावना व्यक्तित्व में दिखाई देती है, क्योंकि व्यक्तित्व चेतना के स्वाभाविक प्रवाह में बाधा नहीं डालता। लेकिन पुण्य के सायास कार्य चरित्र के कार्य हैं क्योंकि चरित्र के पास बने-बनाये नियम होते हैं, जो यह बतलाते रहते हैं कि यह दिशा पाप की दिशा है, अतएव चेतना को कोड़े मारकर उस दिशा में जाने से रोक रखो। और यह दिशा पुण्य की है, अतएव चेतना को कोड़े मारकर उस दिशा की ओर हाँकना पुण्य का कार्य है।

किन्तु व्यक्तित्व केवल पाप ही करता है, यह नहीं कहा जा सकता। चेतना पाप की ओर भी चलती है और वह पुण्य की ओर भी दौड़ना चाहती है। इसीलिए व्यक्तित्वशाली मनुष्यों में हम जहाँ नैतिक स्खलनों के छोटे-मोटे उदाहरण देखते हैं, वहीं ऐसे मनुष्य बलिदान, त्याग और परार्थ कष्ट-सहन के भी बड़े-बड़े कार्य करते हैं। समाज में नैतिक युगान्तर लाने के कार्य व्यक्तित्वशाली

लोग भी करते हैं। सामान्य नियम यह है कि चरित्रवान् व्यक्ति समाज की प्रचलित मान्यताओं का साथ देते हैं और व्यक्तित्वशाली लोग इन मान्यताओं को बदलना चाहते हैं। इस संघर्ष का जो अन्तिम परिणाम निकलता है, वही समाज की नैतिक प्रगति समझी जाती है।

रागों से भय मानकर उनके सहज प्रवाह को चेष्टापूर्वक रोकने का प्रयास व्यक्तित्व को तोड़ता और चरित्र का निर्माण करता है। इसी प्रकार, अपने मन को वैराग्य की ओर जबर्दस्ती हाँकने का प्रयास चरित्र के अर्जन का प्रयास है। मनुष्य जब तक व्यक्तित्वशाली है, वह चेतना के सहज प्रवाह में रुकावट नहीं डालता। वह न तो पुण्य की ओर जाने को अपनी चेतना का जबर्दस्ती प्रसार करता है, न सौन्दर्य की ओर बढ़ने से अपनी चेतना को इस भय से रोकता है कि जहाँ सौन्दर्य है, वहाँ पाप भी अवश्य होगा। विधि और निषेध, दोनों चेतना को क्षुभित करते हैं और चेतना जब क्षुब्ध हो जाती है, वह सहज नहीं रहती।

परिवेश से भय मानकर चेतना कभी तो घोंघे की तरह अपने आपके भीतर सिकुड़ने लगती है और कभी अलभ्य को प्राप्त करने के लिए वह जबर्दस्ती अपना विस्तार करती है। चेतना का संकोचन और आस्फालन, व्यक्तित्व के लिए दोनों अहितकर हैं। व्यक्तित्व हमारा तभी तक अक्षुण्ण है, जब तक हमारी चेतना का प्रवाह सहज-स्वाभाविक रूप से चल रहा है। 'उर्वशी' काव्य में व्यक्तित्व का पक्ष उर्वशी लेती है। पुरूरवा वह व्यक्ति है, जो व्यक्तित्व छोड़कर चरित्र पाना चाहता है। उर्वशी जब पुरूरवा से यह कहती है कि :

*राग-विराग दुष्ट दोनों, दोनों निसर्ग-द्रोही हैं।*
*एक चेतना को अजुष्ट संकोचन सिखलाता है;*
*और दूसरा प्रिय, अभीष्ट सुख की अभिप्रेत दिशा में*
*कहता है बल-सहित भावना को प्रसरित होने को।*
*दोनों विषम, शान्ति-समता के दोनों ही बाधक हैं;*
*दोनों से निश्चिन्त चेतना को अभंग बहने दो।*
*करने दो सब काम उसे निर्लिप्त सभी से होकर,*
*लोभ, भीति, संघर्ष और यम, नियम, संयमों से भी।*

**[उर्वशी; तृतीय अंक]**

तब उसका अभिप्राय यही है कि चेतना का सहज प्रवाह ही उचित है। उसे जबर्दस्ती सिकोड़ने या फैलाने से व्यक्तित्व का ह्रास होता है।

चरित्र को अंग्रेजी में 'कैरेक्टर' कहते हैं। 'कैरेक्टर' शब्द ग्रीक भाषा की जिस धातु से निकला है, उसका अर्थ खुदा हुआ निशान होता है। और चरित्रवान्

लोग, सचमुच वे हैं, जिनके विचार पत्थर पर खुदे होते हैं, जिनमें दृढ़ता होती है, विश्वसनीयता होती है और आत्मविरोध का अभाव होता है। स्पष्ट ही, ये गुण चेतना की अनेक प्रवृत्तियों को दबाकर प्राप्त किये जाते हैं। व्यक्तित्वशाली मनुष्य सभी प्रकार के विचारों के लिए अपना दरवाजा हमेशा खुला रखता है। चरित्रवान् वह है, जिसने विरोधी मतों के लिए अपना द्वार हमेशा के लिए बन्द कर लिया है। चरित्र नये अनुभवों के विरुद्ध पत्थर का प्राचीर है। जिसने चरित्र प्राप्त कर लिया, उसने मजबूत खूँटे से अपने को बाँध लिया है। अब उसे नैतिक और आध्यात्मिक अनुभव सिर्फ एक ही प्रकार के मिलेंगे।

चरित्रवान् व्यक्ति पर भावनाओं का कोई प्रभाव नहीं होता। जो संत और साधक होते हैं, वे भावनाओं को अपने ऊपर छाने नहीं देते। उनकी दृष्टि से जो भावनाएँ पुण्यमयी हैं, उन्हीं का वे स्वागत करते हैं। बाकी भावनाओं को दबाकर वे अचेतन के भीतर ढकेल देते हैं। फ्रायड के अनुसार, भावनाओं का दलन गर्हित कार्य है। उससे मन के भीतर जटिल ग्रन्थियाँ उत्पन्न होती हैं। किन्तु संसार-भर में धर्म के जो भी नेता हुए हैं, उन्हें अपने मार्ग पर आगे बढ़ने की शक्ति भावनाओं के दलन से ही प्राप्त हुई थी।

किन्तु संसार के अधिकांश कवि चरित्र नहीं, व्यक्तित्व के पुजारी होते हैं। क्योंकि जिसने चरित्र की कठोरता धारण कर ली, उसने अनुभवों के सभी वातायन बन्द कर दिये हैं। ऐसा क्यों होता है कि अनेक कवि जवानी में तो बहुत अच्छी कविताएँ लिखते हैं, किन्तु प्रौढ़ होते-होते वे बिलकुल सूख जाते हैं और उनकी रचनाएँ नीरस होने लगती हैं? इसका कुछ कारण तो आलस्य और अभ्यासहीनता है। किन्तु अधिक सबल कारण यह है कि जवानी में उनकी आसक्ति व्यक्तित्व पर होती है किन्तु प्रौढ़ होते-होते वे किसी एक विचार से अपने को बाँध लेते हैं; अर्थात् व्यक्तित्व को छोड़कर वे चरित्र का वरण कर लेते हैं। कहावत प्रसिद्ध है कि सरस्वती की जवानी कविता होती है। दर्शन उसके बुढ़ापे का नाम है।

हर्बर्ट रीड ने लिखा है कि चरित्र का आदमी विचारधारा का आदमी होता है, वह प्रायः कर्मभूमि का मनुष्य होता है। किन्तु कलाकार और कर्मी के बीच कोई मौलिक भेद है। इसीलिए कलाकार जब कर्म की ओर मुड़ता है, तब उसका व्यक्तित्व दब जाता है और उसकी रचनाओं में सरसता की मात्रा न्यून होने लगती है। एक उम्र के बाद वड्र्सवर्थ की प्रतिभा सूख गई थी। कारण यह था कि उन्होंने व्यक्तित्व को छोड़कर चरित्र का वरण कर लिया था। मिल्टन जब कर्म की ओर मुड़े यानी एक विचारधारा के साथ बँध गए, तब पच्चीस वर्षों तक

वे कोई भी उल्लेखनीय काव्य नहीं लिख सके। पीछे जब उसका व्यक्तित्व फिर से उभरा, उन्होंने एक दूसरे ढंग की सत्कविताएँ लिखीं। लेकिन गेटे में व्यक्तित्व और चरित्र, दोनों के लक्षण थे, यद्यपि मनोवैज्ञानिक दृष्टि से कहा यही जाएगा कि व्यक्तित्व उनका सच्चा था, किन्तु चरित्र नकली आवरण, जिसे उन्होंने ऊपर से ओढ़ रखा था।

जो पुण्यवान्, तपस्वी और कर्मयोगी के रूप में प्रसिद्धि चाहता है, उसे साहित्य की ओर प्रायः नहीं आना चाहिए, क्योंकि तपस्या हमेशा दिनचर्या के अनुसार जीने का उपदेश देती है। और दिनचर्या के अनुसार जीने से हमें अनुभव जीवन की एक ही दिशा का होता है। लेकिन साहित्य तो वह कोमल संवेदनशील यंत्र है, जिस पर सभी प्रकार की सिहरनों के निशान पड़ते हैं। राजनीतिक अथवा धार्मिक नियंत्रण की चुभन जितनी साहित्यकार को महसूस होती है, उतनी और किसी को नहीं होती। कारण यह है कि साहित्य मनुष्यता के सभी प्रकार के अनुभवों के सम्पर्क में रहने से ही सरस और ताजा रहता है। अगर साहित्य को कुछ ही अनुभवों तक जाने की छूट दी जाए और बाकी अनुभवों से वह काटकर अलग कर दिया जाए, तो वह साहित्य, निश्चित रूप से, नीरस और बेस्वाद हो जाएगा। जैन और बौद्ध सम्प्रदायों के कवियों ने सरस कविताएँ नहीं लिखीं, क्योंकि जीवन के सरस निकुंजों तक जाने की छूट उन्हें प्राप्त नहीं थी। सभी धर्म चरित्र की साधना की शिक्षा देते हैं। व्यक्तित्व के मुक्त विकास को वे सहानुभूति से नहीं देखते। विशेषतः योग मत में तथा जैन, बौद्ध और आर्यसमाजी विचारधाराओं में धर्म की यह नीरसता अथवा पवित्रतावाद बहुत दूर तक विकसित हुआ। अतएव इन मतों के कट्टर अनुयायी अच्छे कवि नहीं हो सके।

चरित्र एकान्तवादी और व्यक्तित्व अनेकान्तवादी होता है। चरित्र उसे प्राप्त होता है, जो चलते-चलते किसी मंजिल पर पहुँच गया है, प्रचलित व्याख्याओं में से किसी एक व्याख्या को जिसने स्वीकार कर लिया है। किन्तु व्यक्तित्व मंजिलों में विश्वास नहीं करता। वह केवल चलता रहता है, केवल तैरता रहता है और मंजिल पास आ भी गई, तो वह वहाँ ठहरता नहीं, उससे आगे बढ़ जाता है।

*मेरी जिन्दगी एक मुसलसल सफर है,*
*जो मंजिल पे पहुँचा तो मंजिल बढ़ा दी।*

**—पृथ्वीराज कपूर**

हिन्दी के सभी भक्त कवि चरित्रवान् थे, किन्तु उनमें से वे लोग व्यक्तिवान् भी थे, जिन्होंने यह घोषणा की कि भक्ति हम इसलिए नहीं करते हैं कि उससे

हमें मुक्ति मिलेगी, बल्कि इसलिए कि भक्ति हमारी आनन्द की साधना है। वह अपने-आपमें सबसे बड़ा पुरस्कार है।

*देवा, तेरो भक्ति न छाड़ौं, मुक्ति न माँगौं,*
*तव जस सुनौं, सुनावौं।*
*राता-माता प्रेम का, पीया प्रेम अघाय,*
*मतवाला दीदार का, माँगै मुक्ति बलाय।*
*अस विचारि हरि भगत सयाने,*
*मुकुति निरादरि भगति लोभाने।*

चरित्र किसी परिभाषा के अनुसार कठोरता के साथ जीने की कला को कहते हैं। किन्तु व्यक्तित्व उस व्यक्ति में दिखाई देता है, जिसे कोई भी परिभाषा इस हद तक स्वीकार नहीं है कि अपने जीवन को वह उसी के अनुसार नियंत्रित कर सके। चरित्रवान् वह है, जो किसी की शंका अथवा विरोधी भाव को अपने पास फटकने नहीं देता। व्यक्तित्वशाली वह है, जो शंकाओं को अपने चारों ओर मँडराने की छूट देता है। चरित्रवान् जिस रास्ते से चलता है, उसे पूर्ण रूप से सत्य मानता है। व्यक्तित्ववान् को कभी भी यह विश्वास नहीं होता कि उसी की राह सत्य की एकमात्र राह है।

किन्तु यह नहीं समझना चाहिए कि चरित्रवान् की मानसिक प्रक्रिया संगठित और व्यक्तित्ववान् की असंगठित होती है। मानसिक प्रक्रिया दोनों की सुसंगठित होती है, किन्तु दोनों में भेद यह होता है कि व्यक्तित्ववान् की मानसिक प्रक्रिया प्रकृति के सहज नियमों से परिचालित और संगठित होती है, किन्तु चरित्रवान् में यह संगठन बुद्धि के द्वारा सम्पन्न किया जाता है।

साहित्य में जो भी व्यक्ति सोद्‌देश्यता अर्थात् कर्म की ओर झुकता है, वह असल में चरित्र की ही ओर झुक रहा है। और जो लोग चाहते हैं कि लेखक और कवि किसी एक विचारधारा के दास बन जाएँ, वे कलाकारों से व्यक्तित्व का हरण करके उनके ऊपर अपनी पसन्द का चरित्र थोपना चाहते हैं।

चरित्र कर्म है, व्यक्तित्व चिन्तन है। चरित्र की कठोरता साहित्य में क्लासिक शैली को जन्म देती है। व्यक्तित्व की उद्दामता से रोमांटिक शैली का आविर्भाव होता है। साहित्य की आधुनिक समस्या यह है कि लेखक शैली तो चरित्र की अपनाना चाहते हैं, किन्तु उद्दामता उन्हें व्यक्तित्व की चाहिए।

# कला का संन्यास

साहित्य में शुद्धता-बोध का आरम्भ इस बिन्दु से हुआ था कि साहित्य केवल आनन्द का माध्यम है; उसे देश, धर्म या समाज की सेवा का माध्यम नहीं बनना चाहिए। किन्तु बीसवीं सदी के आरम्भ के साथ साहित्य के भीतर एक सर्वथा नवीन मनोदशा झलक मारने लगी, जो यह बतलाती थी कि साहित्यकार का धर्म संसार की सभी जिम्मेवारियों से अलग रहकर अपनी स्वतंत्रता को अक्षुण्ण रखना है। सभ्यता के किसी भी मूल्य का समर्थन करना गलत मूल्य का समर्थन है क्योंकि सभ्यता के सारे मूल्य खोखले हो चुके हैं। मनुष्य विरासत नहीं, योजना है। वह अतीत का बोझ ढोने को नहीं, भविष्य के निर्माण के लिए जन्म लेता है। सभ्यता के साथ व्यक्ति के जो भी एकरारनामे हैं, उनका आधार अतीत है। इन एकरारनामों को फाड़कर मनुष्य को चाहिए कि शुद्ध चिन्तन एवं बौद्धिक अन्तर्दृष्टि के साथ वह अपना मूल्य आप तैयार करे।

तदनुसार मनीषियों ने संसार की सभी जिम्मेवारियों को कन्धे से फेंककर एवं सभी मूल्यों से अपने को मुक्त करके अन्तर्दृष्टिपूर्वक अपना अध्ययन आप करना आरम्भ किया। किन्तु इस अध्ययन के पश्चात् उन्हें भासित यह हुआ कि मूल्यों के तिरस्कार एवं दायित्वों के त्याग से व्यक्ति अपनी स्वतंत्रता का अनुभव तो करता है, किन्तु उसे यह पता नहीं चलता कि इस स्वतंत्रता का उपयोग किस ध्येय के लिए किया जाए, न उसे यही ज्ञात होता है कि संस्कारों से छूटा हुआ प्राणी किस नये संस्कार की कल्पना करे। सभी संस्कारों एवं सभी मूल्यों के तिरस्कार से मनुष्य अकेला और निःसंग हो जाता है क्योंकि तब बाहर कोई ऐसा व्यक्ति नहीं रह जाता, जिसे वह अपना आत्म-बन्धु कह सके; न भीतर कोई आस्था रह जाती है, जिससे वह मार्गदर्शन ले सके, जिसका सहारा लेकर वह अपनी मन की दुनिया में पाँव गड़ाकर अड़ सके।

एक प्रकार की निःसंगता वह है, जो आधुनिकता के प्रसार के साथ बढ़ती जा रही है। इस निःसंगता के शिकार वे लोग होते हैं, जो महानगरों में रहते हैं।

महानगरों का जीवन कर्म-संकुल और व्यस्त होता है तथा हर सफल आदमी को नगरों में प्रतिदिन बहुत लोगों से मिलना पड़ता है। किन्तु महानगरों का जीवन इतना कृत्रिम होता है कि वहाँ एक व्यक्ति दूसरे व्यक्ति के साथ हार्दिक सम्बन्ध स्थापित नहीं कर पाता। प्रायः सभी लोग एक-दूसरे के साथ सतह पर मिलकर अलग हो जाते हैं। यह आधुनिकता का शाप है और इसी निःसंगता के प्रसार के कारण महानगरों में पागलों की संख्या बढ़ने लगी है, उन्निद्रा का रोग फैलने लगा है और आत्महत्या की प्रवृत्ति में भी वृद्धि होने लगी है। किन्तु आधुनिक मनीषी की निःसंगता इससे कहीं प्रखर वेदना है। निःसंग मनीषी का अकेलापन उस व्यक्ति का अकेलापन है, जिसे ईश्वर में विश्वास नहीं है, धर्म में जिसकी आस्था नहीं है और सभ्यता के सभी मूल्यों को जो शंका की दृष्टि से देखता है। जब कहीं भी कोई आधार न रहे, तब मनुष्य निःसंग होने के सिवा और हो क्या सकता है?

अकेलेपन की इस व्यथा का चित्रण आन्द्रे जींद में प्रारम्भ हुआ था और पिरेनडेलो, जूलियन ग्रीन, मालरो, अल्बेयर कामू और जां पाल सार्त्र में वह अधिकाधिक विकास पाता रहा है। भारतीय लेखकों का ध्यान इस दर्द की ओर अभी हाल में गया है। अज्ञेय जी का 'अपने-अपने अजनबी' इसी अकेलेपन के दर्द का उपन्यास है। कैलास बाजपेयी जी की बहुत-सी कविताएँ इसी दर्द की कविताएँ हैं। आशा यह की जाती है कि जब यूरोप के साहित्यकार इस दर्द से निकलकर किसी नई भूमि में प्रवेश करेंगे, उस समय भारत के साहित्यकार इस अकेलेपन के दर्द से छटपटाते रहेंगे क्योंकि यूरोप की छोड़ी हुई चीज को भी हम तब तक नहीं छोड़ते, जब तक उसकी एक आजमाइश, अपने ढंग पर, न कर लें। यूरोप का हर अतीत एशिया में वर्तमान बनता है, कहीं यह नियम झूठा न हो जाए, इसलिए हमें यूरोप के हर गुजरे अतीत को अपने घर में वर्तमान बनाकर देखना ही चाहिए।

लेखकों के भीतर दायित्व-विसर्जन की यह प्रवृत्ति क्यों उत्पन्न हुई, यह गम्भीर चिन्तन का विषय समझा जाना चाहिए। क्या यह उस बिगड़े हुए बेटे की मनोवृत्ति है, जो माँ-बाप से नाराज होने के कारण यह कहता है कि घर में आग लगी है, तो उसे वे लोग बुझाएँ, जिनका इस घर पर अधिकार है? जब घर मेरा है ही नहीं, तो मैं आग क्यों बुझाऊँगा? अथवा यह उस आध्यात्मिक साधक की मनोवृत्ति है, जो संसार के सभी सम्बन्धों से छूटकर अपने अरूप आदर्श के साथ एकतान होना चाहता है?

भारत में धर्म की साधना जब अपने अति विकास पर पहुँची थी, तब साधारणतः सभी साधक अकर्मण्य हो गए थे। गीता ने उपदेश तो फलासक्ति के त्याग का दिया था, किन्तु साधकों ने कर्मन्यास का अर्थ फलासक्ति का त्याग नहीं, कर्म मात्र का त्याग लगा लिया। इसीलिए भारत में धर्म पलायनवादी हो

गया और तत्परिणामस्वरूप भारतीयों ने अपनी स्वतंत्रता और वैभव, दोनों गँवा दिये। निवृत्ति से जीवन का पतन और प्रवृत्ति से उनका उत्थान होता है। भारत ने निवृत्ति छोड़कर जब प्रवृत्ति का मार्ग पकड़ा, वह फिर से स्वाधीन हो गया। किन्तु संसार के जिस भाग से प्रवृत्ति की शिक्षा भारत पहुँची थी, अब वहीं से कला की अकर्मण्यता का सन्देश विकीर्ण हो रहा है।

अध्यात्म और कला के संन्यासियों के बीच एक साम्य प्रत्यक्ष दिखाई देता है और वह यह कि दोनों संसार से छुट्टी लेकर अपने ध्येय की साधना करना चाहते हैं : 'साधक परमात्मा के साथ अपने रहस्य-मिलन की अनुभूति की और कलाकार अपनी मनःस्थितियों के विशुद्ध वर्णन की।'[1]

और दोनों अपनी स्वतंत्रता सब कुछ को छोड़कर ही प्राप्त करते हैं। किन्तु उनके त्याग दो प्रकार के होते हैं : साधक की दृष्टि यह होती है कि जब तक हम इन्द्रियों, मानवों और वस्तुओं में आसक्त हैं, तब तक हम स्वाधीन नहीं हैं और जहाँ-जहाँ हमारी आसक्ति है, वहीं-वहीं हमारी पराधीनता है। जो व्यक्ति अपनी आसक्ति के सारे बन्धन खोल लेने में समर्थ हो जाता है, वही सिंह है, वही स्वतंत्र है और विश्व-प्रपंच की लपटें उसी व्यक्ति को नहीं व्यापती हैं।

किन्तु आधुनिक कलाकार जिस स्वतंत्रता की कामना करते हैं, वह आध्यात्मिक साधक की स्वतंत्रता नहीं है, न उसका त्याग आध्यात्मिक साधक का त्याग है। कीर्ति की कामना अध्यात्म-साधना में दूषित मानी जाती है, किन्तु साहित्यशास्त्र में वह साहित्य का एक प्रयोजन समझी जाती थी। और अब, गरचे, ऐसे साहित्यकार हैं, जो यह कहते फिरते हैं कि मैं पराजित हूँ, मैं अभिनेता नहीं, ईमानदारी से अपने-आपको समझनेवाला कलाकार हूँ। मुझे कीर्ति नहीं, केवल अभिव्यक्ति की सफाई की तलाश है; किन्तु यह खट्टे अंगूर के त्याग का उदाहरण है अथवा सच्ची विनम्रता का, इसका ठीक-ठीक पता लगाना कठिन कार्य है। फिर यह बात भी है कि आध्यात्मिक साधक की स्वतंत्रता इन्द्रिय-जय का परिणाम होती है। किन्तु कलाकार स्वतंत्रता इसलिए चाहते हैं कि उनकी संवेदनाओं और अनुभूतियों का क्षेत्र खूब विस्तीर्ण हो सके। साधक की बाधा इन्द्रियासक्ति है; कलाकारों की बाधा वे मूल्य हैं, जो इन्द्रिय-तर्पण में बाधा डालते हैं। आध्यात्मिक साधना चरित्र की साधना है, कला की साधना की मूल प्रेरणा व्यक्तित्व है। जब

---

1. सार्त्र का एक पात्र कहता है : 'मेरा उद्देश्य लिखने के लिए लिखना नहीं है। मैं किन्हीं खास मनःस्थितियों को सफाई से समझने के लिए कहता हूँ। साहित्य से मुझे कोई प्रयोजन नहीं है। मन में जो बात आती है, उसे शब्दों की ज्यादा तलाश किये बिना, मैं ज्यों-का-त्यों लिखना चाहता हूँ।'

तक व्यक्तित्व प्रसरणशील है, तभी तक कला में ताजगी रहती है और चेतना के नये-नये वातायन खुलते रहते हैं। किन्तु चरित्र के आते ही चीजें जमकर पत्थर और निर्जीव होने लगती हैं तथा संवेदना का मार्ग अवरुद्ध हो जाता है।

मनुष्य का पूरा अस्तित्व तीन धरातलों में बाँटा जा सकता है। सबसे निचला धरातल हमारा जैव धरातल है, जिस पर साहित्य के नौ मूल भाव उत्पन्न होते हैं।

इन मूल भावों में से अनेक (जैसे रति, क्रोध, भय, घृणा आदि) मनुष्य में भी होते हैं और पशु में भी। उससे ऊपर बुद्धि का धरातल है और उससे भी ऊपर आत्मा का। जैसे जैव धरातल के परिमार्जन से कलाएँ उत्पन्न होती हैं, वैसे ही बुद्धि के विकास से विज्ञान और आत्मिक अनुभूतियों से धर्म का जन्म होता है। परम्परा से कला की खूबी यह मानी जाती थी कि वह जैव धरातल से उठकर आत्मा के धरातल तक पहुँच सके। इस कार्य में बुद्धि की सहायता कला भी स्वीकार करती है, किन्तु उसके संकेत बुद्धि के परे भी पहुँचते हैं। आत्मा का धरातल बुद्धि के स्तर से ऊपर पड़ता है। इसीलिए धर्म का जन्म संबुद्धि की कौंध में होता है, उन प्रश्नों के कोलाहल में होता है, जिनके उत्तर विज्ञान के पास नहीं हैं। किन्तु जन्म लेने के बाद धर्म की सार्थकता यह हो जाती है कि वह आत्मा के धरातल से नीचे भी उतरे और हमारी जैव उत्तेजनाओं को प्रभावित करे।

धर्म की चरम अभिव्यक्ति आचरणों की पवित्रता में देखी जाती है। धर्म केवल रहस्यवाद में नहीं उलझता, वह आचरण के सिद्धान्त भी सिखाता है। इसीलिए धर्म व्यक्तित्व को दबाकर चरित्र का निर्माण करता है। इसीलिए जो धर्म जितने ही अधिक कठोर नियंत्रण में विश्वास करता है, वह उतनी ही कवित्वहीन भी होता है। कृच्छ्र साधना और वैराग्य में विश्वास करनेवाला व्यक्ति वैसा कवि नहीं हो सकता, जिसे हम सरस अथवा प्राणवान् कहते हैं। जब तक जीवशास्त्र और मनोविज्ञान का आविर्भाव नहीं हुआ था, कवि और वैरागी के बीच भेद तब भी था। किन्तु जब से इन शास्त्रों से अनुसंधान ने यह बताना आरम्भ किया कि नैतिकता के नियम ईश्वरीय नहीं हैं, वे परिस्थितियों के अनुसार बदलते रहते हैं, तब से आदमी अपने स्खलनों के प्रति उदार हो गया है और तत्परिणामस्वरूप कवि और वैरागी के बीच की दूरी काफी बड़ी हो गई है।

धर्म के अनादर का सामान्य कारण विज्ञान का उत्थान समझा जाता है, किन्तु कला के क्षेत्र में इसका अधिक प्रबल कारण चरित्र की उपेक्षा और व्यक्तित्व का मोह है। जब से नैतिकता का स्थान सौन्दर्य-बोध ने और मरणोत्तर अमरत्व का स्थान कीर्ति-कामना ने ले लिया, तब से कलाकार के व्यक्तित्व का प्रसार कुछ ज्यादा आसान हो गया है। साहित्य में धर्म का अनादर इसलिए नहीं

हुआ कि आदमी को वह रहस्यवाद की ओर प्रेरित करता है, बल्कि इसलिए कि मनुष्य पर वह अंकुश लगाता है, उसके आवेगों को नियंत्रित करता है, उसके व्यक्तित्व को दबाकर उसे बँधे घाटों में कैद रखना चाहता है। किन्तु यह युग चरित्र का नहीं, व्यक्तित्व का है। आदमी आज बँधकर रहना नहीं चाहता, वह उन्मुक्त प्रवाह में अहर्निश बहना चाहता है। युगों से मनुष्य ने जो अनुभूति अर्जित की, बार-बार के अनुभवों से उसने जिस विवेक (कॉन्सेंस) को रूप दिया, वे सारे अनुभव अब नीरस और निरर्थक मालूम होते हैं। वह उनके घेरों को तोड़कर नई अनुभूतियाँ हासिल करना चाहता है, जरूरत हो तो चरित्र को गँवाकर भी वह व्यक्तित्व का विस्तार पाना चाहता है।

स्पष्ट ही, व्यक्तित्व के प्रसार में सबसे बड़ी बाधा पुराने मूल्य उपस्थित करते हैं, पुरानी नैतिकता उपस्थित करती है। वे रूढ़ियाँ उपस्थित करती हैं, जिनके आधार पर सभ्यता टिकी हुई है। ऐसी स्थिति में कवि को अगर पुराने मूल्य पसन्द न हों, तो उसे नये मूल्यों की सृष्टि करनी चाहिए, समाज के सामने उन नये मूल्यों का प्रस्ताव रखना चाहिए। किन्तु नये मूल्य किसी को सूझते ही नहीं। अतएव कलाकारों ने पुराने मूल्यों को चुनौती देने के बदले, उनसे रूठकर तटस्थ हो जाने की राह पकड़ ली है।

चूँकि यह सभ्यता पाखंडियों की सभ्यता है, चूँकि यह सभ्यता शक्तिशालियों के पाप पर पर्दा डालती है और धनियों के अपराध के बदले गरीबों को दंड देती है, इसलिए आधुनिक कलाकार इस सभ्यता के खिलाफ हैं, जो बहुत ही तर्कसंगत बात है। किन्तु यह बात समझ में नहीं आती कि केवल रूठ जाने से, केवल अप्रतिबद्ध हो जाने से यह विकृत सभ्यता सुधर कैसे जाएँगी! रूठना और यह कहना कि हम इस सभ्यता के किसी भी मूल्य को स्वीकार नहीं करेंगे, सभ्यता की कठोर आलोचना तो जरूर है, किन्तु केवल इतने से वह दुनिया वजूद में नहीं आ सकती, जिसकी कल्पना कवियों के मन में छिपी हुई है।

किन्तु आधुनिक कलाकार मूल्यों के स्थान पर नये मूल्यों की स्थापना की बात नहीं करते, सभ्यता को बदलकर नई सभ्यता लाने की बात नहीं कहते। वे केवल यह दिखाकर रह जाते हैं कि यह सभ्यता उन्हें बिलकुल नापसन्द है और इस दुनिया के लोगों के बीच वे अजनबी बनकर जी रहे हैं। उनके जीवन की कोई सार्थकता नहीं है, उनके जीने का कोई औचित्य नहीं है। यह घूम-फिरकर उसी रोमांसवादी मनोदशा का प्रत्यावर्तन-सा दिखता है, जिसके अधीन कविगण अपने को और लोगों से अधिक विलक्षण, अधिक सुकुमार और भिन्न समझते थे।

रोमांटिक मुद्रा के प्रभाव में आकर गालिब ने लिखा था :

*रहिए अब ऐसी जगह चलकर जहाँ कोई न हो,*
*हमसुख़न कोई न हो और हमज़बाँ कोई न हो।*
*पड़िए गर बीमार तो कोई न हो तीमारदार,*
*और अगर मर जाइए तो नौहख्वाँ कोई न हो।*

और आधुनिक-बोध की परेशानियों से घबराकर सार्त्र का एक पात्र कहता है :

'मैं यहाँ से जाना चाहता हूँ। मैं किसी ऐसी जगह जाना चाहता हूँ जो मेरे अनुकूल हो, जहाँ की दुनिया में मैं फिट कर सकूँ। लेकिन, हाय, मेरी जगह कहीं नहीं है। मैं कहीं का भी नहीं हूँ।'

**[नौसिया]**

और सार्त्र के एक दूसरे पात्र से जुपिटर कहता है :

'घुसपैठिए! इस दुनिया में तेरे लिए जगह नहीं है। तू यहाँ उसी तरह घुस आया है, जैसे मांस में काँटा घुस जाता है।'

**[द फ्लाइज ]**

नौसिया का नायक एक जगह और कहता है :

'मैं अकेला हूँ। सभी लोग जा चुके। अब वे अपने घरों पर अखबार पढ़ रहे होंगे या रेडियो सुन रहे होंगे। रविवार समाप्त हो रहा है। अजब नहीं कि सोमवार की बात सोचनी उन्होंने आरम्भ कर दी हो! किन्तु मेरे लिए रविवार और सोमवार सब एक ही समान हैं। सभी दिन एक ढर्रे से आते हैं और वैसे ही निकल जाते हैं।'

आदमी सचमुच इतना अकेला होता है या नहीं, इसे हम संदिग्ध मानते हैं। लगता है, सार्त्र ने आदमी के अकेलेपन की कल्पना करने के लिए ऐसे चरित्रों का निर्माण किया है; अथवा ऐसी भावना, पस्ती के समय, हममें से प्रत्येक के भीतर उठती है; किन्तु उसे हम देर तक ठहरने नहीं देते; या यह मानसिक रोग है, जिसका इलाज मनोविज्ञान के जानकार किया करते हैं। किन्तु वह बात कौन-सी है, जो आदमी को इतना चिन्तित और विषण्ण रखती है? वह कौन रहस्य है, जो अकेलेपन से ग्रस्त मनीषियों के हृदय में तड़प रहा है और जिसका गाहक उन्हें सारे संसार में कहीं नहीं मिलता?

टॉल्स्टॉय ने अपनी आत्मकथा (कन्फेसन) में लिखा है कि जब वे यूरोप घूमकर पहली बार लौटे, वे अपनी प्रसिद्धि से फूले हुए थे। किन्तु शीघ्र ही उनके भीतर यह प्रश्न उठने लगा कि धन, ऐश्वर्य और कीर्ति पाकर मनुष्य को आखिर मिलता क्या है? क्या ये चीजें मृत्यु को रोक सकती हैं? मनुष्य जन्म क्यों लेता

है? वह किसलिए जीता है? उसके जीवन की सार्थकता क्या है, औचित्य क्या है? टॉल्स्टॉय इन प्रश्नों पर बहुत दिनों तक विचार करते रहे और अन्त में दिखाई उन्हें यह पड़ा कि जीवन की सार्थकता कर्म में है। सबसे अच्छा आदमी किसान है, जो जिन्दगी की गहराइयों में झाँककर विषण्ण होने के बदले, हर रोज डटकर शारीरिक श्रम करता है, और जब मृत्यु आती है, वह बिना घबराए हुए उसे स्वीकार कर लेता है। इसीलिए, टॉल्स्टॉय ने किसान का जीवन स्वीकार कर लिया था।

टॉल्स्टॉय की शंकाएँ परम्परा के भीतर उठनेवाली शंकाएँ थीं और उनका समाधान भी उन्हें लगभग परम्परा से ही प्राप्त हुआ था। किन्तु जब परम्परा टूट गई, इन प्रश्नों के तीखेपन में वृद्धि हो गई। जब परम्पराएँ टूट गईं, नैतिक सिद्धान्तों की उस कठोर पद्धति का अभाव हो गया, जो जीवन की व्याख्या करती थी, जीवन को दिशा-निर्देश देती थी। जीवशास्त्र और मनोविज्ञान ज्यों-ज्यों मनुष्य को उसके नग्न रूप का दर्शन कराते गए, नैतिकता के सिद्धान्त त्यों-त्यों कुछ ज्यादा बेमानी होते गए। रोमांसवादी युग तक मनुष्य निरन्तर उन्नति के सिद्धान्त में विश्वास करता था, इसलिए उसके पास एक सहारा था, एक अवलम्ब था। किन्तु अब वह अवलम्ब भी नष्ट हो गया। अब मनुष्य सोचता है कि हमारा जन्म नियति के किसी नियम के अधीन नहीं हुआ है, हम आकस्मिक घटनाएँ हैं। जैसे प्रकृति पशुओं और पेड़ों को बिना किसी उद्देश्य के उत्पन्न करती है, वैसे ही वह मनुष्य को भी अकारण ही जन्म दे रही है।

परम्परा के बँधे-बँधाए, सुस्पष्ट सिद्धान्तों में अविश्वास हो जाने के कारण मनुष्य ने अपने-आपको उनसे तोड़कर अलग कर लिया और इन सिद्धान्तों से टूटकर अलग हो जाने के कारण ही अब वह निःसंग हो गया है। वह अपने जीवन की सार्थकता की सिद्धि खोजता है, किन्तु सार्थकता उसे कहीं भी दिखाई नहीं देती। संसार में आनन्द के साधन अनेक हैं, किन्तु केवल आनन्द भोगकर, केवल खिलौनों से जी बहलाकर मर जाना यथेष्ट नहीं है। मनुष्य को कहीं-न-कहीं अड़ना भी चाहिए, किसी-न-किसी चित्र में विश्वास भी करना चाहिए। आखिर इस विश्व-ब्रह्मांड के साथ उसका क्या सम्बन्ध है? और जीवन को मार्गदर्शन देनेवाले तथा मनुष्य को नियंत्रित करनेवाले सिद्धान्तों से मुक्ति पा लेने के बाद क्या मनुष्य सचमुच स्वाधीन हो गया? स्वाधीन वह भले ही हो गया हो, किन्तु इससे उसकी कठिनाइयाँ घटी नहीं, बढ़कर बेशुमार हो गई हैं। और सबसे बड़ी कठिनाई यह है कि जिन सिद्धान्तों के प्रचलन के कारण दायित्व-निर्वाह में पहले सुविधा होती थी, वे सिद्धान्त तो टूट गए, किन्तु दायित्व माथे पर ज्यों-का-त्यों लदा हुआ है।

यही वह स्थिति है, जिसे पश्चिम के लेखक 'ऐंगिश', करुणा, नियति और 'एबसर्डिटी' कहकर व्यक्त करते हैं। यही वह स्थिति है, जिसे साहित्य में उतारने के लिए लेखकों ने ऐसे चरित्र निर्मित किये हैं, जिनके चारों ओर किसी भी क्षितिज का आभास नहीं मिलता, जो पात्र केवल बेचैनी का इजहार करते हैं और अपनी विषण्णता, असहायता और घोर अप्रसन्नता की छाप छोड़कर हमसे विदा हो जाते हैं।

> 'मैं विश्व के साथ उतना ही संलग्न हूँ, जितना यह प्रकाश संलग्न है। मगर मैं पत्थर और पानी के ऊपर-ऊपर चलता हूँ। कोई चीज मुझे तल तक नहीं ले जा सकती, न मुझे किसी ठोस तत्त्व का स्पर्श करा सकती है। मैं अजनबी हूँ, संसार से निर्वासित, अतीत से निर्वासित, अपने आपसे निर्वासित। स्वतंत्रता निर्वासन है। मुझे स्वतंत्र होकर जीने का दंड मिला है।'

**[सार्त्र-कृत एक चरित्र]**

> 'मैं बनाया क्यों गया? समय के पूर्व ही मैं बूढ़ा हो गया हूँ, चूहे के समान काला और कुरूप हो गया हूँ। क्या मेरा निर्माण ईश्वर ने अपनी लीला के लिए किया था?'

**[जूलियन ग्रीन-कृत एक चरित्र]**

> 'मैं कहीं का भी नहीं हूँ। मेरे नहीं रहने से कोई मुझे याद नहीं करेगा। नीचे चलनेवाली रेल में भीड़ वैसी-की-वैसी ही है। रेस्तराँ अब भी खचाखच भर हुए हैं। हर जगह मुंड-ही-मुंड दिखाई देते हैं और हर आदमी छोटी-छोटी बातों को लेकर उत्तेजित हो रहा है। मैं दुनिया से चुपके से खिसक गया मगर दुनिया अब भी भरी हुई है। सच्ची बात यह है कि मैं संसार के लिए अनिवार्य नहीं था।'

**[सार्त्र-कृत 'द वाल']**

जिन्होंने सभ्यता को रुटीन के रूप में स्वीकार कर लिया है, उनके भीतर कोई बेचैनी नहीं उठती। वे दिन-भर दफ्तरों में काम करते हैं और रात में क्लबों के मजे लेकर आनन्द से सो जाते हैं और उन्हें लगता है, वे पूरा जीवन जी रहे हैं। किन्तु जो व्यक्ति आध्यात्मिक जीवन के स्थान पर कृत्रिम, यांत्रिक जीवन का वरण करके तृप्त नहीं होता, उसके भीतर प्रश्न उठते ही रहते हैं और वह अनुत्तरित प्रश्नों के अरण्य में भटकता हुआ कहीं भी शान्ति नहीं पाता है।

नये मनुष्य को नीत्शे के मुख से यह सुनकर बड़ी खुशी हुई थी कि ईश्वर की मृत्यु हो गई। किन्तु यह रहस्य अब खुला है कि ईश्वर की मृत्यु ईश्वर की मृत्यु नहीं थी, उन मूल्यों की मृत्यु थी, जो मनुष्य और ईश्वर के बीच सेतु बनाये

हुए थे। नये आदमी की मुसीबत यह है कि वह न तो इस सेतु को फिर से बनाने को तैयार है, न वह इस सेतु के बिना शान्ति और आश्वासन पा सकता है।

एक अन्य दृष्टि से देखने पर यह भासित होता है कि यह स्थिति कर्म के त्याग से उत्पन्न हुई है, समाज से अपने को तटस्थ बनाने के कृत्रिम प्रयास से उत्पन्न हुई है। यह स्थिति सामाजिक और वैयक्तिक चेतनाओं के बीच खुदी हुई खाई का परिणाम है। यह निष्कर्म चिन्तन की उस लहर का निरर्थक रुदन है, जो ऐसे सवालों से उलझ रही है, जिनका जवाब न तो पहले मिला था, न कभी आगे मिलनेवाला है। भले थे वे लोग, जो संसार को लीला समझकर सन्तुष्ट हो जाते थे। आधुनिक-बोध से भूल यह हुई कि उसने संसार को रहस्य मान लिया। मगर रहस्य-बोध के लिए जितने भी प्रयास किए जाएँ, रहस्य खुलनेवाला नहीं है। आधुनिक-बोध इस रहस्य के दरवाजे पर सिर पटकता है, मगर दरवाजे हिलते भी नहीं। यही निष्फल लेकिन सच्चाई से भरा क्रन्दन आधुनिक-बोध की विशेषता है।

रूढ़ियों की छाप पड़ते-पड़ते नैतिक मूल्य विकृत हो जाते हैं। जब भी सौन्दर्य की दुहाई विद्या की रूढ़ि को जीवित रखने को दी जाती है, सौन्दर्य में विकार भर जाता है। उसकी ताजगी खत्म हो जाती है। जब भी किसी अन्याय को नजर-अन्दाज किया जाता है, न्याय की मृत्यु हो जाती है। और जब भी एकपक्षीय सिद्धान्त को सत्य बनाकर पेश किया जाता है, सत्य की रोशनी गायब हो जाती है। अतएव जो मनीषी परम्परागत मूल्यों के विरोध में खड़े हैं, उनकी ईमानदारी पर शंका करने की कोई गुंजाइश नहीं है। मूल्यों की महिमा यह होनी चाहिए कि वे मनुष्य के भीतर मानवीय भावनाओं को जगाएँ। मनुष्य को सोचने को बाध्य करें, उसे व्याकुल और बेचैन बनायें। किन्तु रूढ़िग्रस्त मूल्य केवल मुखौटे का काम देते हैं और उन्हें पहनकर आदमी अपनी जड़ता को छिपा लेता है।

कला निरन्तर क्रान्ति का काम है और क्रान्ति की प्रेरणा चरित्र नहीं, व्यक्तित्व से आती है। किन्तु समाज के स्थापित मूल्य व्यक्तित्व नहीं, चरित्र के पक्षपाती होते हैं। व्यक्तित्व परिवर्तन लाना चाहता है, समाज के स्थापित मूल्य उस परिवर्तन को रोकना चाहते हैं। समाज की स्थिरता का कारण रूढ़ियों का ही स्थैर्य होता है। जब समाज के स्थापित मूल्य बलवान होते हैं, व्यक्तित्व का उभार उनके खिलाफ नहीं टिकता। रूढ़ियों का साथ देकर समाज में अपने लिए स्थान बनाना आसान है। उनका विरोध करके आदमी समाज में अपने लिए जगह बड़ी मुश्किल से बनाता है।

ये सारी दलीलें अपनी जगह पर सही हैं लेकिन उतनी ही सही यह बात भी है कि चरित्र और व्यक्तित्व का यह संघर्ष नया नहीं है। उसके दृश्य हम सभी

युगों में देखते आए हैं। लेकिन समाज की प्रगति, अन्ततः उसी परिमाण में हो पाती है, जिस परिमाण में व्यक्तित्व के पक्षपाती चरित्र के पक्षपातियों को दबा सकते हैं। किन्तु व्यक्तित्ववादी लोग यदि रूठकर तटस्थ हो गए, यह मानकर उन्होंने अगर लड़ना ही छोड़ दिया कि संघर्ष मोटा काम है, अतएव वह चिन्तकों को शोभा नहीं देता, तो फिर रूढ़ियाँ ज्यों-के-त्यों बनी रहेंगी और रूठनेवालों के आँसू भी अकारण ही सूख जाएँगे। सभी मूल्यों, सभी संस्कारों और सभी समस्याओं को पोंछकर अपने भीतर से निकाल देने के बाद आदमी स्वतंत्र तो हो सकता है, किन्तु इस स्वतंत्रता का प्रयोजन क्या होना चाहिए?

> 'अगर हम कभी भी प्रतिबद्ध नहीं हुए, तो फिर हमारी स्वतंत्रता का ध्येय क्या रह जाता है? तुमने अपने-आपको स्वच्छ बनाने में पैंतीस वर्ष लगा दिये, लेकिन नतीजा उसका यह है कि तुम केवल रिक्त हो गए हो।'

**[सार्त्र-कृत 'द एज ऑफ रीजन']**

अगर पुरानी मान्यताएँ झूठी हैं और उनमें विश्वास करने का कोई आधार नहीं है, अगर विज्ञान का यही कहना ठीक है कि मनुष्य कुछ भी नहीं है, तो भी आदमी पर यह दायित्व आता है कि वह अपने-आपको कुछ बनाने का प्रयास करे। अगर इस दायित्व से वह भागता है, तो फिर उसकी स्वतंत्रता का कोई अर्थ नहीं है।

> 'तुम्हें साहस करके हर आदमी की तरह काम करना चाहिए, जिससे तुम्हारी यह भावना खत्म हो जाए कि तुम किसी के भी समान नहीं हो।'

**[द एज ऑव रीजन]**

कर्म के अभाव में चिन्तन दुःखदायी हो जाता है। जो अप्रतिबद्ध है, वह अपनी स्वतंत्रता को इस उद्देश्य से बचाये फिरता है कि कर्म के पास जाने से कहीं वह स्वतंत्रता मलिन न हो जाए। किन्तु मनुष्य की महिमा प्रतिबद्ध होने में देखी जाती है, दायित्व और खतरों का सामना करने में परखी जाती है। सार्त्र के उपन्यास 'नौसिया' का नायक मैथ्यू वह व्यक्ति है, जो अपनी स्वतंत्रता को हृदय की मंजूषा में जुगाए हुए हर कर्तव्य से भागता फिरता है। किन्तु एकान्त में यह कर्तव्य-विमुखता उसे दंश मारती है। वह स्पेन के गृहयुद्ध में इसलिए नहीं गया था कि वह कहीं भी प्रतिबद्ध होने को तैयार नहीं था। लेकिन एक दिन जब वह गोमेज के साथ खाने को बैठता है, उसे अपने और गोमेज के बीच का भेद स्पष्ट दिखाई देने लगता है। गोमेज वह वीर है, जो स्पेन के गृहयुद्ध में लड़कर वापस आया है और मैथ्यू वह व्यक्ति है, जो उस युद्ध से अलग रहा है। अब मैथ्यू को अपनी अप्रतिबद्धता पर ग्लानि होती है और वह सोचता है :

'मांस का एक टुकड़ा उसके सामने है, एक मेरे सामने। उसे इस मांस के मजे लेने का अधिकार है। उसे यह हक हासिल है कि वह इस मांस को अपने उजले दाँतों से भँभोरे; उसे यह अधिकार है कि वह पासवाली खूबसूरत लड़की को देखे और सोचे–वाह! कैसी खूबसूरत है!–लेकिन, ये अधिकार मुझे प्राप्त नहीं हैं क्योंकि मैंने उनकी कीमत नहीं चुकाई है। अगर मैं कौर उठाऊँ, तो स्पेन के सैकड़ों शहीद मेरी गरदन पर टूट पड़ेंगे क्योंकि मैंने कीमत नहीं चुकाई है।'

सार्त्र का आरम्भिक चिन्तन प्रतिबद्धता के विरुद्ध पड़ा था, किन्तु अब वे इस निष्कर्ष पर आ गए हैं कि प्रतिबद्धता के बिना मनीषी का भी निस्तार नहीं है। प्रतिबद्धता ही वह चीज है, जो चिन्तक को वास्तविकता के साथ जोड़कर रखती है।

> 'हमें विश्वास हो गया है कि प्रतिबद्धता से भागना असम्भव कार्य है। अगर हम पत्थर की तरह नीरव और मूक हो जाएँ, तो फिर हमारी निष्क्रियता ही एक प्रकार का कर्म बन जाएगी।'

**[सिचुएसंस]**

मनुष्य, स्वभाव से ही, अपने युग की नियति से सम्बद्ध होता है और अपने अस्तित्व मात्र से वह अपनी भूमिका अदा करता रहता है। उसके वैयक्तिक कर्म का प्रभाव समूह के कर्म पर पड़ता है और अगर वह अपने कर्म से विमुख हो जाता है, तब भी उसकी निष्क्रियता समूह के जीवन को प्रभावित करती है। समाज, राजनीति और संसार से टूटकर अलग जीने की बात केवल सोची जा सकती है। व्यवहार में कोई भी व्यक्ति समाज से हमेशा तटस्थ नहीं रह सकता। खुद सार्त्र की प्रतिबद्धता-विषयक भावना तब सुधरी, जब उन्होंने अपनी आत्मा पर युद्धजनित परिस्थितियों के धक्के महसूस किए :

> 'या खुदा! मैं तो युद्ध से बिलकुल अलग रहना चाहता था, पराजय का भागीदार नहीं बनना चाहता था। मगर यह क्या कौतुक हुआ कि मैं भी उसमें गिरफ्तार हो गया?'

**[सिचुएसंस]**

मनुष्य का व्यक्तित्व ऐसा नहीं होता कि वह सबसे टूटकर अलग जी सके। इच्छा न होते हुए भी व्यक्ति को सामूहिक जीवन के साथ बँधना पड़ता है क्योंकि व्यक्ति समाज पर निर्भर है और समाज की निर्भरता प्रत्येक व्यक्ति पर है। व्यक्ति स्वतंत्र तो होता है, किन्तु दुनिया में जो घटनाएँ घटती हैं, वह उनके असर के जद में भी होता है। यह सम्भव है कि सामान्य स्थितियों में आदमी अपने मन को यह कहकर बहला ले कि सामूहिक घटनाओं के स्पर्श से वह दूर है, किन्तु जब चैम्बरलेन और हिटलर के बीच वार्ता चलने लगती है, तब सभी यह जानने को उत्सुक हो

उठते हैं कि देखें, इस वार्ता का परिणाम क्या निकलता है। युद्ध की जिम्मेवारी केवल उन्हीं लोगों पर नहीं होती, जो उसकी घोषणा करते हैं। उसकी जिम्मेवारी उन लोगों पर भी होती है, जो समय पर उसे रोकने का प्रयास नहीं करते।

*समर शेष है, नहीं पाप का भागी केवल व्याध;*
*जो तटस्थ हैं, समय गिनेगा उनका भी अपराध।*

अगर यह बात सच है कि मनुष्य विरासत नहीं, योजना है; अतीत नहीं, भविष्य है, तो अपनी सही भूमिका वह तभी अदा कर सकता है, जब वह अर्थहीन अस्तित्व को अर्थ देने का प्रयास करे, वस्तुओं के पूर्व-निर्धारित अर्थों का तिरस्कार करके उनके भीतर नये अर्थों का समावेश करे। 'तेल पात्र में है अथवा पात्र तेल में'—ऐसे निष्फल चिन्तन में डूबे हुए मनुष्य को जीवन की सार्थकता कहीं भी नहीं मिलेगी। स्वाधीनता का औचित्य तभी सिद्ध हो सकता है, जब हम सच्चे अर्थों में जीने का प्रयास करें यानी हम खुलकर प्रतिबद्ध हों और वस्तुओं के पूर्व-निर्धारित अर्थों को केवल अस्वीकृत ही न करें, उनके भीतर अपनी पसन्द के नये अर्थ बिठाने के लिए भी संघर्ष करें। मनुष्य अपनी आत्मा का सही संधान गुफाओं में नहीं, मनुष्यों के रेले में पाता है, भीड़ और संघर्ष में पाता है। कोरा किताबी ज्ञान मनुष्य को धोखा भी दे सकता है, किन्तु संघर्षों से निकली हुई शिक्षा कभी भी झूठी नहीं होती।

> 'हम अपने-आप का संधान रहस्य-कुंजों में नहीं, खुली सड़कों पर पाते हैं, शहरों में पाते हैं, मनुष्यों की भीड़ में पाते हैं। हमें अपने-आपका पता तब चलता है, जब हम चीजों के बीच महज एक चीज और मनुष्यों के बीच महज एक मनुष्य बनकर जीते हैं।'
>
> **[सिचुएसंस]**

युद्ध के पहले सार्त्र ने अकेलेपन के दर्द के मजे खूब लूटे थे। लेकिन ईमानदार चिन्तक चाहे जितने भी काल तक मौज से भटकता रहे, अन्त में, सत्य के मार्ग पर वह अवश्य आ जाता है। युद्धजनित अनुभूतियों ने सार्त्र को बता दिया कि जैसे संन्यास लेकर संसार से भाग खड़ा होना पलायन का निंद्य कृत्य है, उसी प्रकार संसार में रहते हुए संसार से वैराग्य लेकर जीना भी प्रशंसा की बात नहीं है। और इसके अपवाद साहित्यकार भी नहीं हो सकते। क्योंकि संसार में घटनेवाली घटनाओं के प्रभाव में, देर-अबेर, वे लोग भी गिरफ्तार हो जाते हैं, जिन्हें दुनिया से तटस्थ होने का शौक है। 'सिचुएसंस' में सार्त्र ने बेलजाक पर अपना क्रोध इसलिए प्रकट किया है कि सन् 1848 की पेरिस-क्रान्ति पर उन्होंने कोई ध्यान नहीं दिया था। और फ्लाउबेयर से सार्त्र की शिकायत यह है कि कम्यून के बाद जनता पर

जो जुल्म ढाये गए, उन जुल्मों के खिलाफ फ्लाउबेयर ने एक शब्द भी नहीं लिखा। लेखकों और कवियों ने पिछले सौ वर्षों से अनासक्ति और तटस्थता का जो अभ्यास किया है, वह किसी भी प्रकार उचित नहीं कहा जा सकता।

> 'पिछले सौ वर्षों से लेखक इस सपने में मस्त रहा है कि पाप और पुण्य की विचिकित्सा के परे बल्कि पतन के भी पास पहुँचकर वह अपनी सारी आस्था अपनी कला को अर्पित करेगा। किन्तु यह बात वह बिलकुल ही भूल गया है कि समाज ने हमें कुछ जिम्मेवारियाँ भी सौंपी हैं, जो हमारे कन्धों पर मौजूद हैं।'
>
> **[सिचुएसंस]**

संसार, निसर्गतः ही, ऐसी स्थितियों को जन्म देता है, जिनसे नई नैतिकता उत्पन्न होती है, नई अनुभूतियाँ और नये मूल्य-बोध पैदा होते हैं। दुनिया की किसी भी किताब की तरफ से यह दावा नहीं किया जा सकता कि भूत, भविष्यत् और वर्तमान के मनुष्यों के सभी आचरण-सिद्धान्त उसमें लिखे हुए हैं। प्रचलित मूल्यों के अतिक्रमण से ही समाज में परिवर्तन होते हैं, क्रान्ति होती है। अगर सारा जोर सभ्यता के रक्षण और पालन पर दिया जाए, तो बढ़ावा रूढ़ियों को मिलेगा एवं सभ्यता से ताजगी एक दिन गायब हो जाएगी। इसलिए प्रचलित मूल्यों को शंका से देखने की दृष्टि क्रान्ति की ही दृष्टि है और इन मूल्यों के विरोध के अधिकार को बचाये रखना, असल में, चिन्तक की स्वाधीनता को ही बचाये रखना है।

यहाँ तक सारी बातें ठीक हैं। किन्तु चिन्तक जब इस स्वाधीनता को ही सबसे बड़ा मूल्य मान लेता है, तब स्वाधीनता अर्थहीन हो जाती है। संघर्ष में पड़ने से कहीं हमारी स्वतंत्रता का ह्रास न हो जाए, चिन्तक जब इस विचिकित्सा में गिरफ्तार हो जाता है, उसकी स्वाधीनता वहीं से बेमानी होने लगती है। जो भी चिन्तक अपनी स्वाधीनता का प्रयोग करने से इनकार करता है, उस पर कभी-न-कभी, यह आरोप लगकर रहेगा कि वस्तुओं के प्रचलित अर्थ उसे स्वीकार्य थे क्योंकि उनके प्रचलन को रोकने के लिए उसने अपनी शक्तियों का उपयोग नहीं किया। अनासक्त और अकर्मण्य भाव से विश्व की समस्याओं पर सोचने की स्वाधीनता कोई स्वाधीनता नहीं है। कर्म के कोलाहल से भरे संघर्ष में प्रवेश करने से ही स्वतंत्रता के भीतर सच्ची अर्थवत्ता का समावेश होता है। कर्मन्यास का अर्थ कर्म का त्याग नहीं, केवल फलासक्ति का त्याग है। अनासक्ति से योगी और कलाकार, दोनों की स्वतंत्रता में वृद्धि होती है। किन्तु अकर्मण्यता दोनों में से किसी के भी लिए विहित नहीं है।

# साहित्य में आधुनिक-बोध

## सामाजिक पृष्ठभूमि

अपने समग्र इतिहास में दुनिया जिस रफ्तार से बदलती आई थी, उससे कहीं तेजी के साथ वह पिछले सौ वर्षों में बदली है। और इस परिवर्तन का सबसे प्रत्यक्ष एवं दर्शनीय प्रमाण नगरों की संख्या, महत्त्व और उनके आकार का विकास है। नगर पहले भी होते थे, किन्तु उस समय नगरों और ग्रामों की नैतिकता और संस्कृति एक थी। लेकिन पिछले सौ वर्षों में नगरों के भीतर से अनेक महानगर उत्पन्न हो गए और वर्तमान सभ्यता की जो भी विशिष्टताएँ हैं, ये महानगर उनके प्रमुख केन्द्र हो गए। अब महानगरों की सभ्यता और शहरों तथा देहातों की सभ्यता के बीच काफी चौड़ी दरार पड़ गई है। आधुनिक-बोध इन्हीं महानगरों में बसनेवाले मनीषियों का दृष्टिबोध है, जो ग्रामों और छोटे शहरों में रहनेवालों की समझ में कठिनाई से आता है।

विज्ञान और टेक्नोलॉजी के प्रयोग से मनुष्य अपने सुख, सुविधा और मनोरंजन का जो विस्तार कर सकता था, वह उसने महानगरों में किया है। संसार के उद्योगों और व्यवसायों के मुख्य केन्द्र महानगरों में हैं। बड़े-बड़े विश्वविद्यालय महानगरों में अवस्थित हैं। सिनेमा, रेडियो, टेलीविजन, नाटक, ओपेरा और बैले के सर्वश्रेष्ठ केन्द्र महानगरों में मिलते हैं। संसदों और सरकारों के मुख्य केन्द्र महानगरों में हैं। श्रेष्ठ पत्र-पत्रिकाएँ महानगरों से निकलती हैं। अच्छे प्रकाशकों के मुख्य कार्यालय महानगरों में हैं। बड़ी-बड़ी प्रयोगशालाएँ महानगरों में होती हैं। इसीलिए, राजनीतिज्ञ, विज्ञानवेत्ता, चिन्तक, लेखक, कवि और कलाकार अधिकतर महानगरों में बस गए हैं। संसार से तात्पर्य अब, असल में, दुनिया के पाँच-सात महानगरों से है। जो मत इन पाँच-सात महानगरों में मान्य होता है, वही मत अब मानवता का मत समझा जाता है। लड़ाइयाँ इन पाँच-सात महानगरों के षड्यंत्र और द्वेष से उत्पन्न होती हैं। शान्ति का नारा भी उन्हीं महानगरों की क्लान्ति का उच्छ्वास है। वैज्ञानिक उन्नति से उत्पन्न

सुविधाओं के भागीदार धीरे-धीरे देहात भी होते जाते हैं। किन्तु देहात अब भी देहात हैं। दुनिया देहातों से केवल खाने के लिए अन्न और लड़ाइयों में कटवाने के लिए नौजवान मर्द चाहती है। देहात की और कोई बात नगरवालों को पसन्द नहीं है।

रूप तो अब देहातों के भी बदलने लगे हैं। जहाँ छोटी-छोटी बस्तियाँ थीं, वहाँ अब कल-कारखानों से भरे नगर खड़े हो रहे हैं। रेडियो का थोड़ा-बहुत प्रचार गाँवों में भी है। बिजली के तार देहातों में भी दौड़ने लगे हैं और देहातों में भी ठाकुरवाड़ी से ज्यादा भीड़ अब सिनेमा-सदनों में लगने लगी है। लेकिन फिर भी देहातों का पुराना मन अभी मरा नहीं है। ईश्वर वहाँ अब भी अदृश्य अवलम्ब के रूप में जीवित है। प्रेम वहाँ अब भी मनुष्य की किसी गम्भीर और गोपन भावना का नाम है तथा मृत्यु को अब भी देहात के लोग मरणोत्तर जीवन का द्वार समझते हैं। और नारी के प्रति ग्रामों में अब भी यह भाव है कि वह रक्षणीय है तथा सन्तति-निरोध की शिक्षा ग्रामों में आज भी अच्छी नहीं समझी जाती है।

किन्तु महानगरों का मन बहुत दूर तक परिवर्तित हो चुका है। विज्ञान और टेक्नोलॉजी का आधार लेकर उठनेवाली सभ्यता ने अपने विशिष्ट प्रतिनिधियों का जमाव महानगरों में किया है। इनमें से जो अत्यधिक आधुनिक हैं, वे मानते हैं कि नीत्शे ने जब ईश्वर की मृत्यु की घोषणा की, तब वह पागलपन में नहीं बोल रहा था। किन्तु आधुनिकता की दीर्घा में जो लोग कुछ नीचे रह गए हैं, वे भी नास्तिक नहीं, तो सन्देहवादी जरूर हैं। प्रेम इनकी दृष्टि में कोई उदात्त भावना नहीं है। वह रुधिर का एक अन्धा वेग है, मन का एक अनद्यतन विकार है। वह दोस्ती का एक तरीका है। वह इन्द्रिय-तर्पण का एक माध्यम है, जिसे भ्रमवश आध्यात्मिक समझकर पहले के भावुक कवियों ने ढेर-की-ढेर कविताएँ लिखी थीं। प्रेम आँखों की मटकी है, प्रेम क्षण-भर की शारीरिक आवश्यकता का नाम है, प्रेम नये-नये चरागाहों की कौतुकी खोज है, प्रेम बोतल की फेंकी हुई काग है, प्रेम एक प्याली कॉफी या चाय है।

और मृत्यु? जिन्दगी की घात में लगी रहनेवाली यह खौफनाक चीज बहुत ही खराब है। वह सर्वनाश का नाम है। वह भय है, आतंक है, परमाणु बम और नापाम बम है। मृत्यु घातक रोग है, जो हमें भय दिखाकर जीने को लाचार करती है। मृत्यु नहीं चाहती कि हम उसकी याद करें, उसे अपने ध्यान में रखें। दुनिया में मौज-मजे की बहुत-सी चीजें हैं। हम इनके असली मजे तभी उठा सकते हैं, जब मृत्यु को हम भूल जाएँ।

दुनिया का जो भाग आधुनिकता के आलोक से सबसे अधिक आलोकित है, वहाँ परिवार समाज की सबसे पवित्र इकाई नहीं है। विवाह का आधार दम्पती का व्रत नहीं, आपसी रजामन्दी है। नारियाँ विशेष रूप से रक्षणीय नहीं हैं, इसीलिए वे पूजा की भी अधिकारिणी नहीं हैं। धर्म के व्यर्थ हो जाने से मूल्यों की दीर्घा में जो जगह खाली हुई, उस पर सौन्दर्यबोध ने आसन जमा लिया और सौन्दर्यबोध का मुखौटा पहनकर दुनिया के मन पर शासन, असल में, कामदेव कर रहा है। व्यावहारिक मनुष्य के लिए ईमानदारी कोई अनिवार्य गुण नहीं है। प्रेम भावुक लोगों की बीमारी का नाम है। सिधाई, सच्चाई, वीरता और बलिदान उतने अच्छे नहीं हैं, जितनी अच्छी चालाकी हो सकती है। और जब सभी लोग चालाकी से ही जीते हैं, तब वीरता और बलिदान बेवकूफी की बातें नहीं, तो और क्या हैं? मूल्यों का पचड़ा बेकार है। सबसे बड़ा मूल्य वह है, जिसके सहारे गाड़ी चलती रहती है।

महानगरों में जो सभ्यता फैली है, वह छिछली और हृदयहीन है। लोगों के पारस्परिक मिलन के अवसर तो बहुत हो गए हैं, मगर इस मिलन में हार्दिकता नहीं होती, मानवीय सम्बन्धों का घनत्व नहीं आ पाता। दफ्तरों, ट्रामों, बसों, रेलों, सिनेमाघरों, सभाओं और कारखानों में आदमी हर समय भीड़ में ही रहता है मगर इस भीड़ के बीच वह अकेला होता है। मनुष्य के लिए मनुष्य के भीतर पहले जो माया, ममता और सहानुभूति के भाव थे, वे अब लापता होते जा रहे हैं। देशों की पारस्परिक दूरी घट गई है, लेकिन आदमी और आदमी के बीच की दूरी बढ़ती जा रही है।

आरम्भ से ही कामिनी और कंचन पार्थिव जीवन के सबसे बड़े प्रलोभन रहे थे। किन्तु मनुष्य ने, अपने अनुभवों के आधार पर, कुछ मूल्यों की रचना करके इस प्रलोभन पर अंकुश लगा दिया था। जब तक यह अंकुश बलवान था, कामिनी और कंचन को लेकर खलबली तब भी मचती थी, लेकिन उस समय फिर भी वह सँभाल में थी। लेकिन अब इस अंकुश में कोई जोर नहीं है। अतएव सभी लोग काम और कंचन की ओर बेरोक होकर दौड़ने लगे हैं। और चूँकि कंचन के बल से काम भी उपलब्ध किया जा सकता है, इसलिए सभ्यता की मुख्य चालना कंचन बन गया है। निःस्वार्थ सेवा की प्रेरणा महनगरों में भी है, किन्तु ऐसे समाजसेवी अब हँसी के पात्र हैं। हर जगह समाज-सेवा का भी ध्येय कोई-न-कोई लाभ है। औरतें सेवा का बहाना करती हैं, ध्येय उनका कमेटियों का नेतृत्व करना होता है। डॉक्टर अपने चेलों को खास दवाइयों का प्रचार सिखाते हैं और बराबर छिपे-छिपे व्यवसायियों का पैसा खाते हैं। प्रोफेसरों

का ध्यान ज्ञान की सेवा पर कम, चेयर पर अधिक रहता है। छात्र प्रश्नों को पहले से ही जानना चाहते हैं। मार्शल एड के अधीन मिली हुई विटामिन यूरोप में काले बाजार में बिकती है। सब लोग रुपयों के पीछे दौड़ रहे हैं क्योंकि कौड़ियों के मोल सब कुछ खरीदा जा सकता है। विज्ञापनों के चक्कर में आकर हर आदमी अपनी जरूरतें बढ़ाता है और हर आदमी आसानी से रुपये बनाने के लिए बेचैन है। बहुत से मर्द क्लबों में जाने के पहले सिंगार करते हैं और औरतें रसोई बनाने का काम भूलती जा रही हैं।

हिरोशिमा और नागासाकी पर जब से बम बरसे, आदमी का आत्मविश्वास और भी डोल गया। डारविन ने मनुष्य से उसका देवत्व छीन लिया था। मार्क्स ने उसकी सदाशयता की जड़ खोद डाली थी और फ्रायड ने यह सिद्ध कर दिखाया था कि आदमी का अपने को बुद्धिवादी समझना बिलकुल फालतू बात है। किन्तु हिरोशिमा और नागासाकी ने आदमी को यह कहकर और भी आतंकित कर दिया कि मृत्यु के झपट्टे में वह कभी भी आ सकता है क्योंकि ज्ञान के फल को उसने पकने के पूर्व ही चख लिया है। कोई आश्चर्य नहीं कि आदमी अपने जन्म को आकस्मिक घटना मानता है और चूँकि अत्यन्त संहारक शस्त्रों से भरे हुए संसार में कोई भी आदमी अपनी लम्बी आयु के लिए कोई योजना नहीं बना सकता, इसलिए वह क्षण के भीतर जीने को मजबूर है। जो व्यक्ति जीवन के प्रत्येक क्षण को इस भाव से देखता है कि जो मिल गया, उसे ठीक से भोग लो, न जाने, कब परमाणु बम बरस पड़ें और मानवता का ध्वंस हो जाए, वह उस व्यक्ति के समान आचरण नहीं कर सकता, जो जीवन को काफी लम्बा मानता था और युद्ध को सर्वध्वंस का कारण नहीं समझता था।

यह घबराहट की स्थिति है, सभ्यता की निस्सहायता का दृश्य है। सभ्यता पर पहले जब-जब विपत्ति आई थी, लेखकों और कवियों ने डटकर उसका मुकाबला किया था। किन्तु इस बार वे सिकुड़कर अपने मनोवैज्ञानिक निकुंज में समा गए हैं। इस विशृंखलता के बीच लेखक और कवि नये सिरे से जीवन के अर्थ की तलाश करना चाहते हैं, जीने के औचित्य और सार्थकता का संधान पाना चाहते हैं और इस बात पर अचरज करते हैं कि संसार के ये करोड़-करोड़ लोग कैसे खुश हैं, क्या सोचकर सन्तुष्ट हैं। और संसार के करोड़-करोड़ लोगों की समझ में लेखकों और कवियों की बात नहीं आती क्योंकि उनकी दृष्टि बहिर्मुखी हो गई है। लेखकों और कवियों ने ही तो इन करोड़-करोड़ लोगों को बताया था कि ईश्वर की मृत्यु हो गई और परलोक ढहकर नेस्तनाबूद हो गया है। तो फिर जो कुछ सामने है, उसे जी भरकर भोग

लेना ही धर्म है। और, सचमुच ही, लोग भीतर की आँखें बन्द किये सुख की तलाश में बेतहाशा दौड़ रहे हैं।

इसलिए हमारा खयाल है कि साहित्य में, साधारणतः, जिसे आधुनिक-बोध कहा जाता है, वह कोई शाश्वत मूल्य नहीं है। मूल्य शायद वह है ही नहीं। मूल्यों के विघटन से उत्पन्न वह एक दृष्टि है, जिसमें घबराहट, निराशा, शंका, त्रास और असुरक्षा के भाव हैं। अतएव आधुनिक-बोध की सारी व्याप्तियाँ ऐसी नहीं हैं, जो आँख मूँदकर स्वीकार कर ली जाएँ।

दूसरी कठिनाई यह है कि आधुनिक-बोध की जो भावना यूरोप और अमरीका में प्रचलित है, वह उस भावना से भिन्न है जिसका प्रचलन साम्यवादी देशों में हुआ है। पश्चिमी देशों के आधुनिक कलाकार अपने को जीवन के दायित्व से मुक्त समझते हैं। समाज के प्रति वे अपनी जवाबदेही को स्वीकार नहीं करते, न वे अपनी शक्ति का उपयोग सामाजिक समस्याओं के समाधान के लिए करना चाहते हैं। उनकी सारी आस्था शब्दों के प्रति है, शैली और भाषा के प्रति है। जैसे नृत्य, संगीत और चित्र प्रचार के माध्यम नहीं हैं, उसी प्रकार, वे कविता को भी प्रचार का माध्यम बनाने के विरुद्ध हैं।

## शैली के प्रति पक्षपात

कविता की गिनती, कम-से-कम, भारत में कलाओं में नहीं की जाती थी। कविता विद्या है। कलाएँ उपविद्याओं में गिनी जाती हैं। लेकिन व्यवहार में कविता के साथ यहाँ भी लगभग वही सलूक किया जाता था, जो कलाओं के साथ किया जाना चाहिए। फिर भी, कविता उतना ही काम नहीं करती थी, जितना काम संगीत, नृत्य अथवा चित्र करते थे। कलाओं से कविता का मुख्य भेद यह था कि संगीत और चित्र के द्वारा सोचने का काम नहीं किया जाता था, किन्तु चिन्तन और विचार का काम कविता बहुत दूर तक कर सकती थी। और यही कारण था कि कविता अन्य सभी कलाओं से श्रेष्ठ समझी जाती थी क्योंकि उसमें सौन्दर्य भी होता था और जीवन को प्रेरित करनेवाली कल्पना और विचार भी होते थे। इसलिए कविता कला होते हुए भी उपविद्याओं में नहीं, विद्याओं में गिनी जाने के योग्य थी।

किन्तु पिछले सौ वर्षों से यूरोप और अमरीका के कवि कविता को विद्याओं की श्रेणी से हटाकर उपविद्याओं की श्रेणी में ले जाने का प्रयास करते रहे हैं। वे कविता को ज्ञान, विचार और उपदेश से मुक्त रखना चाहते हैं। कविता का

विकास शुद्धतः कला के रूप में करने का परिणाम यह हुआ है कि कवियों की सारी चिन्ता इस एक ध्येय पर केन्द्रित हो रही है कि वे 'कैसे' कहते हैं। 'क्या और क्यों' पर सोचते-सोचते दर्शनों का जन्म हुआ था। 'कैसे' पर सोचते-सोचते विज्ञान उत्पन्न हुआ। कथ्य दर्शन है, शैली विज्ञान है। यह कोई आश्चर्य की बात नहीं है कि जब से शैली को प्रमुखता मिलने लगी, कविता दर्शन से हटकर विज्ञान के समीप जाने लगी है। और तब भी यह सच है कि कविता का मित्र विज्ञान नहीं, दर्शन है तथा कविता का शत्रु भी दर्शन नहीं, विज्ञान है।

शैली की महिमा पहले के भी कवि समझते थे; किन्तु शैली पहले साध्य नहीं, साधन समझी जाती थी। साध्य कुछ और था, जिसका, प्रत्यक्ष या अप्रत्यक्ष, सम्बन्ध जीवन की समस्याओं से पड़ता था। किन्तु आज के कवि कथ्य को कोई भी महत्त्व नहीं देते। वे समझते हैं कि यदि शैली मौजूद है, तो कविता हवा की लहर पर भी तैयार की जा सकती है। अगर कला मौजूद है तो महल बिना खम्भों के भी खड़े किये जा सकते हैं। इसीलिए, आधुनिक-बोध की माँग है कि रचना में प्रवृत्त लेखक और कवि अपने कथ्य की चिन्ता न करें, चिन्ता हमेशा उन्हें इस बात की करनी चाहिए कि उनकी लिखाई कैसी हो रही है, उनका शैली-तंत्र कितना कसा हुआ, ताजा और चुस्त है।

साहित्य में आधुनिक-बोध के अन्यतम प्रवर्तक फ्रांसीसी कवि मलार्मे ने कहा था कि 'कृति का विषय बाहर से आता है। अतएव, जो भी कलाकार अपना ध्यान विषय पर केन्द्रित करता है, वह शुद्ध कलाकार नहीं है। शुद्ध कलाकार तो वही हो सकता है, जिसका सारा ध्यान कृति पर केन्द्रित है; भाषा, शैली और शब्दों में सन्निविष्ट है। जो भी उपन्यासकार जीवन का फोटो ले रहा है, वास्तविकता का अनुकरण कर रहा है, वह दूषित है क्योंकि वह अपने ग्रंथ की सेवा न करके एक ऐसे काम में लगा हुआ है, जो कृति के लिए बिलकुल बाह्य है। इसी प्रकार, जो कवि अपनी कृति पर ध्यानस्थ न होकर अपनी आत्मा की आवाज सुनने में व्यस्त है, वह शुद्ध कलाकार नहीं है।'

पश्चिमी देशों के कलाकार, मुख्यतः शैली के कलाकार हैं। वे पाठकों को गुदगुदाते हैं, चौंकाते हैं, उनकी शान्ति भंग करते हैं, किन्तु उन्हें ज्ञान नहीं देते, उपदेश नहीं देते क्योंकि ज्ञानदान और उपदेशवाद की गंध आने से कला सोद्देश्य हो जाती है और सोद्देश्यता कला का सबसे बड़ा अपराध है।

आधुनिक-बोध का एक अन्य प्रखर लक्षण यह है कि कलाकार कर्म के प्रति अपनी प्रतिबद्धता स्वीकार नहीं करता। कर्म का त्याग सोद्देश्यता के त्याग से उत्पन्न हुआ है अथवा सोद्देश्यता का त्याग कर्म के त्याग का परिणाम

है, यह स्थिति बहुत स्पष्ट नहीं है। केवल अनुमान होता है कि उद्‌देश्य का त्याग पहले किया गया, कर्म का त्याग उसके बाद आया है। ज्ञान और उपदेश कर्म के आदि सोपान हैं। जो लेखक ज्ञान या उपदेश की ओर झुकता है, निश्चय ही, वह समाज को किसी कर्म की ओर प्रेरित करना चाहता है। ज्ञान और उपदेश का एक दोष यह भी है कि वे विषय को अरूप या गौण होने नहीं देते। अतएव शैली की महिमा बढ़ाने के लिए, यह जरूरी हो गया कि विषय गौण कर दिये जाएँ। इसलिए ज्ञान और उपदेश यानी सोद्‌देश्यता का त्याग आवश्यक समझा गया। उसके बाद कर्म कलाकार के क्षेत्र से स्वयं ही निष्कासित हो गया। कुछ दिनों तक कलाकार अपनी लज्जा छिपाने को यह कहते रहे कि मनुष्य की हैसियत से कर्म करना हमारा भी कर्तव्य है, किन्तु कवि की हैसियत से कर्म को हम कोई प्रेरणा नहीं देंगे। इसी जोश में स्पैनिश युद्ध के समय कई लेखक और कवि, सैनिक की हैसियत से, युद्ध में लड़ने को गए थे। किन्तु अब उनके भीतर से ऐसे लोग भी निकल आए हैं, जो यह कहते हैं कि कर्म हमारा कला की सृष्टि है। इसके अलावा और कोई कर्म हमारे वृत्त में नहीं पड़ता है।

कर्म से यहाँ तात्पर्य खाने-पीने और रोजी कमाने से नहीं है, बल्कि तात्पर्य राष्ट्रीयता से है, युद्ध से है, समाज को परिवर्तित करनेवाले आन्दोलनों से है। पश्चिमी देशों के कलाकार इन कर्मों के प्रति अपनी प्रतिबद्धता स्वीकार नहीं करते। वे केवल कवि होकर जीना चाहते हैं। कहते हैं, लड़ाई के समय किसी देश का एक युवक कलाकार निश्चिन्त होकर उद्यान में घूम रहा था। ऐसे में किसी ने उससे पूछ दिया : 'क्यों भई, आप युद्ध का कोई काम नहीं करेंगे?' कलाकार ने उत्तर दिया : 'नहीं! मैं तो खुद वह वस्तु हूँ, जिसकी रक्षा के लिए युद्ध लड़ा जा रहा है।'

## युद्ध और राष्ट्रीयता

युद्ध और राष्ट्रीयता एक ही तसवीर के दो पहलू हैं। राष्ट्रों के बीच जब तनाव आता है, तब उससे युद्ध उत्पन्न होते हैं और युद्ध आरम्भ होने के बाद राष्ट्रीयता की शक्ति में और भी वृद्धि हो जाती है। युद्ध और राष्ट्रीयता, दोनों के दोनों राजनीति हैं। जब एक देश किसी दूसरे देश पर अधिकार जमाता है, तब गुलाम देश के लोगों में शासक देश के विरुद्ध घृणा का ज्वार उमड़ता है। घृणा के इसी ज्वार से राष्ट्रीयता उत्पन्न होती है। राष्ट्रीयता लगभग पशु-धर्म है।

भैंस अपने खूँटे पर किसी दूसरी भैंस को आने देना नहीं चाहती। यही भाव विकसित और परिमार्जित होकर मनुष्यों के बीच राष्ट्रीयता कहलाता है।

जैसे राष्ट्रीयता राजनीति का एक रूप है, उसी प्रकार युद्ध भी राजनीति है। राजनीति जब सफेद लिबास में होती है, हम उसे शान्ति कहते हैं। जब उसके कपड़े लहू से लाल हो जाते हैं, वह युद्ध कहलाती है। युद्धों से होनेवाले विनाश से आजिज आकर आधुनिक मनुष्य इस निष्कर्ष पर जा पहुँचा है कि युद्ध का उन्मूलन होना बहुत आवश्यक है। इसीलिए वह राष्ट्रीयता का भी अब विरोध करता है। जब तक राष्ट्रीयता है, दुनिया देशों में बँटी रहेगी। जब तक राष्ट्रीयता है, युद्ध होते रहेंगे। अन्तरराष्ट्रीयता और शान्ति—ये एक ही तत्त्व के दो नाम हैं। जब तक शान्ति स्थापित नहीं होती, अन्तरराष्ट्रीयता का स्वप्न सिर्फ हवा में मँडराता रहेगा और जब तक अन्तरराष्ट्रीय संगठन मजबूत नहीं होते, देशों के आपसी युद्ध चलते रहेंगे।

किन्तु शान्ति और अन्तरराष्ट्रीयता का यह स्वप्न कब तक आकार ग्रहण करेगा; अथवा वह आकार ग्रहण करेगा भी या नहीं, यह बात दृढ़ता के साथ नहीं कही जा सकती। धरती पर आज एक भी देश ऐसा नहीं है, जो पूरे अर्थों में अन्तरराष्ट्रीय हो। प्रत्येक राष्ट्र अन्तरराष्ट्रीयता का समर्थन आज भी वहीं तक करता है, जहाँ तक यह समर्थन उसके राष्ट्रीय हितों के अनुकूल है। साम्यवाद से यह आशा जरूर थी कि जो देश विचारधारा की दृष्टि से एक समान हैं, वे परस्पर एक रहेंगे। किन्तु रूस और चीन का आपसी सम्बन्ध जिस पैमाने पर खराब हुआ है, उसे देखते हुए यह आशा भी क्षीण हो चुकी है कि विचारधारा राष्ट्रीयता को मार सकती है। गांधी जी ने कहा था कि समूचे देश के हित में जैसे एक या दो प्रान्तों का मिट जाना पुण्य का कार्य है, वैसे ही अगर जरूरत पड़े तो सारे संसार के हित में एक या दो देशों को नक्शे से गायब होने को तैयार रहना चाहिए। किन्तु भारत पर जब चीन ने आक्रमण किया, गांधी जी की यह सीख भुला देने योग्य साबित हुई। नक्शे से मिटने की बात तो अलग, कोई देश एकपक्षीय निःशस्त्रीकरण के लिए भी तैयार नहीं है। खुद गांधी, बुद्ध और अशोक के देश में यह माँग की जा रही है कि परमाणु बम बनाने का काम भारत को भी करना चाहिए।

कविता और उपन्यास राष्ट्रीय हो सकते हैं। इतिहास राष्ट्रीय हो सकता है। किन्तु विज्ञान कभी भी राष्ट्रीय नहीं होता। वह स्वभाव से ही अन्तरराष्ट्रीय है। विज्ञान की सभी बातें सभी देशों में एक समान सही समझी जाती हैं। विज्ञान के क्षेत्र में जो बात एक देश में सही और दूसरे देश में गलत मानी जाती है, वह बात अभी विज्ञान के धरातल पर नहीं पहुँची है।

विज्ञान से अन्तरराष्ट्रीयता में बहुत बड़ी वृद्धि हुई है। विशेषतः, परमाणु-भंजन से जो शक्ति निःसृत हुई, उसकी घातकता का संसार पर ऐसा गहरा प्रभाव पड़ा कि सभी देशों में युद्ध के विरुद्ध आवाजें एक साथ उठने लगीं। परमाणु बमों के भय से घबराकर संसार के विभिन्न देश जितने समीप आए थे, उतने समीप वे पहले और कभी नहीं आए थे। इस अर्थ में परमाणु और हाइड्रोजन बमों ने मनुष्यता का बहुत बड़ा उपकार किया था। किन्तु अब उसी भय से एक दूसरा भय उत्पन्न हो गया है और हर एक देश चाहता है कि अगर वह बना सके, तो परमाणु बम उसे जरूर बनाना चाहिए। इस प्रकार, जिस चीज ने अन्तरराष्ट्रीयता को प्रेरणा दी थी, वही अब राष्ट्रीयता को उत्तेजित कर रही है। इनसानियत की बीमारी सर्वत्र एक ही प्रकार की है। दर्द की दवा पाई, दर्द बेदवा पाया।

मानवता की जितनी भी बड़ी समस्याएँ हैं, वे एक समान कठिन हैं। विज्ञान का विकास अन्तिम बिन्दु तक होना चाहिए, यह सभी लोग मानते हैं। किन्तु विज्ञान जब हाइड्रोजन बम का आविष्कार करता है, तब मनुष्य घबराने लगता है क्योंकि उसका चरित्र इतना विकसित नहीं हुआ है कि वह ऐसे बमों का उपयोग अपने विनाश के लिए न करे। मनुष्य इस कल्पना पर आसक्त हो गया है कि अन्तरराष्ट्रीयता ही मनुष्य का परम धर्म है। किन्तु यहाँ भी ज्ञान आगे है, चरित्र पीछे छूट गया है। आदमी का चरित्र इतना उदार नहीं हुआ है कि लड़ाई के समय शत्रु के पक्ष में बोलनेवाले अपने राष्ट्रबन्धु को वह देशद्रोही न समझे। मनुष्य ने काफी सोचकर यह तय किया है कि कविता को दर्शन, कर्म, इतिहास, नैतिकता और समाजशास्त्र की गुलामी में न रहकर केवल कविता होना चाहिए। किन्तु उसकी भावना इतनी विकसित नहीं हुई है कि वह ऐसी कविताओं का रस ले सके। आधुनिक मनुष्य की पीड़ा उस मनुष्य की पीड़ा है, जो फल तो फुनगी पर का खाना चाहता है, किन्तु वहाँ तक छलाँग लगाने की शक्ति से वह हीन है। प्रत्येक क्षेत्र में आदमी का अपराध एक ही दिखाई देता है यानी उसकी बुद्धि अति विकास पर है, जबकि उसकी भावना और चरित्र, दोनों के दोनों पिछड़े हुए हैं। वह लड़ाई नहीं चाहता, उसका दुश्मन भी लड़ाई नहीं चाहता, मगर लाचार होकर दोनों को लड़ना पड़ता है। वह राष्ट्रीयता को दोषी समझता है किन्तु युद्ध के समय राष्ट्रीय हुए बिना वह अपनी रक्षा भी नहीं कर सकता। वह विज्ञान का विकास बहुत दूर तक करना चाहता है, किन्तु विज्ञान की जितनी ही प्रगति होती है, मनुष्य के सर्वनाश की सम्भावना उतनी ही बढ़ती जाती है।

एक समय था, जब युद्ध स्वर्ग का द्वार समझा जाता था। लड़ाई में जाकर जो लोग अपनी जान देते थे, उनके बारे में कल्पना यह की जाती थी कि वे स्वर्ग चले गए हैं। 'हतो वा प्राप्स्यसि स्वर्ग जित्वा वा भोक्षसे महीम्'—गीता का यह वाक्य ऐसी ही धारणा से निकला था। किन्तु अब यह धारणा संदिग्ध हो गई है। तब भी युद्ध होते हैं, नौजवान मारे जाते हैं, और जनता की सामान्य धारणा यही होती है कि वे युवक शहीद हुए हैं और उन्हें स्वर्ग प्राप्त हुआ है। यही नहीं, युद्ध के समर्थन में कविताएँ भी लिखी जाती हैं और वे, क्षण-भर को, समाज को हिला भी डालती हैं। किन्तु मनीषी-वर्ग जनता और जन-कवियों की इस भावुकता पर मन-ही-मन हँसता है, गरचे, जन-भावना के रोष के भय से वह अपने मन की बात जोर से नहीं बोल सकता।

युद्ध के समय सैनिकों के बलिदान की प्रशंसा में, शत्रुओं की निन्दा में और जनता के साहस को उछालने के लिए जो ढेर-की-ढेर कविताएँ लिखी जाती हैं, उनकी एक पृष्ठभूमि मनोवैज्ञानिक होती है। अँधेरे और सुनसान रास्ते से चलनेवाले मुसाफिर को जब भय लगता है, वह जोर-जोर से गाने लगता है। इसी प्रकार, जनता जब किसी युद्ध से भयभीत होती है, वह उग्र-उन्मादक कविताओं की माँग करने लगती है और जिस युद्ध से जितना ही अधिक आतंक फैलता है, उस युद्ध के समय उतनी ही अधिक कविताएँ लिखी जाती हैं। चूँकि चीनी आक्रमण से फैलनेवाला आतंक बहुत बड़ा था, इसलिए भारत में उस समय कविताएँ भी अधिक लिखी गई थीं। और चूँकि पाकिस्तानी आक्रमण से जनता के भीतर आतंक कम फैला था, इसलिए उस युद्ध के समय कविताएँ भी कुछ कम लिखी गईं। कहते हैं, पाकिस्तानी युद्ध के समय पाकिस्तान में लिखी गई कविताएँ बेशुमार थीं और उस सिलसिले में पाकिस्तान के उन कवियों ने भी अपना ब्रह्मचर्य तोड़ दिया, जिनका व्रत था कि युद्ध के समर्थन में वे कभी कुछ नहीं लिखेंगे। इससे शिक्षा निकलती है कि पाकिस्तानी युद्ध के समय घबराहट हिन्दुस्तान में नहीं, पाकिस्तान में थी।

मनोवैज्ञानिक ग्रन्थि का एक स्वरूप यह भी है कि युद्ध के समय हमारे अन्तर्मन में यह ग्लानि समाई रहती है कि हम सुरक्षित इसलिए हैं कि हमारी रक्षा करने को और लोग मोर्चे पर खतरे झेल रहे हैं, अपनी जान और जिस्म की कुर्बानी दे रहे हैं। अपने अन्तर्मन की इस अपराध-भावना को छिपाने के लिए हम देश-भक्ति का बहाना बनाकर युद्ध की जोरदार कविताएँ रचते हैं और मंच पर जोर-जोर से उनका पाठ करते हैं। युवकों को मृत्यु के मुख में झोंककर खुद आराम करने में जो एक मनोवैज्ञानिक दंश है, जो कुत्सा और ग्लानि की भावना

है, उसे छिपाने अथवा उससे पलायन करने के काम में देशभक्तिपूर्ण कविताएँ जनता को सहायता पहुँचाती हैं।

युद्ध और राष्ट्रीयता के विरुद्ध आधुनिक मनुष्य की भावना कैसे-कैसे बढ़ी है, इसका प्रमाण हम यूरोप और अमरीका की उन कविताओं में पाते हैं, जो प्रथम और द्वितीय महायुद्धों के समय लिखी गई थीं। और उनमें भी अधिक प्रामाणिकता हम उन कविताओं की मानते हैं, जिनकी रचना उन कवियों ने की थी, जो युद्ध के मोर्चों पर खुद पंक्तियों में खड़े थे।

प्रथम विश्वयुद्ध के समय युद्ध के साथ राष्ट्रीयता की थोड़ी भावना जरूर लिपटी हुई थी। अंग्रेजी में युद्ध-काव्य के अग्रणी कवि विलफ्रेड ओएन हुए हैं, जिनका देहान्त प्रथम विश्वयुद्ध में, लड़ाई के बीच, हुआ था। वे युद्ध की कविता को करुणा की कविता मानते थे :

*मेरा गेय युद्ध है और युद्ध की करुणा,*
*कवित्व का वास उसकी करुणा में है।*

किन्तु अंग्रेज सैनिकों की कुर्बानी का दर्द उन्हें कुछ ज्यादा महसूस होता था :

*रँगे हुए अधरों में वह लाली कहाँ,*
*जो उन धब्बेदार पत्थरों में है,*
*जिन्हें मरते हुए अंग्रेज सिपाही ने*
*चूमा था?*

और यही भाव रूपर्ट ब्रुक की भी कविताओं में मिलता है :

*अगर मैं मर जाऊँ*
*तो मेरे बारे में केवल इतना सोचना*
*कि विदेश की युद्ध-भूमि में कहीं एक कोना है,*
*जो हमेशा इंग्लैंड रहेगा।*

इन दोनों उद्धरणों से यह संकेत मिलता है कि प्रथम विश्वयुद्ध के समय राष्ट्रीयता स्पष्ट निन्दा की वस्तु नहीं थी और शहीदों के प्रति कवियों की सहानुभूति यह सोचकर बढ़ जाती थी कि शहीद उनके राष्ट्रबन्धु थे। किन्तु युद्ध में जो एक प्रकार की बेहूदगी है, एक प्रकार की विवेकहीनता और अन्धा जोश है, उसकी ओर कवियों की दृष्टि प्रथम विश्वयुद्ध के समय ही जाने लगी थी। और उसी युद्ध के समय कवियों को यह भी दिखाई देने लगा था कि मनुष्य का जो ऊँचा धर्म है, उसका निर्वाह युद्ध में नहीं किया जा सकता :

*मसखरे चूहे,*
*अगर वे जान गए*

*कि तुम्हारे हृदय में सार्वभौम प्रेम है,*
*तो वे तुम्हें गोली मार देंगे।*

**—आइजाक रोजनबर्ग**

*खुशनसीब वे हैं,*
*जो कल्पना की शक्ति को खो चुके हैं*
*क्योंकि बारूद वे काफी आसानी से ढो सकेंगे।*
*सारी चीजों को लाल देखकर*
*उनकी आँखों का भय निकल गया है।*
*अब लहू के रंग से उन्हें तकलीफ नहीं पहुँचेगी।*

**—विलफ्रेड ओएन**

*इस युद्ध में बहुत-से ऐसे लोग*
*भी मरे हैं,*
*जिन्हें किसी विचारधारा, देश*
*या ईश्वर से प्यार नहीं था।*

**—हर्बर्ट रीड**

यह अनुभूति भी प्रथम विश्वयुद्ध के समय ही उत्पन्न हो गई थी कि लड़ाई लगानेवाले लोग लड़ाई में नहीं मरते। लड़ाई बूढ़े राजनीतिज्ञ लगाते हैं, लेकिन मरना नौजवानों को पड़ता है—और राष्ट्रीयता बूढ़े राजनीतिज्ञों का ढोंग है :

*टाँगों या आँखों के जाने की अहमियत नहीं है।*
*शराब पियो, भूल जाओ और खुश रहो।*
*लोग तुम्हें पागल नहीं समझेंगे।*
*वे कहेंगे, इसने देश के लिए लड़ाई लड़ी है।*
*तुम्हारे बारे में उन्हें और कोई चिन्ता नहीं होगी।*

**—सिजफ्रीड सैसून**

*जिससे मैं लड़ता हूँ,*
*उससे मुझे नफरत नहीं है।*
*जिसकी हिफाजत के लिए मैं पहरा देता हूँ,*
*उससे मुझे कोई प्यार नहीं है।*

**—डब्ल्यू.बी. यीट्स**

युद्ध केवल ध्वंस का विस्फोट है। वह जीवन के लिए नहीं, मृत्यु के लिए लड़ा जाता है। युद्ध के समय बचता कौन है? जो शरीर से नहीं मरता, वह नैतिक दृष्टि से निष्प्राण हो जाता है। युद्ध से निर्णय किसी बात का नहीं होता।

निर्णय का हर काम फिर नये सिरे से शुरू करना पड़ता है। तो क्या कोई ऐसा उपाय नहीं है, जिससे युद्ध जीवन नहीं, मृत्यु के खिलाफ लड़ा जाए? यह राष्ट्रीयता नहीं, अन्तरराष्ट्रीयता की प्रेरणा है और यह प्रेरणा भी प्रथम विश्व युद्ध के समय कवियों के भीतर जग गई थी :

*हम इस उम्मीद में हँसते थे*
*कि एक दिन अच्छे लोग आएँगे*
*और इससे भी बड़ी लड़ाई शुरू करेंगे;*
*जब सिपाही गर्व से कहेगा,*
*मैं आदमियों के खिलाफ झंडों के लिए नहीं,*
*मौत के खिलाफ जिन्दगी के लिए लड़ता हूँ।*

**—विलफ्रेड ओएन**

मनुष्यता की पीड़ा द्वन्द्व की पीड़ा है, द्विधाओं की पीड़ा है। मन से मनुष्य जो कुछ चाहता है, तन से वह उसके योग्य नहीं है। युद्ध घृणित कार्य है, युद्ध विभीषिका है, युद्ध मानवता के पतन का दृश्य है। किन्तु उससे बचा कैसे जाए? जिस शिखर पर हम पहुँचना चाहते हैं, उसके रास्ते में अनेक हिंसक जन्तु हैं, जो तीर्थयात्रियों पर अकारण गुर्राते हैं, अकारण उन पर आक्रमण करते हैं, तो यात्री क्या करे? अगर वह अहिंसक रहता है, तो हिंसक जन्तु उसे खा जाएँगे। अगर वह हिंसा करता है, तो फिर युद्ध के अवरोध का क्या उपाय है?

प्रथम विश्वयुद्ध के समय युद्ध के विरुद्ध जो अनुभूतियाँ उत्पन्न हुईं, वे कवियों की कल्पना और विचारकों के मस्तिष्क में प्रश्रय पाती और पलती आ रही थीं कि अचानक जर्मनी में हिटलर सर्वेसर्वा बन बैठा। फिर स्पेन में अधिनायकवाद और प्रजातंत्र के आदर्श के बीच युद्ध छिड़ गया। उस समय कई ऐसे लेखक और कवि भी युद्ध में सम्मिलित हुए, जो युद्ध के खिलाफ सोचते चले आए थे। इस विवशतापूर्ण स्थिति की झाँकी हमें डब्ल्यू.एच. औडेन की स्पेन पर लिखी कविता में मिलती है :

*सितारे डूब गए;*
*जीवधारी उन्हें अब नहीं देखेंगे।*
*हम अपनी आयु के साथ अकेले रह गए हैं।*
*समय बहुत थोड़ा है*
*और जो हार गए हैं,*
*इतिहास उनके साथ हमदर्दी भले ही दिखाए,*
*मगर वह उन्हें क्षमा नहीं करेगा।*

इतिहास किसी भी पराजित जाति को क्षमा नहीं करता। जो देश सभ्यता, जरूरत से ज्यादा, सीख लेते हैं, वे बार-बार हराए जाते हैं, बार-बार गुलाम बनाये जाते हैं और इतिहास हर बार तालियाँ उनकी ओर से बजाता है, जो शान्ति और न्याय का गला घोंटकर विजय प्राप्त करते हैं।

तब फिर किया क्या जाए? उत्तर आधुनिक-बोध के पास नहीं है। वह आज भी परम्परा के ही पास है। वह परम्परा कृष्ण-चेतना की परम्परा थी, जिसमें आततायियों का वध और दलन निषिद्ध कर्म नहीं था। आधुनिक-बोध हैमलेट और फौस्ट की चेतना का प्रतिनिधित्व करता है। वह चिन्तन को अधिक, कर्म को कम महत्त्व देता है अथवा कर्म के पास जाने को वह बिलकुल ही तैयार नहीं है। संसार के सामने जो असाध्य समस्याएँ खड़ी हैं, उनका समाधान आधुनिक-बोध चिन्तन से करना चाहता है, अथवा इन समस्याओं के समाधान की उसे कोई चिन्ता ही नहीं है। वह शुद्ध कला-बोध का आन्दोलन है और शुद्ध कलाकार के लिए यह बिलकुल स्वाभाविक है कि घर में जब आग लगी हो, तब भी वह पानी ढोने का काम न करके केवल आग की लपटों का वर्णन करता रहे। क्योंकि कथ्य कुछ भी नहीं है, जो कुछ है, वह शैली है; जो कुछ हैं, वे शब्द हैं और कलाकारों की आस्था शब्दों को निवेदित होनी चाहिए।

लेकिन ऐसी तटस्थ नीति का निर्वाह वे ही कर सकते हैं, जो कर्म के भीतर अथवा उसके पास नहीं गए हैं। जो कवि द्वितीय विश्वयुद्ध में सम्मिलित हुए, वे इतने तटस्थ नहीं थे। उनके भीतर जो अनुभूतियाँ उत्पन्न हुईं, वे तटस्थ नहीं थीं। राजनीतिज्ञों के प्रति अविश्वास और राष्ट्र-भावना के प्रति सन्देह इन कवियों में भी था, किन्तु वे किसी ठोस चीज की तलाश में थे। उनकी चिन्ता का मुख्य विषय यह था कि क्या हमारी कुर्बानी इस बार भी बेकार होनेवाली है? क्या इस बार भी हमारे रक्त का फायदा राजनीतिज्ञ ही उठा ले जाएँगे?

*चार वर्षों में हम वह कुछ सीख गए,*
*जिसे हमारे बाप-दादों ने नहीं सीखा था।*

**—बीचिंग**

*जब शरीर मरता है,*
*शरीर से लगी जूँएँ मर जाती हैं,*
*पेट में पड़े कीड़े मर जाते हैं।*
*मगर जूँओं को मारने का*
*कोई और बढ़िया तरीका निकालना चाहिए,*

*जिससे जूँओं को मारने के लिए*
*शरीर को मारना न पड़े।*

**—बीचिंग**

*मैं इंग्लैंड के लिए जलता हूँ,*
*जैसे वह खुद जल रहा है।*
*मैं इस उम्मीद में जलता हूँ*
*कि जब शान्ति का समय आए,*
*लोग हमारी कुर्बानी से मुनाफाखोरी न करें।*

**—स्टीवार्ट**

*चूँकि तुम सीधे-सादे आदमी हो,*
*दयालु और रोमांटिक जीव हो,*
*तुमने नेताओं का भरोसा कर लिया,*
*उनकी बातों में विश्वास कर लिया।*
*चूँकि तुम सीधे-सादे और विनम्र हो,*
*तुम्हें दूसरी बार भी धोखा खाना पड़ा।*
*इसलिए, अब लड़ो,*
*बहादुर बनो,*
*बेरहम और बेदर्द बनो,*
*हत्यारे बनो*
*और मर्दानगी से अपने काम को अंजाम दो।*
*अनावश्यक युद्ध में लड़ना पाप है।*
*बहादुरी पाप है, विजय भी पाप है।*
*लेकिन हारना उससे भी बड़ा पाप होगा।*

**—जेफर्स**

युद्ध जिस बेबसी के कारण लड़ा जाता है, यह कविता उस बेबसी का पूरा प्रतिनिधित्व करती है। आदमी युद्ध का पीछा नहीं करता, युद्ध ही मनुष्य का पीछा करता है। और जब वह हमें अपने दाँतों से पकड़ लेता है, हम अपनी जान बचाने को उससे संघर्ष करते हैं। आत्मरक्षापरक युद्ध को परम्परा धर्म-युद्ध मानती थी। किन्तु आधुनिक-बोध ऐसे युद्ध से भी भागना चाहता है। वह उसकी जिम्मेदारी राजनीतिज्ञों पर डालकर निश्चिन्त हो जाना चाहता है। द्वितीय विश्वयुद्ध के समय सेना में भर्ती होनेवाले नौजवानों को सम्बोधित करके हर्बर्ट रीड ने लिखा था :

*हम वहाँ गए थे, जहाँ तुम अब जा रहे हो।*
*हम वह सब दे चुके हैं, जो तुम्हें अब देना पड़ेगा।*
*—यानी अपना दिमाग, लोहू और पसीना।*
*विजय हमारी पराजय निकली।*
*सत्ता उन्हीं के हाथों में रह गई,*
*जिन्होंने उसका दुरुपयोग किया था।*
*और नई पीढ़ी को यह विरासत मिली*
*कि आग की जो चिनगारियाँ*
*हमारे पाँवों के पास राख हो गई थीं,*
*उन्हें वह बुहारे और साफ करे।*

**—हर्बर्ट रीड**

और मैक्लिश ने मरे हुए सिपाही की ओर से कहा था :

*वे कहते हैं, हम तो अपनी जान दे चुके।*
*मगर जब तक लड़ाई खत्म नहीं होती,*
*हम यह कैसे समझें*
*कि हमारी मौत से तुम्हें क्या मिला?*
*वे कहते हैं, हम नहीं जानते*
*कि हमारी जिन्दगी और मौत का*
*कोई अर्थ था या नहीं।*
*अपनी मौत मैं तुम्हें सौंपता हूँ।*
*ऐसा करना कि मेरी मौत में*
*कोई मानी आ जाए।*
*मेरी मौत युद्ध के अन्त को समर्पित करना,*
*सच्ची शान्ति को समर्पित करना।*
*ऐसा करना कि मेरी मौत में*
*कोई मानी आ जाए!*

कर्म से दूर बैठे तटस्थ कवि को आवाज एक तरह की होती है, कर्म के अन्तराल में खड़े कवि की आवाज दूसरी तरह की होती है। कर्म से अलग बैठा हुआ कवि यह कहकर अपने को सन्तोष देता है कि लड़ाई दो-चार साल तक ही चलती है। मनुष्य का औसत जीवन शान्ति का जीवन होता है। अतएव लड़ाई को भूलकर रंगों की दुनिया में मन को भुलाए रहना ही ठीक है। मगर लड़ाई जब आती है, शान्ति की सदियों की कमाई को क्षण-मात्र में ध्वस्त कर देती है।

उनसे अच्छे वे कवि थे, जिन्हें युद्ध में जाना पड़ा था। उन्होंने युद्ध की विभीषिका का वर्णन करके मनुष्य को उसका सही रूप दिखाया और संसार-भर के राजनीतिज्ञों को यह सलाह दी कि किसी प्रकार युद्ध के रोकने का उपाय सोचो। युद्ध के कवियों ने जो कुछ लिखा, वह रंगीन पोलेपन की कविता नहीं है। उसमें अर्थ है, भावाकुलता है, कर्म की प्रेरणा और मानवता के लिए निश्चित सन्देश है। कविता जब कर्म के अन्तराल से फूटती है, तब वह ऐसी ही प्रेरणामयी होती है। आधुनिक-बोध की मुख्य बाधा यह है कि उसे ऐसे कलाकार नहीं मिल रहे हैं, जिनका कर्मठ जीवन के बीच प्रमुख स्थान हो।

## वैयक्तिकता और साम्यवाद

किन्तु साम्यवादी देशों की मान्यता पश्चिम के आधुनिक-बोध के ठीक विपरीत है। इलियट ने लिखा है कि कवि की आवाजें तीन प्रकार की होती हैं : एक आवाज वह होती है, जब कवि अपने-आपको सम्बोधित करता है, दूसरी आवाज वह है, जब वह दूसरों को सम्बोधित करता है और तीसरी आवाज वह है, जब उसे नाटक के पात्रों के मुख से बोलना पड़ता है। पश्चिम के कवियों का स्वर मुख्यतः, अपने-आपको सम्बोधित करनेवाला स्वर है और साम्यवादी देशों में कवि प्रायः दूसरों को सम्बोधित करके लिखते हैं। यह ठीक है कि दूसरों को सम्बोधित कविताएँ पश्चिम में भी लिखी जा रही हैं और अपने-आपको सम्बोधित करनेवाले कवि अब रूस में भी पैदा होने लगे हैं, किन्तु आधुनिक-बोध के जो दो रूप संसार में आज प्रचलित हैं, उनके बीच यह भी एक भेद है।

जब तक साम्यवाद का आविर्भाव नहीं हुआ था, संसार-भर के साहित्य का स्वभाव एक था, परम्परा एक थी। तीन प्रकार की आवाजें काव्य और नाटक में तब भी चलती थीं, किन्तु उस समय कवि जब अपने-आपको सम्बोधित करता था, तब भी वह यह ध्यान रखता था कि उसकी कृतियाँ केवल उसी के लिए नहीं हैं, उन्हें और लोग भी पढ़ेंगे। किन्तु पश्चिम के कलाकार अब इस चिन्ता को कोई महत्त्व नहीं देते। यह चिन्ता अगर प्रमुखता से कहीं काम करती है, तो साम्यवादी देशों के कलाकारों में काम करती है।

इस पर से यह अनुमान, स्वभावतः ही, उत्पन्न होता है कि स्थिति यदि ऐसी है, तो साम्यवादी कला परम्परा का पालन मात्र है। वह उन अनुभूतियों पर कोई ध्यान नहीं देती, जो अनुभूतियाँ बोदलेयर, मलार्मे, रेम्बू, रिल्के, काफ्का—यहाँ तक कि रूसी कवि ब्लाक और रूसी उपन्यासकार डोस्टावास्की में उत्पन्न हुई थीं।

साम्यवादी कला उस दर्द को नहीं समझती, जिसकी ऐंठन और टीस से घबराकर पश्चिम में कला ने अन्तर्मुखी यात्रा आरम्भ की है। साम्यवाद को कला की उस उमंग पर भी सन्देह है, जिसकी प्रेरणा में भरकर वह वैयक्तिकता के उच्चतम शिखर पर चढ़ना चाहती है अथवा उसके गहनतम अन्धकार में विचरण करना चाहती है।

चित्रवाद और अभिव्यंजनावाद से साम्यवाद को परहेज नहीं है, क्योंकि इन आन्दोलनों का सम्बन्ध कारीगरी और पच्चीकारी से पड़ता है और साम्यवादी कला अगर अपने को आकर्षक बनाना चाहे, तो कारीगरी की जरूरत उसे कम नहीं, कुछ ज्यादा ही महसूस होगी। किन्तु प्रतीकवाद साम्यवाद को तनिक भी पसन्द नहीं है, क्योंकि उसका सम्बन्ध केवल कारीगरी से न होकर, दृष्टि की अन्तर्भेदिनी शक्ति से भी है, अध्यात्म और धर्म से भी है। साम्यवाद कलात्मक आन्दोलनों के उन सारे उपकरणों को स्वीकार करता है, जिनसे अभिव्यक्ति की वेधकता में वृद्धि होती है, कारीगरी में खूबसूरती आती है और साहित्य अधिक सुन्दर तैयार होता है। किन्तु वह कला की ऐसी सभी व्याप्तियों के विरुद्ध है, जिनसे वैयक्तिकता की वृद्धि होती हो, मनुष्य के भीतर आध्यात्मिक तृषा को प्रोत्साहन मिलता हो और आदमी का ध्यान उस लोक की ओर जाता हो जो धर्म और रहस्यवाद का लोक है।

पश्चिमी आधुनिक-बोध ने नैतिकता के पारम्परीण मूल्यों के विघटन की प्रक्रिया को तेज कर दिया है, किन्तु साम्यवाद, एक हद तक, पवित्रतावाद का समर्थन करता है। वह अपने कलाकारों को ऐसा साहित्य लिखने की छूट नहीं दे सकता, जिसके प्रचार से नैतिक मूल्य ढीले होते हैं तथा समाज में कदाचार की वृद्धि होती है।

पश्चिम के आधुनिकतावादी वैयक्तिकता की साधना में इतनी दूर चले गए हैं कि अब वहाँ वैयक्तिक बहक भी कला की वस्तु मानी जाती है। किन्तु साम्यवादी देशों में ऐसी बहक के लिए छूट नहीं है। साम्यवादी देशों के कलाकार एक खास विचारधारा के अधीन काम करते हैं, जिसका नाम 'साम्यवादी वस्तुवाद' चलता है। अभिव्यक्ति की सफाई और पूर्णता वे भी चाहते हैं, किन्तु अभिव्यक्ति, शैली, रूपक और बिम्ब–ये उनकी दृष्टि में साहित्य के साध्य नहीं, साधन हैं। शैली की सारी खूबियाँ इसलिए ग्राह्य हैं कि उनसे कथ्य के निरूपण में सहायता मिलती है।

साम्यवादी कलाकार केवल अपने लिए नहीं लिखते। उनका उद्देश्य पाठकों को साथ ले चलना है। साहित्य का सृजन वे इस आशय से करते हैं कि उससे

समाजवादी व्यवस्था मजबूत होगी यानी लोग उससे यह प्रेरणा लेंगे कि समाज के सुख से अलग अपने वैयक्तिक सुख की खोज करना पाप है। जितना सुख समाज के औसत सदस्य को प्राप्त है, हमें उससे अधिक सुख पाने का नैतिक अधिकार नहीं है। जो लोग साम्यवाद के विरुद्ध हैं, साम्यवादी लेखक उनके विरोध में भी साहित्य तैयार करते हैं। प्रचार का सिद्धान्त पाश्चात्य देशों में निन्दित हो गया है, लेकिन साम्यवादी लेखक और कवि प्रचार को निन्दित सिद्धान्त नहीं मानते।

साम्यवाद वैसे अन्तरराष्ट्रीय आन्दोलन है और राष्ट्रीयता के विरुद्ध उसका प्रचार काफी जोर से चलता है। किन्तु रूस पर जब हिटलर ने आक्रमण किया, तब रूसी वीर पूरे राष्ट्रीय जोश के साथ शत्रु के खिलाफ लड़े थे और उस समय रूस के कवियों ने उन्मादक राष्ट्रीय कविताएँ भी लिखी थीं।

पाश्चात्य देशों के चिन्तकों का खयाल है कि साम्यवादी देशों के लेखक और कवि ठीक उसी तरह से लिखना नहीं चाहते, जैसे सरकार के भय से उन्हें लिखना पड़ता है। पूरे वैयक्तिक स्वातन्त्र्य के बिना कोई भी लेखक या कवि वह चीज नहीं लिख सकता, जिसमें उसकी अपनी आत्मा का पूरा सन्तोष हो। लेकिन चूँकि यह स्वातन्त्र्य साम्यवादी देशों के कलाकारों को सुलभ नहीं है, इसलिए वे जो कुछ लिखते हैं, उसमें उनकी आत्मा की आवाज नहीं होती, वह बेगार की लिखाई होती है।

कई बार रूस के लेखकों ने इस आक्षेप का उत्तर यह कहकर दिया है कि लिखने के मामले में हम पूर्ण रूप से स्वतंत्र हैं और जो कुछ हम लिखते हैं, अपने ही विश्वास के अनुसार लिखते हैं। किन्तु इस उत्तर से पाश्चात्य देशों के मनीषियों को सन्तोष नहीं होता। वे मानते हैं कि यह उत्तर भी किसी भय के ही अधीन दिया जा रहा है।

किन्तु ऐसा भी नहीं है कि साहित्य में सामाजिक भावनाओं को महत्त्व केवल साम्यवादी देशों में दिया जाता है और वैयक्तिक भावना वाले कवि केवल पाश्चात्य देशों में जन्म लेते हैं। इंग्लैंड के डब्ल्यू.एच. औडेन, जर्मनी के बर्टाल्ट ब्रेख्त ऐसे कवि हैं, जो रूस में पैदा होते, तो वहाँ भी खप सकते थे। इसी प्रकार, रूस के दो कवि पास्तरनेक और एब्तेशेंकू ऐसे कवि हैं, जो पाश्चात्य देशों की आत्मा के बहुत समीप हैं। आर्थर कोसलर, जो पहले साम्यवादी थे और अब साम्यवाद के विरोधी हो गए हैं, प्रचार उसी सिद्धान्त का करते हैं, जो पाश्चात्य साहित्यकारों का स्वीकृत सिद्धान्त है। किन्तु कोसलर की अपनी रचनाएँ सोद्‌देश्य ही होती हैं।

इसी प्रकार, जार्ज आरवेल ने जो कुछ लिखा, उसमें प्रचार स्पष्ट रूप से विद्यमान था। गरचे सिद्धान्त के स्तर पर वे भी यही मानते थे कि साहित्यकार की वैयक्तिकता अगर स्वतंत्र नहीं रही, तो उच्च साहित्य का सृजन वह नहीं कर पाएगा। हिटलर, मुसोलिनी और स्टालिन के अधिनायकवादी तंत्र से मनुष्य की वैयक्तिकता जिस भयानक रूप से आहत हुई थी, उससे आरवेल को भारी चोट पहुँची थी और उन्होंने साहित्यकारों को चेतावनी दी थी कि मानवता पर होनेवाले इस भयानक अत्याचार का विरोध अगर साहित्यिकों ने प्रतिबद्ध होकर नहीं किया, तो मानवता के सारे ऊँचे मूल्य विनष्ट हो जाएँगे और मानव-समाज, जो अपनी वैयक्तिकता पर इतना नाज करता है, केवल भैंसों का बथान (एनिमल फार्म) बनकर रह जाएगा, जहाँ भैंसें दूध देती हैं और चरवाहे उसे पीकर भैंसों पर राज करते हैं।

प्रचार को आरवेल भी साहित्य में स्थापित करना चाहते थे, किन्तु इसे वे धर्म नहीं, आपद्धर्म मानते थे। युद्ध धर्म नहीं, आपद्धर्म है। जो देश युद्ध लड़ना नहीं चाहते, युद्ध उनके ऊपर भी थोपे जाते हैं, क्योंकि शान्ति की स्थापना दो के मेल के बिना नहीं हो सकती, लेकिन युद्ध एक पक्ष भी शुरू कर सकता है। और जब युद्ध आ गया, तो फिर उसे भी लड़ना ही पड़ता है जो युद्ध से सच्चे मन से घृणा करता है। आरवेल की चिन्तन-पद्धति यह थी कि साहित्य सर्व-तंत्र-स्वतंत्र कला है और साहित्यिकों का व्यक्तित्व बिलकुल अनूठी, बिलकुल अद्वितीय वस्तु है। किन्तु अधिनायकवादी तंत्र ने अनेक देशों में साहित्यकारों के व्यक्तित्व पर अपने टैंक चढ़ा दिये हैं और उनकी योजना है कि धीरे-धीरे यह तंत्र सारे संसार में फैल जाए और संसार-भर के लेखक, कवि और कलाकार, उसी प्रकार राजनीति की दासता स्वीकार कर लें, जैसे साम्यवादी देशों के साहित्यकारों ने स्वीकार कर ली है। यह बहुत बड़ा खतरा है और उससे जूझने को संसार-भर के साहित्यिकों को सजग हो जाना चाहिए।

यह बहुत कुछ वैसा ही दृश्य है, जैसा दृश्य हम भारत में देख रहे हैं। भारत बुद्ध, अशोक और गांधी का देश है। अहिंसा को वह परम धर्म मानता है। किन्तु हिंसक पड़ोसियों के आतंक से विचलित होकर उसे भी अब वही कुछ करना पड़ रहा है, जो काम वे देश करते हैं, जिनका अहिंसा की महिमा में कोई भी विश्वास नहीं है।

प्रचार साहित्य का गुण नहीं, अवगुण है; किन्तु प्रचार को साहित्य का गुण समझनेवाले लोग प्रचार को साहित्य का अवगुण समझनेवालों पर इस जोर से चढ़े आ रहे हैं कि शुद्धतावादियों के शिविर में हड़कम्प मच गया है और दुश्मन

से भिड़ने के लिए वे भी उस शस्त्र का उपयोग करने की मजबूरी महसूस करने लगे हैं, जो विरोधियों का शस्त्र है। बुद्ध और गांधी की रक्षा बुद्ध और गांधी के मार्ग से करना असम्भव प्रतीत हुआ। अतएव भारतवासी बुद्ध और गांधी की रक्षा के लिए बुद्ध और गांधी से भाग खड़े हुए। जार्ज आरवेल का भी विचार था कि साहित्य की शुद्धता की रक्षा शुद्धतावादी उपायों से नहीं की जा सकती। उसकी रक्षा के लिए हमें प्रचार का अवलम्ब लेना चाहिए, क्योंकि अधिनायकवादी अभियान को रोकने में अगर मानवता असफल हो गई, तो नुकसानी उनकी नहीं होगी, जो खेती, नौकरी या व्यवसाय से अपनी जीविका चलाते हैं, बल्कि मानवता की पराजय का दंड उन्हें भोगना पड़ेगा, जो बौद्धिक शक्तियों तथा चिन्तन की स्वतंत्रता को अपना असली असबाब समझते हैं।

किन्तु आरवेल और कोसलर के विचारों का लेखकों और कवियों पर कोई खास प्रभाव पड़ा हो, ऐसा नहीं दीखता है। शुद्धतावादी लेखक और कवि शुद्धता की मीनार से उतरने को तैयार नहीं हैं। उनकी मान्यता यह हो गई है कि लड़ाई ठंडी हो या गर्म, वह साहित्य के लड़ने की चीज नहीं है। साहित्य तो खुद वह सम्पदा है, जिसकी रक्षा के लिए युद्ध लड़े जाते हैं। कर्म साहित्यकार के लिए वर्जित क्षेत्र है और जिन विचारों से कर्म को प्रेरणा मिलती है, वे विचार भी साहित्य के लिए वर्जनीय हैं। साहित्यकार को न तो सैनिक बनना चाहिए, न उन्हें प्रेरित करना उसका काम है, जो सैनिक बनकर युद्ध-क्षेत्र में जा रहे हैं।

किन्तु शुद्धतावाद को खतरा क्या केवल साम्यवाद से है? जिन कारणों से साम्यवाद लेखकों का नियंत्रण करने में सफल हुआ है, वे कारण सभी देशों में मौजूद हैं और जहाँ वे आज मौजूद नहीं हैं, वहाँ वे कल मौजूद हो जाएँगे। शुद्धतावाद को असली खतरा यंत्र से है, असली खतरा विज्ञान से है। विज्ञान ने राज्य के हाथ में अपरिमित शक्तियाँ रख दी हैं। इन शक्तियों के सुनियोजित प्रयोग से राजा जैसा भी नागरिक चाहे, तैयार कर सकता है; जैसी भी विचारधारा चाहे, फैला सकता है और अगर राज्य के आशय बुरे हो जाएँ, तो वह साहित्यकारों की अकड़ को भी तोड़ सकता है।

यह सत्य है कि मनीषी मानवता के अकल्याण की बात तभी तक नहीं सोचता, जब तक वह स्वावलम्बी और स्वाधीन है। जभी वह सरकार या सेठ का आश्रय लेता है, यह सम्भावना उत्पन्न हो जाती है कि सारी बातें वह मानवता के कल्याण के लिए नहीं सोचेगा। उसे कुछ ऐसी बातें भी सोचनी पड़ सकती हैं, जिनसे सेठ या सरकार का तो भला होगा, मगर उनसे सारी मानवता का भला नहीं होगा। सेठों या सरकारों के साथ मिलकर काम करने में वैसे कोई बुराई

नहीं दीखती। बुराई तब पैदा होती है, जब सरकार के आशय बुरे हो जाते हैं। प्रत्येक सरकार अपनी प्रजा का कल्याण और शत्रु-देश का अकल्याण चाहती है। इसीलिए वैज्ञानिक जब से सरकारों के अधीन काम करने लगे हैं, तब से बड़ी ईजादें घातक शक्तियों की हुई हैं। जब वे सरकार से अलग अपने घरों में काम करते थे, तब तक आविष्कार उन्होंने ग्रामोफोन का किया था, दूरभाष और वायुयान का किया था, बिजली और भाप की ताकतों का किया था। किन्तु जब से वे सरकार की मुट्ठी में गए हैं, आविष्कार उन्होंने परमाणु बम और हाइड्रोजन बम का किया है, रॉकेट और मिसाइल का किया है। पाप विज्ञान का नहीं है। पापी वे संस्थाएँ हैं, जो आविष्कार तो शत्रु के दमन के लिए करती हैं लेकिन बाद को खुद भी उन्हीं आविष्कारों का शिकार हो जाती हैं।

समाज के योजनाबद्ध विकास के आदि प्रवर्तक प्लेटो थे। कवि उनकी योजना में फिट नहीं करता था, अतएव उन्होंने सोचा था कि अपनी कल्पना के समाज में वे कवियों को स्थान नहीं देंगे। तब से प्रत्येक राजनीतिज्ञ कवियों को शंका की दृष्टि से देखता रहा है। घट-बढ़कर संसार का प्रत्येक राजा कवियों से वही उम्मीद करता है, जिस उम्मीद के कारण स्तालिन बदनाम हुआ। राजनीतिज्ञों की आदत है कि लोक-मंच से अभिनन्दन वे गांधी का करते हैं, किन्तु दफ्तर की कुर्सी पर जाते ही प्रयोग वे मैकियावेली का करने लगते हैं। और विज्ञान की अपरिमित शक्तियों पर अधिकार होने के कारण, आज के शासक वे सारे काम आसानी से कर सकते हैं, जिन कामों को पहले के शासक अंजाम नहीं दे सके थे।

अधिनायकवादी व्यवस्था जितनी ही मजबूत होती जाती है, शुद्धतावादी कलाकारों का आतंक उतना बढ़ता जाता है, उनका आत्मविश्वास उतना ही क्षीण होता जाता है। अधिनायकवादी और प्रजातंत्री देशों में मनुष्य की वैयक्तिकता पर राजनीति का दबाव जैसे-जैसे फैलता है, शुद्धतावादी कलाकार वैसे ही वैसे अपनी वैयक्तिकता से और भी जोर से चिपके जाते हैं। अपनी वैयक्तिक स्वतंत्रता की रक्षा की चिन्ता लेखकों में आज जितनी प्रखर है, उतनी प्रखर वह सारे इतिहास में और कभी दिखाई नहीं पड़ी थी। सभ्यता के सभी मूल्यों में अविश्वास की घोषणा, प्रचलित नैतिकता को मुँह चिढ़ाने का जोश और रह-रहकर जन-रुचि को धक्के देने की प्रवृत्ति–उसी चिन्ता की मनोवैज्ञानिक प्रतिक्रियाएँ हैं। सार्त्र ने लिखा है कि बोदलेयर पाप इसलिए भी करते थे कि वे अपने-आपको यह विश्वास दिलाना चाहते थे कि मैं स्वतंत्र हूँ; मैं जो चाहूँ, कर सकता हूँ। आधुनिक लेखक और कवि भी बहुत-से काम केवल इस भाव से

करते हैं, जिससे उन्हें विश्वास हो कि उनका व्यक्तित्व अक्षुण्ण है तथा उनकी स्वतंत्रता की भावना इतनी प्रबल है कि वह राजा तो क्या, प्रजा की भी परवाह नहीं करती।

कवि के व्यक्तित्व को लेकर साम्यवादी और प्रजातंत्री देशों के कलाकारों के बीच जो मतभेद है, उसे हम अतिरंजित मानते हैं। मार्क्सवादी आलोचकों की यह स्थापना गलत नहीं है कि राजनीति की तरह साहित्य भी समाज से प्रभावित होता है। किन्तु जो बात मार्क्सवादी आलोचक भूल जाते हैं, वह यह है कि साहित्य पर समाज का यह प्रभाव कवियों के व्यक्तित्व के माध्यम से पड़ता है। समाज का जीना उसके सदस्यों का ही जीवित रहना है। जब हम यह कहते हैं कि समाज दुखी है, तब उसका अर्थ यही होता है कि समाज में रहनेवाले व्यक्ति दुखी हैं। इसी प्रकार, समाज का सुखी होना भी उसके व्यक्तियों का ही सुखी होना है। व्यक्तियों से अलग समाज की कोई कल्पना नहीं की जा सकती और जहाँ समाज नियंत्रित किया जाता है, वहाँ भी नियंत्रण, असल में, व्यक्तियों का ही होता है।

जैसे श्रेष्ठ कवियों में समाज और व्यक्ति का संघर्ष भयानक रूप नहीं लेता, उसी प्रकार, परम्परा और व्यक्ति के बीच भी श्रेष्ठ कवि सामंजस्य खोज लेते हैं। कदम-कदम पर परम्परा की दुहाई देना विकास की स्वाभाविक प्रगति में अवरोध डालना है। कट्टर-से-कट्टर समाज के भीतर भी ऐसे व्यक्ति होते हैं, जो परम्परा की सीमा के अतिक्रमण की अनिवार्यता अनुभव करते हैं। युग परम्परावादी हो, तब भी कवि, व्यक्ति के रूप में, नई अनुभूतियाँ प्राप्त करता है। ये अनुभूतियाँ परम्परा के विरुद्ध पड़ सकती हैं, किन्तु उनका चित्रण आवश्यक होता है। अगर ये अनुभूतियाँ न लिखी जाएँ, तो साहित्य में ताजगी नहीं रहेगी और स्वयं कलाकार का व्यक्तित्व गतानुगतिक, एकरस और निःस्वाद हो जाएगा।

वैयक्तिकता की समस्या का एक रूप यह भी है कि पुराने समय की कविताएँ उस चेतना से उपजी थीं, जिसमें व्यक्ति और समाज की चेतनाएँ एकाकार थीं। जब व्यक्ति और समाज की चेतना एक थी, उस समय साधारणीकरण का कार्य कवि के लिए कठिन नहीं होता था। किन्तु अब वैयक्तिक चेतना समाज की चेतना से अधिक बलशालिनी हो गई है और वह उसके दबाव को फेंककर अपनी स्वतंत्र सत्ता के साथ ऊपर आ गई है। यही नहीं, अब वैयक्तिक चेतना आक्रमणकारी ढंग से काम करने लगी है। परिणाम यह हुआ है कि कवि अपने भावों का साधारणीकरण या तो जान-बूझकर नहीं करता अथवा साधारणीकरण की प्रक्रिया उसके वश के बाहर हो गई है। शायद

पिछला विकल्प ही ज्यादा सही है। कवि की वैयक्तिक चेतना सामाजिक चेतना से इतनी विभक्त हो गई है कि साधारणीकरण के लिए अब कहीं कोई आधार नहीं है। स्पष्ट ही, जिस देश के कवि और लेखक एक नये स्वप्न को आकार देने के लिए काम कर रहे हैं, वे अगर आधुनिकता के इस दुर्गुण को अपनाएँगे, तो उनका उद्‌देश्य पूरा नहीं होगा। जिस साहित्य का साधारणीकरण का आधार टूटा हुआ अथवा लुप्त है, वह कभी भी जनता के बीच प्रसार नहीं पाएगा। साहित्य के एक अन्यतम चिन्तक कॉलरिज ने कहा था : 'जिसे हम निखालिस वैयक्तिक स्थिति कहते हैं, उसे लेकर श्रेष्ठ कविता नहीं लिखी जाती है।' अर्थात् जो स्थितियाँ साधारणीकरण के वृत्त में आने से इनकार करें, उन्हें अलिखित ही छोड़ देना चाहिए।

## विज्ञान का प्रभाव

आधुनिक साहित्य आधुनिक इसलिए नहीं है कि उसके सारे के सारे विषय नवीन हैं। आधुनिक वह इसलिए है कि उसके पीछे काम करनेवाली मनोवृत्ति नवीन है, मनोदशा, मानसिकता और दृष्टि नवीन है। लेखक की दिलचस्पी विषय में न होकर उसे देखनेवाली नई दृष्टि में है और पाठक भी उसी नवीन दृष्टि का प्रेमी होने के कारण इस साहित्य की ओर उन्मुख होता है।

लेकिन इस नई दृष्टि के लक्षण क्या हैं? शैली के पक्ष में इस दृष्टि का प्रधान लक्षण विज्ञान के अनुकरण का भाव है। चूँकि विज्ञान आवेशमयी भाषा का प्रयोग नहीं करता, नये लेखक और कवि भी आवेशमयता से बचे रहना चाहते हैं। चूँकि विज्ञान शब्दों के मामले में मितव्ययी होता है, अतएव नवलेखन भी शब्दों की मितव्ययिता बरतना चाहता है। और चूँकि विज्ञान का लक्ष्य वस्तुओं का यथातथ्य वर्णन होता है, अतएव नये लेखक और कवि भी कल्पना की लगाम हमेशा अपने हाथ में रखते हैं और बराबर सतर्क रहते हैं कि उनका वर्णन अतिरंजित न हो जाए। वैज्ञानिक का एक लक्षण यह भी है कि वह दूसरों को प्रभावित करने को न तो एक शब्द लिखता है, न एक शब्द बोलता है। अगर वह दूसरों पर प्रभाव जमाने की कोशिश करे तो जनता वैज्ञानिक पर सन्देह करने लगेगी। इसका प्रभाव साहित्य पर यह पड़ा है कि अब साहित्यकार भी श्रोताओं को प्रभावित करना नहीं चाहते। प्रभावित करनेवाले गुण को वे 'ढेटारिक' कहते हैं और ढेटारिक अथवा आलंकारिकता साहित्य में अब दोष मानी जाती है।

प्रभाव जमाने की चिन्ता उस कवि को होती है, जिसके सामने कोई उद्‌देश्य है और जिसकी ओर वह समाज को मोड़ना चाहता है, किन्तु जिस कवि के सामने कोई भी उद्‌देश्य नहीं है, वह प्रभाव जमानेवाली शक्ति का उपयोग क्यों करेगा? वह अपनी अनुभूतियों के चित्र दिखाकर पाठकों की शान्ति भंग कर सके, तो इतनी उपलब्धि उसके लिए काफी है।

किन्तु विज्ञान की एक विशेषता और है जिसका अनुकरण साहित्यकार नहीं कर रहे हैं। वह यह कि वैज्ञानिक एक शब्द का प्रयोग एक ही अर्थ में करता है, जबकि कविता में प्रयुक्त शब्दों से अक्सर अनेक अर्थ ध्वनित होते हैं। जब तक यह नहीं होता, कविता वैज्ञानिक सुनिश्चितता का दावा नहीं कर सकती और कहीं शब्दों की एकार्थक सुनिश्चितता कविता में भी आ गई, तो फिर कविता का अस्तित्व समाप्त हो जाएगा, क्योंकि तब जो कुछ होगा, विज्ञान होगा, कविता की आवश्यकता मनुष्य को नहीं रहेगी।

किन्तु कवियों को यह चिन्ता जरूर है कि प्रत्येक भाव-भंगिमा के लिए एक अलग शब्द होता, तो बात बहुत अच्छी होती। माँ का प्रेम, बहन का प्रेम और सखी का प्रेम–ये सभी प्रेम एक ही नहीं हैं। किन्तु शब्दकोश की दरिद्रता के कारण हमें एक ही शब्द से प्रेम के अनेक रूपों को व्यंजित करना पड़ता है। यह चिन्ता बताती है कि कवि वैज्ञानिक सुनिश्चितता के लिए बेचैन हैं, किन्तु भाषा में शब्दों की कमी होने के कारण वे लाचार हो जाते हैं। विज्ञान कविता का विरोधी शास्त्र है, इस सुपरीक्षित सिद्धान्त की ओर से नये कवियों की दृष्टि हट गई है और वे आँख मूँदकर विज्ञान का अनुकरण उतनी दूर तक करने लगे हैं, जितनी दूर तक यह अनुकरण किया जा सकता है।

विज्ञान से निकली हुई दूसरी शिक्षा बुद्धिवाद की है, जिसका प्रभाव साहित्य पर बड़े जोर से पड़ा है। जो बात बुद्धि में नहीं समाती, उसका वर्णन साहित्य में भी नहीं किया जाना चाहिए। इस मान्यता के कारण धर्म और पुराण के रूप साहित्य में बदल गए हैं। कर्ण के रथ के चक्के अगर धरती में धँस गए थे, तो यह बात खोलकर कहनी होगी कि वहाँ दलदल था। कौरवों की सभा में यदि कृष्ण ने विराट रूप दिखाया था, तो यह बात पाठकों को समझा देनी होगी कि भगवान के विराट होने पर छतें नहीं फटी थीं, दीवारें टूटकर नहीं गिरी थीं। और कच-देवयानी की कथा कहनी हो, तो इसका उल्लेख नहीं करना चाहिए कि कच ने शुक्राचार्य से संजीवनी विद्या कैसे सीखी थी। उस कहानी में कच और देवयानी का प्रेम ही सार है।

पुरानी कविता में शयन-कक्ष में मणियों के दीप जलते थे और नायिकाओं को जब संकोच होता था, वे मुट्ठी-भर पुष्परेणु फेंककर दीपक की ज्योति को

छिपा देती थीं। अब नायिकाओं को संकोच कम होता है और संकोच हो भी, तो बिजली का बटन दबाना प्रकाश से बचने का सुगम उपाय है। जैसे विज्ञान ने खोज-खोजकर उन सभी रहस्यों को रहस्यहीन कर दिया, जिन्हें देखकर पहले लोग आश्चर्य करते थे, उसी प्रकार साहित्य के भी बहुत-से रहस्य-कुंज विज्ञान के प्रभाव से उजाड़ हो गए। अब उनका आश्रय लेकर कविताएँ नहीं लिखी जा सकतीं।

धर्म पर जो अश्रद्धा विज्ञान के प्रभाव से बढ़ी है, उसका प्रभाव भी साहित्य पर काफी पड़ा है। ईश्वर को आलम्बन मानकर पहले जो प्रेम और श्रद्धा निवेदित की जाती थी, साहित्य में अब वह मजाक की चीज है और सारे-के-सारे रहस्यवादी कवि अब बौद्धिक पगले यानी 'इंटेलेक्चुअल क्रिटीन' समझे जाते हैं। रहस्यवाद की धूमिलता साहित्य से तब भी नहीं मिटी, क्योंकि अब उसका निवास वहाँ पड़ता है, जहाँ कवि किसी अनुभूति की स्पष्ट व्याख्या नहीं दे पाता है अथवा जहाँ भाषा असमर्थ हो जाती है अथवा जहाँ मनोविज्ञान की किसी ऐसी गहराई की बात की जाती है, जिसका वर्णन स्वभाव से ही दुष्कर कार्य है।

विद्या के रूप में मनोविज्ञान के आविर्भाव बिलकुल हाल की घटना है, किन्तु प्रक्रिया के रूप में मनोविज्ञान उतना ही प्राचीन है, जितना प्राचीन स्वयं मनुष्य है। यह वैसी ही बात है, जैसे रक्तचाप की बीमारी पहले भी होती थी, किन्तु उसका पता मनुष्य को नहीं था। इस बीमारी का नाम तब से सुनाई देने लगा, जब से रक्तचाप-मापक यंत्र का आविष्कार हुआ। मनोवैज्ञानिक प्रक्रियाओं का ज्ञान शेक्सपियर को भी था और कालिदास को भी। लेकिन वे इस शास्त्र का नाम नहीं जानते थे। इस शास्त्र का जन्म उन्नीसवीं सदी के उत्तरार्द्ध में हुआ और बीसवीं सदी में आकर उसने इतनी प्रतिष्ठा प्राप्त कर ली कि उपन्यासकार और कवि भी उसका अनुसरण करने को ललचाने लगे। प्राउस्ट और जेम्स ज्वायस मनोवैज्ञानिक प्रक्रिया को ही शैली मानकर लिखते हैं। ज्वायस की शैली का नाम ही चेतना-प्रवाह की शैली पड़ गया है। और सुर्रियलिस्ट कवियों की तो साधना ही एक प्रकार से मनोवैज्ञानिक प्रक्रिया की साधना है।

जब तक आधुनिकता का विकास नहीं हुआ था, मनुष्य सृष्टि की कल्पना उस रूप में करता था, जिस रूप में उसकी कल्पना धर्माचार्यों, नबियों और पैगम्बरों ने की थी। यह ईसा के जन्म से एक हजार वर्ष पूर्व की बात है। संसार के सभी द्रष्टा ई.पू. से एक सहस्र वर्ष पूर्व जन्म ले चुके थे और उसी समय मनुष्य के सृष्टि-सम्बन्धी सभी विचार निरूपित हो चुके थे। बाद की शताब्दियों में इन्हीं विचारों का पल्लवन होता रहा है। यह सभ्यता टेक्नोलॉजी से नहीं,

कल्पना और विचार से बनी थी और तकनीक के अभाव में इस सभ्यता के भीतर जो रिक्तता रह गई थी, आदमी ने आदर्शों से युक्त वातावरण तैयार करके उस रिक्तता को भर दिया था। इसीलिए वह सुखी कम, सन्तुष्ट अधिक था। प्रकृति को जीतने की चिन्ता उसे कम थी, अपने-आप पर विजय पाने का जोश अधिक था। सृष्टि का विषय जैसे आज के वैज्ञानिकों की समझ में नहीं आता है, वैसे ही वह उस समय के आदमियों की भी समझ में नहीं आता था। किन्तु प्राचीन मनुष्य यह मानकर बैठ गया था कि सृष्टि लीला है, रहस्य है; वह जानने नहीं, विस्मित होने की चीज है। चूँकि हम इसे जान नहीं सकते, इसलिए अपने-आप पर खेद या खीज हमें नहीं होनी चाहिए। हम तो इस रहस्य पर सोचेंगे और आनन्द से पुलकित होंगे।

इस मनुष्य का विश्वास यह था कि आदमी को ईश्वर ने पैदा किया है। कहीं-कहीं यह कल्पना भी थी कि ईश्वर ने उसे अपने, अधिक-से-अधिक, अनुरूप बनाया है। भारतवासी मानते थे कि आत्मा और परमात्मा एक है तथा जीव जन्म-जन्मान्तर के बाद ईश्वर-कोटि को पहुँच सकता है। सामी सभ्यता वालों का यह भी विश्वास था कि आदमी पहले देवता था। एक छोटे-से पाप के कारण वह लुढ़ककर आदमी बन गया है। तब भी वही सृष्टि का सिर-मुकुट है और वह फिर से देवता बन सकता है। पृथ्वी सृष्टि का केन्द्र मानी जाती थी और मनुष्य उसका सबसे सुन्दर, सबसे विलक्षण और सबसे अलौकिक जीव। और इस मनुष्य का सबसे श्रेष्ठ कर्म पाप से बचना तथा पुण्य की आराधना करना था, जिससे वह निर्मल रहकर ईश्वरत्व को प्राप्त कर सके

किन्तु जैसे-जैसे विज्ञान का विकास हुआ, मनुष्य की सृष्टि-विषयक पुरानी धारणा छूँछी पड़ने लगी। विज्ञान का पहला सांस्कृतिक प्रभाव यह हुआ कि सृष्टि यंत्र समझी जाने लगी, जिसके पुर्जे गणित और यंत्र-विज्ञान के अनुसार काम करते हैं। इस मान्यता से, स्वभावतः ही, यह अनुमान निकल आया कि सृष्टि यदि यंत्र है, तो इसके निर्माण के लिए ईश्वर की कल्पना अनिवार्य नहीं है। फिर खगोलवादियों ने यह स्थापना रखी कि पृथ्वी गोल है और असंख्य गोल नक्षत्रों की तरह वह भी शून्य में लटकी हुई है। इससे मनुष्य की यह कल्पना नष्ट हो गई कि पृथ्वी सृष्टि का केन्द्र है तथा ईश्वर की योजना में उसका कोई खास स्थान है। तब डारविन (1809-1882) का 'जीवों की उत्पत्ति' नामक ग्रंथ प्रकाशित हुआ, जिसमें उन्होंने यह स्थापना रखी कि आदमी ईश्वर का पुत्र नहीं है; वह बन्दर से बढ़कर आदमी हुआ है। और सबके बाद फ्रायड (1856-1939) का मनोविज्ञान आया, जिसने यह कहा कि आदमी का जप-तप, योग और

वैराग्य, सब ऊपरी बातें हैं। वह अपने किसी भी कार्य में स्वाधीन नहीं है। उसके भीतर अपनी और समग्र मनुष्य जाति की युगों की अगणित अदम्य वासनाएँ दबी पड़ी हैं और आदमी के कर्म इन्हीं अज्ञात वासनाओं की प्रेरणा का अनुगमन करते हैं। सच तो यह है कि हम इन वासनाओं का उपभोग नहीं करते, ये वासनाएँ ही हमारा उपभोग करती हैं; हम उन्हें नहीं जीते, हमीं उनके द्वारा जिए जाते हैं। हम मनुष्य अवश्य बन गए हैं, किन्तु हमारे भीतर वे वासनाएँ अभी भी काफी शक्तिशालिनी हैं, जो हमें उस समय उद्वेलित रखती थीं, जब हम पशु थे। मनोविज्ञान की एक अन्य शाखा आचरणवाद (बिहेवियरिज्म) ने यह सिद्ध कर दिखाया कि मनुष्य अपने आचरण में स्वतंत्र नहीं है। परिस्थितियाँ जैसी होती हैं, मनुष्य का आचरण भी वैसा ही होता है।

विज्ञान और मनोविज्ञान की सभी खोजों से मनुष्य यह मानने को विवश होता गया कि वह तनिक भी विलक्षण जीव नहीं है। पेड़-पौधों और पशुओं के समान वह भी एक सजीव पदार्थ है और जो नियम अन्य पशुओं पर लागू होते हैं, वह उनका अपवाद नहीं है। इस विवशता-ज्ञान में अगर कहीं कोई कमी रह गई थी, तो उसे मार्क्स (1818-1883) ने पूरा कर दिया। उन्होंने स्थापना यह रखी कि धर्म, नैतिकता, कला और अध्यात्म के क्षेत्र में मनुष्य ने जो भी मूल्य निरूपित किये हैं, वे लोकोत्तर मूल्य नहीं हैं। इन मूल्यों का विकास समाज की अर्थव्यवस्था के अनुसार हुआ है। अतएव, धर्म-अधर्म, नैतिकता-अनैतिकता तथा पाप और पुण्य की भावनाओं को लोकोत्तर चेतना से सम्पृक्त मानना कोरा अन्धविश्वास है। आदमी अपना कोई भी निर्णय लेने में स्वतंत्र नहीं है। सभी निर्णय वह उस अर्थव्यवस्था के अनुसार लेता है, जिसमें उसका जन्म और विकास हुआ है।

इन सारी खोजों और स्थापनाओं का फल यह हुआ कि आदमी का गौरव चूर्ण-चूर्ण हो गया। मनुष्य पशु से भिन्न किसी उत्तम योनि का जीव है, यह कल्पना टूक-टूक हो गई। आदमी लुढ़ककर जानवरों के बीच जा मिला और वहाँ भी यह चिन्ता उसे सताने लगी कि वह निर्णय लेने में स्वतंत्र नहीं है। स्वतंत्रता उसे न तो काम के क्षेत्र में है, न अर्थ के क्षेत्र में। परिस्थितियाँ जैसे उसे चलाती हैं, उसी प्रकार उसे चलना पड़ता है।

पशु कोई भी अनुपयोगी काम नहीं करते। वे जो कुछ भी करते हैं, उपयोग के भाव से प्रेरित होकर करते हैं, स्वार्थ से प्रेरित होकर करते हैं। तो क्या मनुष्य भी जो कुछ करता है, स्वार्थ की ही प्रेरणा से करता है? उपयोग की ही भावना से करता है? तो फिर आदमी संत और फकीर क्यों हो जाता है? दूसरों के लिए

वह अपनी जान क्यों देता है? भोगों को छोड़कर वह तपश्चर्या में क्यों प्रवृत्त होता है? प्रेम के लिए वह मुकुट को लात क्यों मार देता है? वह रहस्यवादी क्यों हो जाता है?

ये और ऐसे अनेक प्रश्न विज्ञान के आक्रमण के बाद भी उठे हैं, किन्तु ऐसे प्रश्नों को महत्त्व वे लोग देते हैं, जिनके भीतर प्राचीनता के प्रति थोड़ा पक्षपात है। बाकी लोग इन प्रश्नों की महत्ता से अपरिचित हैं। वे हर सवाल का महीन जवाब, कहीं-न-कहीं, काम के पातालगामी लोक से खोज लाते हैं। मगर इन उत्तरों से सबका समाधान नहीं होता। साम्यवादियों और नास्तिकों को छोड़कर मानवता का बहुत बड़ा भाग आज भी इन स्थापनाओं को मानने को तैयार नहीं है।

अदृश्य पर सोचते-सोचते दर्शन की उत्पत्ति हुई थी। दृश्य पर सोचते-सोचते विज्ञान का आविर्भाव हुआ। किन्तु दृश्य और अदृश्य, दोनों पर एक समान चिन्तन करनेवाले महात्मा मुश्किल से मिलते हैं। वर्तमान सभ्यता इस पीड़ा से बेहाल है। जो कम जानते थे, उन्होंने यह कहकर सन्तोष कर लिया था कि संसार लीला है। जो अधिक जान गए हैं, वे कहते हैं, संसार रहस्य है। लीला है या रहस्य है, इस विचिकित्सा में पड़ने से कुछ भी हमारे हाथ नहीं लगेगा। लीला और रहस्य, दोनों ही अव्याख्येय हैं। जो चीज दिखलाई पड़ती है, वह यह है कि जब संसार लीला था, मनुष्य में विनम्रता थी। जब से वह रहस्य बन गया है, आदमी उद्धत और अधीर है।

## स्पेंगलर का विश्लेषण

आधुनिक-बोध का दर्शन कितना भी निराशाजनक क्यों न हो, किन्तु वह दो-चार या दस-पाँच बहके हुए मनीषियों के मन की उपज नहीं है। वह उस सभ्यता का स्वाभाविक परिपाक है, जिसमें हम जी रहे हैं। वह आधुनिक मनुष्य की अगली नियति का क्रम है, जिसे कोई रोक नहीं सकता।

स्पेंगलर के अनुसार पेड़-पौधे और मनुष्य के समान संस्कृति भी जैव (आर्गेनिक) नियमों के अधीन है। जैसे आर्गेनिक चीजें बढ़कर बड़ी होती हैं और फिर उनका विनाश हो जाता है, उसी प्रकार संस्कृति भी पेड़-पौधे और मनुष्य के समान बढ़ती है और बढ़कर उन्हीं के समान एक दिन नाश को प्राप्त हो जाती है।

बचपन, जवानी, प्रौढ़ता और बुढ़ापा–इन चार अवस्थाओं से होकर संस्कृति को भी गुजरना पड़ता है। प्रत्येक संस्कृति का इतिहास इन्हीं चार अंकों का

नाटक होता है। संस्कृति का आविर्भाव वसन्त ऋतु में होता है, जब समाज में प्रधानता कृषि और ग्रामीण अर्थव्यवस्था की होती है। यह काल बर्बर शक्तियों का काल होता है, उच्छल प्रवृत्तियों का समय होता है। इस समय संस्कृति के भीतर नफासत कम, ताकत ज्यादा होती है।

संस्कृति का ग्रीष्म-काल तब आरम्भ होता है, जब नगर बसने लगते हैं, मगर महानगर उत्पन्न नहीं होते तथा नगरों पर भी प्रभाव ग्रामीण जीवन का ही रहता है।

संस्कृति की शरद ऋतु तब आती है, जब राज्य की केन्द्रीय सत्ता मजबूत होने लगती है, नगरों के बीच से महानगर उत्पन्न होने लगते हैं, वाणिज्य का महत्त्व बढ़ता है, कलाएँ उर्वर और बुद्धि आलोचनात्मक होने लगती है तथा बुद्धिवाद नास्तिकता और क्रान्ति के बीज बोने लगता है।

और शरद के बाद जब शीत ऋतु आती है, प्राचीन परम्परा, धर्म और श्रद्धा का विघटन आरम्भ हो जाता है तथा नैतिकता के ढाँचे टूट जाते हैं एवं पुराने रस्म-रिवाज और मूल्य हवा में उड़ जाते हैं।

स्पेंगलर ने कई संस्कृतियों के उदाहरण दिये हैं और बताया है कि प्रत्येक संस्कृति इन चार अवस्थाओं से गुजरकर, अन्त में, मृत्यु को प्राप्त हो जाती है। भारत में वैदिक काल को स्पेंगलर ने वसन्त ऋतु, मनुस्मृति आदि धर्मशास्त्रों के आविर्भाव-काल को ग्रीष्म, बुद्ध के जन्म-काल एवं सूत्र, वेदान्त और योग के समय को शरद तथा बौद्धमत के प्राधान्य वाले काल को शीत ऋतु कहा है। बौद्ध मत समाजवादी विचारधारा का भारतीय संस्करण था। जब अशोक ने बौद्ध मत को स्वीकार किया, हिन्दू-संस्कृति की उद्दामता समाप्त हो गई और संस्कृति के एक युग का अन्त हो गया।

स्पेंगलर के अनुसार संस्कृति का विकास उसकी आध्यात्मिक शक्ति के कारण होता है। जब संस्कृति अपने पूर्ण विकास पर पहुँचती है, उसकी आध्यात्मिक प्रगति का सिलसिला खत्म हो जाता है। उसके बाद वह जमने लगती है और जमते-जमते बर्फ हो जाती है। फिर वह पिघलती नहीं, उसके भीतर से विस्फोट होता है और आन्तरिक विकास को छोड़कर वह बाहर की ओर फैलने लगती है।

प्रत्येक संस्कृति का पर्यवसान सभ्यता में होता है। संस्कृति जीवन की धारा है, सभ्यता मृत्यु का घाट है। संस्कृति कृषि-संस्कार से जन्म लेती है और उसी से वृद्धि भी पाती है। सभ्यता महानगरों के संस्कारों को कहते हैं। जब महानगर बनते हैं, आदमी चालाक ज्यादा, ईमानदार कम हो जाता है। प्रत्येक संस्कृति

पुष्ट होने पर अपने अनुरूप सभ्यता को जन्म देती है, क्योंकि प्रत्येक संस्कृति पूर्ण विकास पर पहुँचकर मरने लगती है। जब उसकी आन्तरिक शक्ति चुक जाती है, संस्कृति भीतरी दुनिया को छोड़कर बाहर की ओर फैलने लगती है। संस्कृति का यही बाहरी फैलाव सभ्यता कहलाता है।

यूरोपीय संस्कृति अपने पूर्णतम विकास पर सन् 1800 ई. के आसपास पहुँची थी। यही वह बिन्दु है, जहाँ से वह बहिर्मुखी होने लगी, जहाँ से वह सभ्यता का रूप धारण करने लगी यानी जहाँ से उसकी मृत्यु के अध्याय का आरम्भ होता है। सन् 1800 ई. के आसपास का काल विभाजन की रेखा है। इस रेखा के उस पार जीवन की पूर्णता है, आत्मनिर्भरता और आत्मविश्वास के प्रबल भाव हैं। यह उस विचारधारा का जगत है, जो 'गोथिक' युग से आरम्भ होकर गेटे और नीत्शे तक प्रबलता से बहती आई थी। संयोग से 1800 ई. के आसपास का समय रोमांटिक जागरण का भी काल है, जिसमें हम पहले से आते हुए सभी वेगवान विचारों का पुष्पित रूप देखते हैं। किन्तु उस रेखा के इस पार पतझड़ का आरम्भ है, महानगरों का मूलोच्छिन्न, नकली जीवन है, भावनाओं की उपेक्षा और केवल बुद्धि का साम्राज्य है। इसीलिए इस युग की मुख्य प्रवृत्ति धर्म नहीं, विज्ञान है; कविता और दर्शन नहीं, टेक्नोलॉजी और इंजीनियरी है।

स्पेंगलर ने चिल्ला-चिल्लाकर युवकों से कहा है : 'अपना समय बर्बाद मत करो। सब छोड़कर इंजीनियर बनने का प्रयास करो। भूल जाओ कि आत्मा का कोई अंग तुममें अभी भी शेष है। यह युग आत्मा का नहीं है। अगर तुम चित्रकार, संगीतज्ञ या कवि बनकर जीना चाहते हो, तो निराशा तुम्हारी इन्तजारी करेगी। आध्यात्मिक धन्धों का यह समय नहीं है। मेरी आशा एकमात्र यह है कि नई पीढ़ी के लोग मेरी पुस्तक से प्रेरणा ग्रहण करेंगे और कविता के बदले इंजीनियरी की ओर जाएँगे, कला-स्कूलों की बजाय नौसैनिक स्कूलों की ओर बढ़ेंगे और दार्शनिक बनने के बदले राजनीतिज्ञ बनना पसन्द करेंगे।'

स्पेंगलर ने अपना महाग्रंथ सभ्यता से नाराज होकर अथवा आधुनिकता का विरोध करने को नहीं लिखा था। इतिहास के विश्लेषण से उन्हें जो चीज दिखाई पड़ी, वह यह थी कि अच्छा हो या बुरा, मगर आदमी अब एक ऐसी जगह पहुँच गया है, जहाँ आत्मा को लेकर वह चल नहीं सकेगा, जहाँ दार्शनिक ऊहापोह उसके किसी काम नहीं आएँगे। स्पेंगलर ने यमराज का आह्वान नहीं किया, उसने यमराज को आया देखकर मनुष्य को केवल यह सूचना दी कि यमराज आ गए हैं। उनका उद्‌देश्य आदमी को सिर्फ यह बताना था कि

संस्कृति का जमाना लद चुका, अब हम सभ्यता की भूमि में हैं। अतएव, अब सभ्यता के काम ही हमारे असली काम हैं। आदमी को अब हवाई जहाज बनाना चाहिए, भले ही वे फलों की जगह बारूद ढोया करें। आदमी को अब सड़कें बनानी चाहिए, भले ही वे जहन्नुम को जाती हों। आदमी को अब शस्त्र बनाने चाहिए, भले ही वे गलत मूल्यों की रक्षा के लिए प्रयुक्त किए जाएँ। 'क्योंकि नास्तिकता और सन्देहवाद हमारी बौद्धिक किस्मत है तथा इंजीनियरी हमारी ऐतिहासिक नियति हो गई है।'

स्पेंगलर ने अपनी पुस्तक आधुनिकता की निन्दा करने को नहीं लिखी थी। किन्तु तब भी उससे आधुनिक-बोध की जो निन्दा ध्वनित होती है, उसे इस ग्रंथ का गुणीभूत व्यंग्य समझना चाहिए।

ओस्वाल्ड स्पेंगलर जर्मन थे। उनकी मृत्यु सन् 1936 ई. में हुई। सन् 1918 ई. में उनकी पुस्तक 'डिक्लाइन ऑव द वेस्ट' (पश्चिम का पतन) की पहली जिल्द प्रकाशित हुई और उस पुस्तक के निकलते ही सारे यूरोप में तहलका मच गया। उस ग्रंथ की दूसरी जिल्द सन् 1922 ई. में निकली और परिणामतः विचारकों के बीच और भी बेचैनी छा गई। ऐसा विद्वत्तापूर्ण ग्रंथ बीसवीं सदी में शायद कोई और नहीं निकला है। इस ग्रंथ का प्रभाव इतना भयानक हुआ कि दस साल तक लोग उसकी चर्चा करते रहे। किन्तु धीरे-धीरे लेखकों ने स्पेंगलर के विचारों का खंडन करना आरम्भ किया और, अन्त में, यह सोचकर वे आश्वस्त हो गए कि स्पेंगलर का कहना झूठ था और हमने उसे दफनाकर सही जगह पर पहुँचा दिया है।

किन्तु, स्पेंगलर मरे नहीं, न वे कब्र में ढकेले जा सके। उनकी भविष्यवाणियाँ सच होती जा रही हैं। उनका भूत यूरोप के सभी लेखकों के माथे पर चढ़कर बोल रहा है। डी.एच. लारेंस और फ्रांज काफ्का, टी.एस. इलियट और अलडूस हक्सले तथा जार्ज आरवेल और एच.जी. वेल्स और कुछ नहीं, ओस्वाल्ड स्पेंगलर के प्रेत हैं। स्पेंगलर ने पाश्चात्य सभ्यता के पतन का जो दृश्य कल्पना में देखा था, वही दृश्य इन लेखकों और कवियों की रचनाओं में आकार लेता रहा है। ये सभी लेखक यूरोपीय संस्कृति की आध्यात्मिक क्लान्ति के चित्रकार हैं। स्पेंगलर की भविष्यवाणियाँ सबको अप्रिय लगी थीं और सबने चाहा था कि भविष्यवाणियाँ झूठी हो जाएँ। किन्तु वे भविष्यवाणियाँ झूठी होती नहीं दिखाई देती हैं। ज्यों-ज्यों समय बीतता जाता है, स्पेंगलर की बात सत्य होती जा रही है और चिन्तक मन-ही-मन अनुभव करते हैं कि हम सचमुच ही उतार के सोपान पर हैं। रंग और खुशबू से, कविता और उपन्यास से अथवा शराब और औरत से हम चाहे जितना

भी जी बहला लें, मगर यह निश्चित है कि शकट के पहिए धँस रहे हैं और क्षण-क्षण हम नीचे जा रहे हैं।

स्पेंगलर की पुस्तक जब निकली थी, उसका प्रभाव गांधी जी पर भी पड़ा था। 'यंग इंडिया' के 1925-26 तक के अंकों में स्पेंगलर के हवाले गांधी जी ने कई बार दिये थे। स्पष्ट ही, गांधी जी स्पेंगलर के सभी विचारों से सहमत नहीं थे, किन्तु 'डिक्लाइन ऑव द वेस्ट' में आधुनिक सभ्यता के जो दोष दिखाए गए थे, उन्हें गांधी जी भी सामान्यतः सत्य मानते थे। और प्रोफेसर ट्वायनबी ने जब स्पेंगलर की किताब देखी, उनके मुँह से अचानक यह सूक्ति निकल पड़ी कि 'हाय, इसने तो सब कुछ लिख डाला, जिसे मैं लिखना चाहता था!' तब से स्पेंगलर का खंडन ट्वायनबी ने भी किया है, किन्तु विद्वानों में सामान्य धारणा यह रही है कि ट्वायनबी ने स्पेंगलर को ग्रहण तो तत्त्ववाद के धरातल पर किया, किन्तु व्यवहार के धरातल पर वे उन्हें चट कर गए हैं।

जिसे हम आधुनिक काल कहते हैं, स्पेंगलर के अनुसार, वह सभ्यता की उन्नति नहीं, अवनति का युग है; आरोह का नहीं, अवरोह का काल है। और अवरोह का यह सिलसिला यंत्रों के उत्थान के साथ ही शुरू हुआ है। औद्योगिक क्रान्ति वह महाघटना थी, जिसने आधुनिकता और अवरोह, दोनों का प्रवर्तन एक साथ किया। जब मशीनों का बोलबाला हुआ, किसान और अमीर खत्म हो गए, यानी समाज का जो निम्नतम आधार और उच्चतम शिखर था, वे दोनों के दोनों विनष्ट हो गए। बच गए केवल महानगर, जिनमें कारखाने गड़गड़ाते हैं, उखड़े हुए सर्वहारा मजदूर मशीन के पुरजों की तरह काम करते हैं और जहाँ कुसंस्कृत धनियों का राज है।

प्राचीन काल के लोग ज्ञान को पुण्य का पर्याय मानते थे। आधुनिक मनुष्य ज्ञान को पुण्य नहीं, शक्ति का साधन समझता है और शक्ति का निवास कंचन में है। अतएव कंचन आता है और शान्ति चली जाती है। शरीर के सुखों में वृद्धि होती है, किन्तु आत्मा की शक्ति क्षीण हो जाती है।

व्यापारी, उद्योगपति और व्यवसाय में धन लगानेवाले लोग किसी भी वस्तु का सृजन नहीं करते। वे धन जमा करते हैं और उसी का आदान-प्रदान भी करते हैं। जब भी कोई संस्कृति मरणासन्न होती है, राज ईश्वर का नहीं चलता। ईश्वर के स्थान पर धन का दबाव खड़ा हो जाता है। जहाँ भी सत्ता सिमटकर धनियों के हाथ में पहुँची है, संस्कृति को मरने से रोकना असम्भव हो गया है।

यांत्रिक सभ्यता के आविर्भाव के साथ देश का समस्त जीवन दो-एक महानगरों में केन्द्रित हो जाता है और संसार-भर के देहातों में रहनेवाले लोग

अपने भाग्य का निपटारा आप नहीं कर सकते। निपटारा वे लोग करते हैं, जो दुनिया के मशहूर नगरों (न्यूयॉर्क, वाशिंगटन, लन्दन, पेरिस, मास्को आदि) में रहते हैं। फिर तो महानगरों की समस्याएँ सारे संसार की समस्याएँ बन जाती हैं। महानगरों के विचार सारे संसार के विचार बन जाते हैं। रेडियो, टेलीविजन, राजनीतिक पैंतरे, युद्ध और शान्ति, समाजवाद, डारविन, फ्रायड, कीर्केगार्द, इब्शेन, काफ्का, शॉ और जेम्स ज्वायस का देहातों से क्या सरोकार है?

संसार के किसी भी महानगर में आत्मा नाम की चीज नहीं होती। महानगर बुद्धिमान होते हैं, चालाक होते हैं, सन्देहवादी और शंकालु होते हैं, व्यावहारिक और अधार्मिक होते हैं, इसीलिए वे अनुर्वर और बाँझ भी होते हैं। यह अनुर्वरता केवल दिमाग तक ही सीमित नहीं रहती, वह जीवन को भी प्रभावित करने लगती है और लोग गम्भीरता से इस बात की छानबीन करने लगते हैं कि सन्ततियों को जन्म लेने देना चाहिए या नहीं। जब सन्ततियों के जन्म को लेकर शास्त्रार्थ होने लगे, तभी समझ लो कि चौराहा आ गया है, और संस्कृति पतन की ओर जानेवाली है। गर्भ-निरोध की प्रथा के आरम्भ होते ही नारियों का माता और गृहिणी वाला रूप खत्म हो जाता है और विवाह का उद्देश्य सन्तान की प्राप्ति न होकर काम का किलोल बन जाता है। फिर औरतें ऐसे रोजगार खोजने लगती हैं, जो उनके स्वभाव के विपरीत हैं, जिनसे उनका समय भले ही कट जाए, लेकिन आत्मा को तृप्ति नहीं मिलती। और तब ऐसा होता है कि जो नारी पहले साहित्य का शृंगार थी, वह नये साहित्य की समस्या बन जाती है और उसके विश्लेषण के लिए जोला और प्राउस्ट, इब्शेन और शॉ को जन्म लेना पड़ता है। साहित्य वह नहीं रहता, जिसमें समस्त जाति के हृदय की धड़कन सुनाई देती है। वह उनकी भावनाओं का कोष बन जाता है, जो गाँवों और नगरों में नहीं रहते, जो महानगर के निवासी हैं और असंख्य जनता के जीवन से अपरिचित और अपने देश की मिट्टी से दूर हैं।

प्रतिभाएँ, साधारणतः, गाँवों में जन्म लेती हैं, महानगरों में आकर विकास पाती हैं और एक पीढ़ी के बाद फिर नष्ट हो जाती हैं, क्योंकि जाति की असली ऊर्जा का निवास महानगरों में नहीं होता। महानगर वह स्थान है, जहाँ शक्ति और प्रतिभा की दुकान चलाई जाती है। ये शक्तियाँ वहाँ पैदा नहीं होतीं किन्तु जैसे-जैसे देहातों के लोग रेले में बहकर महानगरों की ओर आते हैं, जाति का रुधिर कमजोर होने लगता है। लोगों की कष्ट सहने की शक्ति क्षीण होने लगती है, उनकी आरामतलबी बढ़ने लगती है। वे तन और मन से मुलायम होने लगते

हैं। वे युद्ध और संघर्ष से डरने लगते हैं और उनकी विपरीत परिस्थितियों से जूझने की शक्ति, जो पौरुष का असली गुण है, समाप्त हो जाती है।

जातियों के रक्त-दौर्बल्य का प्रभाव कला पर पड़ता है। जैसे-जैसे जातियों का स्वभाव छिछला और शंकालु होता जाता है, जैसे-जैसे वे अपनी ऊर्जा के प्राकृतिक कोष से दूर होती जाती हैं, वैसे-वैसे उनकी कला की लौ भी मद्धिम पड़ती जाती है। धीरे-धीरे साहित्य का स्थान पत्रकारिता ले लेती है और लेखक कलाओं का सृजन छोड़कर उनकी शैलियों के बौद्धिक विवेचन में लग जाते हैं। नाटक और उपन्यास पहले तो उपदेश छाँटते हैं, किन्तु उससे ऊबकर वे अनैतिक शृंगार की चाशनी बाँटने लगते हैं। फिर साहित्य में प्रभाववादी शैली प्रवेश करती है, जो पाशविकता को सूक्ष्म परिमार्जन से सजाकर उसे सुरुचि-ग्राह्य बना देती है। 'आज जिस कला का सृजन हो रहा है, वह नपुंसकता की कला है, अवास्तविकता का शृंगार है। गीत नकली हैं। चित्र नकली हैं। उनमें सिर्फ दिखावट और आडम्बर की प्रधानता है और उनकी शैलियाँ हर दस वर्ष के बाद परिवर्तित हो जाती हैं। और तब भी, इन्हीं निर्जीव शैलियों को लेकर हम मन को उबा देनेवाला नकली खेल खेल रहे हैं और यह सब अपने-आपको यह समझाने के लिए कि हम जिसे कला कहते हैं, वह सचमुच कोई जीवित वस्तु है।'

स्पेंगलर का विचार है कि जब भी संस्कृति मरणासन्न होती है, उसकी कला उसके विज्ञान के सामने आत्म-समर्पण कर देती है, वह विज्ञान का अनुकरण करने लगती है। इसका कारण यह है कि संस्कृति को जब अपनी आन्तरिक शक्तियों का भरोसा नहीं रहता, वह अपनी गरदन सभ्यता के हाथ में सौंप देती है और सभ्यता उसे मोड़कर विज्ञान की ओर प्रेरित कर देती है। कलाएँ संस्कृति हैं, सभ्यता विज्ञान है। अगर विज्ञान अनुकरणीय है, तो अनुकरण उसका पूरा होना चाहिए। किन्तु विज्ञान के सम्पूर्ण अनुकरण से कलाएँ समाप्त हो जाएँगी। सभ्यता यही चाहती भी है। वह संस्कृति के वध के लिए उत्पन्न होती है। विज्ञान का उद्‌देश्य कुछ और, कलाओं का उद्‌देश्य कुछ और है। जो काम विज्ञान करता है, उसे कलाएँ नहीं कर सकतीं। जो काम कलाएँ करती हैं, वह विज्ञान के वश के बाहर की बात है। तब भी, जब संस्कृति के विनाश का समय आता है, कला के सेवक मतिभ्रम में पड़ जाते हैं और वे शत्रु को इज्जतदार देखकर उसी का अनुकरण करने लगते हैं।

साहित्य की भूमि में कर्म और चिन्तन के बीच जो खाई खुद गई है, स्पेंगलर उसे भी संस्कृति की पतनशीलता का लक्षण मानते थे। यह हमारा ही समय है, जिसमें चिन्तन का काम वे करते हैं, जिन्हें कर्म का न तो कोई अनुभव

है, न ज्ञान। पहले के दार्शनिक ऐसे नहीं थे। कन्फ्यूसियस कई राजाओं के मंत्री रहे थे। पिथेगोरस में संगठन की अद्‌भुत क्षमता थी। सुकरात से पहले ऐसे कई दार्शनिक यूनान में हुए थे, जो पेशे से सौदागर अथवा राजनीतिज्ञ थे। लेबेनिज चौदहवें लुई के शिक्षक थे, मगर राजकाज का हाल वे राजा से अधिक समझते थे। और गेटे के लिए तो कर्म का कोई भी क्षेत्र अपरिचित नहीं था। हर जगह वे कारगर अधिकारी सिद्ध हुए थे। 'हमारे समय के चिन्तकों का सबसे बड़ा अभाव यह है कि वास्तविक जीवन में उनका कोई स्थान नहीं है।'

बलशाली ज्ञान का युग समाप्त हो गया। जिन विचारों से मनुष्य बड़े काम करने की प्रेरणा पाता था, उन्हें सन्देहवाद ने खोखला कर दिया। शापेनहार ने जिस निराशा और सन्देह का प्रवर्तन किया था, वही निराशा और सन्देहवाद सभ्यता का अब दर्शन बन गया है। रोमांटिक उद्दामता और निराशा से जूझनेवाली आशा की एक झलक नीत्शे में जरूर दिखाई पड़ी थी, लेकिन वह विजयी नहीं हुई। शापेनहार की मनोदशा ने नीत्शे की मनोदशा को परास्त कर दिया और परिणामतः यूरोप के दिमाग पर कुहासे की बदली छा गई।

ज्ञान का दर्प चूर्ण हो गया। वह अब सुकरात के पास जाकर स्वीकार करता है कि मुझे कुछ भी मालूम नहीं है। दुनिया की हर चीज देश और काल में हमेशा घूम रही है। इसलिए किसी भी वस्तु का सम्यक् ज्ञान हम प्राप्त नहीं कर सकते। सभी सत्य सापेक्ष्य हैं क्योंकि हम जिसे सत्य कहते हैं, वह देश के एक खास बिन्दु पर, समय के एक खास क्षण में, देखी हुई घटना के ज्ञान के सिवा और कुछ नहीं है। 'आइंस्टीन का अर्थ सर्वान्त है। आइंस्टीन के बाद आदमी के लिए यह असम्भव हो गया है कि वह गम्भीरता के साथ अपने-आप के बारे में कोई गौरव की बात सोच सके। स्वयं जीवन समस्याओं का पुंज बन गया है। अब विचारक इस बात पर भी शंका करने लगे हैं कि जीवन जीने योग्य है अथवा नहीं।'

जब संस्कृति मरने लगती है, पवित्रता अपना गठबन्धन नास्तिकता के साथ कर लेती है। ऊपरी तबकों के लोग नास्तिक हो जाते हैं और निचले तबकों के लोगों में आस्तिकता पहले से भी अधिक हास्यास्पद रूप लेने लगती है। 'संस्कृति के ऋतुराज में दर्शन धर्म के साथ रहता है; ग्रीष्म के आने पर वह धर्म से छिन्न हो जाता है। वसन्त ऋतु में दर्शन धर्म की व्याख्या करता है; जाड़े के मौसम में वह धर्म को नष्ट कर डालता है।'

संस्कृति का अति विकास सभ्यता को जन्म देता है। संस्कृति, असल में, कृष्टि का नाम है। वह निश्चित रूप से कृषि से उत्पन्न होती है, धरती से जन्म

लेती है, आत्मा के भीतर से पैदा होती है। किन्तु सभ्यता महानगरों की वस्तु है। वह आत्मा नहीं, शरीर का उपकरण है। अंग्रेजी का 'कल्चर' शब्द एग्रीकल्चर यानी कृषि की याद दिलाता है, जैसे सिविलिजेशन से 'सिटी' शब्द का आभास मिलता है, जिसका अर्थ महानगर होता है। संस्कृति हमेशा धार्मिक होती है। इसलिए सभ्यता के साथ अधार्मिकता का मेल रोका नहीं जा सकता। आज की कला सभ्यता की कला है, इसीलिए वह अधार्मिक है। प्रभाववाद रंगों में नास्तिकता का पर्याय है। 'जो आध्यात्मिकता अपनी पूर्णता पर पहुँच चुकी है, जिसकी सारी-की-सारी धार्मिक सम्भावनाएँ खत्म हो चुकी हैं और अब जो सजीव से निर्जीव के धरातल पर जा रही है, उसकी भाषा नास्तिकता के सिवा और कुछ हो ही नहीं सकती।'

अगर सारी जनता नास्तिक हो गई, तो राष्ट्र का विनाश अवश्यम्भावी है। जब लोगों को यह ज्ञान होता है कि जीवन से परे वाले जीवन का कोई अर्थ नहीं है, तब उनके भीतर से वह आशा विदा हो जाती है, जिससे मनुष्य बड़े-बड़े काम करने का साहस पाता है। तब आदमी यह भी सोचने लगता है कि अगर जिन्दगी में दुःख निश्चित और सुख क्षणस्थायी है, अगर ज्ञान की वृद्धि से केवल शोक बढ़ता है और सारे संघर्षों का एक परिणाम पराजय है, तो फिर ऐसी जिन्दगी के लिए सन्ततियाँ उत्पन्न करना बेवकूफी की बात है। और कहीं गर्भ-निरोध का रिवाज भी चल पड़ा, तो बाकी सारी बातें आप-से-आप हो जाती हैं। जाति को नेतृत्व देनेवाले लोग कमजोर हो जाते हैं, उनकी संख्या घट जाती है और अन्त में जाति की मृत्यु, शिखर से ही, आरम्भ हो जाती है।

धर्म की मृत्यु के मानी ये नहीं हैं कि धर्म की बात समाज में कोई नहीं करता। उसका अर्थ यह है कि धर्म प्रेरणा का उत्स नहीं रह जाता। ऊपर के तबके के लोग धर्म से विमुख हो जाते हैं, किन्तु नीचे की जनता धर्म के मिथ्या रूपों में फँस जाती है। और जब मशीनों की सर्वशक्तिमत्ता, सर्वज्ञता और सर्वत्र विद्यमानता से ऊब और घबराहट फैलती है, तब ऊपर के तबकेवाले भी किसी प्रकार के रहस्यवाद का रास्ता खोजने लगते हैं; वे किसी ऐसे दिवा-स्वप्न में फँस जाते हैं, जो उन्हें दिलासा दे सके।

धर्म और रहस्यवाद की भावना मनुष्य से छीनी नहीं जा सकती। आदमी ज्ञान के रास्ते से चले या विज्ञान के रास्ते से, वह अन्त में एक ऐसी जगह पहुँचकर रहता है, जहाँ बुद्धि काम नहीं करती; जहाँ की अनुभूतियों को हमारी भाषा आसानी से नहीं उठा सकती। विज्ञान जितना ही आगे बढ़ेगा, वह धर्म से दूर होता जाएगा, किन्तु एक दिन वह भी उस बिन्दु पर पहुँचनेवाला है, जहाँ

आधिभौतिकता में आकर्षण नहीं रहेगा और आदमी एक प्रकार की मानसिकता अथवा अन्तर्मुखी वृत्ति की सत्ता स्वीकार कर लेगा। 'धर्म का दूसरा दौर बुद्धिवाद की निस्सहायता की अनुभूति से उत्पन्न होगा।' वह बारी-बारी से कई रूपों से होकर गुजरेगा और तब पश्चिम के लोग, विज्ञान का उपयोग करते हुए भी, उसे अपना मार्गदर्शक नहीं मानेंगे। मार्गदर्शन के लिए वे शायद किसी पैगम्बर या अवतार की इन्तजारी करेंगे और, अन्त में, उनकी अपनी ही इच्छाओं और आशाओं से एक या अनेक पैगम्बर उत्पन्न होंगे, जो उस संस्कृति का पथप्रदर्शन करेंगे।

आज राजनीति में जो कुछ हो रहा है, स्पेंगलर ने उसे भी पतनशीलता का लक्षण अथवा अवरोध का सोपान माना है। 'पतनशीलता का अन्तिम सोपान राजनीति का सोपान है। इसका आरम्भ शक्ति-प्राप्ति की इच्छा के त्याग से होता है, लड़ाइयों से भागने की प्रवृत्ति से होता है।' लोग संघर्ष और खतरों से बचना चाहते हैं, इसीलिए वे शान्ति और सुरक्षा की बातें करने लगते हैं। 'शान्ति और सुरक्षा की यह मीठी भावना संस्कृति के ह्रास का अत्यन्त सुस्पष्ट प्रमाण है।'

संसार के राजनीतिक इतिहास से जो असली नियम या असली शिक्षा निकलती है, वह यह है कि ताकतवर देश कभी भी गलती नहीं करते। गलती वे करते हैं, जो कमजोर हैं। दुनिया का इतिहास दुनिया की असली अदालत है। उसका फैसला उन लोगों के खिलाफ कभी नहीं गया है, जो ज्यादा ताकतवर और ज्यादा पूरे मर्द थे, जिनकी कर्म-भावना अत्यन्त प्रखर थी, जिनका आत्मविश्वास अदम्य था। इस अदालत ने बराबर शक्ति और नस्ल की मजबूती पर सचाई और इंसाफ को कुर्बान किया है। और इस अदालत ने उन जातियों को हमेशा सजा दी है, जो सत्य को कर्म से तथा न्याय को शक्ति से अधिक महत्त्व देती थीं। गेटे ने कहा था : 'कर्मठ पुरुष विवेकशून्य होते हैं। विवेकशून्यता उन सभी लोगों का गुण है, जो लड़ाई में भाग लेते हैं। अच्छे-बुरे का ज्ञान सिर्फ तमाशबीनों को होता है, जो निरापद और लड़ाई से दूर हैं।'

पुरानी चेतना मैकबेथ की चेतना थी। कर्म की प्रेरणा होने पर मैकबेथ ज्यादा ऊँचा-नीचा नहीं सोचता। जो कुछ उसे करना है, वह सीधे कर डालता है। कर्म के पूर्व उसमें जो द्विधा उठती है, वह द्विधा नैतिक नहीं, कानूनी है। मैकबेथ को भय यह नहीं है कि जो कुछ वह करने जा रहा है, वह अनैतिक कर्म है। चिन्ता उसे केवल यह है कि अगर सत्य प्रकट हो गया, तो क्या होगा? किन्तु नई चेतना हैमलेट की चेतना है। हैमलेट कर्म की प्रेरणा आने पर भी कर्म नहीं करता। वह चिन्तन के ऊहापोह में ग्रस्त हो जाता है। इसी स्थिति को

रेखांकित करने को गेटे ने कहा था : 'कार्यकारी व्यक्ति में विवेक का अभाव होता है और जिनमें विवेक होता है, वे काम नहीं कर पाते। वे या तो तमाशबीन होते हैं या मारे जाते हैं।' और इसी स्थिति पर प्रकाश डालते हुए डोस्टावास्की ने कहा था कि कार्यकारी मनुष्य अथवा वे लोग जो, सीधे तीर की तरह, कर्म पर पहुँच जाते हैं, अक्सर, बेवकूफ होते हैं। उनकी चेतना सीमित होती है। कर्म पर सीधे वे इसलिए पहुँच जाते हैं कि उनमें ऊहापोह की योग्यता नहीं होती, द्विधा में फँसने की प्रवृत्ति का उनमें अभाव होता है और वे चीजों के एक ही पक्ष को देखते हैं।

डोस्टावास्की में मनीषी के प्रति पक्षपात है। वे चिन्तक को कार्यकारी मनुष्य से श्रेष्ठ समझते हैं। स्पेंगलर भी मानते हैं कि साहित्य में आधुनिक युग मैकबेथ नहीं, हैमलेट और फौस्ट का है। किन्तु हैमलेट और फौस्ट की प्रधानता को वे सभ्यता का अभिशाप समझते हैं। 'आदमी दो प्रकार के होते हैं : एक वे, जो नियति में विश्वास करके चलते हैं; दूसरे वे, जो कारण-कार्य के सम्बन्धों का पता लगाये बिना कुछ भी करना नहीं चाहते। कर्मी की दुनिया और, तथा चिन्तक की दुनिया और होती है। किसान और योद्धा, राजपुरुष और जेनरल, व्यापारी और उद्योग-निर्माता, बहादुर और जुआबाज–ये लोग अपने भाग्य के नक्षत्र में विश्वास करनेवाले होते हैं। स्थिति को सही-सही भाँप लेने की उनमें अपरिमित शक्ति होती है। वे इस दुविधा में नहीं पड़ते कि जो कदम वे उठाना चाहते हैं, वह सही है या नहीं। रक्त की आवाज विवेक और बुद्धि की आवाज से ज्यादा ताकतवर है। कार्यकारी मनुष्य फैसले जल्दी इसलिए कर डालते हैं कि रक्त की आवाज को बुद्धि और विवेक की आवाजों से अलग करके वे पहचान सकते हैं। लेकिन जिसका रक्त कमजोर होता है और जिसमें सोचने की शक्ति बड़ी तेज होती है, वह कार्यकारी न होकर बौद्धिक और चिन्तक हो जाता है। कार्यकारी और चिन्तक मनुष्यों का भेद दूर से ही दिखाई देता है। सितारों में विश्वास करनेवाले कार्यकारी मनुष्य की पदचाप भारी होती है। चिन्तकों की मद्धिम पदचापों के बीच कार्यकारी मनुष्यों के पैरों की आहट भी दूर से ही सुनाई देती है।'

इतिहास की दुनिया में आदर्श नाम की कोई चीज नहीं होती, वहाँ केवल तथ्य होते हैं; सत्य नाम की कोई चीज नहीं होती, वहाँ केवल तथ्य होते हैं। इतिहास में न तो कोई तर्क है, न इंसाफ है, न ईमानदारी है, न अन्तिम ध्येय नाम की कोई चीज है। जो लोग इस स्थिति को नहीं समझते, वे राजनीति की किताबें भले लिखा करें, किन्तु राजनीति के निर्माण की ओर उन्हें नहीं बढ़ना

चाहिए। 'जातियों का स्वाभाविक पारस्परिक सम्बन्ध युद्ध का सम्बन्ध होता है। शान्ति तो वह क्लान्त उच्छ्वास है, जिसे हम जय और पराजय के प्रवाह में बहते हुए आराम के समय छोड़ते हैं।'

जातियाँ आपस में जब धक्कामुक्की करती हैं, उनके व्यक्तित्व का आन्तरिक विकास होता है। युद्ध की कठोर वास्तविकताएँ मजबूत इनसान को जन्म देती हैं। नीत्शे सही था, शान्तिवादी गलत हैं। शान्ति का प्रेम जातियों को ले डूबता है। जिस जाति का शान्ति-प्रेम उसका धर्म बन जाता है, उस पर बार-बार चढ़ाइयाँ होती हैं, वह बार-बार हराई जाती है और, अन्त में, वह इतिहासहीन बन जाती है। जातियों के सामने विकल्प युद्ध और शान्ति के नहीं होते। विकल्प यह होता है कि हम अपने घर के स्वामी बनकर जिएँगे या अपने घर में हम दास हो जाएँगे। 'जब सन् 1401 ई. में मंगोलों ने मेसोपोटामिया को जीता, अपना विजय-स्तम्भ उन्होंने एक लाख नरमुंडों से खड़ा किया था–यानी बगदाद के उन एक लाख आदमियों के मुंड, जिन्होंने अपनी रक्षा में तलवार नहीं उठाई थी।' एकतरफा शान्ति कायरता है, अपनी संघर्ष-विमुखता को रेशम की चादर से ढँकने का प्रयास है। जब तक दोनों पक्ष नहीं चाहते, लड़ाई कभी भी नहीं रुकती है।

स्पेंगलर के मतानुसार प्रजासत्ता और समाजवाद, दोनों अवरोह के सोपान हैं। क्योंकि दोनों ही बली व्यक्तियों को शंका से देखते हैं। जो लोग अपनी जमीन से उखड़कर फकत रोजी कमाने को कारखानों की भीड़ में शामिल हो गए हैं, समाजवादी दर्शन की अपील उन्हीं के लिए है। और प्रजासत्ता को मतदान का दूध मुख्यतः वे पिलाते हैं, जिन्हें पाठशालाओं में केवल साक्षरता सिखाई गई है, लेकिन अपनी बाकी सारी शिक्षा जिन्होंने अखबारों की सुर्खी से ग्रहण की है। 'प्रजातंत्र जनता का राज्य नहीं है, चुने-चुनिंदे सर्वश्रेष्ठ लोगों का भी राज नहीं है। वह केवल रुपयों का राज है।'

स्पेंगलर के सभी विचार सही नहीं हैं। खास कर लड़ाई और अमीर के बारे में उनकी दृष्टि बहुत ही एकांगी मालूम होती है। शान्ति अब उतनी निरर्थक वस्तु नहीं रह गई है, जितनी निरर्थक वह परमाणु-भंग के पूर्व दिखाई दे सकती थी। और सभी अच्छी बातें केवल लड़ाइयों से ही पैदा नहीं होतीं। फ्रांस की राज्यक्रान्ति शस्त्रों से नहीं, विचारों से उत्पन्न हुई थी। इसी प्रकार, अमीर के लिए की गई स्पेंगलर की वकालत फालतू मालूम होती है। सृजनशीलता के काम अमीर नहीं करते। उन्हें करनेवाले लोग अक्सर साधारण स्थितियों में जन्म लेते हैं। और देशों की तो बात ही क्या, खुद जर्मनी में जो भी बड़े लोग

हुए, वे सब-के-सब गरीबी की स्थिति में उत्पन्न हुए थे। लूथर, लेबेनिज, कांट, शापेनहार, हाइने और नीत्शे अमीर नहीं, गरीब थे। गेटे का ठाठ-बाट पीछे जैसा भी बना हो, किन्तु जन्म उनका भी अमीर खानदान में नहीं हुआ था।

एरिक हेलर ने लिखा है कि स्पेंगलर का दोष यह नहीं है कि अपने इतिहास में उन्होंने गलत बातें लिखी हैं। उनका दोष यह है कि इतिहास को उन्होंने एक विचित्र दृष्टि से देखा है। यह सत्य है कि स्पेंगलर की दृष्टि तीखी, दिमाग बहुत तेज और विद्वत्ता अगाध है। किन्तु जिस मस्तिष्क ने उनके इतिहास में घटनाओं का पर्यवेक्षण किया है, वह शिष्ट और कोमल नहीं, उग्र और कठोर है। सबसे बुरी बात शायद यह है कि मानवीय स्वातन्त्र्य की स्पेंगलर की अवधारणा अधूरी दिखाई देती है। उनकी यह मान्यता भी अनगढ़ और कुरूप है कि नियति की ओर से ही यह हुक्म है कि कालक्रम में, हम आध्यात्मिक मूल्यों को छोड़ दें और आँख मूँदकर उस शिविर में चले जाएँ, जो आध्यात्मिकता के शत्रुओं का शिविर है। कवि नहीं, इंजीनियर बनो; दार्शनिक नहीं, राजनीतिज्ञ बनो–यह उपदेश आध्यात्मिकता का विरोधी उपदेश है।

यही वह तिलमिलाहट है, जिसे स्पेंगलर के खिलाफ संसार के अनेक चिन्तकों ने महसूस किया है। मगर इस तिलमिलाहट से होता क्या है? आधुनिक सभ्यता तो अधिकतर वही रूप धारण करती जा रही है, जिसका संकेत स्पेंगलर ने दिया था। स्पेंगलर पैगम्बर नहीं, केवल इतिहासकार थे। किन्तु जिस इतिहासकार की दृष्टि काफी पैनी होती है, वह भविष्य की उन बातों को भी देख लेता है, जिन्हें पहले केवल पैगम्बर देखा करते थे।

स्पेंगलर ने आधुनिक सभ्यता का जो विश्लेषण प्रस्तुत किया था, आधुनिक-बोध की प्रक्रिया उससे बहुत बेमेल नहीं है। इस बोध का एक लक्षण यह है कि उसने देहातों में रहनेवाले असंख्य मानवों की उपेक्षा कर दी है और अपने को उन समस्याओं से बाँध लिया है, जो मुख्यतः महानगरों में बसनेवाले लोगों की समस्याएँ हैं। उनका दूसरा लक्षण यह है कि वह उन लोगों का बोध बन गया है, जिन्हें जीवन में कहीं कोई आध्यात्मिक केन्द्र दिखाई नहीं देता और जो इस विचिकित्सा से बेहाल हैं कि अगर सारा-का-सारा जीवन निरर्थक है, तो फिर आत्महत्या अनैतिक कार्य कैसे हो सकती है?

नास्तिक तो साम्यवादी देशों के भी लोग हैं; किन्तु नास्तिकता उनके भीतर आध्यात्मिक पीड़ा नहीं उत्पन्न करती। वे खाते-पीते और डटकर काम करते हैं तथा नाटक, नृत्य और संगीत को आध्यात्मिक चेष्टा कहकर अपनी पारलौकिक तृषा की तृप्ति कर लेते हैं। किन्तु पश्चिम के कलाकार नास्तिकता

की घूँट पीकर भी सुखी और सन्तुष्ट नहीं हैं। बाहर से तो उन्होंने खुली घोषणा कर दी है कि ईश्वर मर गया, किन्तु उसकी मृत्यु से जो सिंहासन खाली हो गया है, वह उनके चित्त को साल रहा है। इसी दृष्टि से हम बीटनिक कवियों के दर्द को धार्मिक स्नायुघात का दर्द समझते हैं। ये कवि नास्तिक इसलिए नहीं हैं कि ईश्वर की उन्हें आवश्यकता नहीं है, बल्कि इसलिए कि बुद्धि से ईश्वर सिद्ध नहीं किया जा सका है। बुद्धि से ईश्वर-सिद्धि न तो हुई है, न आगे होगी। किन्तु जब भी बुद्धिवाद से नैराश्य फैलेगा अथवा विज्ञान किसी ऐसी गहराई में पहुँचेगा, जहाँ उसे 'नेति' कहने की विवशता अनुभूत होगी, तभी ये सभी लोग, नई शब्दावली के साथ, आस्तिकता के वृत्त में वापस आनेवाले हैं। अभी भी पश्चिम के नास्तिक लेखकों में कम ही ऐसे लोग हैं, जो नास्तिकता के केन्द्र में हों। ज्यादा लोग ऐसे ही हैं, जो परिधि पर घूम रहे हैं और, बारी-बारी से, वे आस्तिकता और नास्तिकता, दोनों की ओर देखते हैं।

सुख विश्वास से उत्पन्न होता है। सुख जड़ता से भी उत्पन्न होता है। पुराने जमाने के लोग सुखी इसलिए थे कि ईश्वर की सत्ता में उनका विश्वास था। उस जमाने के नमूने आज भी हैं, मगर वे महानगरों में कम मिलते हैं। उनका जमघट गाँवों, कस्बों या छोटे-छोटे नगरों में है। इनके बहुत अधिक असन्तुष्ट न होने का कारण यह है कि जो चीज उनके बस में नहीं है, उसे वे अदृश्य की इच्छा पर छोड़कर निश्चिन्त हो जाते हैं। इसी प्रकार सुखी वे लोग भी होते हैं, जो सच्चे अर्थों में जड़तावादी हैं, क्योंकि उनकी आत्मा पर कठखोदी चिड़ियाँ चोंच नहीं मारा करतीं। किन्तु जो न तो जड़ता को स्वीकार करता है, न ईश्वर के अस्तित्व को, साथ ही पूरे मन से जो न तो जड़ता का त्याग करता है, न ईश्वर के अस्तित्व का, असली वेदना उसी सन्देहवादी मनुष्य की वेदना है। पश्चिम का आधुनिक-बोध इसी पीड़ा से ग्रस्त है। वह न तो भैंस की तरह खा-पीकर सन्तुष्ट रह सकता है, न अदृश्य का अवलम्ब लेकर चिन्तामुक्त हो सकता है। इस अभागे मनुष्य के हाथ में न तो लोक रह गया है, न परलोक। लोक इसलिए नहीं कि वह भैंस बनकर जीने को तैयार नहीं है; और परलोक इसलिए नहीं कि विज्ञान उसका समर्थन नहीं करता। निदान, सन्देहवाद के झटके खाता हुआ यह आदमी दिन-रात विषण्ण रहता है और रह-रहकर आत्महत्या की कल्पना करके अपनी व्याकुलता का रेचन करता है।

जब तक धर्म और बुद्धि के बीच सौहार्द था, मनुष्य की बेचैनी भी थोड़ी थी। बुद्धि से मनुष्य शक्ति अर्जित करता था और धर्म को पूछकर वह उसका

उपयोग करता था। गलतियाँ तब भी होती थीं, किन्तु वे आज की अपेक्षा छोटी थीं क्योंकि बुद्धि की क्षमता पहले बहुत विशाल नहीं थी। किन्तु आज बुद्धि अथाह विज्ञान बन गई है और धर्म बुद्धिवाद से समर्थित न होने के कारण त्यक्त हो गया है। परिणाम यह है कि मनुष्य ने परमाणु को तो तोड़ डाला, किन्तु परमाणु-भंग से जो शक्ति निःसृत हुई है, वह आदमी की सबसे भयानक समस्या बन गई है। मनुष्य को शक्ति भी चाहिए और शिवत्व भी। विज्ञान ने उसे अपरिमित शक्ति दे रखी है, किन्तु शिवत्व के अभाव में वह बेहाल है। शक्तियों से संवलित होकर मनुष्य देवता बनना चाहता था, किन्तु शक्ति प्राप्त करके वह भस्मासुर बन गया है।

इस दर्द से निकलने की राह है, लेकिन आदमी उधर मुड़ने को अपनी अगति समझता है। यह पीड़ा, असल में, विज्ञान के दर्प की पीड़ा है; अथवा दर्प कहना भी बेतुकी बात है। विज्ञान अपने स्वभाव से लाचार है। वह ऐसे किसी भी पचड़े में पड़ना नहीं चाहता, जो बुद्धि से समझा नहीं जा सकता हो। धर्म एक ऐसा विषय है, जिसकी अन्तिम व्याख्या बुद्धि नहीं दे सकती। अतएव विज्ञान धर्म से तटस्थ रहता है। कसूर विज्ञान का नहीं, आदमी का है। चूँकि धर्म विज्ञान का क्षेत्र नहीं है, इसलिए आदमी ने यह समझ लिया कि तब धर्म बेकार है। जो बर्ताव आधुनिक-बोध ने धर्म के साथ किया है, लगभग वही बर्ताव वह कविता के साथ भी कर रहा है। धर्म और काव्य, दोनों के दोनों विज्ञान के शिकार बनाये जा रहे हैं। निरी बुद्धि के आधार पर न तो धर्म ठहरेगा, न कविता कविता बनकर जी सकेगी। लेकिन आदमी अपने बुद्धिवाद की अकड़ को छोड़ने को तैयार नहीं है। इसीलिए वह अपनी समस्याओं का समाधान नहीं पा रहा है। इलियट के भीतर से यह आकुल पुकार आई थी कि गति को छोड़कर अब स्थिरता का संधान करो, शब्दों को छोड़कर नीरवता की खोज करो, किन्तु इलियट यही कहने के कारण परम्परावादी करार दिये गए। जो भी नास्तिक नहीं है, वह आधुनिकता से दूर है, इस अमान्य सिद्धान्त के मानने से मनुष्य और भी घबराहट में पड़ गया है।

जब भी काव्य विज्ञान के सामने घुटने टेकता है, स्पेंगलर कहते हैं कि संस्कृति का विनाश उसी समय आरम्भ हो जाता है। यह स्थापना हमें ठीक मालूम होती है और हमारा खयाल है कि आधुनिक-बोध का प्रवाह हमें भावनाओं से उखाड़कर विज्ञान नहीं, विनाश की ओर ले जा रहा है। अगर कवित्व नहीं रहा, भावनाएँ नहीं रहीं, तो आदमी 'रोबोट' के सिवा और रह क्या जाएगा? साहित्य के भीतर विज्ञान की प्रतिष्ठा को, जरूरत से ज्यादा, महत्त्व

देकर हमने उस कार्य का श्रीगणेश कर दिया है, जो अगर चलता रहा, तो एक समय मनुष्य को मनुष्यता से उखाड़कर 'रोबोट' की श्रेणी में पहुँचा देगा।

स्थिति अभी भी ऐसी नहीं है, जो चिन्ता से बिलकुल निर्मुक्त हो। विज्ञान के सत्य का खंडन कोई नहीं करता, किन्तु मूल्यों की हर स्थापना विरोध को जन्म देती है। विज्ञान की बनाई हुई तसवीर तकरार की चीज नहीं है, किन्तु मूल्यों के आधार पर निरूपित चित्र केवल काल्पनिक समझे जाते हैं। लोग या तो समझकर भी उन्हें नहीं समझते अथवा सापेक्ष्य कहकर वे उन्हें टाल देते हैं। दो चित्रकारों के द्वारा बनाये गए दो चित्र अगर हमारे सामने लाए जाएँ, तो उनके परीक्षण की विधियाँ दो हो सकती हैं। एक तो यह कि कौन चित्र लम्बाई या चौड़ाई में किससे कितना बड़ा या कितना छोटा है। यह परीक्षण का वैज्ञानिक तरीका है और, माप-जोख के बाद, विज्ञान इस बारे में जो कुछ भी कहेगा, उसे सभी लोग आँख मूँदकर स्वीकार कर लेंगे। किन्तु इस प्रकार से क्या चित्रों का मूल्यांकन किया जाता है? लेकिन विपद की बात यह है कि जभी यह चर्चा शुरू की जाएगी कि कौन चित्र किससे अधम अथवा श्रेष्ठ है, तभी मतभेद खड़े हो जाएँगे और ऐसा शास्त्रार्थ आरम्भ हो जाएगा, जिसका अन्त कभी होता ही नहीं है।

अब ऐसे दार्शनिक भी निकल आए हैं, जो कहते हैं कि चूँकि मूल्य-विषयक निर्णय अथवा जाँच के किसी भी वैज्ञानिक तरीके का आविष्कार असम्भव है, अतएव सभी मूल्यों को त्याज्य समझकर छोड़ देना चाहिए। यही वह खतरा है, जो हमें साहित्यकारों की विज्ञान-आराधना में दिखाई देता है। लेकिन यहाँ भी अपराध विज्ञान का नहीं, बल्कि उन पंडितों का है, जो मूल्य-बोध जैसी भावनात्मक प्रक्रिया का सम्पूर्ण विश्लेषण विज्ञान के फार्मूलों से करना चाहते हैं। मूल्य-बोध के कार्य में विज्ञान की सहायता सीमित ही हो सकती है। अगर आधुनिक पंडित यह मानते हों कि कविता, कला और धर्म की सारी बातें, आदि से अन्त तक, वैज्ञानिक होनी ही चाहिए, तो और कलाओं का हश्र चाहे जो भी हो, किन्तु कविता नहीं बचेगी, धर्म नहीं बचेगा।

सभी युगों में मनुष्य मूल्य और मान्यता के किसी-न-किसी सर्वसम्मत आधार में विश्वास करता था; किन्तु अब वह ऐसे किसी भी आधार में विश्वास करने को तैयार नहीं है, जिसका समर्थन विज्ञान नहीं करता हो। यह चिन्तन की उसी प्रक्रिया का परिणाम है, जिसने मनुष्य को यह बताया था कि चूँकि शरीर की चीर-फाड़ से आत्मा नामक तत्त्व का पता नहीं चलता, इसलिए उसका अस्तित्व ही नहीं है। इस पद्धति का अनुकरण करके यह भी कहा जा सकता है

कि विटामिन कोई चीज नहीं है, क्योंकि लहू और मांस में वह कहीं भी दिखाई नहीं देती।

किन्तु उन मनीषियों के लिए यह कोई असम्भव बात नहीं है, जो कविता को सोद्‌देश्यता से हटाते-हटाते अब वहाँ पहुँच गए हैं जहाँ दृष्टिबोध अथवा वेल्टअनशाऊंग भी लेखकों की हीनता का सूचक बन गया है। किसी अन्तिम आदर्श अथवा दृष्टिबोध के अभाव को हम निम्नतम कोटि की नास्तिकता समझते हैं। वह मनुष्य अभागा है, जिसने अपने जीवन-भर में पूर्णता की कभी कोई झलक नहीं देखी; जिसने किसी भी नाटक, कविता या उपन्यास की रचना के क्रम में कभी यह अनुभव नहीं किया कि मैं जिस चीज की तलाश में था, उसकी एक झाँकी मुझे प्राप्त हो गई है।

विज्ञान से जो माप्य है और विज्ञान से जो मापा नहीं जा सकता, इन दोनों तत्त्वों के बीच थोड़ा-बहुत द्वन्द्व सभी कालों में रहता आया था। किन्तु पहले के कवि और कलाकार उन दोनों के बीच सन्तुलन खोजते थे, सामंजस्य बिठाते थे; किन्तु नये कवि उन दोनों से पलायन कर रहे हैं। माप्य से पलायन वे इसलिए करते हैं कि वह ठोस, वास्तविक अथच कुरूप है। और अमाप्य से वे इसीलिए भागते हैं कि विज्ञान उसका समर्थन नहीं करता। यह विज्ञान की विजय और कला की पराजय का दृश्य है। माप्य और अमाप्य के त्याग से जो स्थिति उत्पन्न होती है, उसमें लिखने को कोई विषय कहीं रह ही नहीं जाता है। अतएव स्वभावतः ही, नये कवि माप्य और अमाप्य के बीचवाले भेद को नाटकीयता प्रदान करते हैं, शब्दों के द्वारा उसे अभिनेय बनाते हैं। यह बड़ा ही महीन काम है और जो लोग सफलतापूर्वक उसे सम्पन्न कर रहे हैं, उनकी बौद्धिक शक्ति की सराहना करनी ही पड़ेगी। लेकिन यह हवा पर चित्रकारी करने के समान निरर्थक कार्य है। मगर धरती जिसकी छूट गई, वह हवा में न उड़े, तो उसे अवलम्ब भी कहाँ मिलेगा?

# परिशिष्ट

1. कोयला और कवित्व
2. पुरानी और नई कविताएँ
3. सादृश्य

1

# कोयला और कवित्व

## कला पर पद्यात्मक निबन्ध

*[एक विदुषी को लिखा गया पत्र इस विषय में कि कला फलाशा से युक्त होती है या वियुक्त और कोयले का उत्पादन बढ़ाने को यदि गीत लिखे जाएँ तो कैसा रहे?]*

देवि! 'कला के लिए कला' से आप व्यर्थ चिढ़ती हैं।
कर्म, विकर्म, अकर्म एक ही आरोहण के पद हैं।
एकमात्र आश्रय अकर्म ही है समस्त कर्मों का।
और जानती ही होंगी, दुर्लभ अकर्म यह क्या है!

प्रेरित किसी लोभ से अथवा भीत किसी शंका से
कोयले की उत्पत्ति बढ़ाने को हम जब लिखते हैं,
वह लेखन की क्रिया होती है; और क्रिया यह
सीमित नहीं मानवों तक; पशु भी उसको करते हैं
प्रेरित क्षुधा, भीति या जैविक किसी अन्य चिन्ता से।

उपयोगिता जहाँ तक सम्मुख, जब तक हम कहते हैं,
वे ही कर्म-कलाप विहित हैं जिनके सम्पादन से,
हमें अन्न, धन, वस्त्र याकि कोयला प्रभूत मिलता है,
तब तक मानव किसी भाँति भी पशु से भिन्न नहीं है।
और कहीं कुछ है भी तो गुण नहीं, मात्र गणना में।

सच है, मनुज बहुत ऊपर उठ आया है पशुता से;
किन्तु, मात्र जैविक ध्येयों पर जब भी वह अड़ता है,

पशुता आती उभर, शुद्ध मानवता दब जाती है।
देख जाइए आँख खोल कर, सारे जीव-जगत् में,
जो कुछ भी हो रहा, सभी जैविक आवश्यकता है।
जो भी कृत्य अनावश्यक हैं याकि अनुपयोगी हैं,
सब निसर्ग-वर्जित हैं पशु को। यह क्या कभी सुना है,
कोई मदकल द्विरद आत्महत्या कर कहीं मरा हो
प्रणय-निराशा से विषण्ण या जीवन से घबराकर?

यह तो मानव ही है जो उपयोगों की सीमा से
बाहर निकल नाचता है, जब घर की चुल्लि बुझी हो;
करता है संगीत सिद्ध संचित सम्पत्ति लुटाकर,
और प्रेम के लिए महा साम्राज्य छोड़ देता है।

ज्ञान ज्ञान के लिए नहीं होता, तो क्यों उत्तर से
आविष्कार चमक उठता उस समय, ज्ञानयोगी जब
किसी बात के लिए जमा दक्षिण को देख रहा हो?

उपयोगिता समग्र सत्य है, रहस्य यह क्या है?
लोग दूसरों के निमित्त क्यों प्राण दिया करते हैं?
और छोड़ धन, धाम, रूपसी प्रिया, पुत्र परिजन को
क्यों मनुष्य वन का फकीर, संन्यासी बन जाता है?

गहराई में उतर देखिए तो यह साफ दिखेगा,
उसी विन्दु से मानव का मनुजत्व शुरू होता है
जिसके इधर जगत उपयोगी, उधर अनुपयोगी है।

उपयोगिता समग्र सत्य थी, जब मनुष्य बर्बर था।
पर, ज्यों-ज्यों सभ्यता बढ़ी, त्यों-त्यों, मनुष्य के मन में
उन तत्त्वों के लिए प्रेम पग-पग बढ़ता आया है,
जिनका कोई स्थूल याकि जैविक उपयोग नहीं है।

विवरों का वासी मनुष्य अब महलों में रहता है।
और महल भी कैसे? जो अम्बर को चूम रहे हों;

नहीं मात्र आश्रय देने को वर्षा, धूप, तुहिन से,
पर, ऐसे, जिनमें सुरम्यता, शोभा हो, सुषमा हो;
सोई हो कल्पना दूधिया चूने की आभा में,
और खिड़कियों पर सुरंग में सपने झूल रहे हों।

बाहर जब से चला मनुज उपयोगों के घेरों से,
तब से उसके हाव-भाव, ढब-ढाँचे बदल गए हैं।
पशुओं में जो काम, मात्र, कारण भर था प्रजनन का,
वही मनुष्यों में आकर अब कितना बिफर गया है?

पशु कह पाते नहीं भेद जो मन का कूद, रँभा कर,
वही भेद नारी-नर अनबोले ही कह जाते हैं
केवल आँखों से निहार चोरी-चोरी आँखों में।

और काम अब राज रहा है कितनी व्यापकता से!
ध्यानमग्न किस भाँति बारहों मास विकल रहते हैं
नर नारी के लिए और नारियाँ नरों को लेकर!
कहाँ गई ऋतु की मर्यादा, वह देशना प्रकृति की?

लगता है, मानो, छिपकर ली चुरा पुष्पधन्वा ने
ताली ही संभ्रान्त, सभ्य, शिक्षित समाज के मन की।
एक काम से अब अनेक उलझनें जन्म लेती हैं।

देख लिया यदि आज किसी ने आसव-भरे नयन से,
कल ही से युवती के सारे भाव बदल जाते हैं;
स्वयं खोज लेती अनन्त आकर्षण के स्रोतों को,
नई भंगिमा भर लाती है चितवन और हँसी में,
रंग चढ़ा लेती कपोल पर, भँवों और अधरों पर,
चलने में अनुकरण हंस, गज का करने लगती है।

और प्रेम की झंकृतियों से जगे हुए मानव की
त्वचा नहीं सन्तुष्ट देर तक रहती रुक्ष वसन में,
बहुत शीघ्र कामना मृदुलता की करने लगती है।

जीभ माँगती स्वाद, नयन खोजते लोक फूलों का,
मन मादकता की तरंग पर उड़ा-उड़ा फिरता है
गहन, गुह्य, निस्सीम गगन में, जहाँ पहुँच जाने पर
कनक नहीं, केवल अन्तर्मन का प्रसार मिलता है।

यह सौभाग्य कहाँ था, जब हम शाखामृग बर्बर थे?
इतनी विपद कहाँ थी, जब मानव पशु का भाई था?

मात्र स्वास्थ्य ही नहीं, सभ्यता में कोई रुज भी है;
जिसको भी यह रोग भयानकता से लग जाता है,
शक्ति न रहती शेष देह में बाघों से लड़ने की,
वृक, शृंगाल भी आसानी से उसे फाड़ खाते हैं।
अधःपात है हुआ अमित देशों, व्यक्तियों, जनों का,
नहीं लोभ या निर्दयता से; पर, इससे कि उन्होंने
करुणा, दया, त्याग, यानी, सभ्यता बहुत सीखी थी।

तो क्या हो? सभ्यता छोड़ फिर वापस लौट चलें हम
नीचे वहाँ, जहाँ दन्तासुर डाढ़ें पिजा रहा है?
और पहन लें, हम भी फिर फौलादी व्याघ्रनखों को?
अथवा बढ़ते चलें लक्ष्य की ओर सोच यह मन में,
अभी शृंग चढ़ते-चढ़ते बलिदान बहुत होना है,
नहीं मात्र तन के शोणित का, मन के भी सपनों का?

उपयोगों पर अड़े रहें हम, तो यह बात सही है,
अन्न, वस्त्र, धन, धाम, प्रचुरताओं की कमी न होगी।
पर, उड्डयनशील, चिन्तन-लोभी मन का क्या होगा,
वह मन जो अब भी पशुओं में बहुत सरल, सीमित है,
पर, मनुष्य में आ असीम अम्बर-सा फैल गया है?

इन्द्रधनुष, तारे, हरीतिमा और गुप्त जगती वह
जो अदृश्य में उड़ने का आमंत्रण भेज रही है,
ये, सच ही, हैं त्याज्य, क्योंकि इनका उपयोग नहीं है?

खा-पीकर सो जाए, हाय, इतना ही मनुज नहीं है।
निद्रा के वन में भी वह सपना देखा करता है
उन अभुक्त छवियों का, जो जीवन में नहीं मिली हैं,
या उनका, जो दौड़ रही हैं अभी रक्त के कण में
अनाख्यात, अव्यक्त, राह देखती हुई भाषा की।

बड़ा भाग्य उस पशु का, जिसके मन को पंख नहीं है,
बड़े सुखी वे लोग जिन्होंने चिन्ता से बचने को
अपने मन के पंख नोंच कर बाहर फेंक दिये हैं;
सुख से जो कर काम, तृप्त खा-पीकर सो जाते हैं,
जैसे पशु कुछ नहीं खोजते भोजन पा लेने पर।

पर, पशु को क्यों हँसें? अभी भी बहुत भाव पशुता के
सत्य कहूँ तो, ज्यों के त्यों, मानव में भरे हुए हैं।
वन में थी जो आग, बहुत जीवित है राजपुरी में;
दाहकता है एक, मात्र वाचक भर बदल गया है।

टिकने देती भैंस नहीं बाहरवाली भैंसों को,
अपने खूँटे से ढकेल कर बाहर कर देती है;
यही भाव विकसित, प्रशस्त होकर नर की भाषा में
राष्ट्र, राष्ट्र का प्रेम, राष्ट्र का गौरव कहलाता है।

और आपको विदित नहीं क्या, राष्ट्रवाद यह कैसे,
विश्व-मनुज को जन्म ग्रहण करने से रोक रहा है?
कारण? राष्ट्रवाद उपयोगी भाव, निरी पशुता है।
विश्व-पुरुष पाशविक धरातल पर कैसे जनमेगा?
वह जनमेगा जब निहीन उपयोगों के घेरों को
अतिक्रमित कर हम असीम उस जग में चरण धरेंगे,
जहाँ न होगा ज्वलन-ताप जैविक आवश्यकता में,
काम प्रेम से और लोभ अपरिग्रह से हारेगा;
जहाँ पहुँचकर मनुज विरत होगा सब संग्रामों से,
नहीं भीत इससे कि शान्ति की मुट्ठी बड़ी प्रबल है,
पर, इसलिए कि मार-पीट करना ही बहुत बुरा है।

जहाँ गीत श्रमिकों की श्रुतियों में रस बरसाएँगे
नहीं मात्र इस हेतु, काम से वे थक कर आए हैं
और श्रान्ति को मिटा काम पर फिर उनको जाना है;
पर, इसलिए कि वे मनुष्य हैं और सभी मनुजों में
निरुद्देश्य आनन्द पान करने की सहज तृषा है।

और श्रमिक ही क्यों? समेट मुरली, फावड़े उठा कर
कवि-गायक क्यों नहीं जाएँगे कोयले के खानों में?
मात्र लेखनी ही लिखती है नहीं काव्य जीवन का,
लिखा जा रहा, महा रोर में, वह पन्ने-पन्ने पर
हल की नोकों से, कुदाल से और ट्रैक्टरों से भी।

गीतों की फुहियाँ पड़ने से स्वेद सूख जाते हैं।
और पसीनों के जल में जब ज्ञान स्नान करता है,
नयन शुद्ध होते, दर्शन की रीढ़ सुधर जाती है।

सिद्ध गीत, जो रचा गया हो करघों की घर्घर में,
सिद्ध पुरुष जो नानाविध कर्मों में लगा हुआ है,
बरबस नहीं, सहर्ष, स्वयं प्रेरित अपनी इच्छा से,
क्योंकि कर्म श्रम नहीं, कर्म मुदिता, आनन्द पुलक है।

धन्य मनुज वह, जिसे कर्म निज में रत कर लेता है
जैसे प्रिया कान्त प्रेमी को, कला कलाकारों को;
धन्य पुरुष, जो निरुद्देश्य निज कर्म किया करते हैं,
जैसे उगता सूर्य, समय पर सदा सिर्फ उगने को,
इस चिन्ता में नहीं, न जाने, कितना तम हरना है।
जैसे बहती वायु, विचारे बिना बात यह मन में,
जानें, शीतलता बिखेरनी होगी आज कहाँ पर।
जैसे खिलते कुसुम, कर्म-रत बिना किसी आशा के,
आज कुन्तलों में गुँथना या मन्दिर में चढ़ना है।

सविता, पुष्प, समीर, चाँदनी इन सुन्दरताओं का,
जो भी हो परिणाम, किन्तु कोई उद्देश्य नहीं है।

तब भी ये अवयव निसर्ग के कितने कर्म-निरत हैं?
और आइए, अब अकर्म कर्मों की बात करें हम!

जब भी मनुज कर्म करता है फल की आस लगा कर,
जब भी करते हुए कर्म वह यह सोचा करता है,
यह तो बहुत-बहुत अप्रिय है, पर, क्या हाय, करें हम?
इसे छोड़ भागें तो घर पर जाकर क्या खाएँगे?
अथवा यह कि गीत होने पर भी ये गीत नहीं हैं,
तब भी लिखो, क्योंकि, अपने में ये कुछ भले नहीं हों,
पर, क्या बुरा, वृद्धि हो यदि कोयले के उत्पादन में?
तभी कर्म से मानव की ग्रन्थियाँ जन्म लेती हैं,
तभी कर्म नर के जन्मों का बन्धन बन जाता है।

यही कर्म है वह, जिसके निष्प्राण भार के नीचे
चूर्ण-चूर्ण हो गिर जाता है शिखर मनुज के मन का।
यह कुछ वैसा ही है, जैसे, कोई मृदुल जुही को
उठा चाँदनी से रख दे भट्ठी के पास सटा कर;
या जैसे अप्रिय नर के नीरस, बलात् चुम्बन से
बार-बार कुंठिता व्यग्र रमणी कुम्हला जाती है।

किन्तु, कर्म जब छा जाता कर्मी के पूरे मन में,
जबकि कर्म के सम्पादन में नहीं हाथ ही केवल,
पर, सारा अस्तित्व, प्राण, तन, मन, सब लग जाते हैं,
तभी कर्म के भीतर से आनन्द फूट पड़ता है।
कर्ता सहज प्रसन्न पहुँचते ही समाधि की स्थिति में
जाता भूल, कर्म यह क्या है? और कौन फल होगा?

कर्म कर्म-पद छोड़ धर्म बन जाता तब कर्मी का,
जैसे शीतलता जल का, दाहकता धर्म अनल का,
जैसे बहना धर्म वायु का, सूरज का उगना है।

जहाँ कर्म बदला स्वधर्म में, फिर तो कर्ता नर की,
कर्म छोड़ कर और अन्य गति ही न शेष रहती है।

ऐसी कुछ रसदशा प्राण की, मन की हो जाती है,
न तो भाग सकता स्वकर्म से, न तो कभी थकता है।

कभी श्रान्त होते देखा है कहीं किसी ने रवि को
बार-बार के उगने या निशदिन चलते रहने से?
जब स्वधर्म मिल गया मनुज को, फिर विक्लान्ति नहीं है।
और थकेगा मानव क्यों अपने प्रिय कर्तव्यों से?

प्रेम-सिंधु में डूब गया जो, फिर उसके जीवन में
श्रान्ति और विश्रान्ति-बीच की रेखा मिट जाती है।
रहता निरत अनिद्र, सजग दिन भर जिसकी रचना में,
सो जाता है उसी कर्म का ध्यान स्वप्न में लेकर।
कवि लिखता जब नहीं, काव्य तब भी चलता रहता है।

कवि का ही दृष्टान्त दिया क्यों? निखिल महीमंडल में
कवि प्रतीक है उस अजस्र मनमोहक कर्मठता का
जो कर्मी का भार नहीं, आनन्द, निदिध्यासन है।
और छूट सारे प्रलोभनों, सारी आशाओं से
कवि हो रहता जिस प्रकार एकान्त-लीन रचना में
किसी लाभ के लिए नहीं, केवल अदृश्य में धँसकर,
जो अरूप हैं भाव, पकड़ कर उन्हें रूप देने को;
केवल मन का ताप बहाने को प्रगति-छन्दों में;
केवल अपना मेघ प्राण से बाहर कर देने को;
केवल स्वयं श्रवण करने को, युग के मूक हृदय में
कौन गंध छटपटा रही है, पवन कौन चलता है;
केवल क्रुद्ध गरज उठने को जब निरीह गो-शिशु को
कोई वृक हो लिये जा रहा अपने अन्ध विवर में;
केवल जल उठने को जब चारों दिशि आग बुझी हो,
करता हो प्रतिकार नहीं कोई दुर्दान्त अनय का;
वैसे ही, कोयला निकालनेवालों के भी मन में
एकनिष्ठ साधना चाहिए कोयला-उत्पादन की,
किसी लाभ के लिए नहीं, केवल इस शुभ्राशय से,

है स्वधर्म ही सबसे उज्ज्वल धर्म कर्मसाधक का,
कोयला-उत्पादन से बढ़कर कोई काम नहीं है।

यही कर्म की वह स्थिति है, जिसको विकर्म कहते हैं।
यह विकर्म वाचक है दूषित नहीं विशिष्ट क्रिया का।
कर्मी वह, जो कर्म-निरत है किसी लोभ या भय से,
किन्तु, विकर्मी वह, जिसमें शंका, भय लोभ नहीं है।
पर, तब भी, जो लगा हुआ है अपने कर्तव्यों में
क्योंकि धर्म का त्याग कभी सम्भव या साध्य नहीं है।
देह कूदकर कभी निकल सकती है बाह्य त्वचा से?
दाहकता को छोड़ कभी क्या पावक जी सकता है?

ठहर गया जिसका विकर्म, उस सहज कर्मयोगी के
सारे कर्म अकर्म-भाव में स्वयं बदल जाते हैं।
यह अकर्म संन्यास नहीं है, न तो त्याग कर्मों का;
चरम-विन्दु पर चढ़े प्राण की यह एकायन स्थिति है,
जब कर्मातिरेक के कारण कर्म नहीं दिखते हैं।
चक्र दीखता स्थिर, जब वह तेजी से घूम रहा हो।

कला कर्म का चरम रूप है; जिस एकान्त लगन से
कलाकार अपनी रचनाओं में खोया रहता है,
वही आत्म-विस्मृति मिलती है कहाँ अन्य कर्मी में?
और मिले, तो वह मनुष्य भी श्रमिक नहीं, स्रष्टा है।

जब तक नहीं सुई ध्रुव-सम्मुख, कुछ भी इधर-उधर है,
सभी कर्म तब तक श्रम होते और श्रान्तिकारी भी।
पर, जब सुई खड़ी हो जाती ठीक सामने ध्रुव के,
रचना का आनन्द निर्झरों-सा झरने लगता है।
श्रम हो जाता सृजन, श्रमिक तब स्रष्टा बन जाता है।

श्रम की करके बात लोग जो कवियों को हँसते हैं,
कहिए उन्हें कि दूर अभी दिल्ली है मानवता की।

जिस दिन श्रम में श्रमिक लगेंगे कवि की तन्मयता से,
यह धरती उस रोज, सत्य ही, सुरपुर हो जाएगी।
भेद नहीं रह जाएगा कोई कवित्व-कोयले में,
सभी करेंगे बात सृजन की, श्रम का नाम न होगा।

'कला कला के लिए' कहें तो इससे क्यों जीवन का
मुख मलीन होता, मन में कुछ चोट कहीं लगती है?
कला-पुष्प खिलता जिस द्रुम पर, उसकी मूल-शिराएँ
जीवन में यदि नहीं, कहाँ पर और गड़ी होती हैं?

कला नहीं वह फेन, हवा में जो उड़ता फिरता है
डरा हुआ सूखी जमीन की धूलों से, ज्वाला से।
कला नहीं वह रंग-बिरंगा फलक रिक्त, जिस पर से
सपने का पंखी केवल मँडरा कर भाग गया हो।

कला नहीं वह गान, सितारे जिसे शुरू करते हैं,
बड़े नाज से, बड़ी अदाओं से, आकाशी सुर में;
पर, देते हैं छोड़ बीच में ही, मानो, आगे की
बातें उनको याद नहीं या कड़ियाँ भूल गए हों।

कला नहीं वह स्पर्श (बात क्या गहन प्राण-गंगा की?)
बाहर की भी त्वचा नहीं जिससे कम्पित होती है।
शोणितहीन, विषण्ण चित्र ये, जो भी उतर रहे हैं,
आभिजात्य के रोग, कुलीनों की मानस-क्रीड़ा हैं।

सच है, कला निसर्ग-मुक्त है नियति-रचित नियमों से,
न तो नीति-सेविका, न तो चटिका किसी दर्शन की;
किन्तु, कौन है ज्ञान, नहीं सौरभ जिसके फूलों का
कला-लोक पर घिरे व्योममंडल में मँडराता है?

कला बैठती वहाँ, जहाँ से सभी ज्ञान चलते हैं,
और वहाँ भी, जहाँ सभी ज्ञानों का लय होता है।

आदि-अन्त के बीच तार जितने भी लगे हुए हैं,
सब उठते झनझना, कला जब उन्हें कभी छूती है।

जितने भी हैं ज्ञान, ऊर्मियाँ हैं अगाध सागर की।
कला संगिनी उस वड़वानल की, जो बैठ अतल में।
अपनी लौ से महासिंधु के मन को औंट रहा है।

इसीलिए, जब कला बोलती, सिंधु गरज उठता है,
अट्टहास से महाशैल की छाती फट जाती है;
अंचल जब घूमता, लाल हो उठते मेघ गगन के,
स्याही की बूँदों में द्वादश सूर्य धधक उठते हैं।

कला नहीं खंडन जीवन का, वह उसकी स्वीकृति है।
लेकिन, मत देखिए सदा, हठ से, एक ही दिशा में।
जीवन की डालियाँ मात्र दो-एक नहीं, लाखों हैं,
और फूटकर निकली हैं वे सभी एक ही तरु से,
वह तरु, जिसके गहन मूल में बैठी कान लगा कर
कला ध्यान से सभी डालियों का स्पन्दन सुनती है।

प्रातःकाल हरे पत्तों पर नर्तन नई किरण का,
सायं समय चाँदनी का करना प्रवेश कुंजों में,

मलयानिल का मृदुल स्पर्श, दुर्मद झकोर झंझा का,
ग्रीष्म-काल का तपन और फिर शीतलता पावस की,
हिम-निपात में अट्टहास कर हँसना क्रूर मरण का
केवल पत्ते नहीं, छाल, डालें, टहनियाँ चबाकर;
और फूट पड़ना जीवन का फिर यम की घाटी में,
फिर भर जाना सकल मौलि का पत्तों से, फूलों से;

फिर हरीतिमा-सिंधु उठाये इतराना विटपी का,
मानो, उस पर कहीं नाश की उँगली नहीं पड़ी हो।
कला देखती द्रवित, भाव-विह्वल इन लीलाओं को
और देखकर यथायोग्य अंकन सब का करती है।

पर, इतना ही नहीं, दृश्य के परे, अगाध, अतल में
कला डूबकर, समाधिस्थ, यह भी अनुभव करती है,
दौड़-दौड़ डालों पर जब गिलहरियाँ किलक रही हों,
जगता कहाँ पुलक, तरु को गुदगुदी कहाँ लगती है?
और वृक्ष जब रस पीता पतली, महीन सोरों से,
तब मिट्टी के अन्धकार में साँ-साँ क्या बजता है?

और भेद यह भी, अशब्द, अँधियाले दरवाजे की
ताली मन के किस निगूढ़ कोने में छूट गई है?

एक क्षुद्र कण में समस्त तरु कैसे छिपा हुआ था?
कैसे बन ब्रह्मांड एक छोटा अणु फैल गया है?
यह अपार संसार प्रकट हो आता उछल कहाँ से?
और काल पाकर अदृश्य फिर कहाँ चला जाता है?

कोई उत्तर नहीं। मात्र विस्मित हो रह जाना है,
मानो, जो अज्ञेय, गहन है, अनाख्येय, अगदित है,
विस्मय ही उसकी निगूढ़, निःशब्द, मूक भाषा हो।

जब तक मिलती थाह, तभी तक सारे शब्द मुखर हैं,
पर, आएगा जब अथाह, सब मौन ग्रहण कर लेंगे।
मन में कहीं अगाध एक ऐसी भी गहराई है,
जहाँ पहुँच फूटते न कोई बोल कला के मुख से;
रह जाती निर्वाक्, ठगी की ठगी, महाविस्मय में,
घोर मूकता में कहती सब कथा बिना शब्दों के,
जो शब्दों में किसी भाँति भी कही नहीं जाती है।

शब्द मौन में, रव नीरव में, स्वर विलीन निःस्वर में,
मानो, कर्म अकर्म-सिंधु में आकर डूब गया हो।

*पटना*
*6.6.1960*

## 2

# पुरानी और नई कविताएँ

**''नो, हिज़ फर्स्ट वर्क वाज़ द बेस्ट।''**

**—एज़रा पौंड**

दोस्त मेरी पुरानी ही कविताएँ पसन्द करते हैं;
दोस्त, और खास कर, औरतें।

पुरानी कविताओं में रस है, उमंग है;
जीवन की राह वहाँ सीधी, बे-कटीली है;
सरिताएँ जितनी हैं, फूलों की छाँह में हैं;
सागर में नीलिमा है, चंचल तरंग है।

पुरुष बड़े ही पुरज़ोर हैं;
या तो बड़े कोमल हैं अथवा कठोर हैं।
क्रोध में कभी जो नर-नाहर ये बोलते हैं;
भूमि काँपती है, कोल-कमठ कलमल होते,
दिग्गज दहाड़ते, समस्त शैल डोलते हैं।

नारियाँ बड़ी ही अनमोल हैं;
नख-सिख तक नपी-तुली,
ठीक-ठीक साँचे में ढली हुई;
चन्दन, कदम्ब और कदली की छाया में
दूध और घी पर पली हुई।

भंगिमा स्वरूप को सँवारती है;
वृत्त की गोलाई, जो भी देखे, उसे मारती है।

तेजी है अनोखी काम-बाण में।
घाव जो लगेंगे कभी प्राण में,
रेखा में कहूँ तो 'राय जामिनी' की तूलिका की
चित्रकारी के वे प्रतिमान होंगे
छन्द में कहूँ तो रोला-छप्पय के समान होंगे।

चर्म को न छीलता, न छाँटता है।
काम का पुराना बाण
गोदता नहीं है प्राण,
दोहों के समान नपे-तुले व्रण काटता है।

किन्तु, नई कविता? गणेशजी का नाम लो।
बुद्धि और कल्पना के चौक पे खड़ी हुई
कहती है, बुद्धि ही कशा है, इसे तेज रखो,
कल्पना बढ़े जो, तो लगाम जरा थाम लो।

कविता न गर्जन, न सूक्ति है।
वीर का न घोष, न तो वाणी खर चिन्तकों की,
चौंके हुए आदमी की उक्ति है।

कविता न पूर्ति है, न माँग है।
सीढ़ियाँ नहीं हैं कि हरेक पाँव सीधा पड़े,
'लॉजिक' नहीं है, ये छलाँग है।

अर्थ नहीं, काव्य शब्द-योग है।
वासना का कीर्तन नहीं है, खुद वासना है,
रागों का ये कागजी बखान नहीं, भोग है।

तन्तुओं के जाल शब्द को जो कहीं बाँधते हों,
सारे बन्धनों के तार तोड़ दो;
अर्थ से बचो कि अर्थ बेड़ी है परम्परा की,
अर्थ को दबाने से ही शब्द बड़ा होता है।
निश्चित-अनिश्चित का संगम जहाँ है सूक्ष्म,
कविता का सद्म निरालंब खड़ा होता है।

और वे तरंगमयी नारियाँ?
पुष्ट देहवाली सुकुमारियाँ?
सोची गईं इतनी कि सोच में समा गईं।
स्थूल से निकल सूक्ष्म कल्पना में छा गईं।
नारी अब स्वप्न है, विचार है।
बाहु-पाश में जो कभी दामिनी-सी नाचती थी,
'साइक' में करती विहार है।

नारी शक्ति, नारी धूप-छाँव है।
जानना हो विश्व को तो नारियों के प्राण पढ़ो,
भागना हो विश्व से, तो नारी तेज नाव है।

और नर भी न नर ठेठ है।
शंकित, सजग, स्याद्वादी, अनेकान्तवादी,
कोई 'फास्ट', कोई 'हैमलेट' है।

आखिर मनुष्य और क्या करे?

जितना ही ज्यादा हम जानते हैं,
लगता है, आप अपने को उतना ही कम,
उतना ही कम पहचानते हैं।

जितनी ही झाँकी बुद्धि लाती दूर पार की,
उतने ही जोर से गुफाएँ बन्द गूँजती हैं,
चीखती है कुंजी अनजाने, बन्द द्वार की।

केवल कवित्व ही समर्थ है।
सीढ़ियाँ नहीं हैं जहाँ, सारा तर्क व्यर्थ है।

तब भी समस्या बड़ी गूढ़ है।
हम दोनों में से, राम जाने, कौन मूढ़ है!

भूले भी न मेरी विपदाएँ थाहते हैं दोस्त,
केवल पुरानी कविताएँ चाहते हैं दोस्त,
दोस्त, और खास कर, औरतें।

3

# सादृश्य

*[चार्ल्स बोदलेयर की उस कविता का अनुवाद, जिसे प्रतीकवादियों ने अपना घोषणा-पत्र माना था]*

प्रकृति-मन्दिर के हर सजीव स्तम्भ से,
समय-समय पर, धुँधले शब्द निकलते हैं।
मनुष्य प्रतीकों के वन-कुंजों से होकर चलता है–
प्रतीकों के वन-कुंज,
जो अपरिचित भी हैं और गम्भीर भी,
फिर भी आँखों में परिचय की आभा लिये
जो मनुष्य के पीछे-पीछे चलते हैं।

दूर से खिंचकर आनेवाली प्रतिध्वनियाँ
आपस में मिल जाती हैं,
एक दूसरी में संक्रमण करती हैं
और फिर गहरे, अन्धकारपूर्ण
आलिंगन में मूर्च्छित हो जाती हैं।
इसी तरह खुशबू, रंग और आवाज
आपस में मिलकर एक हो जाते हैं।

खुशबुएँ बच्चों के बदन-सी शीतल हो सकती हैं;
सारंगी की तरह मधुर
और चरागाह की तरह
हरी और ताज़ी हो सकती हैं।

उलझी हुई, तीव्र और विजयिनी गंध
रेले में आती हैं
और सभी असीम वस्तुओं के प्रसार के साथ
मिलकर एक हो जाती हैं।
अम्बर, मश्क, धूप और चन्दन में से हर एक
आत्मा और इन्द्रियों के
अतीन्द्रिय अभियान का गीत गाता है।

*[फ्रांसीसी कवि चार्ल्स बोदलेयर की वह कविता, जिसे प्रतीकवादियों ने अपना घोषणापत्र माना था।]*

○○○